# हरिणालोक

## कच्छ के स्मृति द्वीपों पर

[ यात्रा-वृत्तांत ]

# हरिणालोक

## कच्छ के स्मृति द्वीपों पर

अजय सोडानी

सार्थक
राजकमल प्रकाशन का एक उपक्रम

ISBN : 978-93-88933-66-7

**मूल्य** : ₹299



**पहला संस्करण** : अगस्त, 2019

स सार्थक राजकमल प्रकाशन का एक उपक्रम

**प्रकाशक**
राजकमल प्रकाशन प्रा. लि.
1-बी, नेताजी सुभाष मार्ग, दरियागंज
नई दिल्ली-110 002

**शाखाएँ**
अशोक राजपथ, साइंस कॉलेज के सामने, पटना-800 006
पहली मंजिल, दरबारी बिल्डिंग, महात्मा गांधी मार्ग, इलाहाबाद-211 001
36 ए, शेक्सपियर सरणी, कोलकाता-700 017

वेबसाइट : www.rajkamalprakashan.com
ई-मेल : info@rajkamalprakashan.com

**मुद्रक**
यश प्रिंटोग्राफिक्स
नोएडा-201 301 (उत्तर प्रदेश)

IRINA LOK
*Kachchh Ke Smriti Dweepon Par*
*Travelogue by* Ajoy Sodani

अद्वैत, प्रियंका
और उनके हमवय
तमाम युवाओं के लिए...

*पूर्वजन्म की स्मृति नहीं है*
*लेकिन स्मृति का पूर्वजन्म है...*

**—आशुतोष दुबे**

# स्मृति शेष...

जो मैं आपसे कहूँ कि पृथ्वी पर प्राणवायु के उद्‌भव के पहले के बाशिन्दे आज भी हमारे संग उठते-बैठते हैं,[1] या कहूँ कि हड़प्पाकालीन चित्र-लिपि कभी विलुप्त नहीं हुई वरन् अधिक विस्तार पा आधुनिक मानव-जीवन का हिस्सा बन गई है, या कहूँ कि मैं अपने भीतर होमोसेपियन्स के दादा-परदादाओं (होमो इरेक्टस, होमो निएंडरथेलेन्सिस) की चिन्ताओं को, विचारों को, घुमड़ता पाता हूँ, तो आप हँस कर कहेंगे—'भड़ दे रिए हो भिया, अब इत्ती भी नी छोड़ो कि मरगा मनक ने हँसी आए।' पर विश्वास कीजिए यह न लफ़्फ़ाज़ी है ना गप्पबाज़ी। महफ़िलों में अकसर लगता है कि जो मेरे जाने मुझमें कहीं नहीं वह ख़याल औचक ज़ुबां पर कैसे आया? कोई परायापन नहीं—जैसे हो मेरा आप सोचा या कि स्वयं भोगा सच हो जैसे। दरअसल यादों की गागर का मुख ओछा सही, पर है वह अतल। मन अर्णव में अनेक जज़ीरे, जिन पर गुज़श्ता वक़्त की बस्तियाँ। इन सदियों से ठहरे लम्हों की बुज़ुर्गों की सी चाहत—कि मैं उनके पास बैठूँ। देख लूँ वो सब जो है उनके क़रीब बाहक़-ए-वारिस मुझे दिखाने को।

जो ऊपर नहीं दिखता वह भीतर पैठ सतह को लहरिल बनाए है। स्मृति को हासिल व्यक्ति को अतीत कर अमर रहने का करिश्माई इल्म। सोचता हूँ कि बोधिसत्व की कथाओं में जब पेड़, पत्थर या जानवर रूप में भी बुद्ध अवतरण का ज़िक्र होता है अथवा जब अज्ञेय कहते हैं कि 'मैं अपने पहले बीते हुए असंख्य युगों का निचोड़ हूँ' तो उनका इशारा कदाचित् इसी तथ्य की ओर होता है।[2] आप सोचते होंगे कि यात्रा-वृत्तान्त की आड़ में लम्बा नीरस आध्यात्मिक भाषण पेलने वाला हूँ। हुज़ूरेआला, बेख़ौफ़ रहें—क़सम से मेरे इरादे नेक हैं। अपनी इस यात्रा का आशय समझाने के लिए यह सब बताना लाज़िमी है सो एक-दो मिनट बर्दाश्त करें, फिर शुरू होगी क़िस्सागोई।

तो मैं कह रहा था कि स्मृति (ज्ञान) के अजर-अमर होने की बात को अब विज्ञान की सहमति भी है। आधुनिक समय के बड़े वैज्ञानिक स्टीफन हॉकिंग ने जब 'ब्लैकहोल' की अपनी परिकल्पना में बताया कि जो इस 'होल' में समाया वह समूल नष्ट हुआ; कि वहाँ सब शून्य (सिंगुलरिटी)—किसी का स्वतंत्र अस्तित्व

नहीं, कोई भी पदार्थ (मैटर, यानी ऊर्जा का कायान्तरण) वहाँ जाकर लौट नहीं सकता,[3] तो अमेरिकी सस्किंड तथा डच भौतिकशास्त्री गेरार्ड हूफ़ सरीख़े अनेक वैज्ञानिक विचलित हो गए। विचलन यूँ कि यदि ऐसा है तब तो उस स्याह अवकाश में समाई ऊर्जा भी नष्ट हो जाएगी। यदि यह सत्य हो तो प्रकृति के समस्त नियम और उसकी बाबत अर्जित सारी जानकारी एवं समझ कूड़ा-कर्कट ही हुई। चुनाँचे, ब्लैकहोल में सब कुछ नष्ट हो जाने वाली बात बहुतों के गले नहीं उतरी। लियोनार्द सस्किंड ने बीड़ा उठाया, पड़ताल मचाई। उसने क्वान्टम भौतिकी के सिद्धान्तों के आधार पर यह सिद्ध किया कि अर्जित 'इन्फ़ॉर्मेशन' ऊर्जा का रूपान्तरण होने से उसी की भाँति कभी नष्ट नहीं होती। वैज्ञानिकों ने एड़ी-चोटी एक कर डाली यह सिद्ध करने हेतु कि सारा जगत्, यहाँ की हर शै, वास्तव में विराट अन्तरिक्ष से प्रक्षेपित एक त्रिआयामी चित्र मात्र है। यह भी स्थापित हुआ है कि सूचनाएँ संग्रहित होती हैं सूक्ष्मातीत सूक्ष्म स्थान (बिट या क्वान्टम डिस्टेंस) में। संसार में जो भी है, एहसास के भीतर या एहसासात से इतर, सारा कुछ 'इन्फ़ॉर्मेशन बीट' के सटीक संयोजन से सृजित है—जो 'ब्लैकहोल' में भी नष्ट नहीं होता। लौट आता है पुनः 'स्पेस' में।[4] यानी जलजलों, जलप्लावनों, जल जमने से, यहाँ तक कि ब्लैकहोल में गिरने से 'फार्मेशन' ही बिखरते हैं—उनमें बावस्ता 'इन्फ़ॉर्मेशन' महफ़ूज़ रहती है।[5] सार यह कि 'इन्फ़ॉर्मेशन' या ज्ञान, ऊर्जा का रूप होकर अक्षय है। और संसार में आज तक जो भी ज्ञानार्जन हुआ वो कहीं न कहीं, किसी न किसी तरीक़े से बचा हुआ है।

सर्वविदित है कि करोड़ों बरस पुरानी हमारी धरती का पर्यावरण बदला है, पर हौले-हौले, रफ़्ता-रफ़्ता। जीवों के रूप-रंग-प्रजातियों में भी परिवर्तन हुए हैं, किन्तु—शनैः-शनैः, आहिस्ता-आहिस्ता। अरबों-करोड़ों बरस में हुए बदलावों के बरअक्स नवोदित मानव प्रजाति, यानी होमोसेपियन्स, के जीवनयापन के तौर-तरीकों में गत एक लाख बरस में ही आमूल-चूल बदलाव हुए हैं, जिसे हम विकास का नाम देते हैं। इस विकास के मूल में है ज्ञान (सूचनाओं का समुच्चयन) तथा ज्ञानाधारित निम्नांकित सिलसिले—(1) विचार—विशिष्ट तानेबाने में गुम्फित सूचनाएँ, (2) व्यवहार—बाह्य जगत् एवं विचारों के घर्षण से उपजा लोकाचार, (3) संस्कृति/संस्कार—मिलते-जुलते व्यवहार/आचारों के द्वीप, (4) समाज—एकाधिक संस्कृतियों का सामेला। लुब्बोलुबाब यह कि 'ज्ञान' या 'इन्फॉर्मेशन' ही बदलाव का मूलाधार। पीढ़ी-दर-पीढ़ी आगे बढ़ता ज्ञान नूतन सूचनाओं के बरअक्स बदलता तो है पर पुरातन नष्ट नहीं होता, वह ठहरा रहता है जीवों के गुणसूत्रों (हार्डवेयर) का हिस्सा बन। नव विचारों का खाद-पानी बन। गुणसूत्र यानी डी.एन.ए. ठहरा जीवन की आधारशिला और प्रकृति के क़रीब सूचना-भंडारण हेतु गोदाम भी। अब ज़रा क़ुदरत का कमाल देखिए। वह किसी नन्ही-सी कोशिका की नानी-सी

नाभिका (न्युक्लियस) में धरे छह मीटर लम्बे गुणसूत्र में इतनी जानकारियों का भंडारण करता है जिसे किताबों में दर्ज करें तो दस गुणित दो मीटर की एक अलमारी भर जाए। जगत् में न जाने कितने जीव। हर जीव में कोशिका। हर कोशिका में गुणसूत्र। हर गुणसूत्र में असंख्य 'बीट'। प्रत्येक बीट में एक सूचना। एक औसत डील-डौल की मानव-देह के गुणसूत्रों को जोड़ने पर क़रीब एक सौ पच्चीस बिलियन मील लम्बा धागा बने, तो कल्पना करें कि उस एक बन्दे में ही कितनी जानकारियाँ ठुँसी होंगी। कभी-कभी तो लगता है मानो हर कोशिका में एक जगत् होता है और किसी बहुकोशकीय जीव में एकाधिक संसार। जो सोचा गया, रचा गया, रचा जा सकता है—सब बावस्ता है इसमें। 'बिट बाय बिट'। स्मृति-दर-स्मृति।

तभी तो कहता हूँ कि नगर धँसने पर अथवा नदियों के सूखने पर सभ्यताओं का लोप तो होता है, किन्तु स्मृतियों का नहीं। प्रलय के बाद भी शेष रहता है सब कुछ। जो गुणसूत्र-सोख़ता में बावस्ता दन्तकथा, जीवन-संस्कार अथवा लोकोक्ति आदि में रूपान्तरित हो पहुँच जाता है भूकम्पों-प्रलयों के उस पार पनप रही नूतन सभ्यताओं तक।

हो न हो इसीलिए हरदम लगता है मानो मुझ पर कइयों की सवारी हो। किंचित रावण, चुटकी भर हिटलर, एक-आध तितली, दो-चार नाग, चार-छह विटप, एक गट्ठर घास, तनिक इब्न-बतूता और कुछ सांकृत्यायन भी। जैसे कि ख़लल हो मेरे दिमाग़ में। जब मैं संस्कृति-संस्कार के बारे में विचारता हूँ तो क़ुदरत अपनी पूरी समग्रता से मेरे समक्ष उपस्थित हो जाती है, मुझे कुछ भी निर्जीव नहीं दिखता, न ही उसकी कोई सृजना संस्कार विहीन। जब मैं गुणसूत्रों का ध्यान करता हूँ तो समूचे प्राणी जगत् के गुणसूत्रों में अतिशय साम्य और उनमें अन्तर्भुक्त सन्देशों की दीगर जातियों के मध्य सहज आवाजाही नज़र आती है।[6] बतौर बानगी आपसे रालामंडल (इन्दौर के समीप एक संरक्षित वन क्षेत्र) का एक अद्भुत वाक़िया साझा करता हूँ—

> *''पन्द्रह-सत्रह बरस पहले की बात है। मई-जून की गुत्थम-गुत्था होने को थी। बड़े वृक्षों पर सब्ज़ियत बाक़ी थी पर उनके तले ज़र्दी फैल चुकी थी। ऐसे में एक दिन, पौ फटने के साथ ही, हम कुछ मित्र रालामंडल के पठार पर चढ़ने लगे थे। हमारे इधर दो चीज़ें बहुत चलती हैं, अंत्याक्षरी और प्रतियोगिता। पाँच लोग एकत्र हुए कि दोनों में से एक आ ही धमकती है। मेरे संगी ठहरे महत्त्वाकांक्षी—'अचीवर्स'। अचीवर्स परस्पर गीत नहीं सुनाते, होड़ करते हैं। मैं ठहरा जन्मजात फिसड्डी। सो, जो मुझ पर लाज़िमी था वह हुआ। वे आगे निकल गए। मैं पेड़ सहलाता, अरण्य-स्वर सुनता, पाखी तलाशता, सूखे-जालीदार पत्ते ढूँढ़ता ख़रामा-ख़रामा*

चलता रहा उनके पीछे। तभी कुछ क़दम दूर, ज़मीन पर, एक हलचल सी दिखी। बेख़याली का आलम चकनाचूर। सर्प बाहुल्य क्षेत्र में वीथिका से तीन हाथ आगे-पीछे, अगल-बगल देखते चलना आवश्यक। ठिठका। देखा, ज़मीन से सर टिकाए, अध-लेटी ज़र्द घास और सूनी-नज़र आसमां ताकते अध-सूखे पत्तों में थोड़ी तो सुगबुगाहट थी, अलबत्ता सरिसर्प-संचलन से होने वाली उठा-पटक नहीं। बस मन्द-सी हलचल। आहिस्ता से आगे बढ़ा। झुका, देखा, और देखता रह गया। वहाँ कुछ विलक्षण घट रहा था। वहाँ था घास का एक नन्हा सा ढूह, जिसका शीर्षस्थल कुछ भुरभुरा। जैसे अभी-अभी फूटा ज्वालामुखी, जिसका पेट उगल रहा हो चींटियों में कायान्तरित लावा। फ़र्क़ था तो यह कि यहाँ 'लावे' की गति दुतरफ़ा थी।

''जी हाँ, वह चींटियों की बस्ती थी—पिपीलिका-कुंज! पिपीलिका-कुंज का प्रवेश द्वार बस इतना कि दो चींटियाँ ही एक संग निकल सकें। उस वक़्त चिउँटियाँ 'कुंज' से बाहर, दूर तक फैली थीं—शायद बरखा ऋतु की तैयारियाँ चल रही थीं। भला कीड़ों को ऋतु परिवर्तन की अग्रिम सूचना कौन देता है? किस सेटेलाइट से संकेत पाते हैं ये? कहाँ होता है इनका मौसम विभाग?

''ख़ैर जो हो, यहाँ मुख में तिनके थामे, पिपीलिका-कुंज की ओर जातीं, अनेक चींटियाँ कतारबद्ध दिख रही थीं। लेकिन कुछ निखट्टू चिउँटियाँ फोकटिया फिर रही थीं—ख़ाली मुँह, बेतरतीब। ये निखट्टू कभी ढूह में आती-जातीं, कभी पिपीलिका-कुंज के इर्द-ग़िर्द आवारा भटकतीं तो कभी क़तारबद्ध अन्य चिउँटियों से मुँहज़ोरी करतीं। थोड़ी दूरी पर कुछ चींटियाँ झुंड बना घास पर इस तरह पिली हुई थीं मानो उसे काट रही हों। घसियारिन चींटी? क्या यह प्रजाति भारत में पाई जाती है? इतनी देर से सुस्ता रही बुद्धि भनभना कर उठ बैठी—पर आसपास जंगल देख फिर गुड़प से लिहाफ़ में। दिल की नगरी में पहुँच मेरे दिमाग़ का 'ऑटो पावर सेविंग मोड' काम करने लगता है। एक अर्सा लगा उसे यह समझाने में कि जंगलात की रौशन दुनिया में टिमटिमाते लट्टुओं की कोई जगह नहीं। अब सुधार पर है—आजकल थोड़ा कुनमुना कर फिर दुबक जाता है अपनी गुहा में। बुद्धि के अपने आतंक होते हैं। उसके समक्ष आम जन गुप, बच्चे चुप, प्रकृति निर्वाक्!

''बहरहाल, घुटनों पर बैठ मैंने ध्यान पिपीलिका-कुंज के प्रवेश द्वार पर केन्द्रित कर दिया। जहाँ एक चिउँटी बाँबी में तिनके सहित घुसने की निरन्तर चेष्टा कर रही थी। उसका तिनका तिकोना—बाण:फर समान दो

*भुजाएँ तीसरी से कुछ लम्बी। चिउँटी पहले तृण को अग्र भाग से धकेलते हुए बाँबी में जाने को उद्यत हुई। पर तिनका भीतर जाने के बजाय द्वार के ऊपर से दूसरी ओर निकल गया। उसने वह कोना छोड़, दूसरा कोना पकड़ा—पर असफल। इसी तरह बारी-बारी इतर कोनों से पकड़ वो तिनके को भीतर ठेलने की कोशिश करती रही। एक बार आंशिक सफलता भी मिली। तृण का काफ़ी हिस्सा तो भीतर ढुक गया, पर चींटी बेचारी बाहर ही रह गई। अब तिनके को बाहर खींचने की जद्दोजहद शुरू हुई। नन्ही सी जान हलकान—पर तिनका न टस, न मस। उसको अकेले खटते देख उसके दो साथी अपना बोझा छोड़ आगे बढ़े और खींच-खाँचकर तिनका बाहर निकाला। सहायक लौट गए, हमारी परिचित चींटी फिर जुट गई, तिनका धकेलने में। असफल, बार-बार। अब उसने अन्तिम दाँव खेला। इस मर्तबा तिनके की नोक मुँह में दबाए वह उल्टी चलने लगी। न पलटकर देखना, न थमना। एकदम सरपट, रिवर्स में। स्वयं की लम्बाई से पाँच-सात गुना अधिक दूरी तय कर वह अभिष्ट स्थान पर न सिर्फ़ पहुँची बल्कि उसका पुट्ठा भी प्रथम प्रयास में बाम्बी में समा गया, और ठुनकियाँ देते हुए तृण भी भीतर खींच लिया...''*

अद्भुत न! पिद्दी सी चींटी द्वारा रेखीय बल (लिनियर फोर्स) सिद्धान्तों का सटीक प्रयोग और सामूहिक शक्ति का अद्भुत प्रदर्शन देख मैं तो भौचक रह गया। भौतिकी के जो गूढ़ार्थ हम पर दो-तीन सौ बरस पहले ज़ाहिर हुए उनका ज्ञान तो इस नगण्य-जीव को हमारे उद्भव के करोड़ों वर्ष पूर्व से है। अरण्य विश्वविद्यालय के पिपीलिका-कुंज विभाग के दर्शन से ज्ञात हुआ कि आख़िर क्यों संस्कारों को आद्य ज्ञान अथवा जन्मजात ज्ञान कहा गया है। कि ज्ञान का चेतना का हिस्सा बनने के मायने क्या होते हैं। इलहाम हुआ कि आज दृष्टिगोचर प्रत्येक संस्कृति तथा संस्कार एक आयामी नहीं वरन् तहदार निर्मिति है। उसकी असंख्य पर्त्तों में कई कालखंड अनुभव—लेई से आपस में चस्पा हैं। लगा मानो संस्कारों के पीछे छुपकर बैठे हों हमारे पूर्वज, कायनात की विकास यात्रा का इतिहास संजोए हुए।

एक कौंध-सी उठी। यदि संस्कृति की लीक पर उल्टा चलूँ तो शायद वहाँ पहुँच सकूँ जहाँ भारतीय जनस्मृतियाँ नालबद्ध हैं। वांछित लीक के दरस हुए दन्तकथाओं तथा पुराकथाओं में और आग़ाज़ हुआ हिमालय में घुमक्कड़ी का। स्मृतियों की पुकार ऐसी ही होती है। निःशब्द। बस एक अदृश्य-अबूझ खेंच, अनिवर्चनीय कर्षण। और चल पड़ता है यायावर वशीभूत...दीठबन्द...। जगहों की पुकार गुगल गुरु की पहुँच से परे। गुगल मैप के अनुगमन से रास्ते तय होते हैं, जगहें मिलती हैं पर क्या उनसे राबता हो पाता है? नहीं, कम से कम मेरा तो नहीं। वैसे भी पेट रीता हो तो आदमी को जो मिले सो अमृत, मीनमेख निकालता है भरा पेट आदमी।

पोथी-पानड़ों से उपार्जित जानकारियों से टंच मानस का काम बहस-मुबाहिसा। वह नकारे पूरे मन से, स्वीकारे बेमन से। उसका चित्त पूर्णकालिक योद्धा। युयुत्सु मन प्रकृति से संवाद करे तो किस विध? स्मृतियों की सदाएँ सुने तो किस तरह?

जब चित्त संघर्ष, त्याग, आत्मा का अनुगामी हो जाए तब हासिल होती है आलम-ए-बेख़ुदी। जाग्रत होती हैं सुसुप्त स्मृतियाँ। खींचने लगती हैं जगहें। घटित होता है असल रमण। अगस्त दो हज़ार दस में, ऐसी ही आलम-ए-बेख़ुदी में, हम पहुँचे थे हिमालय में—सरस्वती नदी के उद्गम स्थल पर।[7] परन्तु आन्तरिक जगत् में चपल चित्त अधिक ठहर थोड़े ही सकता है, सो बेख़ुदी के वे आलम भी अल्पकालिक ही होते हैं। नतीजन दो हज़ार दस के उस 'धूमधार कांडी' अभियान के उपरान्त मैं जैसे सरस्वती नदी को भूल चुका था। बाद उसके ख़याल था तो सिर्फ़ और सिर्फ़ उत्तराखंड की दन्तकथाओं के अनुसार चल रही हमारी यात्रा के बचे अंश को शीघ्रातिशीघ्र पूरा करने का। साल-दर-साल कोशिश होती रही उच्च हिमालय क्षेत्र की अभीष्ट पुरालीक पर पैर धरने की। किन्तु हमारी हर कोशिश मंज़िले मक़सूद से थोड़ा पहले ही दम छोड़ देती। इस वर्ष भी वही हुआ। हिमालय की ना-नकुर से आजिज़ आ, हमने चम्बल के बीहड़ों में जाने का मन बनाया। जानकारियाँ जुट गईं, तैयारियाँ मुकम्मल हो चुकीं। किन्तु घर से निकलने के ठीक पहले अनदेखे 'रन' का धुँधला सा अक़्स ज़ेहन में उभरा और मैं वशीभूत सा चल दिया गुजरात की ओर। किसे ख़बर थी कि यह दिशा परिवर्तन अप्रत्याशित नहीं वरन् सरस्वती नदी की पुकार के चलते है, कि यह असल में 'धूमधारकांडी' अभियान की अनुपूरक यात्रा ही है। उस समय तो एक अर्से बाद मुझ पर फिर 'वो' बेख़ुदी तारी थी! अपर्णा का चमकना स्वाभाविक था। चमकी। किन्तु पल दो पल में जान गई कि मैं बौड़मावस्था में जा पहुँचा हूँ। वैसे मेरा ऐसा हाल उसके लिए कोई अजूबा न था। कई बार इससे सामना हो चुका उसका। पहले तो वह कुनमुनाती, नाराज़ भी होती थी। पर इधर ऐसा कुछ नहीं होता। यूँ कि स्मृतियों के महीन स्वर उस तक भी पहुँचने लगे हैं। अब तो उसके दीदों में भी ख़्वाब तिरने लगते हैं।

सो इस मर्तबा भी न उधर से कोई सवाल, न इधर से कोई जवाब—सीधे 'स्मृति द्वीपों' के सिम्त सफ़र शुरू।

स्मृति द्वीप यानी वो जज़ीरे जहाँ गुज़श्ता वक़्त की गन्ध ठहरी-ठिठकी हो। जिधर पहुँचने पर लगे कि व्यतीत बस लौटा कि लौटा। कहने को तो मक़बरों, दैरो-हरम, गढ़-हवेलियों में भी यादें बावस्ता होती हैं—पर बेजान-बेआवाज़-भुतहा-सी। बोले तो 'ममीफाइड मेमोरिज़'। 'स्मृति द्वीपों' से मेरा मुतालबा उन जगहों से है जहाँ के समाज की सामूहिक स्मृतियों में पुराकाल आज भी महफ़ूज़ हो। संस्कार, जीवनचर्या से नालबद्ध सजीव-पुराकाल...

जैसे हैरी पॉटर की जादुई जगत् को जाती ट्रेन वैसे ही इन्दौर से कच्छ की ओर जाती सड़क। 'हाई वे' नहीं वरन् 'टाइम वे'। यहाँ भी दौराने सफ़र सिर्फ़ पहलू के मंज़र ही नहीं बदलते रफ़्ता-रफ़्ता हर कुछ बदल जाता है। लोग भी, लोक भी। जैसे राही वर्तमान से भूतकाल की ओर बढ़ते हों—तपते इहलोक से जादुई पुरालोक की ओर। जहाँ इतिहास शरीरी हो जाए और भूगोल सवाक्। वहाँ मांसल बेकार, मन साकार।

तो साहेब लोगो, आगे के सफ़हों पर दर्ज हर हर्फ़ दरअसल गवाह है उस परानुभूति का जिसके असर में मुझे शब्दों में मंज़र और मंज़रों में शब्द नज़र आए। या यूँ कहूँ कि प्रचलित किसी शब्द में इतिहास या परिपाटी में समूचा कालखंड अनुभूत हुआ। यानी कि यह किताब यायावरी का 'डबल डोज़' है। पहला तो वह जो जागतिक सूचनाओं के आश्रय से पथिक को गाँव-क़स्बों में ले गया। दूजा वो जो सतही सूचनाओं में अन्तर्निहित संकेतों से उत्तेजना ग्रहण कर यात्री को धकियाते हुए हज़ारों-हज़ार बरस पीछे ले गया।

आप होशमन्द हैं। हर हर्फ़ को तर्क की कसौटी पर आज़माएँगे। आज़माना चाहिए भी। ऐसे में कुछ खोट भी निकलेगी। निकलना लाज़िमी भी, क्योंकि ये शब्द एक दीवाने यात्री की लेखनी की रोपाई हैं, प्रज्ञावान पुरावेत्ता की सुचिंतित सृजना नहीं। इतिहास में किसी तरह के (इरादतन किंवा ग़ैर इरादतन) हस्तक्षेप की न तो मेरी मंशा है, न मुझमें माद्दा। गुज़ारिश बस इतनी कि इधर के हर्फ़ों की गवाही भी एक बार ध्यान से सुन लें। सधे हाथ जो निराई करें तो खर-पतवार के बीच भी कुछ काम का निकल ही आता है!

**—अजय सोडानी**

इंदौर
अगस्त, 2019

# क्रम

# इहलोक

# बटमारों से भयज़दा

दो फरवरी, दो हज़ार अट्ठारह।

यह सड़क मार्ग से इन्दौर से गुजरात की तरफ़ मेरा चौथा फेरा है।

अभी अरावली पर्वत शृंखला में छुपे माछलिया घाट से गुज़र रहा हूँ। हवा में अब तक सुबह की खुनक बची है जबकि दिन का दूसरा पहर बीतने को है।

घाट के अगल-बगल निविड़ भू-क्षेत्र। बबूल, महुआ के वृक्ष। कहीं-कहीं ढाक के पेड़ भी—जिनमें से कुछ एक पर ही फूल हैं। बाक़ी तो पवन के झोंकों पर अपनी कलियाँ रगड़ रहे हैं—उन पर प्रसव पीड़ा तारी है। होली आते न आते इनके गर्भ से भी नर्म-नाज़ुक गुल जन्म लेंगे। यदा-कदा इकलौते, बहुधा टोली में। फाग की मादक हवा का असर उनके सिर चढ़कर बोलेगा। वे उसी पवन की डोर थाम पेंगे भरेंगे, नृत्य करेंगे। मस्तों की टोलियाँ झूमते-झामते कूद जाएँगी भूमि पर—उसके कपोल, ग्रीवा, उरोजों पर सुर्ख़ रंग मलने के लिए। होली के मौसम में सर चढ़ने वाला यह नशा लिंग भेद नहीं करता। जाड़े से कँपकँपाती भूमि भी तो उतनी ही आतुरता से मस्तों की टोली का इन्तज़ार कर रही है। पर उसे थोड़ा और इन्तज़ार करना पड़ेगा। होली के डंडे तो गड़ गए हैं पर होलिका दहन होना जो बचा है अभी। वैसे बाज़ार में होली को भुनाने के जतन कबके आरम्भ हो चुके, किन्तु वन को कोई हायतौबा नहीं। पलाश के फूलों पर बस उसका क़ब्ज़ा। किसी अन्य को उन्हें रचने का हक़ नहीं। मनचाहे समय पर उत्पादन शुरू होगा और नियत वक़्त पर शटर डाउन। नॉन मोनोपॉली एक्ट गया तेल लेने! मार्केट की माँग—उसके ठेंगे पर! वैसे भी बाज़ार की चाह स्वयं के लिए धन-मेला करना, सृष्टि की मंशा सब के लिए आनन्द-मेला करना।

घाटी के तले में अब तक कुहासा पसरा है। कभी सूरज की कोई सक्षम किरण जब धुन्ध चीर लहरिल भूमि तक पहुँचती है तब ही पेड़ों के मध्य लुकी गेरुए छतों वाली झोंपड़ियों की ख़बर मिलती है। माछलिया घाट की सड़क के किनारे कुछ झोंपड़ियाँ हैं। उनके कच्चे आँगन में रखा टेबल-स्टोव, और दो-चार प्लास्टिक की कुर्सियाँ देख लगता है वहाँ चाय बेची जा रही है।

चाय की तलब है।

रुकूँ ?

मन दो फाड़ में। एक कहे हाँ...तो दूसरा घबरा कर कहे—नहीं...कभी नहीं। एक जुमला है न, 'बद अच्छा, बदनाम बुरा', वह माछलिया पर अक्षरशः लागू होता है। इस घाट के मुताल्लिक लूटमार के न मालूम कितने क़िस्से मालवा में सुने-सुनाए जाते हैं।[8] सनद रहे कि यह रास्ता भारत के सबसे असुरक्षित मार्गों में शुमार है। सो, मन की यह छोड़-पकड़ ग़ैरवाज़िब भी नहीं।

'कुछ ठहरकर चलें, सब कुछ कितना सुन्दर है, ज्यों किसी फ़िल्म का स्वप्न दृश्य,' फ़िल्मों की शौक़ीन अपर्णा के आग्रह ने विचार श्रृंखला भंग की।

'श्योर'।

विवाह की भट्ठी में तपे गुरुपुरुषों से सुना है कि अव्वल तो बीवी को कभी 'ना' कहना नहीं, जो मजबूरन कभी कहना ही पड़े तो ध्वनि 'हाँ' की ही होनी चाहिए। उनके ऐसे कई पैंतरे मैंने सप्रयास जीवन में उतार लिए हैं। सो आदतन मुख से 'श्योर' निकला। कार की गति कम भी की, पर थमा नहीं।

'क्या हुआ ?'

सड़क पर से नज़र हटा मैं उसके चेहरे पर फिराने लगा। मुस्कुराते हुए।

'रुको न।'

'यहाँ नहीं, कुछ आगे रुकते हैं। वैसे भी खाने का वक़्त होने को है।'

'चाय भी तो पीनी थी,' माछलिया घाट की तासीर से अनजान अपर्णा ने फिर कोशिश की। उसे मालूम कि चाय ठहरी मेरी कमज़ोरियों की लम्बी फ़ेहरिस्त की सरपेंच। कि मेरे ईमान का मोल फ़कत एक प्याली चाय। कि मेरे भीतर किसी सरकारी मुलाज़िम का वास।

गाड़ी फिर धीमी हुई, पर फिर सरपट, पहली बार चाय का निशाना चूका।

'नहीं रुक सकते।'

'क्यों ?'

'माछलिया घाट दिनदहाड़े लूट के लिए बदनाम जो है।'

'लूट! हमारे पास क्या है, जो जाएँ तो हम 'लुट' जाएँ ?'

'मेरे कने तुम हो,' मैं ठिलुवाई पर उतर आया।

'अपर्णा किसी से नहीं डरती,' वह मेरे चेहरे पर नज़र गड़ा कर इतराते हुए बोली।

'पर मैं आदमी से डरता हूँ,' मेरा चेहरा स्याह।

'उँह...अब आदमी से क्या डरना, उसके न फन, न विषदन्त...'

'और तिलचट्टों, चूहों के क्या फन होते हैं, तुम क्यों कूदती हो उन्हें देखकर ?'

'उँह, जो मुँह में आया बोल दिया। जो लूटने आएगा वो न तो कॉक्रोच होगा न ऊँदरा। आदमी ही होगा ना, आदमी से क्या घिन और क्या डर ?' उसने मुझ पर नज़रें

गड़ा दीं। मासूमियत से लबरेज़ नज़र। उस पल अपर्णा के चेहरे पर भी वही मासूमियत तारी थी—सारी दुनिया पर टूट कर भरोसा करने वाले बच्चे वाली। अच्छा है, दुनिया में दिल लगा रहने के लिए भीतर के बच्चे का ज़िन्दा रहना ज़रूरी भी है...किन्तु बच्चे की हर ज़िद पूरी भी तो नहीं की जाती।

'मेरे भीतर का बच्चा बुढ़ा गया है, बूढ़ों का आदमी से डरना लाज़िमी,' मुलायम स्वर में उसे बहलाते हुए मैं बोला।

'एँ, ये क्या बात हुई, फिर तो मुझे भी डर लगना चाहिए, मैं भी तो...'

'बूढ़ा मतलब बाप-दादा का जर्जर घर। रख-रखाव पर ख़र्च ही ख़र्च, आमदनी सिफ़र। इस मायने में स्त्री न कभी बूढ़ी होती है न बेकार ही। बढ़ती उमर के संग वह माँ होती है या नानी-दादी...' मैं जबरन ही बात खींच रहा था।

'वेक्कार की बातें करवालो तुम से...,' अपर्णा जब लाड़ में 'बेकार' को 'वेक्कार' कहे तो जान लीजिए कि बात उसके मन की है।

'बेकार नहीं...नहीं। लड़की, माँ, नानी-दादी पर गीत हैं, कविताएँ हैं, क्योंकि वे होती हैं हमेशा मानीखेज़, टटका। दादा-नाना जो काम के हैं तो उन पर कोई अविस्मरणीय कविता क्यों नहीं, सिवा निदा फ़ाज़ली द्वारा अपने पिता के मरने पर लिखी उस मरसिया के।'

अपर्णा स्मित हँसी के संग चुप। मेरा काम बन गया, माछलिया घाट बस गुज़रने वाला है। आप सोचते होंगे फोकट ही प्रपंच किया मैंने, पर...चलिए आप से क्या छुपाना, अन्तर में दबा वह क़िस्सा सुना ही देता हूँ...क्योंकि मैं तो इस घाट की तासीर से उन्नीस सौ सत्तासी से वाक़िफ़ हूँ—

> *वो कॉलेज के दिन थे, जब फटफटिया से गुज़रा था इसी राह, अपने ममेरे भाई के पीछे बैठ। बड़ोदा मेडिकल कॉलेज के पुस्तकालय में जाना था, वह शोधग्रन्थ पढ़ने जो मेरी थीसिस में आ रही अड़चनों से पार पाने में सहायक हो सकता था। हाथ में छुट्टी मात्र एक दिन, सात सौ कि.मी. की आवाजाही। भाई सहायता को प्रस्तुत हुआ और हमने सड़क मार्ग से किसी शुक्रवार की शाम चुपचाप निकलने का मन बना लिया। पर कॉलेज की सक्रिय राजनीति में शुमार बन्दा घर में भी पादे तो आखा कॉलेज महक जाए। महक गया—बात फैल गई। सुनने वाले भौचक। एम.डी. डिग्री हेतु शोधपत्र चार के चालीस करने की अक़्ल और इधर-उधर से की गई नक़ल से ही साधे जाते थे—हमारी तरफ़ शोध के लिए साधना करने की रवायत न तब थी न अब है। ऐसे वक़्त में थीसिस के लिए जिसे इतनी दूर जाने का जो ख़्वाब भी आए तो वह शख़्स लानत-मलानत का हक़दार। ऊपर से रात में माछलिया घाट पार करने का निर्णय। चाहने वालों ने समझाया। विरोधियों ने उकसाया। अखाड़े में चप्पल उल्टी। सब*

अपने-अपने दाँव लगाने में मशगूल। सब की नज़र हम पर, जाएगा या चाट लेगा अपना थूका?

एक मित्र ने घोषणा कर दी, 'भियाना डील में भेरुबाबा घुसी ग्या है, इणाके समझावा में फायदोइज़ नी।'

किसी ने नारा लगाया, 'हम सब एकट्ठे, सोडानी सर के पट्ठे, भिया तुम आगे बढ़ो...'

पट्ठे...माय फुट...तुम सब यहाँ कैन्टीन में चाय सुड़कोगे, उधर भीलभीलाले हमारी खाल खींच लेंगे। आग लगाने के लिए कुछ नारे ही बहुत, आगपेटी गई तेल लेने। मालवी के सारे सुने-अनसुने मुहावरे मुझ पर शाया होने लगे। नतीजन मेरी हिम्मत दो फाँक में विभक्त—जाएँ, न जाएँ। ईमानदार रहें या चोट्टाई पर उतर आएँ।

इधर कॉलेज का माहौल गर्माने लगा उधर घर में भी बेचैनी। एक बड़े-बूढ़े ने पूछा, 'कईं हुयूयो, गियो नी रे नाना' और कॉलेज की कैन्टीन में विरोधी पैनल के एक महाशय ने हाका लगा कर पूछा, 'भिया गए नी, फट ली क्या?' तो लगा कि अब जो मोटरसाइकिल से नहीं गए तो कॉलेज में इज़्ज़त के कांकरे हो जाएँगे। चुनाँचे बदनाम माछलिया से निपटने की ग़रज़ से एक गुप्ती क़मीज़ में छुपाई गई और शुक्रवार की साँझ निकल ही पड़े गुजरात को। उस काल में धार से झाबुआ के बीच कई डकैत गैंग सक्रिय थे, सो धार पार होते ही गुप्ती अपने खोल से बाहर आ हवा में लहराने लगी। जब दस्युओं से दो-दो हाथ करने का मन बन गया तो पुलिस से क्या डरना! वैसे उस रात सारे रास्ते हमें दो-चार लोमड़ियों व सियार के अलावा कोई हिंस्र पशु नहीं मिला—न डकैत, ना सिपाही। उस समय मध्य प्रदेश की सड़कें लगभग कच्ची ही थीं—पथरीली और धूल भरी। गुजरात में, सड़कों पर काम चल रहा था, जगह-जगह खुदाई, पग-पग डायवर्शन, हर ओर धूल। रात तीन-चार के दरमियान जब बड़ोदा में एक सराय के चैन से सोते मैनेजर को उठाया तो हमें देख बेचारे की चीख़ ही निकल गई। पेट में वो अलबट्टा पड़ा कि हमारे आगे रजिस्टर करने के पहले ही भाई साब सीधे संडास में। घर लौटे तो वहाँ भी हमें देखते ही अफ़रातफ़री। सब यूँ लिपट-चिपटकर मिले कि हम घर के लौंडे नहीं जंग से जीवित लौटे सिपाही हों। मालूम हुआ कि जिस रात हम माछलिया पर थे उसी रात ब्रह्म मुहूर्त में घाट पर जबरदस्त लूट हुई थी। बटमारों से झूम-झटक करके भी माल तो न बचा पाए अलबत्ता कुछ लोग अपनी जान ज़रूर गँवा बैठे...

इसके बाद गुजरात में अगले दो फेरे क्रमशः मई 1995 तथा जनवरी 2001 (भूकम्प के अगले दिन) में लगे। 1987 के बरअक़्स आज म.प्र. की सड़कों के हाल बेहतर हैं पर मेरे अन्तर में व्याप्त माछलिया घाट प्रचोदित भय में राई-रत्ती भी फ़र्क़ नहीं। पुराने डरों की तासीर भी ज़ख़्मों की-सी, दोनों से पूर्ण मुक्ति सम्भव नहीं। ऊपर से आज पास न कोई शस्त्र, न औजार। जोखिम है कि पहले से बढ़कर। इस दौर में स्त्री के संग सूनी सड़कों पर निकलना, मनकही जगह थमना-ठहरना, पागल हो गए क्या मियाँ? जहाँ देश-प्रदेश की राजधानियाँ महफ़ूज़ नहीं वहाँ माछलिया की ज़िम्मेदारी कैसे ली जाए? मियाँ, डाकुओं से लड़ा-भिड़ा जा सकता है, दरिन्दों से नहीं। ख़ैर।

अपराह्न चार बजे अहमदाबाद पहुँचे। दूसरे शहरों के मानिन्द यह भी मुटा गया है। मूल शहर कई किलोमीटर बाहर बने 'बाय-पास' की सीमाओं को कब का लाँघ चुका पर इसे अब भी सुकून नहीं। वैसे कोई गाँव-शहर कितना भी बदल जाए उसकी तासीर नहीं बदलती। बाम्बे की भागाभागी, महू की मुँहजोरी-बेबाकी, इन्दौर की चटोरी जुबान, बनारस में पंडों के तीखे बयान, कलकत्ते का दोपहर को सोना और दिल्ली में ठगी का होना—सब ठहरे इन जगहों के स्थायी भाव। जो ये बदल जाएँ तो शहर पहचाने न बने। इसी तरह अहमदाबाद की पहचान है वहाँ का बेतरतीब ट्रैफ़िक और ऑटो-वालों की विशिष्ट अदा। ये भिया लोग ऑटो चालू होने के बाद न तो हैंडल छोड़ते हैं, न गर्दन ही मोड़ते हैं। थमना हो या घूमना—इशारे के लिए पैर चार इंच बाहर निकाल उसका अँगूठा भर हिलाते हैं। पीछे वाले की भैंस गई पानी में, भिया जी बेख़बर। ऑटो वालों से चार हाथ की छेंटी की दरकार पर इधर तो दो गाड़ियों के बीच नाक फँसाने की जगह नहीं। इन नेता-अभिनेताओं का क्या, मुँह उठाके बोल दिया—'कुछ दिन तो गुज़ारो गुजरात में' और हम बौड़म फँस गए। हाल यह कि बाय-पास पर चलने में ही पसीने छूटे जाते हैं, जो शहर में घुस जाएँ तो बाहर निकलने में हमारा मलीदा बनना तय जानिए। पैदल चलने वालों के तो हाल ही मत पूछिए—पैर सड़क पर तो जान हथेली पर। बड़े शहरों की क्षुधा सदा असन्तृप्त-दानवों की तरह। रोज़ एक गाँव लील लें, फिर भी न थमें, न पादें, न डकार लें। ऐसे शहरों की यदि जबरन 'बेरियाटिक सर्जरी' न की गई तो ये एक रोज़ धमाके के साथ फट ही जाएँगे।

हमारा इन्दौर भी यहाँ से पतला नहीं मूतता। स्मार्ट शहर बनने की आपाधापी में वो भी सारी वर्जनाएँ और संवेदनाएँ सुपुर्द-ए-ख़ाक कर चुका है। कुछ ग़ज़ब-सा घट रहा है हमारे यहाँ इन दिनों। विगत कुछ दिनों से वहाँ के एक रहवासी इलाक़े के कुत्तों पर जुनून-सा तारी है। दिन भर नामालूम जगहों पर दुबके रहने वाले ये जीव सूरज ढलने के बाद सड़क पर उतर आते हैं। झुंड बनाकर सड़क से गुज़रने वालों पर लपकते हैं, काटते हैं। ज्यों-ज्यों तम पसरता है, त्यों-त्यों उनका माथा फिरता जाता

है। आधी रात बाद बरसता है उनका असल कहर। तब वे घरों के बाहर खड़ी फटफटियों को गिरा देते हैं, उनकी सीटें फाड़ उसे छिन्न-भिन्न कर देते हैं। वे कारों पर बेकदर पंजे रगड़ उसकी शक्लोसूरत बिगाड़ देते हैं। ये मामला क्या है? क्यूँ है? भूख। शायद हाँ। गाड़ियों द्वारा इनके बच्चों-बूढ़ों का रोज़ कुचले जाने पर क्रोध? शायद हाँ। यह आचरण, सम्भव है कि उनका विरोध प्रदर्शन हो। अगर क्षुधा और अत्याचार सड़क छाप कुकुरों में चेतना जगा सकता है, तो इनसे बदतर हालातों में जीते-मरते सड़क के आदमी को कब तक बहलाया-फुसलाया-चुप बैठाया जा सकेगा? कोई अचरज नहीं कि आने वाले वक़्तों में शहर में खाने-घुसने-बसने के हक़ को लेकर भभके लोग सड़कों पर उतर आएँ, दुनिया भर में गृहयुद्ध होने लगें। झोंपड़ी वाले अलग, फ़्लैटों वाले अलग, गाड़ी वाले अलग और दिहाड़ी वाले अलग—वो लातम-जूता होगी कि थामे न थमेगी। डर लग रहा है...

# नमक की चिपचिप

अगले दिन पौ फटने के पहले ही हम सड़क पर थे। मंशा ? शहर जागने के पहले ही अहमदाबाद से फूट लेने की। पर हाय रे मेरा बुड़बक माथा, कितना बेख़बर। उसे यह भी नहीं पता कि बड़े शहर कभी सोते नहीं। जैसे-जैसे शहर की औसत आय बढ़ती है, वैसे-वैसे उसकी औसत निद्रा-अवधि घटती है। अश्वों की तरह चौबीसों घंटे चरने वाले बड़े शहर रातें भी खड़े-खड़े ही काटते हैं। मझोले शहरों की एक-दो घंटे की नींद ही अख़्तियार में। बड़े-मझोले की कगार पर खड़ा है अहमदाबाद, सो सड़कों का हाल शाम से कुछ बेहतर किन्तु देर सुबह तक वीरान सड़कों के आदी हम छोटे शहर वासियों के लिए वह भी भारी। अन्धाधुन्ध भागतीं, 'कट' मारती गाड़ियों, भींचते जबड़े और घूरती निगाहों से बचते-बचाते हम किसी प्रकार साणंद पहुँच ही गए।

शाम को भुज पहुँचने का मन है। साणंद के बाद सड़क बेहतरीन है, फ़ोर लेन हाईवे—एकदम मक्खन। आजू-बाजू के पेड़-पौधों, राह रोकती बस्तियों, पहाड़ियों को ज़मींदोज़ करते हुए ये सड़कें प्रमुख नगरों को परस्पर जोड़ने हेतु आविष्कारित हैं। द्रुतगामी गाड़ियों के अनुकूल ये सड़कें अमूमन तो किसी गाँव-क़स्बे के क़रीब फटकतीं ही नहीं, और जो कोई ढीठ गाँव राह न छोड़े तो ये तपाक से पुल पर चढ़ गँवठियों को ठेंगा दिखा निकल लेती हैं। ये सीधे-सरपट रास्ते चिकने सही पर कितने नीरस, कैसे निर्लोच—इनमें टशन तो भरपूर पर आकर्षण नदारद। हमारे म.प्र. की सड़कों के साथ चलते वे सुन्दर भू-दृश्य यहाँ से गुम हैं। नदारद हैं वो ऊबड़-खाबड़ ठेठ ज़मीनें, वे बरगद-पीपल-पलाश के छायादार विटप—उन पर चहकते-फुदकते पाखी और नज़रें गड़ाकर बैठे वे उकाब। यहाँ सड़कों के गिर्द एक रंग यंत्रीकृत खेत हैं—न हल, न बैल न बिजूके। जहाँ खेत नहीं वहाँ पसरे हैं, सूने, बेधज, मरियल, अवसादग्रस्त ज़मीन के तितर-बितर टुकड़े। इस निस्तेज धरा को बीहड़ कहना भी ठीक नहीं। बीहड़पन में अपना एक खिंचाव होता है—एक तर कर देने वाला आकर्षण—निरखो तो तरावट जिगर में भी महसूस हो, नज़र में भी। सर पर मटकी, कमर पर गगरी—बलखाती पनिहारिन को देख हिया में जो हिलोर होए वो नलके से जल भरती आतिशी-बाला को देख थोड़े ही होती है। रस-शोधक विकास-यंत्र में इसकी पिराई हो चुकी, इधर की वसुधा अब रसहीन है।

ख़ैर, जाने दें, अपनी रौ में बहते हुए कहाँ का किधर पहुँच गया। समय की दरकारानुसार काल का व्यापार सब बदल देता है, बदलना भी चाहिए। वरना जिस आसानी से, हँसी-ठिठौली करते अपन कच्छ जा पा रहे हैं, वह कुछ अर्से पहले तक कहाँ थी। ज़्यादा वक़्त नहीं हुआ जब पके-मँजे यायावर तक भी इस क्षेत्र को दूर से प्रणाम कर निकल लेते थे। कच्छ की सीमाएँ ऐसी ही हैं, पुख़्ता और सावधान। भीतर ढुकने वास्ते पहले लायकी साबित करो। या तो सागर लाँघो या फिर रेगिस्तान को पछाड़ो। सागर भी धीर-गम्भीर नहीं—महाकाय लहरों और तीक्ष्ण हवाओं से लैस। रेगिस्तान भी औरों जैसा रेशमी-रेतीला नहीं, माटी-नमक-विभ्रमों से अटाटूट रन। और इधर की ज़मीन—वो भी जब-तब करवट बदले। हिन्दी में ज्ञात सागर, रेगिस्तान, धरती को दी गईं सारी सुन्दर उपमाएँ यहाँ घुसते ही ध्वस्त! अनुभवी यायावरों के लिए ज़मीन से जल को साधना आसान। सो यायावरों ने इधर भी साध लिया अरब सागर। व्यापारी सदा यायावर का अनुगामी ही रहा। घुमक्कड़ महीनों-बरसों की भटकन बाद जो लीक बनाए, व्यापारी उसे आनन-फानन सरल-सुगम बना दे। समुद्री राह पकड़ यहाँ पश्चिम से इराक, ईरान, हालैंड, अफ्रीका, रूस आदि अनेक देशों के व्यापारी, लखपत, नारायण सरोवर, कोटेश्वर, माँडवी पहुँचे। पूर्वकाल में, भारत की तरफ़ से आने वाले कुछ महारथियों ने पूर्वी रन लाँघा (लिटिल रन/छोटा रन) पर अलेक्ज़ेंडर बर्नीज़ ने 1834 ई. में,[9] श्रीमती पोस्टॉन ने 1839 ई. में,[10] और रशब्रुक विलियम्स ने 1958 ई. में[11] रन को पार करने में होने वाली दुश्वारियों के बारे में जो लिखा है उससे प्रतीत होता है कि कच्छ तक पहुँचने का सबसे प्रचलित ज़रिया समुद्री यात्रा ही थी। यानी मुम्बई से माँडवी तक समुद्री मार्ग की दस-बारह दिनों की यात्रा। राबर्ट सिवराइट ने, जो छोटा रन लाँघ 1907 ई. में कच्छ पहुँचा, इस मार्ग के बारे में जो रिपोर्ट पेश की उसका एक अंश यह रहा—

> *'मैं मोरवी में रात्रि विश्राम के बाद मालिया पहुँचा। मालिया से कुछ मील चौड़े, रेतीले तथा ठिगनी पहाड़ियों से अटे क्षेत्र को पैदल पार करने के उपरान्त असल रन शुरू होता है। रन को पार करने के वास्ते उसी लीक पर चलना चाहिए, जिस पर आम आदमी नियमित आते-जाते हैं। यदि लीक छोड़ी, और यदि स्थानीय बन्दा संग नहीं तो रन पार करना सम्भव नहीं। रहबर साथ होने के बाद भी मुझे रन के मध्य में पहुँचने के पश्चात् मरुमरीचिका से विभ्रमित हो सूरज ढले तक थमना पड़ा। नतीजतन रन के उस पार, शिकारपर, पहुँचते हुए रात हो गई...'*[12]

सिवराइट के बताए उपर्युक्त मार्ग पर अब 'हाई-वे' बन गया है, जो साणंद, ध्रंगध्रा, हलवड़, मालिया, शिकारपर, समखयाली होकर भुज पहुँचता है। मालिया सौराष्ट्र में, शिकारपर कच्छ में दोनों के मध्य स्थित 'दी लिटिल रन' (रन की पूर्वी भुजा) से बच

कर निकलने हेतु अब एक उड्डनपुल की सुभीता है। हम इधर मालिया पार कर छोटे रन पर बने पुल पर आगे बढ़े उधर जगजीत सिंह की रेशमी आवाज़ कार में गूँजने लगी, '...भले छीन लो मुझसे मेरी जवानी, मगर मुझको लौटा दो बचपन का सावन, वो काग़ज़ की क़श्ती वो बारिश का पानी...।' लगा कार पर सिवराइट की आत्मा सवार हो गई हो, मरे मानुस की सुन मत लीजो प्रभु जी। वरना हमारी यात्रा तो यहीं फुस्स! शुक्र है भगवान ने जिन्दों की सुनी। सी.डी. अटक गई, सिवराइट कार से बाहर।

मेड़ों में क़ैद सागर। वैसे इन दिनों सागर जल इधर पाइप में सफ़र करके पहुँचता है। ज्वार-भाटों का इन्तज़ार ख़त्म

गीत ग़ज़ल से मुक्त हुए तो बाहर के उन्मुक्त दृश्य पर ध्यान गया। दीठ की सीमाओं के परे तक पसरा अथाह जल। मेढ़ों के सीखचों में क़ैद हिलोर विहीन समुद्री जल, फिर भी सन्तृप्त, फिर भी शान्त। वाह रे पानी का चरित्र। वाह! वाह! अपेक्षानुसार ढल जाने की तासीर। बिजली बनाने को सन्नद्ध भाँय-भाँय करते जल को देख सहसा भरोसा नहीं होता कि अंजुरी में आ यही नीर तमाम क्रियाओं को स्थगित कर किसी की प्यास बुझाने या पदप्रक्षालन को प्रस्तुत हो सकता है। वैसे सामने, मेढ़ों के मध्य, तो कच्छ की खाड़ी से कांडला और सौराष्ट्र के मध्य की क्रीक का वह पानी है जो समुद्री स्तर बढ़ने पर इधर तक आ जाता है। समुद्र लौट जाता है, पर नहीं ले पाता संग मानव निर्मित मेढ़-जाल में फँसा अपना जल। कुनबे से विलग जल हो, आदमी या जानवर—आखेटक की प्रथम चाह। सूर्य भी टूट पड़ता है जल पर, चूस डालता अन्तिम क़तरा उसके वजूद का। अग्निदाह के बाद बच रहता है छार-सागर का आख़िरी निशान—नमक, मेढ़ों के मध्य भुरभुरा, बिखरा। जल के जलने से बना नमक ज़ख़्मों को छू कर जलन न मचाए तो क्या करे? जो जैसा पाएगा वही तो लौटाएगा!

जल-खेतों के मध्य की ये मेढ़ें, साधारण मेढ़ों जैसी अल्हड़, छरहरी नहीं बल्कि अच्छी-ख़ासी मोटी-ताज़ी हैं। जिन पर नमक सुखाने, साफ़ करने की बड़ी-बड़ी

मशीनें हैं, ट्रैक्टर-डम्पर-ट्रक हैं, मालिकों के फ़ाइबर हट्स हैं, टापरों के झुंड हैं— मज़दूर बस्तियाँ हैं, मुफ़लिसी है, बेग़ारी है, बच्चे हैं, बाल श्रम है, क्रिकेट है और श्वेत सारस पक्षी भी हैं। साहूकार जब मेड़ पर ही आ बैठे तो कामगारों की जान गई कि गई। सुना है कि यहाँ हालात भी ऐसे ही हैं। हमें अपने भोजन में स्वादानुसार नमक मुहैया करवाने हेतु मज़दूर-मज़दूरनियाँ नमकीन पानी में, कड़क धूप में, कठोर श्रम करके क्या पाते हैं? जवाब मिला नमक के एक खेत के चौकीदार, झुम्मा से। उसने बताया कि अब सागर-जल के यहाँ चलकर आने का इन्तज़ार नहीं किया जाता। उसे मजबूत मोटरों से खींच मोटे-मोटे पाइपों के ज़रिये यहाँ लाकर खेतों में भरा जाता है। धूप से नमक पकाया जाता है। ज्यों-ज्यों नमक पकता है, पानी का रंग बदलता है। जल पर गुलाबी रंगत चढ़ी यानी नमक तैयार। मज़दूर पानी में हलनुमा यंत्र चलाते हैं, नमक बाहर निकालते हैं। उसे साफ़ जल से धोया जाता है। धुला नमक ठेकेदार ले जाता है। श्रमिक पाता है दस रुपये प्रति टन। ठेकेदार को दिया जाता है सौ रुपये टन में।

झुम्मा के अनुसार एक मज़दूर परिवार प्रतिदिन तीन सौ रुपये पा जाता है। एक परिवार की दैनिक आमद एक कामगार के नाम पर दर्ज होती है। लो जी लो, हो गई न्यूनतम मज़ूरी। बल्कि उससे कुछ बढ़कर ही। परन्तु इससे किसी का घर चल सकता है क्या, जब कि इसमें से औसतन बीस टका तो सरकार ही छुड़ा लेगी— नाना प्रकार के करों के माध्यम से। 'जन सहयोग' या 'प्राइवेट पब्लिक पार्टनरशिप' जैसे निर्मल नामों की आड़ में सड़क से गुज़रते समय या शिक्षा, चिकित्सा मुहैया करवाते बख़त। कोई बताए इन्हें कि भागीदारी तो दो तरफ़ा हुआ करती हैं, यह कैसी जबरन थोपी 'पार्टनरशिप' है, जिसमें एक पार्टनर (पब्लिक) निवेश पर तो बाध्य है पर उसका निवेश के मुनाफ़े पर धेला भर भी अख़्तियार नहीं? सरकारें हर काल में सबसे विकट बटमार रही हैं, हर दबिश से महफ़ूज़। 'माछलिया' तो फोकट में बदनाम है। इसी विडम्बना के चलते—दीगर जगहों की तरह यहाँ भी बच्चे-बच्चियाँ खटते देखे जा सकते हैं। मज़दूर कहते हैं, पढ़कर भूखे मरने से खट कर ज़िन्दा रहना बेहतर। ग़रज़े कि इन मेड़ों पर सारी दुनिया है और दुनियावी सब ढंग भी—बस नहीं है तो रंग—सब श्वेत-श्याम—परिदृश्य भी, जीवन भी। सूखे नमक में भी जो एक चिपचिपाहट होती है न, वह इन मज़दूरों के पसीने की है—विज्ञान माने न माने, मेरी बला से!

पर क्या करें आजकल जुमलों से मानस में सेंध लगाने का खेल चल रहा है। मानस में गूँथे पारम्परिक शब्दों से उनके सन्दर्भ खुरच, उन्हें पुनः सोच में ठेल देने का खेल। जैसे 'वसुधैव कुटुम्बकम्'। जिसे खुरच-खुरच तब्दील कर दिया गया है 'ग्लोबल विलेज़' में। वसुधैव कुटुम्बकम में अन्तर्निहित था प्रेम तथा सौहार्द। पर

बेरहम पगडंडियों पर आस भरी नर्म पगतलियाँ

ग्लोबल विलेज के परोक्ष में है व्यापार। अब व्यापारी ही अपने वेद रच रहा है। अपने आशयों को अतीत कर अश्लील हो गए शब्दों को हमारे बीच धर रहा है, ऋचाओं की मानिन्द। किसी भले मानुष ने कभी कहा होगा कि 'मनुष्य है क़ुदरत की सर्वोत्तम रचना।' फिर किसी चेले-चपाटी ने आगे जोड़ दिया, 'निरन्तर विकास ही मानव जीवन का उद्देश्य।' सूझ गया एक और जुमला—विकास। लो जी लो, मच गई होड़—विकास को नित नूतन ढंग से परिभाषित करने की। एक ओर चन्द ज्ञानी, दूसरी तरफ़ हम अन्ध भक्त। ज्ञानियों को मेवा-मिश्री, भक्तों को बस उपवास। ज्ञानियों की पौ-बारह, भक्त करें जय-जयकार।

किसी भाई ने पूछा ही नहीं कि मनुज-जीवन जो आगे ही 'सर्वोत्तम' है, उसको बेहतर बनाने की दरकार क्यों?

कि विकास के मायने क्या?

कि इस 'निरन्तर विकास' में 'निरन्तर' की सीमा कहाँ?

किसी ने नहीं कहा कि 'श्रीमान क़ुदरत की नज़र में क्या मानव क्या शजर, सब एक।'

जो कहा तो सुनने को मिला, 'यू विकास विरोधी रास्कल। डोन्ट टॉक, जस्ट वॉक विद अस।'

लीजिए श्रीमान लोगो, हम चल पड़े विकास की राह पर। आवाज़ दो हम एक

हैं। तुम मुझे आराम दो मैं तुम्हें अपनी माँ दूँगा। दबोच लिया अदिति को। कर डाला धरा का आँचल तार-तार। खुरच डाले पहाड़, जंगल, नदी, ताल-तलैया, पाखी, परम्पराएँ। हर सिम्त घचाघच्च...घच्च...कराहें...चीख़ें...आहें...।

सामूहिक बलात्कार को चुपचाप देखने के एवज़ में हमें मिला 'विकसित' का तमगा। गाड़ी, बंगले, एसी, मॉल, टीवी, बाँध, प्रदूषण, कैंसर, मधुमय, मोटापा, मिलावटी अन्न, सजावटी पेड़ और जगमगाते शहर भी। इस पर भी क्या शहरों में परेशानियाँ ख़त्म हुईं? उन्हें चिन्ता मुक्ति मिली? वहाँ से भुखमरी भागी? क्या उधर सबको छत मिली, और मिली हर एक को समुचित सुरक्षा, शिक्षा तथा साफ़ पवन?

भूले से जो कोई कसमसाया तो उनको बॉब नाइट ने समझा दिया, 'जब बलात्कार अवश्यम्भावी है तो आराम से लेटो और उसके मज़े लो।'

इधर चिलचिलाती धूप में पुल से सट कर यह सब सोच रहा था कि उधर एक दिलख़राश दृश्य नमूदार हुआ। नेपथ्य में शहरों को जगमग रखने वाली पवन-चक्कियाँ, मध्य में भोजन का स्वाद बढ़ाने वाले नमक के खेत और हाशिए पर—जल ढोती दो मानव आकृतियाँ। वैसे मैंने उनका आपसी सम्बन्ध पूछकर नहीं जाना पर थोड़ा थम के उनकी चाल, हाव-भाव देखने पर जो शब्द ज़ेहन में कौंधा वह था 'माँ और बेटी'। एक सूक्ष्म लिजलिजे धागे को अपने डिम्ब में भाँज सजीव-सवाक् बिम्ब रच, अपनी रचना के पीछे लगभग निर्वजूद-सा चलने वाला रचनाकार माँ के अतिरिक्त कौन हो सकता है? सो माँ और बेटी। दोनों के ऊपर सारे कुनबे की प्यास बुझाने की ज़िम्मेदारी है शायद। पर बेटी के सर पर अपने वज़न से भी बढ़कर बोझा। लवण-रेत से बनी तपती मेढ़ पर दोनों नंगे पैर। इन्तज़ाम पूरा था—ज़ख़्म देने का भी, नून मलने का भी! पूँजी आधारित अधुना व्यवस्था की सारी विडम्बनाएँ और समस्त विद्रूप मेरे सामने निर्वस्त्र खड़े थे। मेरी पेशानी भीग गई थी, कल्लों के क़रीब से पसीने के रेले बह निकले थे। मेरे भीतर का सारा नमक भरभरा कर बाहर आना चाहता था—घाम और नंगे पैरों से अपना नाता दरूनी लवण कभी नहीं भूलता...

उस बच्ची का बोझा ढोना इज़ ओ.के. सर जी। वी आर...एन्जॉइंग दिस फ़ोटोजेनिक सीन...सर जी। यू डू दि नीड फुल...घच्चाघच्च...घच्च...घच्च...

# बिजूकाओं के स्मृति द्वीप

वैसे आप जो इस राह-गुज़र से गुज़रें तो यह सब आपकी नज़र से थोड़े ही चूकेगा। यूँ कि आपकी पारखी निगाहों के सामने मेरा देखा राई-रत्ती भी नहीं। फिर भी यहाँ के बिजूकाओं पर दो शब्द कहना मुझ पर लाज़िमी। उनसे वादा जो ठहरा। सो उनका ज़िक्र किए बग़ैर जो आगे बढ़ गया तो लानत भेजेंगे वे मुझ पर। बोले तो बिजूकाओं से मेरा कोई पुराना राबता। लगे मानो झाँकती हो पुरानी तसवीर कोई, दराज़ में बरसों से बिछे पेपर के नीचे से। जाने कैसा-कैसा होने लगता है इन्हें देखते ही। इनके क़रीब पहुँचते ही कान घनघनाने लगते हैं। मुझे सुन पड़ती है—कहीं से आती एक आवाज़—वॉकी-टॉकी पर कोई कुछ कहता हो जैसे। मानो कोई पुकारता हो मुझे, मेरे ही भीतर से! जब से राह-गुज़र के गिर्द चन्द बिजूका नज़र आने लगे हैं, अन्तस-स्वर तेज़ से तेज़तर होता जाता है। कुछ वक़्त लगा बूझने में कि यह पुकार उन स्मृति द्वीपों से उठ रही है—बिजूकाओं के पूर्वजों की बस्तियाँ हैं जहाँ। इन आवाज़ों से बचना मुश्किल। थमने के इसरार को नज़रअन्दाज़ करना ग़ैर मुनासिब। वैसे भी इस सफ़र का मक़सद ही स्मृति-द्वीपों की तलाश है, बाहर से भीतर की राह ढूँढ़ना है। सो थमा।

हर बिजूका के क़रीब गया, दुआ-सलाम किया। हाल और हालातों की दरयाफ़्त हुई। कह चुका हूँ कि बिजूका मेरे पुराने सम्बन्धी हैं। आपके भी। इनसे हमारा राबता तब का है जब आदमी ही बिजूका बन जानवरों को डराता, बुरी आत्माओं को भगाता था। भरोसा न हो तो भोपाल के समीप भीम बेटका की गुफ़ाएँ देख लें। जहाँ गुहा मानव ने इसके अनेक गवाह भित्ति चित्रों में रख छोड़े हैं। या सुन्दरवन का एक फेरा लगा लें, जहाँ आदमख़ोर बाघ को डराने की ग़रज़ से आज भी आदमी बिजूका का वेश धारण कर खेतों में काम करते हैं।

विश्व में शायद ही ऐसा कोई देश हो जहाँ कोई न कोई टोना, किसी न किसी पुतले से जुड़ आज भी ठहठहा न रहा हो। क्रिसमस पर सांता, दशहरे पर रावण, पूजा में सुपारी पर मोली[13] लपेट बनाए गणेश, काले जादू वालों के वुडू, छत पर लटके काले मटके—ऐसे न जाने कितने पुतले हैं जिनका अपना जीवन दो-चार घंटों या दो-चार महीनों से अधिक नहीं होता पर वे मानुष जीवन का अटूट हिस्सा हैं। उपर्युक्त में से टोने-टोटकों से जुड़े पुतले तो आदिम संस्कृति से प्रक्षिप्त हो अधुना संस्कारों में आ पैठे हैं। जहाँ तक खेत-पुतलों का मसला है, ये कृषि संस्कार के उदय के संग आविर्भूत हुए होंगे।[14] खेतों में दिन-रात खटता, पाखियों को भगाता बिजूका, भूत-प्रेतों को डराने वाले टोटकों से अलहदा। सम्भवतः आज के 'रोबोट' का आदि संस्करण है—मानव के एवजी की तरह काम करने के हेतु आकल्पित पहला पुतला। आदमी की वैज्ञानिक सोच के प्रथम परवाज की 'स्मृति' समेटे होता है हर बिजूका। जैसे पेट की अगन से जंगल में भटकते मानव को खेतों से ठौर-ठहराव मिला, उसी तरह एक छोटे से अन्नप्राचूर्य क्षेत्र के प्रादुर्भूत होने से पाखियों में नवीन जीवन पद्धति विकसित हुई होगी। अपनी फसल की जीव-जन्तुओं से रक्षा करना खेतिहर की प्राथमिक दरकारों में तब से ही शुमार है। इतिहास की पहुँच से दूर उस काल में बने पहले बिजूके का हाल तो फक़त दरूनी याददाश्त में बावस्ता है।

बाद में किताबें कहती हैं कि बिजूका सर्वप्रथम इजिप्ट में नील नदी के किनारे लकड़ी की काया में नमूदार हुए।[15] ग्रीस के किसानों द्वारा इनका उपयोग ई.पू. पच्चीस सौ में होने का हाल भी दर्ज है। यूरोप, विशेषतः इंग्लैंड में इनका ज़िक्र पन्द्रह सौ साठ में लिखी एक पुस्तक में आया।[16] उपनिवेशवादी मानसिकता वाले देश में खेतों की रखवाली चिथड़े लपेटे ग़ुलाम ही करते होंगे, क्योंकि यहीं बिजूका को उसके ग्रीक देवता 'प्रयापस' का कुरूप जामा उतार चीथड़े पहनाए गए और इसे नाम दिया गया 'मॉकिन', जिसका शाब्दिक अर्थ गन्दे, बेतरतीब, नगण्य लोग होता है। इसी देश में बिजूका को और कई नाम मिले, उनमें से एक था 'जेकलेन्ट', जो कि उस काल में बहुप्रचलित खेल 'जेक-अ-लेन्ट' से प्रेरित है।[17] इस खेल में, जो शायद ग्रीस में मानवों के संग खेला जाता था, मैदान में खड़े एक पुतले को लाठियों से तब तक पीटा जाता था, जब तक कि वह धराशायी न हो जाए। 'लेन्ट' एक

अनेकार्थी शब्द है, आधुनिक शब्दकोश में इसके मायने 'उधार देना' भले ही हो, पर उस काल में जब यह खेल जारी था, तब यह शब्द जुदा अर्थों में प्रयुक्त होता था। चौदहवीं शताब्दी में इस लेन्ट के ये तीन मायने हुआ करते थे—(1) मूत्र, (2) भिखारी या ग़रीब बनाना और (3) पुरुष वेश्या।[18] जो हो पर ये सब तो लिखने की रवायत शुरू होने के बाद की जानकारियाँ हैं, उसके पहले का जो है सब हम तक परम्पराओं के मार्फ़त ही तो पहुँचा है।

बहरहाल, हमारे ये पुराकालीन हमसफ़र हमारे संग-संग बदले और आज नाना रूप-नाम धर समूचे विश्व में खेत रक्षक के रूप में समादृत हैं। मसलन, हिन्दुस्तान की हर तालूका में भिन्न प्रकृति व प्रवृत्ति के बिजूकाओं के दीदार होते हैं। मुझे लगता है कि जहाँ एक ओर बिजूके किसान का ज़मीन से जुड़ाव बताते हैं, वहीं दूसरी ओर पुतले की बनावट-सजावट तथा देख-रेख, कृषक की माली हालत, शिक्षा स्तर एवं कला अनुरक्ति की भी ख़बर देते हैं। मैं इसी आधार पर वर्गीकृत कर इन्हें देखता हूँ। इससे इनके संस्कार समझने में सहूलियत होती है—

1. अशरीरी बिजूका—इन्हें देखकर ही समझ आता है कि बेचारे निहायत कंजूसी तथा बेमन से बनाए गए हैं। खेत के बीच ठूँठ गाड़ एक चिन्दी (बहुधा, गन्दा फटकेनुमा कपड़ा) बाँध, या कभी-कभी तो खेत की बाड़ पर ही चिन्दी लपेट बिजूका बनाने की औपचारिकता पूरी की जाती है। यदाकदा चिन्दी का स्थान बिसलेरी की ख़ाली बोतल, पिचका टीन, फूटा जरिकेन ले लेते हैं। इन दिनों इसी तरह के बिजूके अधिक देखने में आते हैं।
2. तांत्रिक-मांत्रिक बिजूका—अपने सबसे साधारण रूप में ये बाँस पर काली मटकी औंधी धर के खेत के मध्य खड़े पाए जाते हैं। ध्यान देने की बात

है कि साधारणत: बिजूका की ग्रीवा के ऊपर सिरनुमा एक आकृति भर बनाई जाती है—मुँह, नासिका, नयन हीन मस्तक। ऐसे में जो इनको नयन मिल जाए तो जानिए कहर बरपा कि बरपा। ठीक यही करते हैं तांत्रिक बिजूका, जिन्हें काली मटकी पर सफ़ेद रंग (खड़िया अथवा चूना) से बनी मुखाकृति मिलती है। ग्रीवा के गिर्द होता है लाल कपड़े का गुलूबन्द। गर्दन के नीचे अधिकतर कुछ नहीं पहना होता—यानी कि नंग-धड़ंग। कहीं-कहीं मसान-वासी औघड़ों-सा काला बाना पहने भी होते हैं ये बिजूका। खड़ी फसल पर ठोड़ी टिकाकर, पलकहीन आँखों से भकर-भकर घूरते ऐसे काले ठुस्स बिजूका की मुंडी अकस्मात दिख जाए, तो अच्छे-अच्छे पनाह माँगने लगें।

3. सर्वहारा बिजूका—इनको सर-धड़-हाथ-पैर ढाँपने को वस्त्र मिलते हैं, पर शरीर पर गोश्त नहीं होने के बायस इनके कपड़े हवा चलने पर फड़फड़ाते हैं, और अन्दरूनी ढाँचे से चिपट जाते हैं। 'डेढ़ हड्डी का', 'एक फूँक दो तो उड़ जाए' ऐसे जुमले इन्हीं को देखकर गढ़े गए हैं, शायद।
4. पारम्परिक बिजूका—ये होते हैं किसानों के हू-ब-हू। इनका पारम्परिक बाना निवास अंचल के अनुसार ही होता है। राजस्थान में धोती, फेंटा, कुरता, सोंटा। महाराष्ट्र में पाजामा, कुरता और शेतकारी सफ़ेद टोपी। गुजरात में कट्ठीवाड़ा परिधान। बिजूकि (महिला खेत संत) घाघरा-चोली, साड़ी, लुगड़ा, सर ढाँपे नज़र आती हैं। यदाकदा इनको श्रृंगार के अन्य सामान भी मिल जाते हैं—जैसे पाटले, हार, कमरबन्द आदि। मैं इनकी धज बिजूका-जगत् में सबसे उम्दा मानता हूँ।
5. टशन वाला बिजूका—ये होते हैं गठीले-सजीले नौजवान। पैंट, जींस, टी-शर्ट, गॉगल, हाथ में बोतल...क्या नहीं हासिल इनको। कोई-कोई तो अपनी माशूका को भी संग लिए फिरता है।
6. अन्य—इनमें शुमार हैं परिवार वाले बिजूके, जानवर रूपी बिजूके, या पशु-शिरोस्थी आदि।

ख़ैर, इन अकादमिक बातों को दरकिनार कर लौटता हूँ गुजराती-खेतपुतलों के समीप। यह क़तई ज़रूरी नहीं कि इनको वर्गानुसार ही निरखा-परखा जाए। दरख़्वास्त यह है कि इनको नज़रअन्दाज़ न किया जाए। इनका एहतराम यूँ भी ज़रूरी कि ये पुतले ठहरे उस ग्रामीण जीवन शैली के आख़िरी निशान जिसे शहर लील रहे हैं—अजगर की तरह—आराम से, जुरआ-जुरआ। शायद इसीलिए इन्दौर के बीस-तीस किलोमीटर बाद तक बिजूके नदारद थे, तदोपरान्त धार तक इक्का-दुक्का, विलुप्तप्राय से। झाबुआ के आसपास वैसे तो कई बिजूके मिले पर अधनंगे, अधबने या फटेहाल—कहीं लट्ठ पर काली मटकी धरी तो कहीं बेशरम की टहनी पर चिथड़ा लपेट खड़ा कर दिया। इधर झाबुआ छूटा उधर खेतों में जो सन्नाटा पसरा तो मान लीजिए कि बस यहीं आकर टूटा। साणन्द के इधर आहिस्ता-आहिस्ता कपास का रकबा बढ़ रहा था शायद इन खेतों में काग—डरावने बेसबब हों। पर मालिया के थोड़ा पहले से रास्ते के बग़ल का भू-परिदृश्य काफ़ी बदल गया है—कुछ-कुछ पारम्परिक-सा। इधर ऐसे दिलकश बिजूके नज़र आ रहे हैं कि गाड़ी से बाहर आए बिना, उनके क़रीब जाए बिना, उनसे दो पल बतियाए बिना आगे बढ़ पाना नामुमकिन। झाबुआ वालों के बरअक्स यहाँ के बिजूके खाते-पीते घर से हैं। ख़ाली हाथ शायद ही कोई हो। साथ में बाज़ार से सामान लाने की थैली या फिर खाने का डिब्बा। कुछ एक पगड़ी धारी, पर ज़्यादातर जीन्स, पतलून, धूप के चश्मे, रंगबिरंगी शर्ट में—तारी है फैशन बिजूकों के संसार पर भी।

इनमें से अधिकतर तो फ़िट हैं—एकदम सूत-सावल में, पर दो-चार को तोंद भी है। खेत सन्तों का जीवन आसान थोड़े ही है। न संगी न साथी। न धूप में छाँव, न भर ठंड में अलाव। जाम टकराते, आराम फ़रमाते मालिकों की सेवा में हर क्षण मुस्तैद। ग़रज़े कि खेत में रहकर भी शहरियों की मानिन्द हर पल काम के बोझ तले दबे, कारवाँ में भी एकाकी। वैसे कुछ नरम दिल शेतकरों ने इन दिनों बिजूकाओं को अपना साथी संग लाने की मोहलत दे रखी है। महाराष्ट्र के कुछ प्रगतिशील कृषक बन्धुओं ने तो बिजूकाओं के लिए खेत में ही घर बना दिए हैं—यानी कि वर्क फ्रॉम होम। गुजरात के इस इलाक़े में भी ये जोड़े से मिले। अब खेत में खड़े वे धणी-लुगाई थे या खड़े खेत में लुके प्रेमी युगल—कहना मुश्किल। मैंने तो उन्हें पेंगे लड़ाते प्रेमी मान ही देखा, ऐसा करने में ज़्यादा रस आता है। लक्ष्य किया कि बिजूकियों ने अब तक पारम्परिक परिधान नहीं छोड़े, घूँघट भी नहीं। सुना तो था कि गुजराती औरत आज़ाद ख़याल, आज़ाद हवा में जीने वाली, घर-व्यवस्था में एकतरफ़ा दख़ल रखने वाली है। पर शायद बिजूका-जगत् में हवा नहीं बदली अभी। देखा जाए तो यहाँ सारे बिजूके सजे-धजे भी नहीं। कुछ एक हैं भदेस...डरावना होने की हद तक काले-दुस्स भी। इनके चलते ही शायद बिजूके काग-डरौआ या 'स्केअर क्रो' आदि नामों से भी जाने जाते हैं। उम्मीद की जाती है इनसान को खेत में खड़ा जान पंछी खेतों

में न उतरें। पर इन दिनों किसी की व्यक्तिगत जानकारी गुप्त कहाँ रही। सबको मालूम हो जाता है सबका सच। पंछी भी शायद जान गए हैं पुतलों का सत्य। शरारती पाखी उनके क़रीब फुदक कर चेकाने की चेष्टा करते हैं और बेचारे बिजूके ट्राफ़िक पुलिस जैसे खड़े के खड़े। एक निडर पक्षी (शायद उसका राबता किसी पंच-सरपंच से हो) को तो उस काले मुस्टंडे बिजूका के शाने पर बैठे देखा मैंने, क़सम से।

जो आप सोच रहे हैं वही सवाल मेरे ज़ेहन में भी आया कि जब आज के पक्षी इनसे डरते ही नहीं तो फिर ये बिजूके किस सबब बनाए जा रहे हैं? सोचा, किसी किसान से बात की जाए। बात की। उसने जो तफ़्सील से बताया वह आपसे छोटे में कहे देता हूँ—

> *ये छोटी चिड़ियाएँ आदमी की इतनी आदी हो गई हैं कि हम हल डालें तब संग-संग डोलती हैं, वैसे भी नन्ही जान कितना खाएगी भला, बिजूके तो आसमान से खेतों में उतरने वाली बड़ी चिड़ियाओं और नील गायों को दूर रखने के हिसाब से बनाए जाते हैं। जब से शिकार बन्द हुए हैं नीलगाएँ बड़ा कहर बरपाती हैं। बड़े पक्षी तथा नीलगायों का झुंड जब खेत में घुसता है तो मिनटों में सब चौपट हो जाता है।*

नीलगाय का धड़का है या फिर लीक से अलग हट कुछ नया करने की चाह, वजह चाहे कुछ हो एक बात तो माननी पड़ेगी कि इधर के कृषक नए-नए प्रयोग कर रहे हैं। यहाँ तक कि कुछ शेतकारों ने हिलने-डुलने वाले पुतले भी बनाए हैं। दो खेतों में तो ग़ज़ब का नजारा देखने को मिला। एक भाई ने अपने खेत की चौहद्दी पर रंग-बिरंगी साड़ियाँ ही बाँध दी थीं। ऐसा लगा मानो एक-दूजे की कलाई थाम सैकड़ों लड़कियाँ गरबा करती हों, तेज़ी से घूमते गरबे में चेहरे गुम, रंग गड्डमड्ड। दूसरे खेत में नीलगाय सरीख़ा बिजूका नमूदार था। वैसे इस दूसरे खेत से फसल नदारद थी, अब कौन जाने कि फसल काटी गई थी या फिर ज़मीन में धँसे अपने साथी को छुड़ाने की गरज़ से घुसी नीलगाएँ सब चट कर गईं!

कह चुका हूँ कि अधिकतर बिजूकाओं के भाग्य में बिन नयन-नक़्श, बग़ैर होंठ-तालू ही गुज़र-बसर करना बदा है। इसमें अनहोनी कैसी? यह रूप तो लाज़िमी था। दलित-दमित आवाम को राजदंड-धारक इसी रूप में देखना-भोगना जानता है। पर ये सारे के सारे खेत न तो किसी ज़मींदार के हैं, ना सिर्फ़ उच्चकुलों में जन्मे कृषकों के। इनमें से अनेक तो दलितों के हैं, व्यवस्थित शिक्षा प्राप्त किसानों के भी हैं। इनके खेतों में भी बोदे-बोबड़े बिजूके क्यों? 'एनिमल फार्म' की कथा का गूढ़ार्थ आज समझ पा रहा हूँ।[19] आदमी न दलित होता है न ब्राह्मण, न हिन्दू होता है न मुस्लिम, न काला होता है न धौला। वह होता है मात्र निर्बल या सबल। बल आया कि आदमी की भृकुटि में बल पड़े, और निर्बल मातहत की आँख-चोंच ग़ायब। ऐसे बिजूकाओं से हमारी धरा अटी पड़ी है इन दिनों। पर सुखद समाचार यह भी है कि ऐसे बिजूकाओं ने ही क्रान्ति का सूत्रपात किया है। बलवान सोचता है बेज़ुबान क्या तो बोलेगा, दृष्टिहीन क्या तो देखेगा? काश कि वो देख पाता कि घोषित निर्वचन, निरींद्रिय बिजूका किस आसानी और प्रबलता से अपने हाल औ' हालात बयाँ कर लेते हैं। सम्प्रेषण-पंगुता क्या किसी ज़मीन से जुड़ी शै में देखी है आपने? मैंने तो नहीं देखी। क्या पुहुप-पेड़-पहाड़ से कभी गुफ़्तगू नहीं हुई आपकी? मैं तो घंटों बतियाता हूँ। गूँगेपन में कितनी वाचालता होती है, अचल सृजनाओं में कैसी चपलता होती है, इसका ताल्लुक़ कहने से नहीं, किसी बिजूका की सोहबत में कुछ पल गुज़ारने से है।

# अंजार को नमस्कार

जबड़ा जुगाली में भान ही नहीं रहा कि कब हमने रन की पूर्वी भुजा पार की, कब कच्छ में ढुके और कब भचाऊ–अंजार फाटे पर आ पहुँचे। अब इन बल्लीसंतों की बातों को तनिक विराम दिया जाए क्योंकि इस मार्ग संगम को देखते ही मानस में तिरने लगे हैं कुछ पुराने मंज़र। अन्तस में घुमड़ रही हैं सन् 2001 की यादें।

*छब्बीस जनवरी की उस कंठ–सुखाऊ, ख़ूँख़्वार सुबह के ख़याल भर से आज भी तन पर तिनके उग आते हैं। कैसा कम्प कि हाय दैया! इतना ताप कि बाप रे बाप! कितने तो मरे, कितने सोते के सोते रह गए, कितने सोते में ही बेघर हो गए। चौथे माले का फ़्लैट ग्राउंड फ़्लोर पर, और ग्राउंड फ़्लोर ढूँढ़े न मिले।*

*भुज में उठा वह भूकम्प इतना तीव्र था कि उसका असर इन्दौर में भी महसूस हुआ और हम भी घबरा कर दौड़ पड़े थे सब छोड़ सड़क पर। बरसों के सपनों और लाखों के ऋण के जोर पर जिस छत को पाया था, उसी से ख़तरा! संसार में सबसे सुकूनदायक चहारदीवारी के बीच लौटने में धुकधुक हो रही थी। दोपहर तक बेहाल गुजरात की ख़बरें आने लगीं। चित्त व्याकुल, अन्तर में भीषण पीर। न नयनों में नींद उतरे न गले से कौर। मन बना लिया हम तीन यारों (मैं, राकेश गुप्ता और शिव शर्मा) ने तुरत–फुरत गुजरात पहुँचने का। सहायता की मंशा से गुजरात जाने वालों के लिए इन्दौर कलेक्टर का मौखिक आदेश था अहमदाबाद में समकक्ष अधिकारी के कार्यालय से सम्पर्क कर आगे की कार्यवाही करने का। प्राणरक्षक औषधियाँ एवं आपात स्थिति के निबटान हेतु आवश्यक सामग्री मित्रों तथा दवा व्यापारियों से जुटाई। बिस्कुट, मैगी, चाय पत्ती, मोमबत्ती तथा माचिस के पूड़े ख़ासकर संग लिए, और सड़क मार्ग पर यूँ धाए कि आनन–फानन अहमदाबाद। पर भाई साब लोगों, मंज़िले मक़सूद पर जो गुज़रा, आप से क्या कहूँ। बड़े अफ़सरान मीटिंगों में मसरूफ़ और मातहत हम जैसे दर्दियों से आजिज़। शाम हो चुकी थी सो हमारी सूरत देखते ही बन्दा आपा खो बैठा। जँचा दिया उसने कि देश–*

*विदेश के खड़खड़ाते फ़ोन, साहबों की पुकार-लताड़ के दरमियान हमारी मौजूदगी नाक़ाबिले बरदाश्त है। किसी भले बाबू ने समझाया कि इन्दौर कलेक्टर की चिट्ठी नत्थी कर एक अर्ज़ी दे दें। विचार होगा। ज़रूरतों का आकलन होगा। तब शायद विपदा वाले क्षेत्र में जाने की अनुमति मिल पाए। हम परेशां। इन्दौर से कोई आदेश किंवा अनुशंसा पत्र तो लाए नहीं थे। स्वप्न में भी किसे अन्दाज़ था कि देश में ऐसे भी क़ायदे हैं जो सामान्यजन को किसी की सहायता करने से रोकते हों। कि सरकारी लालफीतों की गाँठ आपात स्थितियों में भी ढीली नहीं पड़ती। छींका चाहे जितना ऊँचा हो बिलोटा कोशिश किए बग़ैर हार नहीं मानता। हमें सम्भावनाएँ उसी 'भले' बाबू में नज़र आईं जिसने हमें अर्जी डालने की सलाह दी।*

*'भाई साब इसमें इतना सोचना क्या है? वहाँ ज़रूरत है, और हम जाने को तत्पर। विचार में समय ख़राब करने से क्या फ़ायदा?' मैं बोला।*

*'तमे कोणे कहियो के त्यां जरूरत छे? विचार खसे, तो पछि निरनय लयसो।' 'भले' बाबू बोले।*

*'भिया जी जब तलब तेज़ हो और बोतल सामने, तो पैग बनाने में वक़्त क्यों बरबाद करना, ड्रिंक डायरेक्ट फ्राम बॉट...'*

*'भले' बाबू की आँखों में लाल डोरे उतरते देख, एक संगी ने कोहनी मारी।*

*'क्या है, बात करने दे यार...' मैं फुसफुसाया।*

*'ओए ड्राय स्टेट में, बोतल की बात मत करे...'*

*'क्यों पकड़ लेगा...'*

*'अबे माँग लेगा बे...'*

*'भले' बाबू ने हम तीनों को बारी-बारी घूरा। फिर से काग़ज़ों में धँसते हुए बोला, 'तू जा ने भई...'*

*हमारा सारा उत्साह फुस्स। गर्दन नीची, मन मायूस। दिल करा कि संग लाया सामान बाहर लगे उन शामियानों में छोड़, जहाँ सहायता सामग्री जमा करने का (पटकने का) इन्तज़ाम था, लौट जाएँ अपने देस। सोच को अंजाम देने के आशय से उन शामियानों की तरफ़ बढ़े भी। पर वहीं किसी बन्धु से ख़बर मिली कि जलजले से भुज तथा अंजार लगभग बरबाद हो गए हैं और वहाँ किसी तरह की सरकारी सहायता शायद नहीं पहुँच पाई है। मन पलटा। भूकम्प आए दो दिन पूरे होने को थे, बेहाल लोगों के अक़्स फिर ज़ेहन में उभरने लगे। अनुमति पत्र, माय फुट। आव देखा न ताव, कार में सवार हुए और तब के तब चल दिए भुज की*

ओर। राह में न कोई पूछने वाला, न एम्बुलेंस, न कोई सरकारी वाहन। 28-29 जनवरी के दरमियान की उस रात मिला तो बस दूर तक पसरा सूनापन। पाया तो सिर्फ़ भुज की दिशा में रफ़्ता-रफ़्ता गाढ़ा होता तम। न एक दीया न कोई बत्ती, अँधेरे की पौ-बारह। गाड़ी ख़ुद-ब-ख़ुद अंजार की दिशा में मुड़ गई। कैसे? जाने क्यों...बस मुड़ गई। इस तरफ़ तो सड़कों के हाल ख़स्ता थे। कहीं बड़ी-बड़ी दरारें, तो कहीं उसके बड़े-बड़े हिस्से ज़मीं में धँसे हुए। अब फँसे कि तब फँसे। बस राम भरोसे ही आगे बढ़ते रहे।

अहमदाबाद के बाद पहली बार अंजार में सड़क पर कुछ लोग नज़र आए। कड़क ठंड में अपने घरों के मलबे के क़रीब बैठे आग तापते दहशतज़दा लोग। कम्बल ओढ़े दो-एक बुजुर्ग, कुर्सी पर बैठी कुछ महिलाएँ, चकल्लस करते चन्द बच्चे और हमें देखते दो-तीन नवयुवक। उन्हें देख हमें ढाढ़स हुआ। हम थम गए। वे खड़े हो गए। हमें तो ख़ैर रुकना ही था पर उनका खड़ा होना क़तई ज़रूरी नहीं था। अप्रत्याशित। मातमी माहौल में किसी का खड़े हो कर स्वागत करना अपेक्षित भी नहीं। पर वे खड़े थे। हमने अपने आने का सबब बताया, उन में से किसी ने कुछ समझाया। शब्द तो पल्ले नहीं पड़े, पर अर्थ समझ में आ गए। उन्होंने जान लिया कि हम इन्दौर से ऐसे मुश्किल समय उनका दर्द साझा करने आए हैं कि हम भूखे हैं। हमने जान लिया कि उस उजाड़ बस्ती में किसी को ठहराने की गुंजाइश नहीं। कि लाख चाहने पर भी आज उनमें किसी को दो रोटी देने की ताब नहीं। कुछ समय पश्चात् नवयुवकों में से एक अपनी फटफटिया पर बैठा एवं अपने पीछे आने का संकेत देते हुए एक ओर चल दिया।

वो कोई स्कूल था। भूकम्प के ताप से न जाने कैसे बच गया। भीतर लंगर चल रहा था। यहाँ की सारी व्यवस्था अंजार के लोग ही कर रहे थे ताकि जिनका सब धसक गया है—बर्तन-बासन, घर-मकान सब, वे भूखे न रहें। बेछत-बेसहारा न महसूस करें। स्कूल के प्रांगण में कई उदास रुआँसे लोग थे, उन्हें घर की नहीं मलबों में गुम रिश्तेदारों की ही चिन्ता थी। उधर उजड़े शहर में कुछ लोग बचाव कार्य में जुटे थे, जे.सी.बी. मशीनों से मलबों में जीवन की तलाश जारी थी। इधर अंजार के नवयुवक और अधेड़ सबको मिन्नतें कर खिला-पिला रहे थे। भीगे नयन, हाथों में कम्प पर जुबां पर इसरार। सामाजिक समरसता चरम पर थी, धर्म निर्वासित हो चुके थे, मानवता के डंके बज रहे थे। लोगों ने हमें आग्रह से बुलाया, पंगत में बैठाया, मनुहार से खिलाया। खाने से फ़ारिग़ होते ही एक भद्र

*मानुष ने हम से आने का सबब जाना और स्कूल के कमरे में ही ठहरने की गुज़ारिश की। हम अभिभूत। पर हमारे पास तो अपनी व्यवस्था थी—टेंट, दोहड़, स्टोव, चाय पत्ती, मैगी, अंडे। दो-तीन दिनों के लिए पर्याप्त। फिर यहाँ की व्यवस्थाओं पर अतिरिक्त बोझ क्यों डाला जाए। चुनाँचे टेंट लगाने हेतु मुफ़ीद जगह की तलाश में हम कार से यहाँ-वहाँ भटकने लगे। किन्तु अन्धकार में, मलबा बन चुकी सड़कों पर चलकर शहर के बाहर की राह न मिलनी थी न मिली। सो निर्णय हुआ कि रात कार में ही गुज़ार दी जाए।*

*भटकते हुए वहाँ एक बाज़ार दिखा जिसके चौक में गांधीजी की प्रतिमा थी। दो दिन पूर्व तक बाबा लाठी टिकाए खड़े होंगे किन्तु आज बाज़ार की ध्वस्त दुकानों के मध्य वे भी लुढ़के पड़े थे। बल्कि कहना चाहिए कि बिखरे पड़े थे। जनवरी का अन्तिम सप्ताह, गांधी एक बार फिर धरा पर। हे राम! बाबा को अकेला, बेसहरा छोड़ने का दिल न हुआ सो प्रतिमा के क़रीब, ख़ाली जगह में गाड़ी लगा कर काली रात के बचे घंटे व्यतीत किए गए।*

*रात उस विद्यालय में हमें लोगों ने अंजार के गिर्द के इलाक़ों में जाने की सलाह दी, क्योंकि वहाँ कई गाँव ऐसे भी थे जहाँ अब तक किसी तरह की कोई सहायता नहीं पहुँची थी। सो पहली किरण के साथ हम पुनः उसी स्कूल में किसी स्थानीय बन्दे को साथ लेने पहुँचे। निकलने में थोड़ा विलम्ब हुआ, क्योंकि सुबह ही एक और, अधिक व्यवस्थित, मेडिकल टीम वहाँ पहुँची थी। संयोग से वे भी इन्दौर के ही थे। उन्हीं के साथ आगे बढ़ना उचित लगा। दिन के उजाले में वो मंज़र दिखे कि होश गुम—महल्ले के महल्ले सपाट, बाज़ार के बाज़ार ध्वस्त। अलबत्ता गाँवों के हाल उतने बुरे न थे, पारम्परिक वास्तुशिल्प से बने अधिकांश मकान ठीक-ठाक ही थे, जो टूटे भी तो जान का नुकसान किए बिना। गाँव के लोगों को चोटें गृहस्थी के सामान से या आधुनिक मकानों के धँसने से ही आई थीं। साधारण मरहम-पट्टी और कुछ एक फ्रैक्चर-प्लास्टरों की ही दरकार पड़ी, जो मूलतः दूसरे दल वालों ने पूरी की। हम चिकित्सकीय दायरे के बाहर काम करते रहे। कठिन समय में बात करना, ढाढ़स के दो बोल बोल देना भी कितना कारगर होता है, यह मैंने पहली बार प्रत्यक्ष देखा। आगे चलकर यह अनुभव मेरे प्रैक्टिस करने के तरीकों में आमूलचूल बदलाव लाने वाला था। ख़ैर, जब लोगों को हमारे पास माचिस, मोमबत्ती होने का पता पड़ा तो मानो आपाधापी ही मच गई, एक गाँव में तो क़तार लगाने की नौबत तक आई।*

*दो दिन बाद वापसी के वक़्त जगह-जगह राहत शिविर नज़र आए, मुख्यत: सेना के, कुछ व्यापारी संस्थानों के। एक जगह आर.एस.एस. का, जिनसे हम जाकर मिले। इस आशय से कि उनके लिए हमारी कुछ उपयोगिता हो तो कुछ दिन और रुक जाएँ। मालूम हुआ कि अब तक लाशों के निकलने का सिलसिला जारी है और मलबे से अभी तक जीवित लोग भी निकल रहे हैं। जान-माल की हानि का हर नया आँकड़ा घंटे दो घंटे में ग़लत साबित हो जाता। शहरी इलाक़ों में भारी हाहाकार था। उन्हें न्यूरोलॉजी विशेषज्ञों की दरकार न थी। अलबत्ता उन्होंने हमसे दवाएँ स्वीकार कीं, ख़ासकर दस्ताने क्योंकि उनके पास लाशों को पकड़ने-खींचने के लिए दस्ताने नहीं थे...*

आज जब मैं भचाऊ अंजार फाटे पर खड़ा सामने देख रहा हूँ तो कहीं भी पुराने ज़ख़्मों के निशान नज़र नहीं आते, दिखाई देते हैं क्षितिज तक अटे घर, अट्टालिकाएँ, बहुमंज़िले होटल। सरकारों ने, देशी-विदेशी समाज सेवियों ने, युद्धस्तर पर भिड़ यहाँ के गाँव-महल्ले बदल डाले हैं। पर मेरी धड़कनें कच्छ में घुसने के साथ बढ़ गई हैं—उस विभीषिका के वे निर्मम, दिलदहलाऊ मंज़र मेरी मनोभूमि में जस के तस हैं, और वैसा का वैसा बना हुआ है कठिन समय में भी प्रीतिकर आचरण बरतने वाले अंजारियों द्वारा प्रेम से खिलाए लंगर का स्वाद! देश परिवेश बदल जाते हैं पर स्मृतियाँ शेष रहतीं हैं सच कह रहा हूँ... क़सम से।[20]

# मरकज़ लोक

# गुमनाम गोशे में परतदार आदमी

तीन से कुछ ऊपर का वक़्त, सूरज अब भी सर पर। भुज पहुँचने में आधा क्लाक और लगेगा। राजेश मांकड़ को फ़ोन लगाया।

'राजेश भाई, मैं अजय सोडानी।'

'केर?'

'अरे मैंने फ़ोन किया था न कल सुबो, इन्दौर से।'

'ओ, हाँ सर, हाँ सर...'

'कहीं बिज़ी हो या भूल गए?'

'नहीं...नऽऽहीं, ऐन आकोता...'

'क्या मतलब...'

'आ रहे हैं न आप?'

'भाई आ नहीं रहे, आ पहुँचे समझो, पच्चीस किलोमीटर दूर हैं बस।'

'बरोबर-बरोबर। भुज में जुबली चौक पहुँचकर फ़ोन करो, बरोबर न।'

बिना किसी अव्वल इन्तज़ामात के यात्रा पर चल देना थोड़ा अजीब तो है पर मज़ा ख़ूब देता है। बस दिशा तय की, पहला पड़ाव सोचा और चौखट से बाहर। कभी-कभी तो हमने शहर के आख़िरी चौराहे पर पहुँच, सिक्का उछालकर, तय करी दिशा जानने की। बात मूर्खतापूर्ण लगती है, किन्तु सच जानिए, यह विवेकहीन क़तई नहीं। बुद्धि का आश्रय छोड़ जीवन-तरंगों के संग बह जाने में वही सुकून है जो नदी में कंठा लगा पड़े रहने में। पाल-पतवार वस्तुतः सरिता के बहाव से लड़ अपने मनचाहे स्थान पर पहुँचने के औजार नहीं तो और क्या हैं? किन्तु अभीष्ट प्राप्ति पर भी मन असन्तृप्त, उत्तेजना पहले से ज़्यादा, बेक़ली पहले से बढ़कर। यह क्या गोरख-धन्धा है। हथेली पर माल धरा, पर पोरों को ख़बर नहीं—आँख को दीदार हो पर मन न महसूस करे...। प्रिप्लान, प्रिडिक्ट, प्रिबुक...जैसे तमाम हाहाकारी जुमलों से ओतप्रोत दौर में क़ुदरत की मंशा बिसर जाना कोई अनहोनी भी नहीं। एक ओर क़ुदरत की खींच, दूसरी तरफ़ दुनियावी प्रवृत्तियाँ। दो पाटों के बीच दलता मेरा मन जो घबराए, बेकल रहे तो क्या अचरज! विकलता से बचने का एकमेव उपाय—मन को क़ुदरत के हाथों छोड़ देना। यह बात हिमालय ने गोद में

बिठला कर बारम्बार समझाई। हिमालय-यात्राओं का हासिल यह सूझ कि घुमक्कड़ों को जगहें भिजवाती हैं बुलावे। यायावर के अख़्तियार में नहीं होता कहीं जाना-आना। अधिक दूर क्यों जाएँ, मैं आपको अब कुछ काल पूर्व की ही बात बताता हूँ। उस समय जब हिमालय गये तो सोचा था कि ब्रह्मकमल, या नीलकमल देख चट से लौट आएँगे। पर नीलकमल की तलाश में भटकते हम दोनों की बाँह हिमराज ने थामी और औचक खड़ा कर दिया वैदिक अर्णा सरस्वती के उत्स स्थल पर।[21] नीलकमल के दरस तो ख़ैर हुए, पर हम चल निकले अनसोची, अनप्लान्ड दिशा में—सरस्वती नदी की दिशा। उस अभियान के उपरान्त कुछ मनिषियों से बात की, कुछ किताबें पढ़ीं। कुछ ने हँस कर टाल दिया, कुछ ने 'पश्यगामी सोच से ग्रसित' जान हम पर हेय दृष्टि डाली। किन्तु हिमालय की मंशा टाले न टली। किताबों की लीक पर आगे चल दो महत्त्वपूर्ण महाशयों से मेल हुआ—ऋषि सिन्धुक्षित प्रैयमेध, जिन्होंने हिमालय निस्तारित जलधारों से सिन्धु नदी के बनने और उसके सागर तक पहुँचने का पथ बतलाया,[22] व माइकल डेनिनो जिसने मिथक करार दे हाशिए में धकेली जा चुकी सरस्वती नदी के पथ को आधुनिक शोध-तथ्यों के मद्देनज़र अद्यतन किया।[23] डेनिनो के अनुसार हिमालय से निकल अर्णाद्वय सिन्धु तथा सरस्वती अन्ततः कच्छ भूमि से गुज़रते हुए अरब सागर में समाहित होती थीं। यद्यपि सिन्धु आज भी बह रही है पर सरस्वती विलुप्त है। हो न हो हिमालय में कालानाग व बन्दरपूँछ हिमनदों के मध्य जिस सरस्वती नदी के दर्शन किए उसी के काल गर्भ में गुम धाराएँ मुझे कच्छ से पुकार रही हैं, अन्यथा रन की रेत देखे-छुए बिन उससे इतना राबता क्यूँकर महसूस होता? स्मृतियों की राख़ और कुक्नुस[24] की ख़ाक की तासीर एक-सी। न वो खलास हो ना ये ठंडी पड़े...। तेजतर होती रन की पुकार नज़रअन्दाज़ न हो सकी नतीजन इस मर्तबा चम्बल के बीहड़ में जाने की योजना स्थगित और अपना रुख़ कच्छ की ओर।

घर से रुख़सती के वक़्त कच्छ के मुतअल्लिक़ हमारे पास फ़क़त इन ख़बरों के सिवा कुछ न था। पहली कि यहाँ सुर्ख़ाब (फ्लेमिंगो) आसानी से दिखते हैं, दूसरी कि यहाँ के रोगन-आर्ट को हमारे प्रधानमंत्री ने बराक ओबामा को भेंट में दिया और तीसरी कि इधर 'सफ़ेद रन उत्सव' का मजमा जमा है। गुजरात पर्यटन की वेब साइट को खंगाला, मेरे मतलब का ख़ास कुछ मिला नहीं सिवा एक पर्यटक गाइड सूची के। उसी फ़ेहरिस्त में दर्ज कुछ लोगों से बात की।

सामने से सवालों की बौछार मसलन—कब आना है, कहाँ जाना है, कितने दिन का प्रोग्राम है?

इधर से जवाब में मालूम नहीं, पता नहीं, पक्का नहीं, सुन हर एक ने फ़ोन काट दिया।

आप कहेंगे ठीक ही है, ऐसे बेतुके जवाब सुन अगला दीवार से अपना माथा न टकराए तो करे भी क्या? पर भाई जब मुझे आप ही बराबर नहीं पड़ रहे तो अगले को बताऊँ कैसे? मेरे मगज़ में ख़लल, वहाँ एक स्वप्नदेश, जहाँ के अपने क़ायदे, अपने पाश अपनी धज। उधर का गुजराती कोना...कोरा, एकसार। इस गोशे में हाल ही में एक छवि उतरी है...हिमालय से उतर रेंगती मेरे मन-प्रदेस में...छवि धूसर...धूमिल...अभी सामने...अभी नदारद...बेचैनी...नयन मूँद कुछ पल विश्राम करता हूँ...पर आँख बन्द करना भी तो मुमकिन कहाँ...पलकें मिलीं नहीं कि एक स्त्री शरीर दिखने लगता है...बस धड़ ही धड़...नृत्यरत...विराट काया...पैर थाप दे रहे हैं...वह खँडहरों में अपना मस्तक हथेली पर धर नाच रही है...झूम रही है...छिन्नमस्ता...महीन...पर...स्पष्ट स्वर मुझे घेर लेते हैं...आओ...मेरे क़रीब आओ...।

ख़ैर, मन की भूलभुलैया से निकल लौटते हैं वहीं जहाँ मैं बता रहा था कि किस तरह पर्यटक गाइड 'मेरा कार्यक्रम कुछ निश्चित नहीं' यह जवाब सुन फ़ोन बन्द कर देते थे। सो बहुत सोच-विचार कर मैं बोलने लगा कि कुछ पंछी देखना है, कुछ संस्कृति समझना है, रन में रहना है और यह भी कि हमारी 'रन उत्सव' नामक सरकारी मजमें में क़तई रुचि नहीं। तीरथ-मन्दिर हमें लुब्ध नहीं करते, बड़े होटल व बड़ा बजट हमारे बूते के नहीं—तो क्या ग़लत बयानी हुई हमसे? पर अगला इस साफ़गोई को भी सुना-अनसुना कर फ़ोन काट दे तो मेरा क्या दोष?

बन्धुओ, इसी सिलसिले में हमारा नखत्राणा में होम स्टे चलाने और अपने आप को पक्षी विशेषज्ञ बताने वाले, मर्ज़े-ख़ुदसिताई से गाफ़िल एक महाशय से भी सम्पर्क हुआ। पहले तो उसने मुझे तन्मयता से सुना पर ज्यों ही उसे पता लगा कि कोई भारत से ही आना चाहता है श्रीमान जी का सारा उत्साह फुस्स। बोल बन्द। तदन्तर हर सवाल का जवाब, 'मेरी वेबसाइट चेक करिए, फिर भी बात न बने तो सम्पर्क करें।' उनकी वेबसाइट पर न कुछ हासिल होना था ना हुआ।

सरकारी वेबसाइट फिर खंगाली गई। इस मर्तबा एक नाम मिला—राजेश मांकड़। इस बन्दे ने इत्मीनान से सब सुना और हमें भुज से बीस-पच्चीस कि.मी. की छेंटी रहने पर पुनः सम्पर्क करने को कहा। ऐसा ही किया।

वह ज़ुबली चौक पर स्कूटर पर बैठा इन्तज़ार कर रहा था। मुसलसल तंगगर्दी, निरन्तर असमतल जीवन के सारे चिह्न—मसलन आँखों में सूनापन, बदरंग कमीज़, रूखे बाल, चमड़ी में ढलकन—अपने संग लिए, अपनी वयः से दस बरस आगे दौड़ता बयालिस वर्षीय राजेश मांकड़! दुआ-सलाम भी ठीक से न हुआ कि मैंने चाय की तलब का मसला उठाया।

कच्छ में चाय पीने-पिलाने की एक अलग ही अदा है

'बरोबर, किसी अच्छी होटल में आपको चाय पिलवाता हूँ, बरोबर ना...फिर...' बरोबर शब्द कच्छियों का तकिया कलाम ठहरा। इसको तीन-चार बार दोहराए बिना यहाँ के लोग एक वाक्य भी नहीं बोल पाते, कम से कम राजेश तो नहीं।

'चाय-नाश्ता तो सड़क किनारे का ही स्वाद होता है, किसी ठेले-वेले पर अच्छी चाय मिलती हो तो वही पिलवाओ, राजेश भाई,' अपर्णा ने बीच में फच्चर फँसाया, राजेश मांकड़ सकपक। कभी मुझे देखे, कभी अपर्णा को। शायद सोचता हो कि गटरों पर बनी गुमटियों में बना खाने वालों से वो क्या तो कमा लेगा, क्या तो बचा लेगा? किन्तु एक ही पल में अपने आप को एकत्र कर बोला—

'बरोबर मेडम। यहीं पास में है, भुज की सबसे अच्छी चाय का ठेला, लाइन लगती है, लाइन। कार वाले भी यहीं चाय पीने आते हैं!'

चाय उम्दा थी, बेहतरीन शराब की तरह तीन पैग खटाखट सटकने लायक। सटकी भी, पर तीन नहीं, दो कप। यहाँ चाय पीने के लिए कप अलग से माँगना हमारे लिए एक नूतन अनुभव था। दरअसल कच्छ में चाय पिलाने का अजब तरीक़ा है। घर हो या होटल, पिलाने वाला एक हाथ में केतली, दूजे में चार-छह रकाबियाँ साथ लिए चलता है। आपके हाथ में थमाई रकाबी में चाय भर दी जाती है। फिर मेजबान या दुकानदार रकाबी-दर-रकाबी चाय पिलाता है, आपके धापे

तक। ठीक वैसे ही जैसे पिलाई जाती है जोशी मठ (उत्तराखंड) में बलमा डाल घर पर बनी शराब या फिर अलीराजपुर क्षेत्र में ताड़ी—आकंठ! गुजरात ठहरा सूखा इलाक़ा, यहाँ बस चाय ही कानूनसम्मत नशा—तो वह ही जमकर पिलाओ, छककर पियो!

चायनोशी के दौरान मैंने राजेश के समक्ष वह प्रश्न रखा जो अपने इस प्रवास में अनेक से पूछने वाला हूँ—भूकम्प से सम्बन्धित सवाल।

'राजेश भाई, जितना इलाक़ा मैंने आपके शहर का हाल में देखा, वहाँ तो दो हज़ार एक के कम्प से छूटे निशान कतई नज़र नहीं आते। क्या उस काल में भुज को अधिक हानि नहीं हुई ...?'

'नहीं-नहीं, मेरी गल सुनो सर। तब भुज तो 'फ्लेट' ही हो गया था, बरोबर ना। कुछ साबूत नहीं बचा, घर, सड़क, राजा के महल, राज छतरड़ियाँ, स्कूल, अस्पताल, सब को कुछ न कुछ नुकसान हुआ।[25] बरोबर ना। सत्रह बरस लम्बा समय होता है, बरोबर। सरकार और बाहर के लोगों ने मिल नया शहर ही बना दिया। पहले भुज इतना फैला हुआ कहाँ था? छोटा-सा था, बड़े गाँव जैसा। हमको ख़ुद नहीं पहचान में आता है यह नया भुज। अब सब बदल गया है, शहर भी, आदमी भी। बरोबर ना।'

'भुज का तो भूकम्प से पुराना रिश्ता है।[26] आगे भी इस जगह पर भूकम्प का ख़तरा रहेगा।[27] ऐसे में ये जो कांक्रीट के नए घर-मकान हैं वे क्या भूकम्प प्रतिरोधी तकनीक से बने हैं?' मैंने अपनी चिन्ता सामने रखी तो, पर राजेश भाई के चेहरे पर उड़ती हवाइयों ने ही मुझे उत्तर दिया। उसने विषय परिवर्तन करते हुए कहा, 'चाय हो गई हो तो आपको थोड़ा भुज घुमा दूँ।'

'पहले कोई ठौर तलाशना बेहतर होगा, क्या बोलते हो राजेश भाई, फिर मन हुआ तो निकलेंगे आपका शहर देखने।'

'बरोबर', कह मांकड़ भाई ने दो-चार होटल वालों से सम्पर्क साधा और पुनः हमसे मुख़ातिब हुआ।

'सर, हर होटल में कमरे ख़ाली पड़े हैं, बरोबर ना। इसलिए मैं क्या कहता हूँ पहले थोड़ा घूम आते हैं।'

'राजेश भाई, हमें कोई जल्दी नहीं। शहर बाद में, पहले होटल। वैसे रूम रेंट क्या है, यहाँ?' अपर्णा बोली।

'तीन से पाँच हज़ार, एक रात का।'

'माई रे, इतना तो हमारे बस में नहीं,' मेरा बोल दचाक् से फूटा और किरचन हर सिम्त बिखर गई। देखा चोटिल अपर्णा मुझे घूर रही है। जुबान दाँतों में दबा मैं चुप। अपने खीसें यूँ सरेराह उलटना अपर्णा को नहीं सुहाता...फँस गए मियाँ...आज तुम्हारी ख़ैर नहीं।

कच्छ और भूकम्प—जैसे चोली और दामन! ई. पू. तीन हजार से लेकर अब तक न मालूम कितने जलजले भुगत चुके इस इलाक़े की धरती कभी-कभी तो साल में दो बार भी पासा बदल लेती है। विगत् सवा चार सौ बरस की बात करें तो भूकम्पों की संख्या होगी—चौबीस! आईना महल से उतारी गई भुज की यह हालिया तसवीर मामूली नहीं, क्योंकि यह आधुनिक नगर-विन्यासियों की प्रकृति की गति को ठेंगे पर रखने के मानस का भी अक़्स है।

'फिर... ?' यह राजेश भाई का दबा-डूबा-सा स्वर था।

'अधिकतम हज़ार रुपये' जवाब मैंने ही दिया, सौ ख़ून की भी वही सज़ा जो एक की। जो होना था, पहले ही हो चुका अब क्यूँ डरना!

'हज़ार...बरोबर...हऽऽज़ारऽ...ठीक है। यहाँ से तीन कि.मी. दूर माधापर गाँम (गाँव) है, वहीं चलते हैं। वहाँ एक जैनियों का मन्दिर है। धर्मशाला भी है, वो ठीक रहेगी। बरोबर ना?'

'पर हम तो जैन नहीं हैं, राजेश भाई। पहले भी दो-चार बार भुगत चुके हैं। रात रुकना तो दूर, कई जगह तो भीतर भी नहीं घुसने देते। एक बार हमने झाँप देने की कोशिश करी तो भाई लोगों ने नमोकार मंत्र सुनाने...'

'सर, फ़िक्र नहीं। मैं हूँ ना, बरोबर...आप तो चलो...'

मैं ख़ुश। अपर्णा का चेहरा स्याह...धर्मशाला...गन्दगी...बदइन्तज़ामी...यही सोचती होगी शायद। मांकड़ के चेहरे की झुर्रियाँ पिछले चन्द पलों में और गहरा गई-सी लगती हैं—मोटे कमीशन की आस टूटने का त्रास है शायद...मैंने सोचा और अपनी समझ पर रीझ-रीझ गया। ख़ैर, राजेश मांकड़ हमारे संग क़रीब चार घंटे रहा, इस

बीच उसने धर्मशाला में टिकवाया। वहाँ के मूँजी मैनेजर से साफ़ चादर, लिहाफ़ निकलवाए। मन्दिर की भोजनशाला से चाय लाकर पिलवाई, आगे के कार्यक्रमों की रूपरेखा तय करने में सहयोग किया। पंछी दिखाने हेतु गाइड की फीस अढ़ाई हज़ार प्रतिदिन से पन्द्रह सौ रुपये करवाई, रन में किसी को कम पैसे ले घर में ही ठहराने का इन्तज़ाम करवाया और जब विदा के वक़्त मैंने उसे मेहनताना देना चाहा तो...

'नहीं, नहीं सर, पैसे किस बात के, मैंने किया ही क्या है?'

'ऐसा थोड़े ही न होता है गुरु। हमारे वास्ते आपने अपना सारा दिन खोटी कर डाला। हमारा काम भी कितना आसान किया, शरमाओ मत भैया, खुलकर बोलो, कितना...'

'कुछ नहीं। आप मेहमान हैं बरोबर छे ना...यह तो मेरा फ़र्ज़ था...'

'अच्छा, वैसे एक दिन का क्या लेते हो भाई?' मैंने हाथ में बटुआ लेकर सवाल किया।

'एक हज़ार, पर गाइडिंग का। होटल-वोटल, चाय-पानी कराने के नहीं,' वह स्कूटर पर बैठते हुए बोला।

बटुए से पाँच सौ के दो नोट निकाल उसके शर्ट की जेब में ठूँस पाऊँ, उसके पहले उसने स्कूटर को ऐड़ लगाई, और नमस्ते करते हुए यह जा कि वह जा...मेरा मुँह अपना सा, हाथ के नोट ठगे के ठगे!

इस बीच अपर्णा भी गन्दे बाथरूम में...मटमैले पानी से स्नान कर सर्वसाधारण कमरे के मध्य, मटमैली चादर से ढके बिस्तरे पर आराम से लेट चुकी थी...धूल, मिट्टी, अनधुले पैरों से घर में घुसने या बाहर के कपड़ों से बिछौने पर बैठने मात्र से बिदकने वाली जिस अपर्णा से मैं गत साढ़े तीन दशकों से वाकिफ़ वह भी आज मेरे संग नहीं थी...अपने संग सिर्फ़ मैं था...नितान्त अकेला...अपने सारे कलुष और समस्त पूर्वाग्रहों के संग...। आदमी में कितनी पर्तें, कितने आयाम, कुछ ख़बर नहीं...लोगों से 'देखने' के पैसे वसूलने वाले मेरे भीतर के चिकित्सक ने आदमी को कितना कम देखा है!

# वीर भूमि–माधापर

अहमदाबाद–भुज मार्ग पर, भुज से तीन कि.मी. पहले, सचेत यात्री की नज़र एक बार ज़रूर ठिठकती है। अवचेतन में भुज पहुँचने की तड़ातड़ी के बावजूद हमें भी कुछ पल वहाँ रुकना ही पड़ा था। वहाँ एक भव्य, नक़्क़ाशीदार प्रवेश द्वार था, जो ध्यान तो आकर्षित करता है, पर गुहार नहीं लगाता। दबोचते तो हैं उस द्वार के सामने बने युद्धसन्नद्ध भारतीय वायुसेना के विमानों के मजस्मात। सजग, सजीव। लगे कि अब हिले कि अब उड़े। विमानों के नीचे तगारी फावड़े लिए कुछ जनानियाँ। इधर युद्ध का–सा माहौल उधर खुले में काम करती औरतें, ये परस्पर विरोधी स्थितियाँ संग–संग किस तरह। दिमाग़ में ठन–ठन। माधापर तो ठहरी व्यापारियों के द्वारा बसाई बस्ती।[28] वणिकपुत्रों के आँगन में सैनिकों का क्या काम? राजेश से मालूम हुआ कि इसके परोक्ष में एक विलक्षण गाथा है।

क़िस्सा बहुत उधर का नहीं, उन्नीस सौ इकहत्तर का है। उस वर्ष तीन दिसम्बर को भारत–पाक़िस्तान के सीमावर्ती इलाक़े घनघना उठे। पाक की सेना 'ऑपरेशन चंगेज़ ख़ाँ' के तहत हिन्दुस्तानी सेना के वायु क्षेत्रों पर बमबारी कर रही थी। इस अप्रत्याशित हमले में भुज भी उनके निशाने पर आ गया। कितने बम इस इलाक़े पर गिराए गए इसको लेकर मतभेद है। कुछ कहते हैं कि संग्राम के चौदह दिनों के दौरान दुश्मन के सैन्य–विमान पैंतीस दफ़ा भुज के आसमान पर मँडराए। यहाँ पर बाइस रॉकेट दागे। बयानवे बम फेंके।[29] जनस्मृतियों से बमों, हमलों का जमा–ख़र्च तो बिसर गया है। अलबत्ता सबका कहना है कि आठ दिसम्बर की रात की बमा–बमी में हमारी सेना की हवाई–पट्टी क्षतविक्षत हो गई। हमारे जवाबी हमले भोथरा गए। क्षति सँवारने में वायु सेना तथा बी.एस.एफ. ने जी जान लगा दी किन्तु उनके संसाधन ओछे पड़ गए। सेना ने स्थानीय कलेक्टर से सहायता की अपील की। कलेक्टर ने जनता से। बमबारी जारी थी, युद्ध चरम पर था। ऐसे में कौन तो बाहर निकले? क्यों जोखिम उठाए? ऐसे विकट काल में माधापर की तीन सौ महिलाओं ने घूँघट से बाहर निकल वायुपट्टी सुधारने का बीड़ा उठाया। बमबारी के बीच दिन रात खटीं। और मात्र बहत्तर घंटों में वायुपट्टी टनाटन! इस जादुई करिश्मे की स्मृति संजोए खड़े हैं माधापर के प्रवेशद्वार पर वे युद्ध सन्नद्ध विमान।[30]

बहरहाल, मर्दाने जिगरे वाली जनानियों का माधापर, भुज से बेहतर सड़कों तथा उन्नत बाज़ारों वाली, वह बस्ती है जहाँ राजेश हमें पहुँचा गया। यहीं है वह जैन मन्दिर जिसकी धर्मशाला में हमने कच्छ भूमि पर अपनी पहली रात गुज़ारी। सुरुचिपूर्ण ढंग से सजे-धजे परिसर के मध्य में पीले-गेरुए पत्थरों से बनाया गया है वह रथनुमा देवालय। लगता है कि इसी रंग-रूप के देवालयों का इन दिनों 'मास प्रोडक्शन' चल रहा है गुजरात में। न मालूम ऐसे कितने देवालय दिखे हमें गुजरात में घुसने के बाद से। गोया कि सरकारी टाइप थ्री क्वाटर—हर शहर में एक से! शुरू में एकाध जगह रुके, पर बाद में तो इन पर ध्यान जाना भी बन्द हो गया। भीतर कहीं अनुभूति थी कि इन मन्दिरों के निर्माण के पीछे श्रद्धा नहीं बल्कि कोई योजना काम कर रही है।

माधापर मन्दिर परिसर में कहीं कुछ जूना-पुराना नहीं लगा। सब कुछ नपा-तुला, धुला-धुला, बेदाग़। हम मन्दिर बाहर से देख ही रहे थे कि वहाँ बच्चों की एक टोली भी पहुँच गई। शायद किसी विद्यालय का शैक्षणिक दौरा था। उनमें से दो बच्चे देवालय की सीढ़ियों पर चढ़ने लगे। पीछे से किसी शिक्षिका ने रोका, 'ऐ, बिना पूछे ऊपर मत जाओ।' बच्चों की चहक-महक ठप। सब मन्दिर से दूर-दूर। शिक्षिकाएँ भी परे-परे...ऊहापोह...मन्दिर की सीढ़ी पर पैर धरें कि न धरें? सेंड स्टोन पर मशीनों से उकेरी चिकनी आकृतियों में छेनी-हथौड़ी का दिया वो ठेठपन, वो अपनापन कहाँ! अत्यधिक सफ़ाई, सौन्दर्य, सज-धज भी

आक्रान्त करती है। क़रीब नहीं खींचती, परे धकेलती है। क़दम बढ़ाओ बाद में, फूँको पहले—ऐसे अम्लीय वातावरण में तो श्वास भी दब-डर जाए। जैसे परिमार्जित सुसंस्कृत उपवनों में अल्हड़ अरण्यों जैसी खुसुर-पुसुर नहीं सुन पड़ती, वैसे ही पँचतारा देवालयों में दिव्य-स्पन्दन महसूस नहीं होता। एस्कॉन मन्दिर हो या कि अक्षरधाम, वहाँ भी इसी तरह का एक दाब बना रहता है मानस पर। कोई रोक न दे? कोई क़ायदा टूट न जाए? चढ़ें या लौट जाएँ? यहाँ भी वही ऊहापोह। हम तो मन्दिर की पेढ़ी चढ़े बिना ही लौट जाते जो उस तख़्ती पर नज़र न पड़ती जहाँ गुजराती में लिखा था—'यक्ष मन्दिर, माधापर—रहने खाने की उत्तम व्यवस्था उपलब्ध'।

यक्ष मन्दिर! यऽऽक्ष मन्दिर? दे भड़िक...टन्नऽ...ऽ...ऽ। भेजे पर चोट! सुस्त मालवी चुस्त। यद्यपि यक्ष और भारतीय पुराकथाओं का अटूट नाता है तथापि वे मन्दिरों के दरों-दीवारों पर ही स्थान पाते हैं। अलबत्ता यक्षराज कुबेर इसका अपवाद है।[31, 32] जिसे गाहे-ब-गाहे देवालय के भीतरी इलाक़ों में तो प्रवेश मिलता है, पर मूल पीठ पर बिराजने का अवसर नहीं। उसकी जगह देवताओं के कोरम में या उनके अगल-बग़ल। परन्तु तख़्ती पर घोषणा कुबेर की नहीं, यक्ष मन्दिर की है। यक्ष ठहरे अनार्य। अनार्य जो देवी-देवता मान्यता-पूजा विधि में आर्यों से इतर होने के बायस मनु संहिता में 'दस्यु' के रूप में दर्ज हुए।[33] इन्हीं अनार्यों में एक जाति थी—राक्षस। माना जाता है कि इस जाति के जो लोग आर्यों से लड़ते-भिड़ते, उनके धार्मिक अनुष्ठानों को तहस-नहस करते, वे लोग ही कालान्तर में 'राक्षस' कहलाने लगे। वहीं आर्यों को समर्पित राक्षस 'यक्ष' के नाम से पहचाने जाने लगे। इसी कारण रावण 'राक्षसराज' के रूप में स्थापित हुआ और उसका भाई, 'यक्षराज' कुबेर, देवताओं का खजांची बन गया। आर्यों के संसर्ग में आने से यक्षों को आधे देवता (अर्धदेवयोनि) होने का मान मिला। कदाचित् इसीलिए बेचारों को देवालयों में प्रवेश भी आधा-अधूरा ही नसीब हुआ। या तो वे खम्भों पर लटका दिए गए या द्वार पर खड़ा कर मन्दिर की रक्षा में जोत दिए गए। चौबे-छब्बे तो बन नहीं पाए, हालत दुबे से भी कमतर। इन अर्धदेवों हेतु माधापर में ऐसा भव्य मन्दिर? क्यों? परिसर में न कोई जानकारी, न कोई जानकार। किस से पूछा जाए? सम्भवतः मन्दिर में कोई मिले?

क़दम बरबस पेढ़ियाँ चढ़ने लगे। पच्चीस-तीस सीढ़ियों के बाद दिखा गर्भगृह। अन्यान्य मन्दिरों के बरअक्स विशाल और कृत्रिम रोशनी से भरपूर कक्ष। प्रवेश द्वार के ठीक सामने, कमरे की पूरी चौड़ाई में फैला बहुस्तरीय मंच था। मंच पर तीन पंक्तियों में करीने से अगल-बग़ल रखी घुड़सवारों की मूर्तियाँ थीं। सब मिला कर बहत्तर मयसवार घोड़े। मध्य की मूरत आकार में बड़ी और बेहतर धज वाली। न प्रसाद, न चरणामृत न कोई पंडित ना पुजारी। बाहर, गर्भगृह के गिर्द फिरती परिक्रमा

वीथिका। वीथिका के पार्श्व में एक माहताबी (खुली छत)। उस माहताबी के दूसरे छोर पर एक और छोटा-सा मन्दिर था। इस पार्श्व-मन्दिर में एक मानवमूर्ति थी। साधनारत। इस साधक के इर्द-गिर्द भी अश्व ही अश्व। कुछ ख़ाली पीठ, कुछ पर सवार। अधिकांश मिट्‌टी के। लुब्बोलुबाब यह कि जिस तरह के मन्दिर हम देखने के अभ्यस्त हैं उनसे यह पूर्णांशत: अलग था।

इस पूरे परिसर में यक्ष प्रतिमा किधर है? यक्षों की जो छवि ज़ेहन में है, उससे मिलता-जुलता तो यहाँ कुछ नहीं। सामान्यत: देवालयों में यक्ष तोंदू, थुलथुले, लगभग कुरूप ही दर्शाए जाते हैं। पारम्परिक तौर पर शिल्पियों द्वारा यक्षों को किसी मानव पर सवार दिखाया जाता है, या फिर उनके क़दमों तले एक मनुष्य को दबा हुआ बताया जाता है।[34] पर यहाँ तो 'फ़ाइटिंग फ़िट' अश्वारोही हैं। अगर ये घुड़सवार ही यक्ष हैं तो उनका चरित्र पौराणिक अर्धदेवों से भिन्न क्यों?

कौतुक बढ़ता जाता था। पर जानकारी किससे ली जाए, हमारे सिवा वहाँ कोई था भी तो नहीं। माहताबी का चक्कर काट पुन: सामने आए तो गर्भगृह के समक्ष के ओटले पर एक भद्रपुरुष बैठे दिखे। सवालों की बदलियों से घटाटोप मन में आस की किरण फूटी। तपाक से उनके पास पहुँचा और सवाल की बरसात शुरू हो गई। ख़बर मिली कि वे ही यहाँ के पुजारी हैं। मन्दिर के कपाट बन्द करने की ग़रज़ से बाहर आकर बैठे हैं।

'हमने इसके पूर्व कहीं यक्ष मन्दिर नहीं देखा...'

'ऐ के गाम जा आयो?' उसने कच्छी में पूछा। पर मुझे अकबकाया देख, मुस्काते हुए इस मर्तबा गुजराती में बोला।

'कच्छी नथी?'

'ना। हम इन्दौर से हैं।'

'शुँ तमे गुजराती समझो छो?'

'नहीं। पर धीमे बोलेंगे तो थोड़ा समझ लूँगा।'

कच्छ में हिन्दी/अंग्रेजी भाषा का ज्ञान लोगों को कम ही है। होटल वाले भी बमुश्किल ही संवाद कर पाते हैं। लोगों को कच्छी या सिन्धी में बतियाना प्रिय है, गुजराती भी कम ही प्रयुक्त होती है। कच्छी भाषा मूलत: सिन्धी के संग गुजराती, मालवी, मारवाड़ी, राजस्थानी, उर्दू आदि का मेल है। शब्द जाने-पहचाने तो लगते हैं पर यदाकदा उनके अर्थ जुदा भी होते हैं। जैसे जीमण (खाना), दूल्हा (जवाँई), ठेठ (दूर), जान (बारात), वांड (गाँव), गल्ल (बात), होड़ (नाव) और नाव (नाम)। ध्यान से सुनने पर मोटा-मोटा तो बूझने लगता है पर गहन संवाद हेतु दुभाषिए की दरकार होती है—वो यूँ कि अपन तो फिर भी थोड़ा-बहुत समझ लें पर अगला आपको जो मुँह बाए देखता रहे तो कोफ़्त होती है। क़िस्मत से यक्ष मन्दिर के पुजारी को हिन्दी का ज्ञान था। वो मूलत: हैं तो गुजरात से। पर सरकारी नौकरी में होने से

वह हिन्दी बोल–समझ लेते हैं। उन्हीं से मालूम पड़ा कि विगत इकत्तीस बरसों से वे इसी मन्दिर में सेवा कर रहे हैं। वे बोले—

'यक्ष भुज के रक्षक हैं, भुज में इनकी बहुत मान्यता है, बरोबर।''

'इनमें भगवान कौन से हैं, यानी मुख्य मूरत...'

'ये सब शिव के गण। सभी भगवान हैं। या ख़ूब जूनी बात छे। यक्ष उड़ते हुए कहीं जा रहे थे, बरोबर। आराम करने वास्ते यहाँ उतरे थे।'

'कहाँ?'

'यहीं, जिधर आप खड़े हैं...'

'पर यह मन्दिर तो जूना नहीं लगता...'

'पुराना टूट गया था। अभी जीर्णोद्धार हुआ है।'

'पर पहले वाले के कुछ तो अवशेष...'

'वह पुराना हो गया था। टूटा–फूटा...जो टूट गया उसे क्या बचाना? नया बनवाना पड़ता है...'

मैं चुप। जीवन के तीन दशक जिस मन्दिर की देख–रेख में खपा दिए, उसके नेस्तानाबूद होने का बन्दे पर किंचित भी असर नहीं। नूतनता का यह कैसा मोह कि पुराना सब कूड़ा–कर्कट दिखलाई पड़े, उसका हर निशान बेझिझक पोंछ दिया जाए...

'वो जो सामने डूँगर देखते हो...,' पुजारी के स्वर से मेरी विचार शृंखला भंग हुई।

'डूँगर?'

'पहाड़।'

'अच्छा डूँगर यानी पहाड़...कहाँ...?' मुझे दूर तक फैले वहाँ कई पहाड़ दिख रहे थे।

'वो उधर, सामने,' कुछ दूरी पर नज़र आती पहाड़ी को इंगित करते हुए पंडित जी ने बात आगे बढ़ाई।

भुज की पहचान भुजिया डूँगर। देखें सन्दर्भ : 35

'वो जिसकी चोटी पर एक मन्दिर है?'

'बरोबर। वह भुजिया पहाड़ है। उधर कभी एक भुजंग (साँप) रहता था। बहुत आतंक था उसका। यहाँ के राजाओं के वंशजों ने उस पर क़ाबू किया। पहाड़ पर उसी भुजंग का मन्दिर है। इसी से इस गाँव का नाव भुज पड़ा था।'[35]

'आतन्की की पूजा क्यों?' एस.एम.पी. की भक्तन अपर्णा के मन में बवाल!

'बलेल (बुजुर्ग) लोग बोले छे...'

'यहाँ शिव के साथी तो हैं पर शिव स्वयं ग़ायब। शहर का नाम नाग पर आश्रित और इस देवालय के उपास्य देव शिव के गण, फिर भी शिव प्रतिमा का नितान्त अभाव...' अपर्णा ने अगला प्रश्न उछाल दिया। पुजारी एक पल को चुप हुआ, पर शायद उसके पास अपर्णा के इस प्रश्न का उत्तर भी नहीं था। सो उसने भुजिया मन्दिर पर अपना वक्तव्य जारी रखा...

'वो मन्दिर भी ख़ूब जूना है, बरोबर। पहले भुज का राजा हर साल उधर पूजा को जाता था। मेला भरता था, ख़ूब भीड़ होती थी। बाद में पहाड़ पर सेना की छावनी बन गई। सेना मन्दिर में कुछ डेवलपमेन्ट नहीं करने देती थी, बरोबर। कुछ साल पहले मोदी जी आए थे, उन्होंने सेना से पहाड़ छुड़वाया। अब वहाँ नया मन्दिर बनवा रहे हैं। रिसोट बनेगा, ख़ूब रोशनी होगी। बिदेस में नाम होगा...'

मैंने देखा कि पहाड़ी पर मशीनें टूटी पड़ी हैं। भुज के पहचान चिह्न में आमूल-चूल बदलाव कर उन्नत पिकनिक स्पॉट बनाया जा रहा है। कहीं घचाघच्च खुदाई चल रही है, कहीं टनाटन्न चुनवाई जारी है। पहाड़ के नीचे—विकास के नशे में मस्ताया शहर मज़े से फैला हुआ है।

इधर मन्दिर के नीचे—चहल-पहल लौट आई है। बच्चे धमाचौकड़ी मचाए हैं। वे सीढ़ियों के पास खड़े निस्पन्द हाथी-घोड़ों पर सवारी कर रहे हैं। विकसित दुनिया में तेज़ी से प्रवेश करते इन बच्चों को, बेजान पुतलों को असल जानवरों जैसा बरतना सीखना ही होगा!

ख़ैर इस बात को यहीं छोड़ दिया जाए तो ही बेहतर। बकबकिया रौ में जो बह गया तो न जाने किस ठौर जाकर थमूँ। चुनाँचे वापस लौटता हूँ उन सवालों के पास जो उस वक़्त ज़ेहन में उमड़-घुमड़ रहे थे० कि यह यक्षमन्दिर माधापर में ही क्यों है? कि क्यों बेकल है फाफड़ा-जलेबी प्रेमी जन सेन्ड-स्टोन के मन्दिर बनाने के लिए? कि क्यों नहीं है पुरातन यक्ष मन्दिर का कोई भी चिह्न माधापर में? कि क्यों बदली जा रही है भुजिया डुँगर की धज? कि क्यों कहा जा रहा है यक्ष मन्दिर को 'जैन मन्दिर'? उत्तर उस पंडित के पास नहीं थे।

एक कौंध-सी हुई। लगा जैसे दीठ की ज़द में जो विस्तार है—मन्दिर-भुजिया डुंगर-भुज शहर—सब कालवीथिका के किनारे लगे होर्डिंग हो। इस पथ से काल का काफ़िला तो कब का गुज़र चुका पर यात्रा में शुमार जनों के गाए गीत, उनके उछाले नारे—जनश्रुति, दन्तकथा या फिर लोकगीत बन यहाँ की आबोहवा में अब तक तिर रहे हैं। कारण? मनुष्य की अपनी कहानी कहने की ऐषणा। काल-फलक पर अपनी मौजूदगी अंकित करने की ख़्वाहिश। अपना ही नहीं पूर्वजों का कहा—किया भी भविष्य की पीढ़ियों से साझा करने की उत्कट अभिलाषा। इस अगाध ख़्वाहिश के चलते कला-मानसयुक्त अथवा साधन सम्पन्न लोगों ने गुहा-चित्र, माटी या धातु के शिल्प, पिरामिड, छतरियाँ, गहने, कपड़े, शिलालेख, महल, मन्दिर मक़बरे और भी न जाने क्या-क्या सिरजा। पर मनुष्य शीघ्र ही जान गया कि जितना रचा गया वह सब का सब—जस का तस—नहीं पहुँच पाता है आगे। कालखंडों को चीरकर अगले काल में पहुँचना कलाकृतियों के लिए आसान थोड़े ही है। पल-पल संघर्ष करना होता है उन्हें तीक्ष्ण-नख काल के प्रहारों से बचे रहने हेतु। काल की चाह सदा तरोताज़ा-टटका बने रहने की। वह झकझोर के गिरा देता है अपने तन से सारे परिचय, हर एक निशान। तोड़ देता है मज़स्मात, धँसा देता है बस्तियाँ—कभी अपने हाथों कभी मानवों के माध्यम से। युद्ध, बमा-बमी, भू-कम्प, प्रलय ये तो सर्वज्ञात कारक हैं स्मृति विध्वन्स के। विध्वन्स का एक औजार और है। अपेक्षाकृत अल्पज्ञात। दम्भ। अपने समय को ही सर्वोत्तम मानने का मुग़ालता। पूर्ववर्ती सोच को कूड़ा-कर्कट मानने का भाव। मिटाऊ प्रकृति के लोग नापसन्दीदा चीज़ों पर अपनी सोच का मुलम्मा चढ़ाना स्वधर्म मानते हैं। इसके चलते रचनाओं में अन्तर्भुक्त कालखंड सम्बन्धित ऐतिहासिक, भौगोलिक व सांस्कृतिक जानकारियाँ बिम्बों के गहरे कूपों के नामालूम कोनों में जा छुपती हैं।

सौभाग्य से अपने काल को सहेजने की चाह हर काल के सर्वहारा जनों में भी रही है। लगभग उतनी जितनी साधन सम्पन्नों में—या शायद उससे भी बढ़कर। साधारणजन ठहरा चतुरा। उसने समय की तासीर देखी, उसका मिज़ाज बूझा। उसने अपने औजार गढ़े और उकेर डाली अपनी कहानी मानव मन पर। इन नव आयुधों का संधान हुआ, कलाकारों की आपाधापी से दूर, गमाड़ियों के कच्चे शान्त आँगनों

में। ऐसे शस्त्रों में शुमार हैं अचूक, अमर—संज्ञाअस्त्र (नाम) तथा अक्षय, अडूब कथापोत (दन्तकथाएँ, लोकगीत)। समकालीन स्मृतियों से पुष्ट उसके प्रक्षेपित ये अस्त्र कालखंडों को अतीत कर पैठने लगे जनमानस में—लब-दर-लब, पीढ़ी-दर-पीढ़ी, कान-दर-कान! जो न सँजोया जा सका मोटी पोथियों और मजबूत किलों में वह भी उपलब्ध रहता है जनस्मृतियों में।

अच्छी ख़बर यह है कि दन्तकथाओं, कलाओं तथा ग्रन्थों के मध्य आवाजाही हर समय में बनी रहती है। व्यक्ति व स्थानों के नाम, दन्तकथाएँ, लोकगीत, माँडने, मूर्तियाँ आदि न सिर्फ़ ग्रन्थों के परिपंथी हैं वरन् इनकी पहुँच पोथियों से अधिक दूर तक है। इस परिपथ से पुराकाल तक जाने वाली अनेक अप्रकट टोहिया डाँड़ें या गुप्त सुरंगें हैं, जिनसे गुज़र कर गुहा मानव तक पहुँचना सम्भव है। मुझे लगता है कि लोक की डोर पकड़ गहरे उतरने पर संस्कृति तथा सोच के उत्स बिन्दु तक पहुँचना सम्भव है। इल्म है मुझे कि इस राह में भटकन के ख़तरे कम नहीं। कि संसार में कुछ भी सिर्फ़ श्वेत-श्याम नहीं होता। ख़बर है कि उन दम्भी उकाबों की मेहरबानी से ये टोहिया डाँड़ें भी मकड़जाल से अँटी पड़ी हैं। कि उकाब मक़बरों और मन्दिरों से ही नहीं नामों से भी छेड़छाड़ करते रहे हैं। आज भी कर रहे हैं। कि वे लोकमानस में भी अवांछित घुसपैठ करते रहे हैं। अब भी कर रहे हैं। सोचता हूँ जब ग्रन्थ तथा जनस्मृतियाँ एक-दूजे की परिपूरक हैं तो किसी ग्रन्थ (पौराणिक, साहित्यिक या वैज्ञानिक) को ही अथवा जनस्मृति (दन्त कथा, लोक गीत, परिपाटी) को ही अन्तिम सत्य मान लेना भी तो अन्धविश्वास ही हुआ। दोनों विधाओं में संगति बैठाने का प्रयास तो होना ही चाहिए। आज के दौर में तो इसकी दरकार और भी अधिक है...

माधापर मन्दिर की पेढ़ियों पर बैठ मैं अपलक क्षितिज निहार रहा हूँ। सूरज अपनी अन्तिम किरणें समेट रहा है। रफ़्ता-रफ़्ता मन्दिर परिसर में तम पसर रहा है। हौले-हौले मेरे अन्तस में लालिमा फैल रही है। यक्ष कथा में अब तक अगोचर टोहिया डाँड़ें उद्‌भासित हो रही हैं। मैं उनमें धँस जाना चाहता हूँ...

# टोहिया डाँड़-1 : 'कच्छ'

कच्छ-भुज-यक्ष-रन दो-अढ़ाई वर्णों के ये नाम कैसे सरल सीधे प्रतीत होते हैं। हैं न? पर ऐसा है नहीं। क्योंकि इनमें से प्रत्येक ठहरा अलाउद्दीन का चिराग़। घिसा कि इनके भीतर से भूगोल या इतिहास का जिन्न नमूदार! भरोसा नहीं होता? हो जाएगा। उस 'ढाई आखर' की महिमा तो बहुत पहले गायी जा चुकी, अब एक अन्य 'ढाई अक्षर' के बल का आकलन करते हैं। जी, आपने ठीक ही समझा—मेरा इशारा 'कच्छ' की ओर है।

*'कच्छ'! इस नाम के एकाधिक कारक हैं, और मज़े की बात यह है कि सभी के सभी सही और सटीक प्रतीत होते हैं। कहते हैं यह नाम पौराणिक पात्रों पर अवलम्बित है। हमारे पुराग्रन्थों में 'कच' नाम के कई चरित्र हैं, यथा —घटोत्कच्छ और बृहस्पति पुत्र कच। शायद इनमें से कोई एक जुड़ा है 'कच्छ' से। इनके अतिरिक्त पुराणों में दो भाइयों का ज़िक्र और किया गया है—पुरुकच्छ तथा बुजाकच्छ। 'कच्छ' इनके नाम का हिस्सा है यह तो आपने देख ही लिया। पर क्या आप 'बुजाकच्छ' में 'भुज' की गूँज सुन पाए? नहीं तो सुन लीजिए, क्योंकि जानकारों के मतानुसार कच्छ तथा भुज का नामकरण इन दो भाइयों के नाम पर आधारित है।*[36]

*कुछ अध्येताओं का मत है कि यह नाम कच्छ की भौगोलिक विशिष्टताओं को उद्‍घाटित करता है। कृत्रिम उपग्रहों के इस काल में अब तो यह स्थापित हो चुका है कि कच्छ भूमि मध्य से उठी होकर किनारों पर ढलुआँ है, 'कच्छप' की पीठ के समान। ज्ञानियों का कहना है कि अपने इसी भौगोलिक निरालेपन के चलते इस प्रदेश का नाम 'कच्छ' पड़ा। यह नाम कितना मुफ़ीद, कैसा सटीक, कितना गहरा। कि इसमें इस भू-क्षेत्र का सम्पूर्ण चरित्र और भौगोलिक इतिहास भी समा गया। इस नाम को विचारते हुए ज़रा कछुए के गुण-धर्म को ध्यान में लाएँ।*

*कछुआ! अपने अंग सुरक्षित खोल में सिकोड़ हर विपरीत परिस्थिति से बच निकलने वाला, लम्बे समय तक जीवित रहने वाला प्राणी। जिसे*

दुर्दान्त जिजीविषा तथा अखंड जीवन शृंखला के प्रतीक-रूप में विश्व भर में स्वीकारा गया है। चीनी कथाओं में प्रलय से डूबी धरती का पुनरुत्थान 'एओ' नामक कच्छप के द्वारा होना बताया गया है, उनके अनुसार यही एओ घरों को आग से भी बचाता है।[37] ज्ञातव्य है कि कच्छी मानुस के मानस में तिरती प्रत्येक कथा कहीं न कहीं जाकर जलजले, जलप्लावन या जंगल दहन से जुड़ जाती है। बोले तो कच्छ की कथाएँ आपदा से घिरने और हर आपदा से कच्छ के सकुशल बच निकलने की कथा। वैसे इसके ऊपर भी पहले के लोगों ने अपने मत और मनवांछित मुलम्मा चढ़ाने के कम प्रयास नहीं किए। पर जनसाधारण के ज़ेहन से 'कच्छ' का जादू नहीं उतरा तो नहीं ही उतरा। स्थानीय लोगों ने पुराकालीन नाम 'तेजराष्ट्र' को दरकिनार कर दिया। उन्होंने ह्युवेन्संग के दिए 'O-tien-pochi-lo', जुलियन प्रदत्त नाम 'अध्यवाकिला' को अस्वीकार कर 'कच्छ' को ही अंगीकार किया।[38, 39]

क्षमा करें शेक्सपियर साहब, इधर के कमपढ़ लोग जूलियट के कहे पर ध्यान नहीं दे पाए। सारी दुनिया जब आपके रचे ब्रह्मवाक्य, 'व्हाट इज देअर इन ए नेम' को शिरोधार्य कर अपने कुलनाम छोड़ने को आतुर व्याकुल है, इधर के प्राचीनमना लोग आज भी गुज़रे ज़माने के नाम सीने से सटाए फिर रहे हैं। कभी फ़ुर्सत के पलों में भारत के किसी हिन्दू तीर्थ पर हो आएँ। चकित हो जाएँगे यह देख कि वहाँ के पण्डे गाँव का नाम बताते ही कितनी आसानी से यजमान को उसके पुरखों के हस्तलेख और हाल-चाल बता देते हैं। शेक्सपियर साहेब, आपको यह भी बता दूँ कि हमारे राजस्थान में एक घुमन्तू जनजाति है—'जागा'। ये लोग बैलगाड़ियों पर अपना माल-असबाब डाल सपरिवार घूमते हैं—शहर-दर-शहर, गाँव-दर-गाँव। जानते हैं इनकी बैलगाड़ियों में क्या लदा होता है? नहीं? चलिए मैं ही बताता हूँ—पोथियाँ! चलिष्णु लोग और पोथियों का अम्बार—बात कुछ बेमेल-सी लगती है। दरअसल इन पोथियों में दर्ज होता है राजस्थान से विस्थापित हिन्दुओं का पुश्त-दर-पुश्त इतिहास। बरसों-बरस से ये जागा बस्ती-बस्ती जाकर अपनी पोथियाँ अद्यतन कर रहे हैं। अपनी जड़ें तलाशने के लिए हमारे यहाँ लोगों को अफ्रीका में भटकने की दरकार नहीं पड़ती, बस अपने जागा को ढूँढ़ने भर की देर है और चुटकियों में आपके परिवार की पुरागाथा आपके समक्ष। श्रीमान जी नाम बदलने से मनक की पुश्तें अपनी संगत का इतिहास और जड़ों का एहसास खो देती हैं। यह इल्म हमारे पुरखों को न जाने कब से था कि नाम परिवर्तन से आदमी की रंगत बदले न बदले पर उसकी गन्ध गुम हो जाती है...

ख़ैर, जाने दीजिए इन बातों को। बंधु लोगो, आप से यह लक्ष्य करने का आग्रह है कि संस्कृत व्याकरण के रचयिता पाणिनी (ई.पू. सातवीं शताब्दी) ने 'कच्छ' प्रत्यय से 'भृगुकच्छ' नाम दिया है, यानी कि भृगु की भूमि। जानने वाले इसे 'भरूच' या 'भुज' से जोड़ते हैं।[40] तवज्जोह इस पर भी दी जाए कि अनेकार्थी शब्द 'कच्छ' के मायनों में दलदली भूमि एवं एक प्रकार की नौका भी शुमार हैं।[41] और हाँ 'कच्' का एक अर्थ चमकना भी तो है।[42] नौका, दलदल, चमक और कच्छ के अन्तर्सम्बन्धों को हो सकता है कि हम इस यात्रा में आगे कभी देख पाएँ।

# टोहिया डाँड़-2 : 'यक्ष'

आज का दौर विज्ञान अवलम्बित। तर्काधीन ऐन्द्रिक ज्ञान ही ज्ञातव्य। ऐसे काल में पुराकथाओं पर आश्रित बात यूँ खटके मानो दाँतों में अटका तूतड़ा। एकाधिक कोणों से तरह-तरह के तर्कों को फँसा जब तक उसे निकाल न फेंकें, चित्त उद्विग्न, पर मेरा मन तो जानिए मुम्बई लोकल की बोगी। विविध विचारों से ठसाठस। हर घड़ी उठापटक, पल-पल रेलम्पेल। जब मन का एक कोना स्वीकारता है कि पुरा-कथाओं से शब्दशः सत्य होने का मुतालबा बेमानी है तथा उन में ध्रुव सत्य की तलाश सरासर ज़्यादती है, तब दूसरा कोना सवाल उठाता है कि क्या धुर-सत्य नाम की कोई शै होती भी है?

मेरे मत में सत्य भी अपने समय, काल, स्थान तथा दृष्टा के अधीन ही कार्य करता है। एक काल के अकाट्य सत्य को भी परावर्ती समय में तार-तार होते हम सब ने देखा है। कल की कपोल कल्पनाओं की सशरीर उपस्थिति हमने उत्तर काल में दर्ज भी की है। वास्तविकता तो यह है कि आज के सत्य का जीवन उतना ही है जब तक कोई नवउद्घाटित तथ्य उसे झुठला न दे। मेरे कने इसके कई उदाहरण हैं, ढूँढ़े से आपको भी कई दिखेंगे। सो, हर झूठ में सत्य का पुट और प्रत्येक सत्य में मिथ्या की सम्भावना को नकारे बिना विचार करना ही विज्ञानसम्मत होगा। इसी मानस से मैंने राजेश मांकड़ की कही वह कथा सुनी जो हर कच्छी को कंठस्थ है, जिसमें बताया गया है, पुराने ज़माने में एक दुष्ट राजा को सबक सिखाने हेतु बहत्तर 'यक्ष' अपनी एक बहन सायरा (सायरी) के संग हवा में उड़ते हुए कच्छ आए थे। ख़याली पुलावनुमा इस क़िस्से को ज्ञात इतिहास से जुड़ता देखना मेरे क़रीब एक सनसनीख़ेज मामला था। सो, मुझे लगता है कि आपको यह क़िस्सा सिलसिलेवार ही सुनना चाहिए—यानी कि ठीक इसके आग़ाज़ से...

> *बात तब की है जब सिन्ध के सम्मा राजपूतों और कच्छ के चावड़ा तथा वाघेला राजपूतों के मध्य रोटी-बेटी के रिश्ते थे। आठवीं शताब्दी के अन्त में सिन्ध के तत्ता राज्य में एक ताक़तवर सम्मा सरदार हुआ जिसका नाम था लाखो घुरारो।[43] उसी काल में, कच्छ में, वाघेला वंश का वर्चस्व*

था। वाघेलाओं की एक जागीर, पधगर, लखपत के समीप थी। इस पधगर की जागीरदारी वाघेलाओं ने प्रतिदिन पाँच गाड़ी (सम्भवत: ऊँट गाड़ी) घास गुन्त्री (वाघेलाओं की राजधानी) भेजने के एवज़ में वंघम चावड़ा को सौंप रखी थी।

इधर सिन्ध में सम्मा राजपूतों के एक धड़े द्वारा, अरब शासकों की शर्तानुसार, इस्लाम क़बूल करने के कारण हिन्दू राजपूतों को शादी-ब्याह में दिक़्क़त पेश आने लगी। अस्तु उनका ध्यान कच्छ के राजघरानों की ओर गया, जिसके चलते लाखो घुरारो ने कच्छ के दो ताक़तवर राजपूत घरानों की लड़कियों को अपनी रानी बनाया। पहली थी वंघम चावड़ा की पुत्री बौधिरानी तथा दूसरी थी गोहेल वंश की चन्द्रकुँवरबा उर्फ़ गौड़ रानी। लाखो घुरारो की मृत्यु के उपरान्त सत्तासीन हुए गौड़ रानी के पुत्र उन्नाद की बौधिरानी के पुत्र द्वय—मोळ तथा मनाई ने मिल कर हत्या कर दी। गौड़ रानी की तत्ता राज पर गहरी पकड़ के चलते मोळ व मनाई ने सिन्ध से पलायन कर पधगर में अपने नाना के यहाँ शरण ली। किन्तु सत्ता लोलुप इन भाइयों ने पहला मौक़ा मिलते ही अपने नाना वंघम चावड़ा को भी मार डाला।[44]

वे लखपत के समीप स्थित पधगर की राजगद्दी पर काबिज़ तो हुए किन्तु वाघेलाओं से जो शत्रुता मोल ली उसने कच्छ को पुश्त-दर-पुश्त चलने वाली दरिन्दगी और जंग के एक लम्बे सिलसिले में धकेल दिया। मोळ व मनाई में से मनाई के बारे में तो इतिहास चुप है, पर मोळ के वंश में आगे चलकर कच्छ का लाड़ला शासक लाखो फुलानी (920-979 ई.) हुआ। रबारी माँ की सन्तान लाखो फुलानी एक दुर्योद्ध शासक के संग वास्तुशिल्प में रुचि रखने वाला व्यक्ति भी था। उसके द्वारा बनवाए गए गढ़ और मन्दिरों के खँडहर उसके रसिक मानस के पुरजोर गवाह हैं। उसके द्वारा निर्मित सूर्य मन्दिर में मैथुनरत युगलों के मूर्तियों के चलते वह अपने समय में कामुक राजा के रूप में बदनाम भी हुआ। पर उसके चरित्र का परिचय तो लखपत के समीप हुए एक वाक़िए में उजागर होता है। हुआ यूँ कि एक बार लाखो फुलानी अपने लाव-लश्कर के संग लखपत के पास से गुज़र रहा था। वहीं उसकी नज़र गाँव की एक कमसिन बाला पर पड़ी। लाखो ने उसे देखा, और देखता ही रह गया। सौन्दर्य अनुरागी फुलानी ने उस बाला को अपने आशियाने पर बुलवा भेजा। गाँव वालों ने सुना, मन मसोस कर रह गए। लोगों ने मन ही मन ख़ूब कोसा, रात भर गालियाँ काढ़ी। पर अगले दिन वह बाला जब लाखो फुलानी के राजमहल से लौटी तो मालूम हुआ कि लाखो उसे रात

किसी काल में अपनी शान-ओ-शौक़त के लिए मशहूर पद्धरगढ़ का महल
अब वीरान कँटीले जंगल में खड़ा चुपचाप सिसकता है

*भर बस निहारता रहा। न छुआ, न कुछ कहा। बस देखता रहा। बाद में लाखो फुलानी ने उस बाला को अपनी बहिन घोषित कर लखपत के समीप का एक गाँव उसके नाम कर दिया।[45] बहरहाल, काल का चक्र आगे घूमा। अजेय लाखो फुलानी एक युद्ध में मारा गया। फुलानी की मंशानुसार उसके भतीजे जम पुन्व्रो को पधगर की गद्दी मिली। कहते हैं कि पहले तो वह महाभक्त था। अपनी भक्ति के बल पर उसने एक बाजूबन्द हासिल किया था। कि जब तक उसकी भुजा पर वो बँधा रहेगा, तब तक कोई अस्त्र-शस्त्र उसका कुछ न बिगाड़ सकेगा। अपने अजेय होने का नशा उस पर तारी होने लगा। नतीजा यह कि लाखो फुलानी का कमाया उसके भतीजे जम पुन्व्रो ने देखते ही देखते गँवा दिया।*

*पुन्व्रो को भी गढ़ बनाने का चस्का चढ़ा। जम पुन्व्रो ने भुज के पास पद्धरगढ़ नामक पत्थरों की एक सुन्दर गढ़ी तो बनवाई किन्तु काम पूरा होते ही उसके वास्तु शिल्पी के हाथ कटवा दिए। उसकी क्रूरता के चर्चे चल पड़े।[46]*

महल के चारों ओर बिखरे अनगिनत पत्थर—इनके बारे में मान्यता है कि इन्हें जखों ने क़रीब की काकाबिध पहाड़ी पर खड़े हो बरसाया था

*इसी पुन्व्रो के राज्य में सात धर्मानुरागी रहते थे। उनकी पूजा विधि यहाँ की नहीं थी। उनके देवता भी अचीह्ने ही थे। कहते हैं कि वे रोमन शहर बाईझेन्टियम (Byzantium) से आए थे और अपने देवता को 'जख' बुलाते थे। जो हो, पर इन सातों की कच्छ में बड़ी धूम थी। कारण—निपूतों को सन्तान पैदा करने का सामर्थ्य देने की इनकी क़ूवत। आगे क़िस्सा यूँ हुआ कि पुन्व्रो की रानी के भी सन्तान नहीं होती थी। अस्तु रानी ने जख-पुजारियों से सहायता लेने की ठानी। रनिवास से जख-उपासकों के घर तक सुरंग खोदी गई, ताकि बग़ैर किसी भनक के रानी के महल में ये लोग आकर पूजन, बलि आदि सम्पन्न करवा सकें। पर सचेत जम पुन्व्रो पर भेद खुल ही गया। उसने जाल बिछाया और एक दिन सातों पुजारी पुन्व्रो के हत्थे। आश्चर्य कि अपने चरित्रानुसार राजा पुन्व्रो ने जख-उपासकों के सर कलम नहीं करवाए बल्कि धरा पर बिखेरी अन्न की बालियों को पैरों से कुचल दाने अलग करने को कहा। रानी भी चकित, पुजारी भी प्रसन्न। वे ख़ुशी-ख़ुशी पगतली से बालियाँ मसलने लगे। पर यह क्या, पैर लहूलुहान। दरअसल बालियों में लोहे की तीक्ष्ण किरचनें मिलवा दी गई थीं। देखने वालों में बम्ब्रा नामक एक नाई भी था। उसका दिल पसीज़ा। बम्ब्रा की मदद से उपासकों में से एक*

पद्धरगढ़ से दिखता काकाबिध पहाड़

*निकल भागा और क़रीब ही की पहाड़ी पर चढ़ लगा गुहारने अपने देवताओं को। पुकार ख़ाली नहीं गई। बाईझेन्टियम नगर से घोड़े पर सवार बहत्तर जख आए (इकहत्तर भाई, एक बहिन), और फिर कच्छ में जो क़हर बरपा कि वहाँ के पहाड़ तक धसकने लगे। पद्दरगढ़ की नींव चरमराने लगीं। परन्तु जम पुन्व्रो ने हार नहीं मानी। इस पर जखों की बहिन, सायरी ने राजा पुन्व्रो से निबटने का बीड़ा उठाया। ऐयार ने जादू चलाया। वह मच्छर बन महल में घुसी और पुन्व्रो को इस क़दर छलनी कर दिया कि बेचारा घबरा कर नहानघर में जा बैठा। खुजली मिटाने के लिए कपड़े उतारे, बाजूबन्द भी निकाल फेंका। गुसलख़ाने में काकर*

महल से कुछ दूर स्थित उसी काल का मन्दिर, जिसे इन दिनों शिव मन्दिर बताया जाता है

*नामक जख देवता ने पुन्व्रो का वध (985 ई.) महल की प्राचीर से एक पत्थर गिरा कर किया। इसके बाद जखों ने नज़दीक की काकाबिध नामक पहाड़ी से चट्टानों की बौछार कर पद्धरगढ़ का बेइन्तहा ख़ूबसूरत गढ़ तहस-नहस कर डाला। और पद्धरगढ़ को सदा जीवनहीन और उजाड़ रहने का श्राप दे कर चले गए।[47] जनता को क्रूर शासक से मुक्ति मिली। तब से कच्छ में जखदेवता की पूजा रक्षक के रूप में की जाने लगी। इस दिन आज भी कच्छ के तमाम यक्ष मन्दिरों में मेला लगता है, यानी उतरते भादो मास में।*

हर एक कच्छी के कंठ में बसी यह 'जख' कथा, नितान्त खोखली नहीं है। सच जानिए, कई तथ्य बावस्ता हैं इसमें। जैसे कथा में जखों के ताप से पहाड़ों का धँस कर समतल हो जाने का ज़िक्र, उस काल में हुई किसी प्राकृतिक आपदा को इंगित करता है। कुछ लोग मानते हैं कि जख उत्तरी ईरान से आए झोराष्ट्रीयन थे, जो अग्नि पूजक थे, इसीलिए कच्छ में एकाधिक स्थानों पर बने जखमन्दिरों में अखंड दीप जलाए जाते हैं।[48] पर थोड़ा ठहरकर विचारें तो दिख पड़ती है वह टोहिया-डाँड़ जो

इस काल को उस समयबिन्दु से जोड़ती है जब ईसा का जन्म होने में कुछ शताब्दियाँ बची थीं। बात तो ईसा से हज़ारों बरस पहले तक जाती है, पर फ़िलहाल ध्यान केन्द्रित किया जाए ई.पू. चार सौ पचासी पर। जैसा कि मैं पूर्व में कह चुका हूँ कि व्यापारिक नज़रिए से सिन्धु-सागर संगम क्षेत्र, यानी कच्छ के दक्षिण का समुद्र तट, एक महत्त्वपूर्ण स्थान था। इस तट पर अपना वर्चस्व स्थापित करने की ग़रज़ फारसियों, मौर्यवंशियों, ग्रीस वासियों तथा आधुनिक समय में अंग्रेजों में समान रूप से दिखती है। जो हो, ई.पू. चार सौ पचासी के आसपास यह क्षेत्र पर्शिया के शासक डेरियस के अधीन था, जिसे बाद में चन्द्रगुप्त मौर्य ने ई.पू. तीन सौ में जीत लिया। तदन्तर ई.पू. एक सौ पचहत्तर में यहाँ बैक्ट्रिया (ग्रीस) के घुसपैठिए राजा मनेन्दर का शासन हुआ।[49] पूर्ववर्ती शासकों की तुलना में बैक्ट्रिया के यवन लोगों ने यहाँ काम बहुत किया। इन्हीं के समय स्थानीय व्यापार फूला-फला, वास्तुशिल्प में आधारभूत बदलाव हुए, चिकित्सा आदि सुविधाएँ विकसित हुईं। बैक्ट्रियावालों ने यहाँ विशिष्ट तरह के कुएँ खुदवाए, मन्दिर बनवाए, जिन्हें देखकर ही ग्रीक यायावर स्ट्रेबो (66 ई.पू. से 24 ई.) ने इस क्षेत्र को 'तेजराष्ट्र' कहने की परम्परा डाली। यह नाम विदेशी मानस में तो लम्बे वक़्त तक बना रहा पर जनमानस से 'कच्छ' का उन्मूलन न कर सका। इस बीच शक तथा सायथिनियन (सिन्ध प्रदेश के लोग) मूल के योद्धाओं ने, जोकि स्थानीय निवासी थे, कच्छ पर अपना परचम फहराने का प्रयास कभी क्षीण नहीं होने दिया। जिसके चलते अन्ततः यहाँ वाघेला, चावड़ा आदि राजपूतों की रियासतें बनीं। जो हो, पर ऊपर कही जख कथा इस सम्भावना को जन्म देती है कि हो न हो वे सात बेक्ट्रियन 'पुजारी' ग्रीस द्वारा नियुक्त जासूस थे, जिन्होंने राजपूत राजाओं के विरुद्ध जनमानस की निर्मिति कर सिन्ध से आए निःसन्तान शासक पुन्व्रो को मार सिन्ध के सम्मा राजपूत फूलो घुरारो की वंश परम्परा तथा उसकी राजधानी पद्धरगढ़ दोनों को धूल में मिला दिया।

मान्यता है कि पद्धरगढ़ जाते वक़्त वे बहत्तर जख माधापर में कुछ समय के लिए रुके थे। इन जखों का पौराणिक यक्षों से कुछ लेना-देना नहीं है। फिर जख पर यक्ष की परत कैसे चढ़ी? क्या यह ब्राह्मणों का फैलाया रायता है? इस बारे में मैं दावे से तो नहीं कह सकता पर मुझे लगता है कि इसके पीछे बौद्ध धर्म की हकाल भी हो सकती है। दरअसल मनेन्दर के शासन काल में बौद्ध धर्म का प्रचार-प्रसार चरम पर था। जिसके चलते अधिकांश यवन राजाओं ने बौद्ध धर्म अंगीकार कर लिया था।[50] बौद्धों के यहाँ यक्ष-यक्षिणियों का विशेष स्थान है। सनद रहे, सो कहना ज़रूरी है कि जहाँ तक बनावट और सजावट का सवाल है माधापर मन्दिर पर बौद्ध तथा ग्रीक दोनों का प्रभाव नहीं दिखता। गर्भगृह के घुड़सवार अपने आप में अनूठे हैं। हालाँकि कथित 'जीर्णोद्धार' के बाद बने माधापर के आधुनिक यक्ष मन्दिर के वास्तु पर पौराणिक सोच काबिज़ हो गई है।

काकाबिध पहाड़ी के जख मन्दिर में उड़कर कच्छ आए बहत्तर घुड़सवार जिन्होंने पद्धरगढ़ को मिट्टी में मिला दिया। ध्यान दें कि ये सभी कर्ण–कुण्डल धारण किए हैं

जो हो पर इस संधान से माधापर मन्दिर में यक्ष मन्दिर की मौजूदगी का कारण तो समझ में आ गया पर कुछ सवाल मेरे समक्ष अब भी मुँह बाये खड़े हैं। जैसे कि घोड़े पर सवार ये योद्धा जख निहत्थे क्यों हैं? और मन्दिर के पीछे, माहताब पर, बने देवस्थान में कुछ बिन सवार, ख़ाली पीठ वाले घोड़े क्या कर रहे हैं? वो पुजारी पहले सवाल का उत्तर टाल गया पर दूसरे के जवाब में बताया कि पीछे का मन्दिर वास्तव में यहाँ के पुराने पुजारी की समाधि है। सादे घोड़े मन्नतें पूर्ण होने पर लोग चढ़ाते हैं। कुछ सक्षम लोग संगमरमर के भी घोड़े लाते हैं, अन्य सभी माटी के। लोगों द्वारा समर्पित घोड़े, स्थानाभाव के कारण समाधि स्थल पर धर दिए जाते हैं।

आप सोचते होंगे कि मरदूद कितनी बकबक कर रहा है। पर मैं तो कथाओं के असर में गाफ़िल हूँ। अब, मन्नत और घोड़ों के समर्पण में जो अन्तर्निहित है उस पर मनन किए बग़ैर आगे बढ़ जाना भी तो ठीक नहीं।

मन्नत यानी वह ऐषणा जिसे फलीभूत करने हेतु अपने आराध्य से अरज की जाती है। वांछित फल मिलने पर आराध्य को उसकी पसन्दीदा भेंट चढ़ाने का वादा किया जाता है। हर देवी-देवता की पसन्द सुनिश्चित होती है, जैसे घड़ा, चूड़ी,

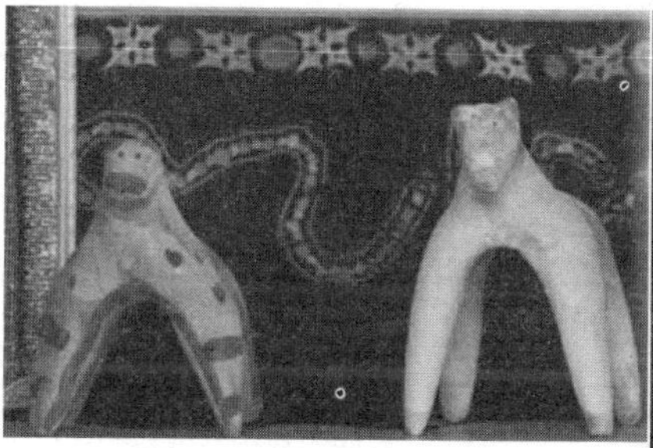

A

A = माधापर देवालय में समर्पित मिट्टी के घोड़े

B

B = अलिराजपुर के एक गाँव में बाप देवता माटी के घोड़ों से घिरे हुए हैं

चुनरी, शराब, गोश्त, चावल, लपसी (गेहूँ से बनी मिठाई), उपवास, भोजन आदि। मन्नत माँगने की परिपाटी हमारे यहाँ बड़ी पुरानी है, समाज के हर तबके में है। रामायण काल से लेकर आज तक, राजाओं से लेकर आदिवासियों तक।[51] कामना पूर्ति पर घोड़े का पुतला अर्पित करने का चलन किन्तु कम ही देखने में आता है। अलीराजपुर ज़िले के, नर्मदा घाटी के गाँवों में भी माधापर जैसी ही घोड़े चढ़ाने की रवायत मेरे देखने में आई थी। वहाँ के आदिवासियों (भील-भीलाला) के प्रमुख देवता हैं 'बाबादेव' या 'बाप देवता'। बाबादेव को यहाँ के आदिवासी पशुधन व खेती का रक्षक मानते हैं। अच्छी खेती की या बीमार पशु को ठीक करने की पुकार यदि सुन ली जाती है, तो भील-भीलाले बाबादेव को माटी के दो घोड़े भेंट करते हैं तथा मुर्गी का भोग चढ़ाते हैं।[52] यद्यपि भील-भीलालों की दैनिकचर्या में घोड़े शुमार नहीं हैं तथापि वहाँ पर वीरों को घोड़े पर सवार दर्शाया जाता है। माटी के घोड़े मन्दिर में चढ़ाने की रवायत जैसलमेर (राजस्थान) के रामावीर (रामदेव) के मन्दिर में भी है। मज़े की बात यह है कि रामावीर भी उड़ने वाले घोड़े पर सवार हो जैसलमेर पहुँचे थे और इस रेगिस्तानी क्षेत्र में भी घुड़सवार वीरों का अंकन होता है। कहाँ कच्छ, कहाँ जैसलमेर और किधर अलिराजपुर, फिर भी इन जगहों के देवताओं को माटी के घोड़े पसन्द—अब यह क्या गोरखधन्धा है? तीनों तरफ़ के घोड़ों को थामे वो कौन-से तन्तु हैं जिन से ये रवायतें परस्पर बँधी हैं? मुझे लगता है कि इस परम्परा की पैठ भी बहुत गहरी है—आदिम युग तक। जब मनुष्य ने चलना, इतर जगहों पर डोलना आरम्भ किया। पर जब पदयात्रा आज के आसान युग में मुश्किल है तो विकराल जीव-जन्तुओं के युग में तो आदिमानव जान हथेली पर धरकर ही अपनी गुहा से बाहर क़दम रखता होगा। ऐसे समय उसके जीवन में घोड़े का प्रवेश

मानो जन्मान्ध का कहकशाँ से साक्षात्कार। हर कहीं चुटकी बजाते पहुँचने का सामर्थ्य—मानो पंख मिल गए उसको। अश्व गति का प्रतीक। घोड़े पर 'उड़ते हुए' पहुँचना सम्भवतः इसी शक्ति का बिम्ब है। किन्तु शक्तिवर्धक साधन कभी सबमें बराबरी से तक़सीम नहीं हो पाते। चुनाँचे घोड़े हर एक को हासिल थोड़े ही थे। वे तो एक 'स्टेटस सिम्बल' हुआ करते थे—धनबल का, बाहुबल का। महाभारत से रामायण तक, अश्व बल प्रदर्शन का ज़रिया रहा। अपने राज्य से गुज़रता किसी राजा का अश्व यदि दूसरा पकड़ ले तो युद्ध हो जाते, जो उसे कोई न पकड़े तो 'अश्वमेघ यज्ञ' घटित हो जाता। सो घोड़ा यदि बाहुबल का उद्घोष था तो अपने अस्तबल का अश्व किसी को भेंट देना उसके प्रति विनम्र होने की घोषणा हुई। गोया कि इसीलिए उन दिनों बतौर मिलनी राजाओं को अश्व भेंट करने की परम्परा थी।[53] अपने उपास्य को माटी के घोड़े भेंट करना इसी रवायत का हिस्सा है—शायद।

मैं जानता हूँ कि आप अचम्भित हैं, कि 'कमबख़्त यह कैसा दास्ताने सफ़र है जहाँ सब हो रहा है सिवा सफ़र के?' सही! पर भैया जी सच कहता हूँ, जो मैं सीधे-सीधे ले जाऊँ तो आपको ऐसी ऊब हो कि झोंटा पकड़ मुझे फिरकी-सा घुमा दें। सच...क़सम से...कच्छ है ही ऐसा, सरसरी निकलो तो उबाऊ...थकाऊ। वैसे भी जो आप चाहो कि यहाँ केरल, गोवा जैसी चौंध मिले, तो वो तो मिलने से रही। न तो यहाँ धड़कनें बेतरतीब करने वाले दिलरुबा मंज़र हैं, ना ही यहाँ की धरती में क़दम ठिठकाने वाली वलयकारी। यहाँ के पहाड़ देखने में तो ठीक-ठाक हैं, किन्तु न तो उनमें हिमालय की-सी कसावट है न कर्षण। कच्छ, वह सुग्गा जो दिखे कहीं पर प्राण कहीं। प्राण भी टुकड़े-टुकड़े...बँटे...बिखरे...सैकड़ों गल्पों में...अनेक परम्पराओं में...हज़ारों दिलों में। डग-डग उन तक पहुँचने वाली टोहिया-डाँड़, पग-पग थमना मेरी मजबूरी...। थोड़ा धीर धरें, कुछ ही देर में आप भी महसूस करेंगे कि यहाँ के सपाट एकरूप मंज़र और साँय-साँय वीराने में कुछ तो है जो छूता है अन्तस को...हौले-हौले...जैसे छुआता हो गुलाब कोई पेशानी से या जैसे सहलाती हो सुबह की पहली किरण...अधदेखे स्वप्न सहेजे अधमुँदी पलकों को...ज्यों-ज्यों ध्यान गहराता है त्यों-त्यों क़दम बहकते जाते हैं...दिल होने लगता है मलंग...रन का नशा तारी होता है भाँग की तरह...धीरे...धीरे...

# सरे आईना...पसे आईना

बीती रात बीतते-बीतते ही बीती। वो यूँ कि 'रन' तो दिमाग़ में आगे ही खटपट मचाए था, भुज में आ 'जख' अलग भेजे में घुस गया। हो गए एक और एक ग्यारह। दोनों ने वो उधम मचाया कि तौबा-तौबा। 'रन' तो मानिए ज़ेहन से निकल पहलू में ही आ बैठा। फिर नींद की क्या मज़ाल कि आस-पास भी फटके? नतीजा। बेचैनी—सोने की नहीं, पौ फटने की। अब यह तो जगज़ाहिर है कि हम उथली-अधूरी जानकारियाँ साथ लिए घर से निकल पड़े थे। वे जानकारियाँ भी क्या थीं, भाई साहब! बस तीन नाम ही तो थे—रन भूमि, रोगन आर्ट और फ्लेमिंगो पक्षी। इन तीनों में सबसे शरीर था 'रन'। जब से मन में उतरा बेचैन किए था। जख कथा सुनने के बाद तो वो जैसे बेक़ाबू ही हो गया। क्या जख और रन का कोई पुराना साबिका है? अब यह किसे मालूम? छटपटाहट थी कि कब सुबह हो और हम रन के सिम्त दौड़ जाएँ।

अच्छी ख़बर यह थी कि रोगन आर्ट कलाकारों का गाँव, निरोणा भी उसी तरफ़ था। बुरी ख़बर यह कि फ्लेमिंगो का स्थान उल्टी दिशा में। या ख़ुदा फिर एक दोराहा! ज़िन्दगी मानो भूल-भुलैया। क़दम-क़दम पर दो राहें। दिशाहीन, बेढब ज़िन्दगी को साधने का ख़याल ज़ेहन पर मुसलसल तारी। हर क़दम वही ऊहापोह। किस राह जाऊँ? कहीं भटक गया तो? मेरा दिमाग़ दोग़ला। रहता मेरे भीतर, सोचता मुझसे इतर। बहस-तर्क़-मार-पछाड़। बापड़ा दिल-सन्नभन्न। शुक्र है कि मेरे क़रीब यात्राएँ आईं, हिमालय आया। जिसने सिखाया—सब का कहा सुनना, दिल कहे सो करना। वही किया। नतीजतन पौ फटने के पहले ही हमने भुज छोड़ दिया। निकल पड़े भुज नखत्राणा मार्ग से मंज़िले मक़सूद की तरफ़—रन की ओर।

पर किसी भी शहर से बाहर निकलना अपने आप में एक कसरत होती है। मुँहअँधेरे तो समस्या और भी गहन। रास्ते, गलियाँ, चौराहे—जाना किधर से है? ऐन वक़्त पर गुगल मैप ठप, स्मार्ट फ़ोन ढुस्स—इमरजेन्सी सर्विसेस ओनली। राह की ख़बर देने वाली पट्टिकाओं पर भाँति-भाँति के इश्तहार—हाथ जोड़े नेता लोग, मुस्कराते बाबा लोग या साज़ोसामान बेचतीं जनानियाँ। सुबह सैर की आदत से लाचार कुछ लोगों को देख आस बँधी। कइयों से बात की पर समाधान नहीं मिला—कोई रास्तों से अनभिज्ञ तो कुछ भाषा से। ख़ैर, जैसे-तैसे सही राह

मिली तो चाय की तलब होने लगी। पर न कहीं चाय के ठीए दिख रहे थे और न भोर का आसमां।

आधे-पौन घंटे के बाद सड़क किनारे कुछ लोग उँकड़ू बैठ आग तापते नज़र आए। वहीं समीप झोंपड़े में हलचल होती देख चाय की ललक ज़ोर मारने लगी। झोंपड़ा दरअसल छोटा-सा होटल ही था, गुजरात में विगत तीन दिनों में नज़र आया 'प्रॉपर रोड साइड टाइप' होटल। वर्ना जबसे सड़कें हाई-वे में रूपान्तरित हुईं तब से वे अलाव, खटिया, धुएँ से काले हुए तन्दूरों पर चमकीले भाँड़े सजाए ढाबे न जाने किस देस में पलायन कर गए हैं। वैसे यहाँ तन्दूर-वन्दूर तो नहीं था अलबत्ता कुछ ट्रक ज़रूर खड़े थे—जिनके 'पायलट' होटल के बाहर बने हौज़ से प्लास्टिक की बोतल में पानी उठा नज़दीक की झाड़ियों के पीछे जा 'दिव्य-निबटान'[54] के मनसूबे बना रहे थे—चाय मिले तो बात बने। बेड़ा ग़र्क़ हो इस पेय का, जिसके बग़ैर सब ठप-सा हो जाता है—अँतड़ियाँ तो सबसे पहले। ख़ैर, वातावरण के ठेठपन से मुग्ध हो मेरी कार मानो ख़ुदबख़ुद ही वहाँ जा खड़ी हो गई। बाहर निकल झोंपड़े की ओर बढ़ा तो लकड़ी की आँच पर बनती चाय को देख मन ललच गया। अन्तस में धरे अपने गाँव के अधबुझे चूल्हे में लपट उठने लगी। होटल वाले के प्रति एक सोंधा-भीगा अपनत्व उमगा। दुआ-सलाम के बाद सुबह की शीतल बयार तथा चूल्हे से उतरी गर्मागर्म चाय की चुस्कियों के संग होटल वाले से गुफ़्तगू शुरू हुई। आग़ाज़ मेरे उसी सर्वविदित सवाल से, 'भूकम्प के समय क्या देखा-भोगा आपने?'

'कुछ ख़ास नहीं।'

'फिर भी, कुछ तो हुआ होगा? यह होटल तो नहीं टूटा था?' मैंने कुरेदा। बुझती अँगीठी और नए राबते बिना मेहनत नहीं सुलगते।

'यह सिर्फ़ होटल नहीं जनाब, घर है हमारा। पीछे फैमिली रहती है। तब भी थी। अलबत्ता तब यह चाय-नाश्ते का काम नहीं था। कुछ समय पहले ही शुरू किया यह होटल, रन उत्सव में जब से बाहर के लोग इधर आने लगे।' सुखद आश्चर्य! कच्छ में ऐसी सधी हिन्दी।

'समझा, मगर उस दिन...'

'हाँ, उस दिन सब अचानक हिलने लगा, हिलता रहा थोड़ी देर। बर्तन गिरने लगे, पर घर को कुछ नहीं हुआ।'

'पक्का था तब घर...'

'ना, तब कच्चा ही था,' फिर विषय बदलते हुए आगे बोला, 'अच्छा आप कहाँ से आए हैं, रन उत्सव के लिए आए हैं ना?'

'नहीं, रनोत्सव में हमारी कोई रुचि नहीं है, हम...', मेरे जवाब से उसके चेहरे की रंगत बदली। मुख भंगिमा संजीदा हो गई। काउंटर के पीछे से मेरी तरफ़ झुक कर वह मध्यम स्वर में बोला, 'तो कुछ ख़रीदना है क्या?'

‘हाँ, देखेंगे, यदि कुछ पसन्द आया तो ख़रीद भी सकते हैं, दरअसल हम...’

‘क्या चाहिए आपको, यहाँ सब मिल सकता है।’ उसकी वाणी में कुछ व्यग्रता थी। भीतर से किसी ने मुझे आगाह किया—सँभलो गुरु, नहीं तो बीवी के सामने ख़रीद-फरोख़्त की बात निकाल, यह कच्छी पौ फटने के पहले ही तुम्हें बट्टा लगा देगा। विषय परिवर्तन लाज़िमी। प्याली की चाय खुट चुकी थी। एक कप चाय और देने का इसरार करते हुए मैंने प्रश्न किया, ‘नाम क्या बताया था आपने अपना?’

उसने कुछ भला-सा नाम बताया, पर बिसरा गया। चढ़ती वय के संग लोगों और जगहों के नाम एकाध बार सुन याद नहीं रहने का रोग भी बढ़ता ही जा रहा है। नामों से सामना होने पर, अब तो पहली फ़ुर्सत में उन्हें जेबी डायरी में नोट कर लेता हूँ। पर रगड़ा ये कि पहली फ़ुर्सत मिलते न मिलते आधे नाम ज़ेहन से यों काफ़ूर हो चुके होते हैं ज्यों बँधी पुड़िया से कपूर। उस चाय वाले का नाम भी अब स्मृति में नहीं। अलबत्ता यह ध्यान है कि नाम सुनने के बाद ही उसके मुसलमान होने का मुझे भान हुआ।

एक बड़ा सच ‘इरिणा लोक’ में कुछ वक़्त गुज़ारने के पश्चात् मुझ पर प्रकट होने वाला है। कि वहाँ आदमी को देख उसकी जात-बिरादरी भाँप पाना ज़रा मुश्किल है। क्यों? वो इसलिए कि जिन कारकों से (जैसे छाप-तिलक, टोपी-दाढ़ी, घर-महल्ला आदि) हमारे लोक में मनुष्य जाना-पहचाना जाता है, इधर उनकी आमद अभी बाक़ी है। किन्तु हालफ़िलहाल तो हम इहलोक तथा इरिणा लोक के मध्य अधर में लटके। यहाँ सब गड्डमड्ड, त्रिशंकु। कुछ-कुछ शहरी कहीं-कहीं ठेठ, सोच में भी और संस्कार में भी।

हाँ तो साहेब लोगो, उसका नाम कान में पड़ते ही ज़ेहन में जलती रेलगाड़ी और कटते लोगों के अक़्स बनने-बिगड़ने लगे। मैंने उसे एक भरपूर नज़र से देखा। मेरे मनोजगत की उथल-पुथल से नावाकिफ़ वह प्याली में चाय उँडेलने में मगन था। मैंने एक गहरी श्वास खींची। हिम्मत जुटाई और वे सवाल उसके सामने रखे, जो मुझे बरसों से परेशान कर रहे थे—

‘भाई, जब गुजरात में दंगे हुए, लोग मारे-काटे गए, तब यहाँ के क्या हाल थे? आप पर क्या गुज़री उस घड़ी? और अब यहाँ अपने वालों से दूर अकेले रहने में भय नहीं लगता?’

उस तरफ़ से बिन लाग-लपेट वाली वाणी में जवाब आया, ‘साहब, यह कच्छ है, गुजरात नहीं।[55] यहाँ सब अपने हैं, पराया कोई नहीं। सच्चा कच्छी घर आए अनजान को भी बिना चाय पिए जाने नहीं देता। जो ज़रूरत हो तो खाने, सोने का इन्तज़ाम भी कर देता है। गुजराती तो आप से पानी भी नहीं पूछता, घर में बैठने तक नहीं देता। कच्छी लोग आदमी से प्यार करते हैं, वे क्या दूसरे को मारेंगे! यहाँ न औरत को कोई ख़तरा है, न आदमी को। हिन्दू-मुसलमान एक घर, एक परिवार जैसे रहते हैं यहाँ...’

कुछ गरमागरम सुनने की आस अपूरित देख, मैंने पलटवार किया, 'एक समय हमारी तरफ़, यानी इन्दौर में भी हम भाइयों सरीखे ही तो रहते थे। मेरे मुसलमान दोस्त दीवाली पूजन में बाक़ायदा शुमार होते थे, हर ईद हम उनके यहाँ जाते थे, छक के खाते थे, जम के त्योहार मनाते थे। फिर हितैशियों के हुजूम ने आ घेरा हमें और कई-कई दिनों तक एक-दूजे के घर में ठुँसे रहने वाले हम लोग ग्रहों की तरह अपने-अपने अन्तरिक्ष में, अपने ही वृत्तों पर घूमने लगे। आप भी तो टीवी देखते हैं, अख़बार पढ़ते हैं, मन्दिर-मस्ज़िद के शुमारों में जाते हैं। आपको भी तो उकसाने की कोशिशें हुई होंगी?'

उसने मुझ पर वक्र दृष्टि डाली। अबकी उसके स्वर में क्रोध, जुगुप्सा, झुँझलाहट सबका घोल था, 'पत्रकार हैं, या नेता? आप हैं क्या जनाब?'

'नहीं भाई, मैं तो सिर्फ़ सैलानी हूँ...'

'तो आप सुबह-सुबह ये सब क्या ले बैठे हैं, मैंने कहा ना यह कच्छ है, गुजरात नहीं।[56] अपनी बताएँ, क्या ख़रीदना है आपको?'

'ख़रीद...ओ हाँ...'

मुझे अकबकाया देख उसी ने बात आगे बढ़ाई, 'आपकी तरफ़ से यहाँ हर साल कोई न कोई आता है, सोना लेने...'

सोना! इस वीराने में? क्या मैं किसी तस्कर से बात कर रहा था? गिरगिट को मात करता तेज़ी से रंग बदल रहा है यह आदमी। शहर के लोग शायद ठीक ही कहते हैं, इस क़ौम के लोग इसी क़िस्म के कामों में...उफ़! आँखों के आगे ततैया के झुंड। मेरुदंड में झनझन। मेरे समूचे जिस्म में सिर्फ़ कान ही कान। कुछ क्षण लगे कंठ से आवाज़ फूटने में।

वह कहता रहा, 'कुछ समय पहले इन्दौर से ही प्रकाश भाई शाह[57] आए थे, डेढ़ किलो माल ले गए...आप उन्हें जानते होंगे।' गुजरातियों की भीड़ के बीच औचक फेंकी टोपी जिस सिर बैठे वह प्रकाश शाह न निकले तो जो कहें वो हार जाऊँ। मेरे मित्रों की बौनी-सी फ़ेहरिस्त में ही चार इसी नाम के हैं, दिक़्क़त यह कि चारों प्रगाढ़ मित्र, जो एक को लक्ष्य कर पुकारो तो चार हुँकारें सुनाई दें।

'इन्दौर छोड़ यहाँ धूल-मिट्टी में भला कोई क्यों आएगा सोना...'

'सस्ता पड़ता है न। दस तोले पर पच्चीस से पचास हज़ार तक का फ़र्क़ आ जाता है।'

यकबयक मेरी जुबान ए.के. सैंतालीस में बदल गई, लगी दनादन सवाल दागने—'इतना अन्तर कैसे? आप बेचते हो क्या? आता कहाँ से...'

'नहीं, मैं नहीं बेचता। जो बेचते हैं उनको जानता हूँ।'

'दलाल हो...'

'इस तरह मत बोलिए साहब! यह तो कच्छियों का पुश्तैनी धन्धा है। पहले बन्दरगाह थे, विदेशी लोग आते थे। अब बॉर्डर है, पाक़िस्तान की तरफ़ से ख़ूब माल आता है—सोना, अफ़ीम...सब...आपको क्या चाहिए...'[58]

'गारंटी?'

'कच्छ में बहुत सुकून है, सामान सड़क पर छोड़ दें तो महीने बाद भी वहीं पड़ा मिले, बेईमानी तो गुजरात...।' मैं भौचक। कुछ पल पहले कैसी ज़हीन बातें करता था यह आदमी और अब इस तरह की बातें! वह भी खुल्लेआम! यह मनक भी 'सरे आईना कुछ और, पसे आईना कुछ और'। आगे बात बढ़ने से पेश्तर भाग लेने में भलाई। वही किया भी।

किन्तु इतने से अन्तराल में कालिख़ अपना काम कर चुकी। वो तो भला हो कि इन्दौर लौटने से पहले हमारा चित्त निर्मल हो जाएगा, वर्ना इस कमबख़्त ने तो दिमाग़ में गुजरातियों के प्रति कलुष डाल ही दिया था। होगा यूँ, हम लौटते वक़्त अहमदाबाद रिंग रोड पर होटल में टिककर, एक टैक्सी से शहर में धँसेंगे। मित्रों से मिलने-मिलाने में घड़ी के काँटे हो जाएँगे नौ के पार। होटल लौटने को कोई साधन नहीं मिलेगा। तभी महकते पान की गिलौरी मुँह में दबाए, धवल दाढ़ी, गुलाबी पठानी पहने वह ऑटो वाला मिलेगा। ऑटो में बैठते ही मैं उस पर नवरतन क़िवाम वाला उम्दा पान खाने की ख़्वाहिश ज़ाहिर करूँगा। बन्दा गर्दन हिलाएगा। मुँह से बोलेगा कुछ नहीं। पर चमचमाती सड़क छोड़ अहमदाबाद के ठेठ-तबीयत इलाक़े में ले जाएगा। पान वाले से मुझे बेहतरीन गिलौरी खिलाने का इसरार ही नहीं करेगा बल्कि आप खड़े होकर पान बनवाएगा। यह सब करके रात ग्यारह बजे हमें होटल छोड़ेगा। मैं किराया जानना चाहूँगा। वह कहेगा, चक्कर तो दूना हो गया पर आप बस उतना ही दें, जो ठहरा था—एक सौ पचास रुपये। मुझे हक्का-बक्का देख वह कहेगा कि 'आप ठहरे हमारे मेहमान। आप कुछ खाना चाहें और न खिलाएँ तो लानत है हम पर। पैसे की आप चिन्ता न करें। हमने अपना फ़र्ज़ निभाया, आप तो उतना ही दें जो बनता है'...मेरी बोलती बन्द हो जाएगी, गला रुँधेगा सो अलग...पर यह सब तो जब घटेगा तब घटेगा, मैं अभी से बताकर आपका मज़ा किरकिरा क्यों किए दे रहा हूँ। हमें तो पहुँचना है रन के क़रीब...इस मरकज़ लोक के सीमान्त क्षेत्र में बसे निरोणा गाँव में...

# मरकज़ लोक और इरिणा लोक के दरमियान

यद्यपि नभ से धरा के मध्य कुहासे की अस्तरशुदा यवनिका अभी खिंची है पर उसके पीछे जारी सूरज की हलचल नज़र आ रही है। हम भुज-खावड़ा-नखत्राणा पथ पर अग्रसर हैं। यह चौड़ा-चिकना मार्ग आगे, लोरिया के पास, दो भुजाओं में विभक्त होगा। उनमें से एक ले जाएगी उत्तर की तरफ़, खावड़ा यानी कि रन में तथा दूजी पश्चिम में नखत्राणा की ओर।

एक समय वो भी था कि इस सिम्त आने के ख़याल भर से खुर्राट घुमक्कड़ के अंगों में भी धूजनी (कँपकँपी) भर आती थी। पेट चल पड़ते। रन के इस ख़ौफ़ के चलते यहाँ न कभी अंग्रेज़ सेना अपने को ठीक से स्थापित कर सकी, न आज़ादी के बाद भारतीय सेना ही। इस का लाभ उठाया हमारे महबूब पड़ोसी पाक़िस्तान ने। पाक़िस्तान—जिसकी सरहद यहाँ से कुछ सौ-सवा सौ कि.मी. पर है। महबूब को हमारी तरफ़ आने का ऐसा चस्का कि नाक में दम। उन्नीस सौ इकहत्तर की जंग में हुए भुज का हाल तो पहले बता ही चुका हूँ। अब आपको बताऊँ कि उन्नीस सौ पैंसठ में इस सीमा की देखभाल का ज़िम्मा केन्द्रीय रिज़र्व पुलिस पर था। तब खावड़ा के क़रीब हमारी एक छोटी बटालियन तैनात थी। कहते हैं कि उस काल में यहाँ सड़कें या तो थीं ही नहीं या फिर ख़स्ताहाल। ऐसे में पाक सेना रन लाँघ भारतीय सीमा में खावड़ा तक घुस आई थी। पीछे से असलह औ' असबाब आने में दिक़्क़त ही दिक़्क़त। परिणामतः हमारे अर्धसेना बल को शुरुआत में ही अपनी चौकी छोड़नी पड़ी। एक बार वे पीछे हटे पर फिर छिड़ी विकट जंग। अन्ततः अन्तरराष्ट्रीय दबावों और हमारे सैन्य प्रभावों के चलते पाक़िस्तान अपनी सरहदों की तरफ़ लौटा तो, पर आधा-अधूरा। वह हमारी ज़मीन का कम से कम बीस कि.मी. का टुकड़ा सपोट गया। अब यह बात तो यहाँ के लोगों की जुबान पर है, काग़ज़ों पर नहीं—सो सच या झूठ ख़ुदा जाने।

ख़ैर, इन बातों को यहीं छोड़ हमें अब बढ़ना चाहिए नखत्राणा वाले पथ पर। लोरिया से दक्षिण-पश्चिम को जाते इस मार्ग के पहलू में रन पसरा है। यानी कि यह रास्ता रन के दक्षिण (बन्नी का छोटा रन) से सट कर चलता है।[59] सड़क के अगल-बग़ल छोटी-मझौली झाड़ियाँ हैं। कुछ बबूल भी। कच्ची धूप और कँटीली

वनस्पति के दरमियान छोड़-पकड़ जारी है। कभी कोहरा इनको ढाँप ले, कभी इनके शूल धुन्ध की चिक तार-तार कर दें। कभी वे धूप से चमकें तो कभी खड़े-बैठे चलते-हिलते राहगीर का-सा भ्रम पैदा करें। वादियों में एक अजीब-सा रहस्य औ' रोमांच तारी। इसे रन की तासीर कहें या फिर क़िस्मत कि बेचारे पर सदा ही रहस्य की दोहड़ लिपटी रही। ग़ौर कीजिए कि ढाई-तीन हज़ार बरस पहले से आज तक की, भुज से दक्षिणी इलाक़े (यानी भुज से अरब सागर तक) के मुतअल्लिक़, तमाम मालूमात सिलसिलेवार हम तक पहुँचे हैं। परन्तु भुज के उत्तर में स्थित इलाक़े (मतलब रन क्षेत्र) को लेकर इतिहास और भूगोल के पारम्परिक ग्रन्थों में जैसे सुई पटक सन्नाटा! वहाँ कुछ है तो चन्द सनसनीखेज़ क़िस्से। जैसे कि रन में न कोई जीवन है, न वहाँ जाने वाला जीवित ही लौटता है। यहाँ न पाखी हैं, न जानवर। आदमजात तो वहाँ कभी-कभार ही जाता है, वह भी काफ़िले के रूप में।[60] रन को रक्तपिपासु करार देते ये क़िस्से सरकारी मंचों से प्रचारित किए गए। लाचार रन चुपचाप इतिहास के हाशिए में दुबक गया।

नरेश सक्सेना ने ठीक ही लिखा कि,

*'जगहें ख़त्म हो जाती हैं*
*जब हमारी वहाँ जाने की इच्छाएँ*
*ख़त्म हो जाती हैं...'* [61]

आधी दुनिया पर राज करने वालों का गज़ट जो कहे वो होता है 'निर्विवादित सत्य'। यों कि लालक़िले की प्राचीर से कहा हर जुमला सच, गली-कूचों से उठते स्वर बेमतलब। इस आक़ापरस्ती के चलते ऊँचे मक़ामों से कहे पर बहस नहीं होती। अब आप तो अपनों में से हैं, सो सावधान किए देता हूँ कि ब्रितानी दौर की किताबों पर अन्धा भरोसा न करें। सब जानते हैं कि सत्ता सदा तथ्यों से खेलकर अवाम को बरगलाती है। उस दौर में भी यह होता था, इस दौर में भी यह जारी है। सो ग्रन्थों में, विशेषत: सरकारी किताबों में, दर्ज तथ्यों को उलट-पुलट कर देखना आवश्यक।

बहरहाल, सच यह है कि इस रन ने तो उस मानव संस्कृति को प्रश्रय दिया है—जिससे मनुष्यमात्र की विकास गाथा जुड़ी है। जी हाँ, मेरा इशारा सिन्धु घाटी की ओर है।[62] टिगरिस एवम् यूफ्रेटिस नदियों के मध्य स्थित मेसोपोटेमियन (इराक) में प्राप्त पाँच हज़ार वर्ष पुराने सुमेरियन शिलालेखों से ज़ाहिर है कि उनके सिन्धु घाटी (मेलुहा भूमि) वासियों से व्यापारिक रिश्ते थे। फिर गज़ट में इस तरह क्यों लिखा गया? यह तो सब जानते ही हैं कि गज़ट में शुमार हर नुक़्ता उनके हवाले से वहाँ पहुँचता है, जिनसे मैदानी स्थितियों का जायज़ा पूरे ईमान से लेना अपेक्षित होता है। उपर्युक्त गज़ट टिप्पणियाँ भी उपनिवेशवादियों द्वारा कच्छ में नियुक्त सेना के अफ़सरानों के लिखे-देखे पर आधारित हैं।

इस दुर्गम इलाक़े में कम्पनी की पकड़ विरल होने से उसे अपने अफ़सरों को यहाँ कभी यायावर[63], कभी चिकित्सक[64] के भेस में नियुक्त करना पड़ा। यथार्थत: इन प्रायोजित यात्राओं के परोक्ष में सरकार के हित में राजनीतिक, व्यापारिक और सामरिक जानकारी जुटाने की मंशा रही। माना कि हर यायावरी एक यात्रा होती है पर प्रत्येक यात्रा यायावरी नहीं। स्वार्थ प्रचोदित यात्राओं में उच्चाटन हो सकता है, पुनरावासन भी सम्भव, किन्तु आवारगी कदाचित् ही। सच्चा यायावर होता है तरल, पानी की तरह रंग-गन्धहीन। जिस भूमि पर खड़ा वहीं घुला-मिला। बदलाव उसका मक़सद नहीं, उसे सब स्वीकार्य है—जस का तस। निरपेक्ष, मिशनहीन। वह निरखता है, समझता है, दर्ज करता है—स्वयम् को विस्तार देता है। पर मिशन से जुड़ते ही उसके लिखे की गुणवत्ता पर ख़तरा मँडराने लगता है। जो सरकारी अन्वेषक यहाँ आए उन्होंने सरकारी नज़रों से देखा। शासकीय दरकारों जितना लिखा। अब यह तो बनी बात है कि मरते-गिरते यहाँ पहुँचे सौदागर की पैनी नज़र मुनाफ़े पर रही—भूगोल-इतिहास पर बस ज़रूरतानुसार। सो इनमें से अधिकांश मुहिमों के केन्द्र में कच्छ के समुद्री बन्दरगाह रहे या मुख्य भूमि से कटे कच्छ में आवाजाही हेतु 'सुरक्षित' राह की तलाश रही। सवाल उठाया जा सकता है कि सर्वसक्षम कम्पनी को 'सुरक्षा' की चिन्ता क्यों पड़ी? जवाब है, समुद्री दस्युओं से बचना और गुजरात से बच कर समन्दर से पंजाब पहुँचने का जलमार्ग तलाशना। बात गज़ट की चल रही है तो ध्यान आता है कि इस सरकारी दस्तावेज़ में तो सिकन्दर के भारत से लौटने के बाद तक, रन को सागरदोज़ बताया गया है। उपलब्ध तथ्यों पर मनन और वस्तुस्थिति का पुनर्संयोजन आवश्यक तो है, पर अभी तो इस बहस को यहीं थमना होगा। क्योंकि इसके जवाब में जो कहना है वह क़िस्सा ज़रा लम्बा भी है और रन को आत्मसात करने के लिए ज़रूरी भी। किसी ठौर इत्मीनान से बैठ कर जो गुफ़्तगू हो तो आप भी रस ले पाएँ और मेरा शौक भी अंजाम पाए। सामने से बहुचर्चित 'निरोणा' के आमद के संकेत मिल रहे हैं, बाक़ी सब छोड़ पहले वहाँ जाना चाहिए...

# निरोणा गाँव

भुज से पचपन कि.मी. दूर है निरोणा। रन के क़गार पर बसा एक जाग्रत स्मृति द्वीप! पुरातन, फिर भी कम जाना-पहचाना। मुझे भी कहाँ मालूम था इसके बारे में—कुछ दिन पहले तक। हालाँकि हमारे प्रधानमंत्री द्वारा अमेरिकी राष्ट्रपति को 'गुजरात का आर्ट' भेंट करने वाले 'इवेन्ट' के छाया चित्रों से रूबरू हुआ था। पर उन छवियों में तो मुझे आर्ट नहीं दिखा। दिखाई दिए जबरन दाँत निपोरते दो दिग्गज नेता। दो महानायकों के बीच—हस्तकला—जैसे शादी के रिसेप्शन में गुलकार। सामने है पर दिखाई न दे, गाए किन्तु सुनाई न दे! खींचातानी भरे जीवन में कला के महीन स्वरों पर ध्यान जाए भी तो कैसे? वैसे भी कला स्वरों को कान नहीं आत्मा पकड़ती है। दैहिक, मानसिक और भौतिक बलात्कार से आछन्न दौर में संवेदनशील अन्तरात्मा को कुचले बिना जीना सम्भव है क्या? शहर अब एक सर्दख़ाना। जहाँ दियासलाईनुमा घरों में तह-दर-तह सजे जिस्म। जिल्द में मुर्दा आत्मा ढोते जिस्म कला-वला नहीं देख सकते। मुझे भी नहीं दिखा—उस छाया चित्र में छुपा रोगन आर्ट। इसमें मेरा कोई दोष नहीं...मैं भी तो समय की रौ में बहती ज़िन्दा लाश...क़सम से।

धत्तेरे की! आप से गुफ़्तगू के असर में यह ख़याल ही नहीं रहा कि मुझे भीमा भाई को तलाशना था। भीमा भाई यानी राजेश मांकड़ द्वारा नियुक्त दुभाषिया सह पथप्रदर्शक। फ़िलवक़्त तो मुझे चिन्ता होनी चाहिए निरोणा गाँव देखने की। वहाँ के हस्तशिल्पियों से मुलाक़ात करने की। ऐसा काम जो दुभाषिए के बिना भलीभाँति कार्यान्वित नहीं हो सकता। सो आपसे आग्रह है कि कुछ देर मेरा यहीं इन्तज़ार कीजिए। मैं भीमा को तलाश, गाँव का चक्कर लगा कर यूँ गया कि यूँ आया। ना जी ना, मैं कन्नी नहीं काट रहा। सोचता हूँ, नामालूम कैसा होगा वो गाँव? वहाँ के लोग? क्या ही अच्छा हो, जो मैं अग्रिम भ्रमण कर आऊँ। लौटकर आपसे वहाँ का सारा हाल कहूँ। फिर जो दिल करे तो आप भी हो आइयेगा।[65]

गाँव के बाहर ही राजेश मांकड़ का सहयोगी गाइड, भीमा भाई, हमें इन्तज़ार करते मिला। छरहरा बदन, उम्र बीस-बाईस की। किसी पुरानी चोट के कारण दो में से

एक बल्ब फ्यूज़। सामने वाले को कौवे की तरह तिरछी ग्रीवा कर देखने की आदत। क़रीब के वांग गाँव में रहने वाला, दसवीं तक पढ़ा। विदेशी सैलानियों की संगत में उसे स्थानीय पक्षियों का उथला-उथला ज्ञान हो गया था। अनुभव ने उसे सिखाया था कि देसी बन्दों को अधिक बातचीत नापसन्द। उन्हें इतिहास आदि की बकझक तो क़तई मंजूर नहीं। देसी बन्दे सूखते कंठ से परेशान हो पहले तो 'कच्ची' तलाशते हैं, फिर हताश हो एक ओर खड़े हो जाते हैं। अब जिसकी आस टूट जाए वो क्या तो बोले, कैसे तो सुने! देसी बन्दियाँ दुकान वाले से सिर्फ़ मोल-भाव करने की

इधर के गाँवों में हमें शाला जाते और धूल में लोट लगाते बच्चे ख़ूब दिख रहे। अटालानुमा वस्तुओं में भी खेला तलाश लेने में सक्षम बच्चे। उनकी सोच का 'सेनेटाइजेशन' होना बचा है अभी

बात करती हैं बाक़ी समय एक-दूसरे से। वे अपने बच्चों पर एक नज़र रखती हैं—'यहाँ नहीं बैठना', 'छी-छी गन्दे को हाथ लगाया', 'चलो सेनिटाइज़ करो'। उसकी दूसरी निगाह पति पर—अपने वाले पर भी और साथिन के पति पर भी। पति लोगों की प्यास बड़ी पुरानी—आदिम। वे गाँव नहीं देखते गाँव वालियों को ताड़ते हैं। हर बीवी जानती है। सो कुछ ऐसा-वैसा देखते ही दूसरे को कोहनी मार आगाह करती हैं। हर बन्दी की एक तीसरी आँख भी होती है, बाज़ार में आते के साथ फुलटुस खुलने वाला अदृश्य चक्षु। उसी से वह इतने व्यवधानों के बीच सामान देखती भी है, परखती भी है। हाथ में एक वस्तु पकड़ भाव पूछेगी सामने सजी दूसरी चीज़ का। देसी बन्दियों को ख़रीदारी करते देखने में एक अलग ही रस मिलता है। दुकान में रखा हर माल उनका पहले देखा होता है, हर भाव उन्हें पूर्व विदित। सारी दुकान उलट-पुलट। ख़रीदी सिफ़र। बेचारा दुकानदार, चुप करके सब सहना, मन्द-मन्द हँसते रहना। अपनी तक़दीर का लिखा हर आदम को भोगना ही होता है। मैं नहीं मानता—पर बड़े लोग कहते हैं, सो कहा।

वैसे कहते तो यह भी हैं कि मध्यकाल तक निरोणा एक बन्दरगाह था। जलपोतों और व्यापारियों से बड़ी चहल-पहल रहती थी यहाँ। किन्तु आज के निरोणा में पुराने बन्दरगाहों सी न बू है न बुनावट। छोटी-छोटी गलियाँ, कुछ कच्ची, कुछ पक्की, नालियाँ कहीं खुली कहीं ढकी। एक पुराना मन्दिर। परकोटेदार, किन्तु बिन मेहराब मकान, इक्का-दुक्का झोंपड़ियाँ। ना लकड़ी का काम न नक़्क़ाशियाँ। लिबास शहरी, पर व्यवहार में अब भी वही गाँव वाला सादापन। निरोणा अभी गाँव और शहर के बीच लटका हुआ है। एक पैर पाजामे में, दूसरा पतलून में, एक आँख पर ऐनक दूजी में कॉन्टेक्ट लैंस। फिर भी यह गाँव निराला है, वह देखने की नहीं समझने की चीज़ है।

वो यूँ कि एक हज़ार पिचासी परिवार वाले इस गाँव के मात्र तीन परिवारों के अपने पुश्तैनी काम में जुटे रहने के कारण निरोणा दुनिया भर में पहचाना जाता है। इन तीनों परिवारों के कला सजग शिल्पजीवियों ने तीन इतर हस्तकलाओं में स्वयम् को खपा दिया है। चपड़े का काम, कॉपर बेल निर्माण और रोगन आर्ट। इनकी कृतियों से आकर्षित हो जब गाड़ियाँ भर-भर सैलानी आने लगे तो सारे गाँव की माली हालत सुधर गई है। पर उन परिवारों का अवदान सरकारी पोथियों में कहीं दर्ज नहीं। दो हज़ार ग्यारह की जनगणना के आँकड़े कहते हैं कि यहाँ की जनसंख्या तब पौने छह हज़ार के क़रीब थी। तब बावन टका महिलाएँ साक्षर थीं और कुल सवा दो हज़ार लोग धनोपार्जन करते थे। कमाई के स्रोत में खेती और खेत-मज़दूरी तो दर्ज है पर आश्चर्यजनक तरीक़े से कलाकर्म के बाबत ये आँकड़े मौन हैं।

# चपड़े वाले वाडा

चपड़े का काम करने वालों का टोला निरोणा गाँव के दूसरे छोर पर है।[66] टोले तक का पहुँच मार्ग कच्चा और पंकिल था, सो गाड़ी धीरे-धीरे आगे बढ़ रही थी। कोई पाँच एक मिनट चलने के बाद भीमा ने एक तरफ़ इशारा करते हुए कहा, 'वो रहा लेकुर वर्क वालों का टोला'।

'गाड़ी जाएगी वहाँ तक?'

'हाँ, हाँ। रोज़ ही आते हैं, घबराइए मत।'

सामने मनोहारी दृश्य था। खाँटी देशज। मानो सजीव पेंटिंग। वहाँ एक छोटा, रेतीला मैदान। जिसके आमने-सामने के दो किनारों पर कतारबद्ध घर थे। कतारों के मध्य एक आड़ा घर था। रोमन 'H' के नक़्शेक़दम पर बने दस-बारह घर। ईंट की दीवारें, अधिकांश की छत खपरैल की। आड़े मकान के बरामदे में एक आदमी काम में मगन था। आड़े मकान के समक्ष (शायद पीछे भी हो) रेतीली मिट्‌टी का मैदान। मैदान में नीम के कुछ विशाल पेड़। पेड़ों के नीचे खटोले, धींगामस्ती करते बच्चे, आपस में बतियाती सरापा रंगीन लिबास औरतें। मैं मंत्रमुग्ध। कि तभी पें...पें...पें। कार को झटका-सा लगा। मैं क़ायदे में लौट आया। क्या मैंने कोई कुकुर दबोच दिया? दिल

धक्क, बेचारा मर न गया हो। कार से उतरता उसके पहले ही टोले से एक स्त्री लपकी। और वहीं कहीं से एक कुतिया भी। स्त्री ने फ़ौरन रिरियाते पिल्ले को गोद में उठा लिया। कुतिया दो क़दम मेरी तरफ़ दौड़े...भौंके...लौटकर अपने पिल्ले का मुआयना करे...उस पर भौंके...पलट कर फिर मुझ तक...और भौं... भौं...भौं...। मेरी दिशा वाली भौंक में शरारे-शिकवा-शिकायत, उधर वाली में बेकली-बेताबी-बेइन्तहा पियार। अचरज। वह मुझ पर लपकती क्यों नहीं? सिर्फ़ डाँट-डूँट कर लौट क्यों जाती है? शायद उसे मालूम था उसका बच्चा मरा नहीं...सो कुतिया का मुझ पर रार भी उतनी ही, न चुटकी भर अधिक ना रत्ती भर कम...मैं जुल्मी... मेरी नज़र ज़मीन पर गड़ी की गड़ी...मुझे सौ भौंकों की सजा...

भावी वाडा

ख़ैर, कुछ देर मैं वहीं खड़ा रहा, टोले में मची हलचल शान्त होने का इन्तज़ार करते हुए। तदन्तर आड़े मकान के बरामदे में काम करते आदमी के सामने जा बैठा। बाद मुद्दत के मेरे सामने अपने काम को शायरी-सा बरतता, उसके रदीफ़ क़ाफ़ियों पे लड़ियाता, उसके नशे में गाफ़िल, एक मनुज था। मुदित नयन, उल्लसित वदन...आनन्द वलय से घिरा। अपने काम से आलिंगनबद्ध आदमी—आज के दौर का अत्यन्त दुर्लभ दृश्य! उसने मुझे एक निगाह देखा, एक इंच मुस्कान मेरी ओर लुढ़कायी। मानो शमा-ए-महफ़िल के पीछे से शायर ने मेरी आमद स्वीकारी हो। फिर मेरे होने से बेख़बर।

मेरी नज़र अंजुमन का मुआयना करने में जुट गई। उसके सामने एक मशीन थी, जिसमें काठ का एक गॉबलेटनुमा गिलास फँसा था। तीरन्दाज़ों सी चक्षु-वेधी एकाग्रता के संग वह नाना रंगों से उस गिलास को सजा रहा था। इस चालीस वर्षीय कर्मयोगी का नाम था भावी वाडा। जैसा सादा इनका रहन-सहन वैसे ही सादे इनके यंत्र-औजार। लकड़ी के अनगढ़ टुकड़े को दो स्क्रुओं के मध्य फँसा कर कमानी-रस्सी द्वारा घुमाया जाता है। एक छेनीनुमा चीज़ तेजी से घूमती लकड़ी पर छुआकर उसे मन मुआफ़िक आकार देते हैं। उसी से सतह भी समतल की जाती है। फिर होता है लकड़ी पर चपड़ा लेपन का काम। तैयार सतह को जो रंग देना हो उस रंग के चपड़े का एक टुकड़ा ये घूमती लकड़ी पर छुआ देते हैं। घर्षण की उष्मा से पिघलती

लाख बेलनाकार काठ खंड पर लिपट जाती है।[67] तदन्तर सतह को चमक देने हेतु सींगदाने का तेल भी इसी प्रविधि से लगाया जाता है। ना कोई गोंद न सरेस तब भी काठ पर लाख का यह लेप लम्बे समय तक जस का तस बना रहता है। सतह पर न कोई चित्र न मीनाकारी। अस्तु इनकी कृतियाँ प्रथम दृष्टया सपाट-सी लगती हैं। किन्तु रंगों के बेहतरीन संयोजन से इनमें वह लालित्य सम्भव होता है, जो इनकी वैश्विक प्रतिष्ठा का बायस है। रंगों की सूझबूझ तो मानिए कि वाडाओं के ख़ून में बसती है—गुणसूत्रों में संलिष्ट। रंगचक्र (color wheel) तो इनके जीवन में बीज तत्त्व के मानिन्द समाया है। सामान्यत: ये प्राइमरी रंगों (पीला, लाल, नीला) के बनिस्बत सेकेंडरी अथवा टरश्यरी रंगों का ही उपयोग करते हैं। इनकी निर्मिति में रंग-चक्र के पड़ोसी रंग कदाचित ही अगल-बग़ल दिखें।

वाडा कुनबे के संग दो घंटे से कुछ अधिक समय बिताया। गाड़ी भर-भर सैलानियों के जत्थे आते-जाते रहे। टुकड़ों में सही पर बातचीत के लम्बे दौर चले। खीसे में बतौर आपकी अमानत इतना कुछ है कि सारा कहने पर उतर आऊँ तो मुझ पर अनावश्यक विस्तार की तोहमत लगे, न कहूँ तो अमानत में ख़यानत का जुर्म हो जाए। चुनाँचे छोटे में सब आपके सामने रखने की चेष्टा करता हूँ—

- **वाडा कुनबा**—युद्ध (1971-72 ई.) के बाद जब पाक़िस्तान में हालात बिगड़े तो कच्छ से सटे पाक़िस्तानी इलाक़ों से लोग इधर आने लगे। उच्छेदितों में हिन्दू धर्मानुयायी वाडा भी शुमार थे। उनमें से कुछ बम्बई निकल गए, कुछ गुजरात में बस गए तो कुछ एक परिवार कच्छ में ही ठहर गए। इस अन्तिम श्रेणी में शुमार था भावी वाडा का अनपढ़ पिता—भचाया वाडा। जिसके परिवार में पुश्तों से लाख का काम होता था।[68] निरोणा क्षेत्र के जंगलों में लाख के पेड़ों (बबूल व बेर के पेड़) की प्रचुरता देख भचाया को यहाँ ठौर नज़र आना स्वाभाविक ही था। और फिर वाडाओं के लिए निरोणा नितान्त अपरिचित भी तो नहीं था। कहते हैं कि चपड़े के काम का इल्म साथ ले कुछ चार सौ बरस या फिर उससे भी पहले यहाँ एक वाडा आया था। नाम था निरो वाडा। उसी के नाम पर इस गाँव का नाम पड़ा निरो-वाँड़ (गाँव), जो कालान्तर में निरोणा कहलाने लगा। ख़ैर, कारण जो भी हो पर भावी वाडा के परिवार ने यहीं ठिकाना बनाया। कालान्तर में कुछ और लोग भी इनसे जुड़ गए। अब यहाँ वाडाओं के चौबीस परिवार हैं, जिनमें से छह लोग चपड़े का काम कर रहे हैं। सब इसी टोले में रहते हैं। हर परिवार का अपना झोंपड़ा है और अपनी रसोई। सिन्ध में भी वाडाओन लकड़ी के नित्य उपयोगी सामान बनाते थे, मुख्यत: बंजारों के लिए। रंगीन बेलन, कलछी, चमचे आदि।[69] यहाँ भी वही काम आरम्भ हुआ।

अपने पिता की तरह भावी वाडा भी कमपढ़ ही है, अलबत्ता वह अपना नाम लिख सकता है। किन्तु अब वाडा डेरे में मौसम बदल गए हैं। नवपौध पारम्परिक दीक्षा के अतिरिक्त पुस्तकनिष्ठ शिक्षा भी पा रही है। पारम्परिक तौर पर चपड़े का काम वाडा पुरुष-स्त्री मिल-जुलकर करते हैं, पर उनकी ज़िम्मेदारियाँ जुदा हैं। मर्द लाख एकत्र करने के साथ काठ की विभिन्न वस्तुओं को गढ़ता है, वहीं जनानियाँ जंगल से आई लाख से उपयोग हेतु चपड़ा तैयार करती हैं साथ ही पैच-वर्क से कपड़े, खिलौने आदि भी बनाती हैं। लड़कों को कम वयस से ही, घर के बड़े अपने सामने बैठा, चपड़े के काम का प्रशिक्षण देते हैं। लड़कियाँ बुजुर्ग महिलाओं से कपड़े के खिलौने बनाना सीखती हैं।

सिन्धी इनकी मातृ भाषा है। हिन्दी की समझ महिला तथा पुरुष में समान रूप से विरल है। भावी वाडा थोड़ा-बहुत समझता है, टूटा-फूटा बोलता है। चुनाँचे वो वाडाओं का प्रवक्ता भी है।

- **लाख का जुगाड़ और उसकी रँगाई**—कह चुका हूँ कि निरोणा क्षेत्र में बबूल व बोदड़ी (बेर) के जंगल की उपस्थिति वाडाओं के यहाँ बसने का बायस बनी।[70] इन पेड़ों की शाखाओं पर लाख जमती थी। अब पेड़ भी कम हैं, लाख भी कम मिलती है। वैसे भी पेड़ से उतारी एक किलो लाख से काम के लिए उपयुक्त चपड़ा ढाई सौ ग्राम से भी कम निकलता है। इसलिए अब भुज या अहमदाबाद से हलके भूरे रंग की प्राकृतिक लाख (जिसका दाम 750 से 1800 रुपये प्रति किलो के बीच झूलता है) लाकर उसे रँगा जाता है। लाख रँगने में वाडा स्त्रियाँ निष्णात होती हैं। जंगल से हासिल कच्ची लाख को तपाकर पहले पिघलाया जाता है। फिर गर्म, तरल, लाख में प्राकृतिक रंग[71] डालकर हाथ से फेंटा जाता है। लकड़ी या चम्मच से फेंटने से अच्छा चपड़ा नहीं बनता। इस प्रकार बने तरल चपड़े को फैला कर सुखाने के पश्चात् उसे छोटे-छोटे टुकड़ों में बदला जाता है।
- **लकड़ी का जुगाड़**—इनकी हर वस्तु किसी लकड़ी-विशेष से बनती है।[72] लही (स्थानीय लकड़ी का नाम), टीक, नीम, बबूल का प्रयोग होता है। पहले टीक के अलावा हर लकड़ी यहीं मिल जाती थी। पर कुछ वर्षों से बबूल भी बहुत कम हो गया है। एक काल तक बिना किसी उल्लेखनीय ख़र्च के बनने वाले इनके सामानों की मूल लागत में, चोर दरवाज़े से दबे पैर घुस आए बाज़ार के प्रभाव से, बेतहाशा बढ़ोतरी हुई है।
- **बाज़ार में वाडा**—पहले सिर्फ़ बंजारों तक, बाद में कच्छ, गुजरात और कुछ विदेशियों तक सीमित निरोणा के चपड़े के काम का इन दिनों ख़ूब प्रचार-प्रसार हुआ है। वजह ? बिलाशुबह यह 'सफ़ेद रन उत्सव' की आमद,

मोदी-ओबामा भेंट और अमिताभ बच्चन द्वारा प्रचारित जुमला 'कुछ दिन तो गुज़ारो गुजरात में' का प्रभाव है। पर्यटक-मौसम (अक्टूबर से मार्च) में इनके यहाँ नित्य तीस से पचास लोग आते हैं। विज्ञापन प्रेरित देसी पर्यटक की आमद में तो इज़ाफ़ा हुआ है, किन्तु परदेसियों के फेरे दिन-ब-दिन कम हो रहे हैं। बक़ौल भावी वाडा देसी मनक न तो ग्राहक अच्छे, न दर्शक ही। फ़ौरी तौर पर देखना, फ़ौरन फ़ोटो उतारना और फटाफट फ़ुर्र हो जाना। पहले जहाँ माल का टोटा रहा करता था, अब क़रीब पचास हज़ार का तैयार माल रखे का रखा रह जाता है। इस गले की घंटी को बाद में या तो एन.जी.ओ. वालों के ज़रिये निकाला जाता है या फिर स्वयं ही दिल्ली, मुम्बई, भोपाल के मेलों में जाकर बेचने की जुगत भिड़ानी होती है।

कुछ ही लोकल गाइड कमीशन लेते हैं, पर स्वयंसेवी संस्थाएँ बग़ैर दलाली (कम से कम दस टका) काम नहीं करतीं। भावी वाडा ने बताया कि यहाँ स्वयंसेवी संस्थाएँ तो बहुतेरी हैं लेकिन एक है जिससे अधिकांश हस्तशिल्पी जुड़े हैं। वाडा इस संस्था को ऑफ़ सीजन में बना माल बेचता है। व्यापार हेतु मौसम अनुकूल होते ही उसी संस्था से अपना बेचा माल पुन: ख़रीदता है। सौ रुपये में बेचे माल की एक सौ बीस रुपये में पुनर्ख़रीद! इस बीच संस्था वालों को उसके माल को अपने स्तर पर बिक्री करने की छूट रहती है। सौ का सामान तीन सौ पच्चीस में। कोई अचरज नहीं कि अजरकपर में स्थित इस संस्था का परिसर देख कोई कारपोरेट हाउस भी एहसासे कमतरी से दब मरे। फिर भी 'स्वयं की सेवा' करने वाली इस संस्था से जुड़े रहना वाडा जैसे लोगों की मजबूरी है। अनजान दोस्त से जाना-पहचाना दुश्मन

वो नन्ही कलाकार और उसकी बनाई गुड़िया

अच्छा। वास्तविकता तो यह है कि मार हर दिशा से है—लाख, लकड़ी, भुज जाने-आने का ख़र्च। विदेशी आते नहीं। देशी वैसे ही कम ख़रीदता है, अगर भाव बढ़ा दें तो बिक्री और घट जाए। ऊपर से हाल में लागू अट्ठारह टका जी.एस.टी.! सीधे शब्दों में दुलत्ती है इन पर। एक पेट पर दूसरी पेट के नीचे। दर्द से छटपटाते भावी वाडा इन दिनों सोचने लगा है कि वह सब छोड़-छाड़कर भाग जाए किसी और शहर में। दिल्ली, मुम्बई शहर खींचते हैं उसे। जाता है तो ठहरता भी है इन शहरों में, यदाकदा तो दो माह तक। पर फिर लौट आता है यहीं अपने निरोणा में, बबूल के काँटों के बीच। रेत-सी खुरदरी-भुसभुसी ज़िन्दगी जीने। अपने लाक्षागृह में। ख़बर है उसे कि वह कौरवों से घिरा है। धू-धू करेगा उसका भी लाक्षागृह एक दिन। पर क्या करे वो? शहरों में खींच है, ठिकाना भी हो जाए शायद, पर ठौर यहीं मिलता है उसे!

मैं उस ठौर को देखता हूँ जो दूर से तब स्वप्नदेस-सा लगा था। इस बार क़रीब से—नज़र पर ख़ुर्दबीन चढ़ाकर। क्या है यहाँ जो खींचता है भावी को? केश उलझे-रूखे। चमड़ी खुरदरी-सूखी। मर्दों के कपड़े फटे, घर जर्जर। वह कुतिया भी मरगिल्ली। ऐसी जैसे कुकुरास्थियों में किसी ने हिलने वाली दुम लगा दी हो। ख़ूबसूरत बहुरंगी चिक से मुफ़लिसी का त्रास कहीं ढाँपा जा सकता है? कराहें कहीं पर्दों से रुका करती हैं भला? पर उनके मुख—मानो मुखौटे। मुसलसल ख़ुश। सुस्मित अधर, खिलखिल नयन, मन-मन मोद। मुफ़लिसों के चेहरे तो मुसमुसे, ग़मज़दा होने चाहिए। ये दिल ख़ुशकुनरू इस फटेहाल परिवेश में टोटल मिस फिट। मरुथल में ज्यों आबशार। इस सुख का उत्स कहाँ है...

उधर मैं जब भावी से बातचीत में लगा था इधर टोले की औरतें, लड़कियाँ अपने द्वारा बनाए सामान की पोटलियाँ खोल अपर्णा को घेर बैठ गई थीं। एक छोटी बच्ची पर ध्यान गया जो अपनी बनाई दो गुड़ियाएँ उँगलियों से लटकाए बैठी थी। अपर्णा ने उससे दाम की दरियाफ़्त की।

उसने सकुचाते हुए कहा 'बे' तथा दो उँगलियाँ हवा में तान दीं।

'बे, मतलब कितना, दो सौ...?' अपर्णा का प्रश्न था।

उसने घबरा कर दाएँ-बाएँ गर्दन हिलाई और उन्हीं दो उँगलियों से हवा चीरते हुए कहा 'ना, बे।'

'वह दो रुपये माँग रही है,' एक जनाना स्वर गूँजा, शायद बच्ची की माँ का स्वर।

अपर्णा ने बच्ची की हथेली पर उसकी मनचाही रकम रखी। उसका चेहरा चमक उठा। उसने झट से गुड़ियाएँ अपर्णा के सुपुर्द कीं और वहाँ से ऐसे ग़ायब हुई मानो हवा में घुल गई हो। कुछ पलों में जब वापस लौटी तो उसके हाथ में कुछ बिस्कुट थे...बच्चे लागत नहीं ज़रूरत देखते हैं। बहरहाल, उसकी माँ के हाथ में बाक़ी की रक़म रखी। भावी वाडा से कुछ लाख का सामान भी लिया (आख़िर

भारतीयों की इज़्ज़त का सवाल था!) और चल दिए कार की तरफ़। कार के आगे वह कुतिया अब भी बैठी थी। उसने मुझे देखा, मैंने उसे। वह आहिस्ता से उठी और धिरपाई से, दूर एक कोने में जाकर बैठ गई। उसकी आँखों में क्षमाभाव-सा कुछ था। क्यों न हो। दो रुपये के बिस्कुटों में से एक हिस्सा इस कुतिया को भी तो मिला था। साला कैसा दौर चल पड़ा है। रीते पेट में दो दाना अन्न झोंको और हर गुनाह गुम, हर ज़मीर बन्धक।

# ताँबे की घंटी वाले हुसैन सिद्धिक

जब भीमा ने बताया कि निरोणा में बनी ताँबे की घंटी का बड़ा नाम है, तो मन में कोई विशेष हलचल नहीं हुई। पर इस खुलासे से कि घंटी निर्माण का तरीक़ा बेहद पुराना है—चित्त में खलबली-सी मच गई। हम घंटी वाले महानुभाव से मिलने को आकुल। आप पूछेंगे आकुलता किस बायस? वो इसलिए कि विगत दो दिनों में हमें अन्दाज़ हो चला है कि कच्छ और गुम हो चुकी नगर-सभ्यताओं के गहरे अन्तर्सम्बन्ध हैं। कि यहाँ की जनश्रुतियाँ एक ओर तो इराक-ईरान-ग्रीस को छूती हैं तो दूसरी ओर सिन्धु नदी के किनारों पर भी ठहरती हैं। ऐसे में यहाँ ताँबे की घंटी बनाने में किसी प्राचीन प्रविधि पर अमल होने की ख़बर से उत्तेजित हो जाना वांछित। सर्वज्ञात है कि पत्थर-मिट्टी पर आश्रित पुरामानव की प्रगति का राज़ वस्तुत: धातु-ज्ञान प्रस्फुटन से नालबद्ध है। ईसा से लगभग चार-साढ़े चार हज़ार बरस पूर्व, इस ज्ञान का अवतरण इजिप्ट एवम् मेसोपोटामिया (ईराक) तथा सिन्धु घाटी में संग-संग हुआ था।[73] अन्वेषक प्रवृत्ति के सिन्धुजनों ने ही ताँबे के संग अन्यान्य धातुओं को मिला बेहतर और अधिक मजबूत धातु गढ़ने की तकनीक भी ईजाद की। सिन्धु-जनों के माटी के नित टूटने-फूटने वाले ठीकरे नवरूपों में ठनठनाने लगे। नवध्वनियों से परिचित हो रहे मनुष्य की संगत

हुसैन सिद्धिक

के असर में घंटी ने भी मिट्टी का चोला छोड़ धातु का जामा अंगीकार किया।[74] अतएव निरोणा की ताँबे की घंटी कहाँ से आई है इस बाबत कुछ खोजबीन तो होनी ही चाहिए...

घंटीवालों का घर, वाडा टोले के बरअक्स, एक साफ़-सुथरी गली में था। निरोणा के बहुचर्चित इस हुसैन सिद्धिक परिवार के बारे में कहा जाता है कि यह ताँबे की घंटी बनाने वाला गुजरात में ही नहीं संसार का बिरला, एकमेव परिवार है। पर क्या सच में ऐसा है? चलिए पहले उनसे मुलाक़ात कर लें, यह सवाल आप ख़ुद ही बूझ जाएँगे।

हज़ार बरस जूनी प्रविधि से तैयार की गई घंटी

हाँ तो, जनाब हुसैन सिद्धिक बात कम करते हैं, काम अधिक। हथौड़ी तो जैसे उनके लिए तस्बीह, हाथ में आई नहीं कि उनकी चेतना रचनालोक में गुड़ुप। बात और व्यापार का भार पुत्र सलीम के तीस-पैंतीस बरस पुराने कन्धों पर ही है। बाप-बेटे का उत्साह है देखने काबिल। अपनी कला की बारीकियाँ समझाने में उन्हें रस मिलता है। तड़ा-तड़ी (जल्दी) के बोझ तले दबे तीन मिनट में सारी प्रक्रिया जान लेने की मंशा वाले पर्यटकों को घंटी बनाने की विधि मिनटों में समझाने हेतु इन्होंने एक फ़ोटो एलबम बनवा रखी है। पर हम जैसे फ़ुरसतियों को वे 'लाइव डेमो' देते हैं। कुछ ख़रीदो ना ख़रीदो, कोई वादा नहीं—बस हमारी कला देख लो। बाप-बेटे से जो लम्बी बात हुई उसका सार आपको बताता हूँ—

- **परिवार**—लुहार (लोहार) जाति के ये लोग निरोणा में तो छह पीढ़ियों से रह रहे हैं। इसके पहले ये सिन्ध के क़रीब वाले रन में मालदारी[75] लोगों के टोले के साथ रहकर उनके जानवरों की ग्रीवा से बाँधने हेतु घंटियाँ बनाते थे। कालान्तर में जब मालदारी लोग कच्छ आए तो लुहारों के छह परिवार भी उनके पीछे यहाँ आ गए। उन लोहारों में से सिद्धिक के पूर्वजों को निरोणा रास आया। दूसरे अन्यत्र जा बसे। हाल-फ़िलहाल तो बस सलीम हुसैन, उसके पिता तथा उसके काका ही घंटी के काम को साथ

लेकर बढ़ रहे हैं। परिवार के अन्य लोग सुतारी जैसे इतर कामों में लग गए हैं। वाडाओं के बरअक्स इनकी माली हालात बेहतर हैं। साफ़ घर, सुघड़ सजावट। गोश्तशुदा गदराए बदन। मध्यमवर्गीय अख़्तियार के सारे साजो-सामान।

दो शताब्दियों से यहाँ बसे परिवार से राबता रखने वाले सलीम ने अपने बड़े-बूढ़ों से किसी काल में यहाँ सागर और क़रीब ही कहीं 'बन्दर' (पोर्ट) होने की बात तो सुनी है, पर उसके कोई निशान (पुराने घर, जहाज़-असबाब) कभी नहीं देखे। अलबत्ता उसने यह ज़रूर सुना है कि पुराना निरोणा वर्तमान गाँव से कुछ दूर हुआ करता था। वह कैसे ख़त्म हुआ इसकी अथवा यहाँ समुद्री-जलप्लावन की कथाएँ उसकी पारिवारिक स्मृति में नहीं हैं।

- **घंटी बनाने की विधि**—निरोणा की 'ताँबे की घंटी' में ताँबा तो नाममात्र का होता है। हक़ीक़तन पतरे के तीन टुकड़ों को जोड़ कर घंटी का निर्माण होता है।[76] एक से घंटी का मुख्य हिस्सा, दूसरे से टोप बनती है, तीसरे से आँकड़ा। पतरे को हथौड़ी से ठोंक-पीट कर वाँछित आकार भी दिया जाता है तथा इन्हें आपस में जोड़ा भी जाता है। टोप में छेद कर पतरे से ही बना एक आँकड़ा बैठाया जाता है। इस तरह तैयार हुई 'कच्ची घंटी' को घर की महिलाओं को सौंपा जाता है। महिलाएँ कच्ची घंटी को पानी और पीली मिट्टी के घोल (जो रबड़ी कहलाता है) से गीला कर, उसकी सतह पर चार धातुओं[77] का मिश्रण चस्पा करती हैं। तदोपरान्त घंटी को 'रोटी'[78] में लपेटकर खुले आँगन में सूखने हेतु रखती हैं। बाद में रोटी में लिपटी घंटी को भट्ठी में डाल पन्द्रह से बीस मिनट तक तपाया जाता है। भट्ठी से निकली घंटी में चमक होती है। उसका रंग होता है ताँबई-जोकि इसके नामकरण का कारण भी है।

पर, इतनी मेहनत से जो हासिल हुआ वह कर्कश होने की हद तक बेसुरा। असल कारीगरी तो अब प्रारम्भ होगी जब हुसैन सिद्धिक हथौड़ी से ठोंक-पीट कर घंटी से मनचाहा बोल निकलवाएँगे। मालदारी को भैंस, गाय, भेड़—हर एक के लिए एक विशिष्ट घंटी-स्वर चाहिए।[79] बात यहीं तक रहती तो भी चलता, उनकी तो अपेक्षा है कि वे इतर मालिकों के जानवरों को घंटी-ध्वनि से अलग-अलग पहचान जाएँ! ग़ज़ब ये कि हुसैन सिद्धिक यह करिश्मा बरसों से बख़ूबी करते आ रहे हैं। अब तो वे इससे भी आगे निकल चुके हैं। एक पर्यटक (NID का कोई छात्र) के सुझाए पर अमल कर हुसैन ने सरगम के बोल बोलती घंटी बनाने में भी महारथ हासिल कर ली है।

आप सोचते होंगे कि इसमें ऐसा क्या है कि मैं हुसैन सिद्धिक को स्मृति द्वीप मान काँधे पर उठाए फिर रहा हूँ। सो लगे हाथ इसका खुलासा भी कर दूँ। दरअसल एक धातु को दूसरी धातु की सतह पर पपड़ी की तरह जमाने की यह प्रक्रिया 'डेमॉसिनिंग' कहलाती है। उस्तादों के अनुसार धातुओं को सर्वप्रथम सिरिया के डमास्कस शहर में इस तरह बरता गया था, और वहाँ से यह दुनिया में फैली। सामान्यत: ताँबे की वस्तुओं पर अन्य धातुओं का मिश्रण थेप उन्हें स्वर्णिम आभा दी जाती है। यहाँ निरोणा के इस कुनबे के आँगन में पतरे को ताँबे का-सा रूप देने वाली यह लुप्तप्राय कला ज़िन्दा है। प्रसंगवश बता दूँ कि यायावर-शिरोमणि इब्न-बतूता 1325-1327 ई. के मध्य कभी डमास्कस शहर पहुँचा था, जहाँ उसने 'डेमॉसिनिंग' तकनीक के उदय की कथा सुनी थी।[80] निहायत दिलचस्प वाक़िया है, आप सुनना चाहेंगे ? मुझे लगता है, आप पसन्द करेंगे...शायद...

*बात बहुत पहले की है। इब्न-बतूता तब सिरिया देश में विचर रहा था। उस दिन वह घूमते हुए डमास्कस के क़रीबी क़स्बे करकनुह में पहुँचा। इब्न को वहाँ एक दरगाह के दीदार हुए। धार्मिक यात्रा पर निकला बतूता उसी दरगाह के क़रीब, एक झोंपड़े में ठहर गया।*

*दरगाह अबु याकूब यूसुफ़ नामक एक दरवेश की थी। बतूता ने दरगाह के ख़िदमतग़ार से सुना कि दरवेश के छद्म वेश में घूमने वाला अबु याकूब दरअसल अफ़्रीका के किसी इलाक़े का राजा था। जो बतूता की तरह ही यहाँ घूमते-घुमाते आ पहुँचा था। वह सर्द रात थी। डमास्कस से पैदल चले याकूब का खाने का वक़्त हो चला था। याकूब कड़ाकेदार भूख से बेहाल। उसने उसी झोंपड़े का द्वार खटखटाया, जहाँ बैठ इब्न-बतूता यह क़िस्सा सुनता था। उस वक़्त झोंपड़ा एक दयालु का घर था। उसने याकूब को भीतर बिठाया। ख़ास उसके लिए मुर्गी काटी गई। भूख से बिलबिलाते अतिथि को तृप्त होने तक भोजन करवाया। भोजन के दरमियान याकूब को मालूम पड़ा कि उसके मेज़बान की कन्या शीघ्र ब्याही जानी है। अतिथि को इल्म था कि डमास्कस में लड़की ब्याहना आसान नहीं। ख़ूब ख़र्च होता है, दावतें उड़ती हैं, मोटा दहेज दिया जाता है। दहेज में धन कम बर्तन-बासन अधिक। विशेषत: ताँबे के बर्तन-भाँड़े उपहार में देना लड़की वालों तथा लड़की के गाँव वालों पर लाज़िमी। सो, भोजन उपरान्त जब याकूब इबादत को बैठा तो उसने मेज़बान को अपने तथा आस-पड़ोस के घरों से धातु के बर्तन लाने को कहा। मेहमान की इच्छा फ़ौरन पूरी की गई। याकूब ने बर्तनों का ढेर बना उनके ग़िर्द अंगारे जमाए और अपने बटुए से कोई मसाला निकाल बर्तनों पर डाला। आग बुझने पर सारे बर्तन सोने के हो चुके थे। घर-गाँव के लोग चकित।*

*ख़बर दावानल की तरह फैलने लगी। स्वर्ण लोलुप हुकूमत उसके मेज़बान को क़त्ल कर देगी ऐसा सोच याकूब ने एक ख़त में सारा क़िस्सा लिख सिरिया देस के बादशाह तक पहुँचाया। रुक्क़े में बादशाह से डमास्कस में अस्पताल और डमास्कस से करकनुह के बीच सराय बनाने की गुज़ारिश भी की गई। बादशाह ने याकूब की ख़ूब ढूँढ़ मचवाई, पर दरवेश कहीं पकड़ में आते हैं भला। कालान्तर में उसी याकूब की याद में वह दरगाह बनी जिसके दर्शन इब्न-बतूता को करकनुह में हुए...*

अब यह तो किसे मालूम कि डमास्कस के लोग बाद में पतरे से बने भाँडों पर ताँबई मुलम्मा चढ़ा, बतौर दहेज लेने-देने लगे या नहीं। पर यह सुनिश्चित है कि उसी शहर के नाम पर धातु पर धातु की परत चढ़ाने की विधि को 'डेमासिनिंग' कहा जाने लगा। हू-ब-हू वही प्रविधि जो निरोणा में वापरी जा रही है!

मेरे सामने बैठा हुसैन सिद्धिक हमारे लिए बनाई घंटी को सुर में लाने का प्रयास कर रहा था। हथौड़े से एक-दो प्रहार। फिर घंटी कान के समीप ला हलके से बजाकर देखना। घट...भठ...भठ्ठ। फिर दूसरी ओर हलकी चोट...फिर स्वर संधान... धन्न...धन्न...मखमली प्रहार...टन्न...टुन्न...टन्नऽ...टन्नऽऽऽ...। मृदु लहरियाँ उस्ताद के आँगन में नृत्य करने लगीं...हम वृत के मध्य में...घंटी-स्वर मेरे गिर्द...टन्नऽ... टन्नऽऽ...टुन्नऽऽऽ...अफ्रीकी-अरण्यों से हज़ारों बरस पहले सफ़र पर निकले स्वरों को ठिकाना मिल रहा था...स्मृतियाँ बनें कहीं, उभरें कहीं...

# 'रोगन आर्ट' वाले खत्री

घर भर को पोसने वाले व्यापार को भर-भर कर कोसने वाले मेरे शहरी मन के लिए अपने पारम्परिक काम से बेक़दर इश्क़ करने वालों से मुलाक़ात एक तजुर्बा था। वरना विकासोन्मुख जन के लिए तो अपने पुश्तैनी काम में डूब जाने की मंशा फ़क़त ख़ामख़याली। किन्तु निरोणा जैसे एक बीन, जिसके सुर में परम्परा व अधुना का सम्यक संयोजन। इसकी बानी से मेरे भीतर की विषदन्तियों में रेलमपेल! कुछ दिन यहाँ गुज़ार लूँ तो शायद दरूनी (भीतरी)-बाँबी ही नेस्तनाबूद हो जाए। किन्तु तनिक ठहरिए जनाब, देश का प्रधान जिनका मुतासिर उन रोगन-आर्ट वालों से मिलना शेष है अभी।

कच्छ की वह कला जिसका नाम इस सफ़र पर निकलने के पहले भी सुना जा चुका था। उसकी बाबत यह कहीं पढ़ा था कि इस कला को पहले 'आफ्रीदि वेक्स क्लॉथ आर्ट' या 'पोविन्द कला' भी बुलाते थे। निरोणा पहुँचने के पहले ही खुलासा हो चुका कि किस तरह यहाँ कपड़े पर माँडने काढ़े जाते हैं। दरअसल यहाँ के मुतअल्लिक़ हर जानकारी आभासी जगत् में सहज उपलब्ध है। इधर गूगल को गुदगुदी करी, उधर उसके भीतर का सब गचर-गचर बाहर। आज के दौर को 'अन-अपेक्षित' से घिन। कोई शहर हो, कोई सड़क—उनकी बाबत हर इत्तला बा-तफ़्सील मौजूद। जगहों के बदन नीली-फ़िल्मों की नायिकाओं से उघड़े पड़े हैं। तिल-तिल की हर एक को ख़बर। उद्योगपति दलाली कर रहे हैं, आप तो बस पैसा फेंकें और 'गाइडेड टूर' के मज़े लूटें। किस भाग तक कैसे पहुँचना वो बताएँगे, किस अंग को कितना निचोड़ना वो समझाएँगे। मेरी इतनी बक-झक यों कि बेचारा 'निरोणा रोगन आर्ट' भी दोहन-पीड़ित हो चला है। रोगन-आर्ट पर दोहरा प्रहार—पहला गूगल का, दूजा हुक़्मरानों की सोहबत का। ऊँचे मंच पर बैठने की लत के बाद कंठ में सरस्वती को बचाए रखने का माद्दा हर किसी में कहाँ होता है। नित नूतन रचने का दबाव। माँग से मिलान करने की आपाधापी। रचनात्मकता गई तेल लेने। कला-परम्परा बाबा जी के ठेंगे पे। निरोणा की यह कला भी शनैः-शनैः एकरसता की ओर बढ़ रही है। बेहतर है कि ये बदलाव यहाँ पधार आप अपने तईं महसूस करें। अतः मैं आप से सिर्फ़ वे ही तथ्य साझा करूँगा

जो मुझे रोगन–कला का पुरास्मृति होना स्थापित करते प्रतीत होते हैं। मेरे क़रीब तो अभी पुरास्मृतियों की तपास सबसे ज़रूरी है। विशेषत: तब जब मुझे सिन्धु घाटी में माँडने युक्त कपड़ों का मिलना ज्ञात है।[81]

अकसर यह विचार आता है कि करोड़ों वर्ष लगे मानव को अधुना धज पाने में—विभिन्न मानवाकारों से गुज़र, अन्यान्य मानवों के अन्तर्मिलन से आविर्भूत हुआ यह अधुना देह–दिमाग़। धसका है कई बार उसका बनाया–कमाया सब, पर हर बार बच निकला होगा एक मानव—समेटी होगी अपने संग अपनी समस्त स्मृति–संस्कार–संस्कृति, अपनी सन्तानों के वास्ते। मेरे क़दमों तले नगर–जीवाश्म, मेरी काया में स्मृति–जीवाश्म। मैं जीवाश्मों के सहारे खड़ा हूँ। हम में से हर एक सिर्फ़ एक पावरक़, हमारे गुम होने से सिलसिले बिखर जाएँगे।[82] मेरे लिए बेहद ज़रूरी है स्मृतियों की खुदाई कर उस पुरा–पुरुष[83] को ढूँढ़ उसे धन्यवाद ज्ञापित करते हुए कहना कि तुम थे, तो मैं हूँ...आप भी चलें मेरे संग कुछ दूर तक। प्लीज़। गुज़श्ता वक़्त में ढुकने के लिए हमें कोई टोहिया–डाँड़ तलाशनी होगी...वैसे एक डाँड़ दीख रही है, तीन कूट शब्द ढाँपे हैं जिसे—'आफ़्रीदि', 'पोविन्द' तथा 'रोगन'।

आफ़्रीदि—एक पश्तो शब्द है। यह उस जनजाति के लिए प्रयुक्त होता है जो ख़ैबर दर्रे के पास (उत्तरी पश्तून) निवास करते थे।[84] ये लोग स्वभाव से लड़ाके और घुमन्तू थे। इन्होंने मुगलों से मुसलसल जंग करी एवम् निरन्तर भटकते रहे। इनमें से कुछ का संचलन क्षेत्र पश्तून सीमाओं[85] के भीतर सीमित था, पर कुछ सिन्धु घाटी तथा अफ़गानिस्तान व पेशावर के बीच आवाजाही करते थे। सिन्धु नदी टाप कर पूरब में रन तक पहुँचने में सक्षम लोगों को ही, इनके पश्तूनी भाई–बन्धु 'कच्छी' बुलाया करते थे। इन्हीं लोगों को बलूचिस्तान वाले 'पोविन्द:' कहा करते थे। पोविन्द: के मायने होते हैं अपनी जड़ों से दूर भटकने वाला।[86] पोविन्द: जन यह भी मानते हैं कि उनको यह नाम पश्तो के शब्द 'पोवल' से हासिल है—पोवल माने वे लोग जो बकरी के बालों से बने शामियानों (केज़दाई) में रहते हैं तथा जानवरों को लेकर चरागाह–दर–चरागाह भटकते हैं। इन घुमन्तुओं में एक परिपाटी है—शादी के पहले लड़की द्वारा अपने संग जाने वाले कपड़े आप बनाने की। इन कपड़ों की रंगत व धज के अनुसार नवविवाहिता को ससुराल में मान–सम्मान मिलता था। कपड़ों पर रंगीन कलात्मक आकृतियाँ काढ़ने हेतु ये लोग दीग़र साधनों का इस्तेमाल करते थे, उनमें से एक था सूरजमुखी के तेल से बना 'रोगन'।[87] लुब्बोलुबाब यह कि कपड़ों पर तेल से चित्रकारी करने की कला फ़ारस में पनपी और घुमन्तू पाविन्द: पठानों के संग कच्छ पहुँची।

क़रीब तीन सौ बरस पहले इन्हीं बंजारों के संग सिन्ध से तीन रंगरेज परिवार भी इधर आए।[88] इनमें से एक खावड़ा और दूसरा चोबार में बसा। तीसरा परिवार तीन शताब्दियों से निरोणा में निवासरत खत्री परिवार है। निरोणा के सुमार खत्री अपने परिवार को विश्व का इकलौता 'रोगन कला' साधने वाला परिवार कहते हैं। किन्तु यह पूर्ण सत्य नहीं।[89] हाँ, इसमें दो राय नहीं कि निरोणा के इस मुस्लिम खत्री परिवार ने रोगन-माँडनों को परिमार्जित किया, कला का दर्जा दिलवाया।

सूती या सिल्क के कपड़े के टुकड़े पर रोगन द्वारा बने इन माँडनों में वस्तुत: अनेक आकृतियों से निर्मित एक वृत्त या आयताकार मंडल होता है। जैसे इनकी पहचान बन चुका (सिग्नेचर वर्क) 'जीवन-वृक्ष' (ट्री-ऑफ़ लाइफ़, वह काम जो ओबामा को भेंट किया गया था) कई मंडलाकारों में नमूदार होता है। इसके हर नमूने के मध्य में मोटी तथा गहरी उतरी जड़ों पर आलम्बित एक तना दिखता है, जिसकी शाखा-प्रशाखाओं पर एकाधिक प्रकार के फूल-पत्ते होते हैं। तने के शीर्ष पर एक बेल-बूटेदार गुम्बद नज़र आता है। अगल-बग़ल में बेल-बूटों के स्तम्भ तथा ऊपर-नीचे नक़्क़ाशीदार मेहराबों से बनी चौखट इस सघन जीवन-वृक्ष को सुरक्षा प्रदान करती है। कभी-कभी तने में मयूर भी अपनी उपस्थिति दर्ज करवाता है। ख़ैर, छोड़िए इसे। जिस तरह लाख जतन किए भी यह कहना सम्भव नहीं कि जलजीरे में कौन-सा नमक, कितना जीरा कहाँ और कौन-सा स्वाद दे रहा है—ठीक वैसे ही इस क्लिष्ट रचना का आस्वाद शब्द-पाश में बाँधे नहीं बँधता। 'जीवन-वृक्ष' को दो पल देखने पर एक ही शब्द मन में कौंधा—गवाक्ष, दो लोकों के मध्य जड़ा एक नक़्क़ाशीदार सुन्दर झरोखा!

कहाँ से आए होंगे ये रंग-रूप-आकार इनकी सलाई की नोक पर?[90] डिज़ाइन व कला में दीक्षित करने वाले राष्ट्रीय-अन्तरराष्ट्रीय संस्थानों के मध्य खड़े मेरे मध्यमवर्गीय बौने मन में ऐसे सवाल उठना स्वाभाविक है। जिन बन्दों ने कभी पारम्परिक शिक्षण संस्थान की ड्योढ़ी नहीं लाँघी उनकी तूलिका से ऐसे गल-सुखाऊ काम कैसे निकल सकते हैं? मन में सवाल, मन का ही जवाब—टीपा होगा कहीं से!

सुमार खत्री के भाई अब्दुल गफ़्फ़ार खत्री, जिन्होंने इस 'जीवन-वृक्ष' की रचना की, से प्रश्न किया, 'कहाँ से उपजी इस वृक्ष की अवधारणा?' इस तरह का सवाल लगभग हर बार एक गोल-मोल जवाब से जा टकराता है। जैसे—अक़्स तो पत्थर में बन्द रहता है/पेंटिंग तो कैनवास माँगता है/कविता तो आसमान में फिरती है, आदि इत्यादि। एक तरह से ठीक भी है, अलावा स्टिल-लाइफ़ पेंटर के कौन और कलाकार अपनी प्रेरणा को सृजन के पहले देख पाता है? अबूझ-अदृश्य साध्य के पीछे निरन्तर भागना कलाकार की मजबूरी ठहरी। आपाधापी के

अब्दुल गफ़्फ़ार खत्री का काले साटन पर बनाया गया 'ट्री ऑफ़ लाइफ़'

बीच कोई बिम्ब पकड़ पाओ तो ठीक वर्ना सिर धुनो, बौरा जाओ... । ऐसे में इन बेचारों से जो कोई प्रेरणा का स्रोत पूछ ले तो शायद ऐसा लगता होगा उनको, मानो किसी ने उनके जाँघिए के छेद में उँगली फँसा दी हो। खत्री लोग भी शायद इसी कारण मेरे इस सवाल को बार-बार टालते रहे। लगता है सुमार खत्री को यह इल्म नहीं कि उनकी धातु की सलाई की नोक पर उतरी इन छवियों का साबिका चार से छह हज़ार साल पहले के मानव की तूलिका से है। वो यूँ कि निरोणा की रोगन कला में इन पुराकालीन-रिश्तों के असर स्पष्ट नज़र आते हैं। बोले तो सिन्धु घाटी, मेसोडोनिया और इजिप्ट की सभ्यताओं से सम्बन्धों की झलक! खत्री के 'जीवन-वृक्ष' का मिलान भुज में राव लखपत की छतरी पर

(A) पेपिरस ऑफ़ नू (दी बुक ऑफ़ दी डेड) में मृतक को जल से तृप्त करती वृक्ष—देवी
(B) सिन्धु घाटी से मिली एक मुद्रा
(C) भुज के राव लखपत की छतरी का एक मोटिफ़।
इसे गफ़्फ़ार खत्री की सृजना 'ट्री ऑफ़ लाइफ़' के क़रीब रख देखने पर समझ आया कि एक ही कला इतर कूँचियों के माध्यम से हर काल में एक नूतन अवतार में जन्म लेती है। कि नया ढूँढ़ने, नया रचने का दर्प कितना बेमानी है।

बनी नक़्क़ाशी या अन्य पुराने चित्रों से आप स्वयं करके देख लें—बात साफ़ हो जाएगी। मेरी सूझ से अब्दुल गफ़्फ़ार की कलाकृति में पेड़ की आमद ना तो बेसाख़्ता हुई ना बेसबब। मेरी समझ से शहद तथा फल के आश्रय से अपने सफ़र का आग़ाज़ करने वाले मानव की सोच से पेड़ का निष्कासन असम्भव है। सिन्धु घाटी में मिली एक कृति में तो स्त्री के गर्भ-द्वार से पेड़ निकलता दर्शाया गया है, जिससे प्रतीत होता है कि वे लोग वृक्ष को आप जाया-सा देखते होंगे। ईरान, इराक, इजिप्ट की पुरासंस्कृति में भी पेड़ विशिष्ट स्थान रखते थे। इजिप्ट में मृतक के संग ऐसे शुभंकर रखने की परम्परा थी, जिसमें एक पेड़ मृतात्मा को जलपान करा, उसे पुनर्जीवित होने तक सँभालता है।[91] खत्री के जीवन वृक्ष का हू-ब-हू रन की सिन्धु घाटी से प्राप्त एक कृति में दिखता है।

अब इन अकादमिक बातों को यहीं मुल्तवी कर, लौटता हूँ फिर से निरोणा में। जहाँ इन दिनों कला मुरीदों की आमद तो बस वक़्तन-फ़क़्तन ही होती है। अलबत्ता इश्तहारों के ज़ोर से यहाँ पर्यटक बहुत आने लगे हैं, पर अधिकतर का ताल्लुक़ देखने भर से। ऊपर से रोगन कलाकृति का ऊँचा दाम। थोक में आए लोगों का दबाव—'माल' सस्ता करने का। अतः खत्रियों ने कुछ लड़कियों को सतही प्रशिक्षण दे बाक़ायदा प्रोडक्शन लाइन बना ली है।[92] नौसिखियों के मोटे काम में बारीक़ी का थोड़ा सा बघार लगा ये दनादन माल तैयार कर रहे हैं। फिर भी जहाँ लाख और घंटी के नमूने, बतौर यादगार, सौ से तीन सौ रुपयों में मिल जाएँ, वहाँ रोगन कलाकृति की बात पाँच सौ से शुरू होती है। बहरहाल, 'ट्री-ऑफ़ लाइफ़' के कई नमूने थे सुमार भाई के पास। क़ीमत पन्द्रह सौ से ऊपर। जो मन को भाया उसका दाम चार हज़ार। पर हमारे कने तो नक़दी की अथाह दिक़्क़त थी। वैसे तो हम पाँच हज़ार नक़द और पाँच प्रकार के 'कार्ड' लेकर इन्दौर से निकले थे। मुग़ालता यह कि नोट बन्दी के प्रणेता गुजराती भाई के देस में तो 'प्लास्टिक मनी' या आभासी नोट खटाखट दौड़ेंगे। बाबा जी का ठेंगा। मियाँ क़सम ले-लें, जो पेट्रोल पम्प के अलावा कहीं कार्ड चला हो। निरोणा की तो छोड़िए, अहमदाबाद में होटल/रेस्त्रां तक में नक़द गिनने पड़े। ऊपर से तुर्रा यह कि अहमदाबाद में हमारी होटल के क़रीब के तीनों 'पैसा-उँडेल' यंत्रों में सांघातिक क़ब्ज़ रोग बरामद हुआ। कार्ड भीतर—नतीजा सिफ़र। बार-बार भीतर, हर बार थोड़ी गुड़गुड़ाहट पर नतीजा वही—शून्य बटे सन्नाटा। जान यूँ बची कि साणन्द में दस हज़ार निकल गए—अपैत्रिक बैंक से एक दिन में इससे अधिक नहीं निकाला जा सकता। इन थोड़े घणे नोटों में से काफ़ी सारे तो ख़र्च भी हो चुके। बचे-खुचे से एकमुश्त चार हज़ार यहाँ गिन दिए तो रात कैसे गुज़ारेंगे?

विकट स्थिति को सुमार खत्री ताड़ गया। उसने हमारा मनपसन्द काम थैली में डाल यह कहते हुए हमारे सुपुर्द किया कि, 'ले जाइए सर, पैसे घर पहुँचने के बाद भिजवा दीजिएगा।'

मेरा भेजा फिर भंड। फिर यूँ कि ये गाँव वाले मौक़ा-बेमौक़ा मुझे मेरी ही निगाह में गिराने का प्रयास क्यों करते हैं? जैसे सन् दो हज़ार तेरह में, जब लद्दाख़ में लम्बे ट्रेकिंग अभियान से लौटते समय जेब की हालत ख़राब हो गई थी। हालातों के मद्देनज़र श्रीनगर से बाहर निकलने के रास्ते बन्द। एक रात की जगह तीन रातें बितानी पड़ीं हमीद मियाँ की हाउस बोट में। हम परेशान, बिल का भुगतान हो तो किस तरह? तब हामिद भाई ने बिना पैसे लिए हमें जाने दिया था। इसी श्रीनगर में बहुत पहले (1994 ई. में जब दहशतगर्दी चरम पर थी) एक दुकानदार ने अपर्णा को उसका पसन्दीदा पशमीना दुपट्टा बिना कुछ लिए ही दे दिया...दोनों मर्तबा यही जुमला, 'जाइए सर, पैसे घर पहुँचने के बाद भिजवा

दीजिएगा।' इनमें से किसी ने भी न हमारा पता लिखा (अलावा हामिद भाई के, क्योंकि हाउस बोट के रजिस्टर में मेरा नाम-पता दर्ज था), ना ही फ़ोन नम्बर लिया, ना चेक की ज़मानत ही माँगी। इन दिनों तो शहरों में हालात ऐसे कि बस चले तो बीवियाँ अपने शौहर ही से हर शाम पहचान-पत्र दिखाने का मुतालबा करें। अजनबियों की तो बात ही भूल जाएँ। गाँव बता रहा है, आदमी पर भरोसा रखो, तर जाओगे। शहर पढ़ा रहा है—आदमी ख़ूँख़्वार, भरोसा किया तो मर जाओगे! सोचता हूँ कि जो कल को भावी वाडा, हुसैन सिद्धिक या खत्री में से कोई औचक ही मेरे घर आ धमके तो मैं उनके लिए द्वार भी उघाड़ूँगा? विश्वास के भरोसे जीऊँ या शक-ओ-शुब्ह में ज़िन्दगी गारद होते देखता रहूँ? कुछ सूझता नहीं...कनफ़्युजिया गया हूँ। क़सम से।

जब से सिद्धिक ने बताया कि पुराना (असल) निरोणा कहीं और था, कई सवाल दिमाग़ में लगातार खुदबुदा रहे थे। वो पुराना गाँव कहाँ है? क्या वह गाँव ही बन्दरगाह रहा होगा? सोच-सोच कर अब तो मग़ज़ की अँतड़ियाँ कुप्पा होने लगी हैं। फ़ौरन जवाब की दरकार, जो और विलम्ब हुआ तो जानिए अफारे से भेजा फटा कि फटा। पर किस से पूछें? सम्पर्क किससे साधें? रोगन वालों को कुछ इल्म नहीं। भीमा भाई की गर्दन अपनी बगलें झाँकते-झाँकते झुक गई थी, सो पहले उसे ज़िम्मेदारी से फ़ारिग कर दिया। फिर सोचा, किसी बूढ़े को तलाशा जाए। दरकार थी अधुनाज्ञानियों की संगत से बचे किसी ख़ालिस बुढ़ऊ की।

मैं मुफ़ीद शिकार की तलाश में यहाँ-वहाँ ताक-झाँक करता भटक रहा था। तभी सड़क किनारे गाड़ी का इन्तज़ार करता एक बन्दा दिखा। पठानी सूट, खिचड़ी दाढ़ी। उम्रदराज़? नहीं। पर ऐसा जवान भी तो नहीं। पूछूँ? वैसे भी मेरी कोई छोरी ही नहीं, जो उसका ब्याव बिगड़ने का ख़तरा हो। सो पूछने में क्या हर्ज। बहुत हुआ तो बन्दा मुँह फेर लेगा। हिम्मत करके पूछ डाला। लो जी लो, फट गया छप्पर। खुल गई लॉटरी। वो बन्दा पुश्तैनी क़िस्सागो निकला। निरोणा का निवासी—मुहम्मद भाई। इधर मेरे मुँह से सवाल छूटा, उधर उसके मुँह से जवाब फूटा।

'हाँ, यो तो नवो गाम छे। जूनो तो टूटी गयो। जूनो निरोणा तो जुरा डुँगर ना उ बाजू छे।' उसने निरोणा के दक्षिण-पूर्व की ओर फैली पहाड़ी की तरफ़ इशारा करते हुए कहा।

'क्या आप हिन्दी जानते हैं?' मेरा सवाल।

'हुँ हिन्दी जाणु छूँ, शुँ तमे गुजराती बोलो छो...'

'जी, हम गुजराती समझ तो सकते हैं, पर बोल नहीं सकते। पुराने निरोणा का नाम यही था या कोई दूसरा?

'नावं छे मुरारा।'

'क्या आपको वो पुराना गाँव, मुरारा, मालूम है?'

'हो खबर छे। पर उधर अभी कुछ नहीं, कुछ कब्रें हैं।'

'कब्रें, बस! कोई जूने निशान, कोई जहाज़, बन्दरगाह के कोई अवशेष...सुना है यहाँ पहले बन्दरगाह था...'

'हमारा परिवार तो इस नए गाँव में पाँच सौ साल से है, हमणे तो कभी नहीं...'

'आपके पास कोई क़िस्सा होगा, निरोणा में दरिया होने का क़िस्सा...'

बाँध में बँध बरसाती नदी में तब्दील हो चुकी
निरोणा नदी गूगल-अर्थ की निगाह में

'दरिया...हाँ यहाँ पास में एक नद्दी है। पहले ख़ूब पाणी था। कुछ बरस पहले उस पर बाँध बना दिया, अब तो बारिश होए तो बहे। नद्दी के उस पार पहाड़ी पर एक जूना मन्दिर है। उस मन्दिर में एक बहुत पुराना वाव (कुआँ) है। मीठे पानी की वाव...'

'क्या नाम है नदी का...'

'निरोणा नद्दी।'

'क्याऽऽ? निरोऽऽऽणा नदी? क्या गाँव के नाम पर नदी का नामकरण हुआ है?'

'ना, दरिया तो जूनो छे। यह गाँम तो बाद में बसा । तम नद्दी जोवा चाहो? नजीक छे।'

'हाँ। और मीठे पानी का वह कुआँ भी देखना चाहेंगे? लेकिन आप कहीं जा रहे थे...'

'मेरी गल्ल सुणो, आप तो मेहमान...'

ख़ैर, जाने दें। बात फैलाऊँगा तो समेटने में बरसों लग जाएँगे, सो छोटे में बता देता हूँ। मुहम्मद भाई के संग सबसे पहले गए निरोणा नदी पर। देखता क्या हूँ कि

ठगी-ठिठकी निरोणा नदी। न किनारों पर पेड़ ना तृण ही। परदेसी पाखी अग्नीपंखर (फ्लेमिंगो) आते तो हैं पर ज़्यादा ठहरते नहीं अब यहाँ

अपने हमनाम गाँव के दक्षिण-पश्चिम जंगल में, कुछ तीन-चार कि.मी. दूर, कभी भाँय-भाँय बहती यह नदी अब हर सिम्त साँय-साँय से घिरी है। बराए मेहरबानी बाँध अब तालाब में तब्दील नदी। बरख़ा अच्छी हो तो जुरा पहाड़ से जलधार चल पड़ती है और यह तालाब लबलबा जाता है। पर इन दिनों पानी के भरपूर उपयोग के चलते ताल एक बड़े डबरे में परिवर्तित हो गया है। मझौली वनस्पतियाँ ज़र्दरू हैं। घास नदारद। ताल का पानी सड़ रहा है, भैंसें उसमें

बैठी तो हैं पर उसका जल ग्रहण नहीं करतीं। गाँव में पानी अलबत्ता इसी नदी से दिया जाता है।

स्थानीय लोगों में चर्चा है दुकाल (अकाल) पड़ने की। जानवरों को घास नहीं, पानी नहीं। लोगों ने उन्हें जंगल में रबड़ने को छोड़ दिया है। सरकार घास दे रही है, राशन कार्ड पर। दो रुपये में एक किलो। हर गट्ठर के भीतर सड़ी घास दुबका दी जाती है। जानवर मुँह फेर लेता है। ऊपर से एक जानवर को पन्द्रह से बीस किलो चारा चाहिए। हर दिन। किसी के दस तो किसी के पचास जानवर हैं यहाँ। रबारी लोग ले जाते हैं जानवर चराने के लिए। गाँव का कोई भी घर उन्हें जानवर दे सकता है। मेहनताना? दो सौ रुपये प्रतिमाह। कहाँ से लाएँ इतना धन?

नदी में पक्षी हैं। विदेशी पक्षी।[93] आए तो थे स्वच्छ वातावरण में सन्तानोत्पत्ति हेतु, अब सोचते होंगे कि न जाने किस घड़ी में मति मारी गई जो यहाँ आ गए। मुहम्मद भाई के अनुसार, इस बरस तो नाममात्र के पक्षी आए हैं। कुछ आकर लौट भी गए हैं, शायद नलसरोवर की तरफ़। बेहतर जल-जगह की तलाश में। बेचारे करते भी क्या? इन पक्षियों को अंडे देने के लिए कादा चाहिए होता है, ऊँची घास की दरकार होती है। यहाँ तो तालाबनुमा नदी के किनारे तक दरके पड़े हैं। पक्षी सुखी हैं। उनके डैने हैं। उड़ने को आज़ाद। आदमी और ढोर पंख विहीन। जहाँ पैदा हुए वहीं जीने-सहने-मरने को मजबूर! तालाब में डूबी भैंसें, शायद डैनों की माँग ले जलसत्याग्रह कर रही हैं! भैंसें अख़बार नहीं पढ़तीं, वरना जान जातीं कि अब तो डैने नोचने का दौर है। कि अब सत्याग्रह सफल नहीं होते, जलसत्याग्रह तो क़तई नहीं। क़सम से।

वैसे इसमें सरकारें भी क्या करें। अपनी गति का ज़िम्मेदार तो आदमी ख़ुद ही ठहरा। उसकी एषणाओं (इच्छाओं) की तली लापता। उसका मन मानो रामानुजकोट—जितना भरो उतना ख़ाली। जनता वोट देती है। सरकारें माँगें कुछ इस तरह भरती हैं कि ख़ुद सुहागन हो जाएँ, जनता बेनूर। मुआमला पेचीदा है। सो इन नीरस बातों को परे धकेल मैं पेश करता हूँ आगे का हाल।

निरोणा नदी के बग़ल से होते हुए हम दक्षिण को आगे बढ़ते गए। बबूल से आछन्न बीहड़ के बीच। लहरीली, पथरीली डगर पर। जानकार संग ना हो तो भीतर जा नहीं सकते। जो ढुक गए तो निकलने की सम्भावना विरल। क़रीब पन्द्रह किलोमीटर के बाद पहुँचे उस पहाड़ी पर जहाँ मीठे पानी का कुआँ था। कहते हैं इस कुएँ के निर्माण के पीछे किसी डुँगर सिंह का हाथ है। यह क़िस्सा तब का है, जब नया निरोणा नहीं बसा था। पुरानी बस्ती आबाद थी। उस काल में

एक बार पानी की कमी से त्राहि-त्राहि मच गई। तब इसी डुँगर सिंह (शायद चरवाहा) ने एक जगह बताई जहाँ पानी मिलना सम्भव था। इंगित जगह पर पड़े पत्थर हटाए गए तो नीचे एक कुआँ निकला। निर्मल जल पा लोगों की जान में जान आई। कुएँ की बनावट अद्‌भुत है, पर उस पर बात आगे कभी...

आज के लिए बहुत हुआ। अब थोड़ा थमा जाए। दोपहर कब की गुज़र चुकी है। सुबह के बाद कुछ पेट में नहीं गया। निरोणा में न होटल न ढाबे। पानी, पेशाब की दिक़्क़त सो अलग। यहाँ घरों में तो शौचालय हैं, पर राहगीरों को फारिग होने की कोई सुविधा नहीं—ना प्राकृतिक (पेड़ हैं नहीं, ना ही घनी झाड़ियाँ ही), ना मानव निर्मित। हमें रात के लिए कोई ठौर तलाशना है। राजेश मांकड़ ने किसी तेजा भाई का नम्बर दिया है। शायद वो हमें अपने घर में एक-दो दिन टिका ले। आप भी अब विश्राम करें। कल यहीं से आगे चलेंगे रन के किनारे-किनारे ही नहीं बल्कि उसके भीतर भी...इरिणा लोक में...

# इरिणा लोक

# रन था या था समन्दर

आज मौसम ख़ुशगवार है। वैसे तो अदिति–सुत शैया त्याग चुका है पर उसकी सूरत नज़र नहीं आती। अपनी गुलाबी सौंड़ (ओढ़ने की लिहाफ़) परे धकेल दौड़ गया है निवृत्त होने। कच्चे गुलाबी रंग वाले लिहाफ़ का एक कोना शैया से ढलक, नभ से नीचे झूल रहा है। नन्ही नीली बदलियाँ लटकते लिहाफ़ में एक–दूजे को ठेल रही हैं। कच्चा गुलाबी रंग हौले–हौले आसमां में फैल रहा है। धरा की होली में अभी कुछ दिन हैं, पर बदलियों के देस में तो चाहे जब रंग हो सकता है। आज क़ुदरत रंग पर है। हवा में दिलसोज ख़ुनकी है। तितलियों–पाखियों के जोड़े बनाने के मौसम चल रहे हैं। विहगों में नीड़ हेतु माल–ओ–असबाब जुटाने की आपाधापी है। कुछ प्रेमातुर पाखी क्षितिज में झूलते लिहाफ़ से तागे नोच रहे हैं। शायद कि नीड़ में लगे गुलाबी तागों की आभा से आकृष्ट हो कोई माशूका उनके आशियाने में आ जाए।

अब कुहासे की नज़रबन्दी उठ गई है। कल तक धुन्ध में गुम क़ुदरत का तमाम ख़ज़ाना अब बरामद हो गया है। अहा, बन्धन विमुक्त दीठ। जो जी करे सो देखो,

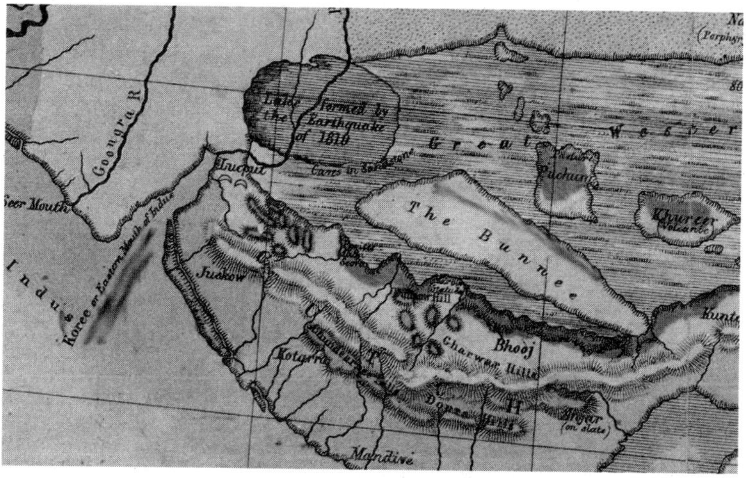


वह पुराना मानचित्र जिसमें कच्छ को द्वीपों में बँटा दर्शाया गया है

मन भरे तक निरखो, दिल कहे तक परखो! शोख़ नज़र नयनों से छूट जिस-तिस से उलझ रही है। कुछ दिनों से समरस भूगोल पर गुज़र करने वाली रसिक नज़र को आज जाकर कुछ दृश्यवैविध्य मिला है। वह आकंठ तृप्त होना चाहती है—तालाब से भैंस निकालना आसान, नज़ारों से निगाह छुड़ाना दुश्वार!

सामने क्षितिज तक उठते कुछ पहाड़-पहाड़ियाँ हैं। दिखने में इस क़दर मासूम कि ठोड़ी पकड़ हिलाने-बतियाने को दिल चाहे। पर कहते हैं कि इनमें से कुछ ज्वालामुखी रह चुके हैं, कुछ का फटना शायद बचा भी है। सो इनसे थोड़ी छेंटी अच्छी। ख़ैर, इनमें से कुछ के शीर्ष तिकोने से हैं तो कुछ के मस्तक सपाट। दो-चार श्वेतवर्णी बदलियाँ सपाट पहाड़ों पर औंधी लेट हमें आता देख रही हैं। इनसे थोड़ा हटकर, धवल स्तनावरण से अपना श्यामल तन ढाँप कुछ बदलियाँ गिरिशीर्ष से बदन रगड़ रही हैं। जैसे दरिया किनारे बैठ बदन रगड़ती हैं युवतियाँ। नभ और धरा के दरमियाँ फैले पहाड़, बदलियों के लिए तो साहिल ही ठहरे! लालच यह कि अदिति-सुत जब नमूदार हो तो उसकी दीप्ति से इनके तन भी दमकने लगें। इन सद्य:यौवना बदलियों की बेध्यानी की हद देखिए कि न तो उनको अपने क़रीब मँडराते आवारा विहगों के डैनों की आहट सुन पड़े, न अपने बदन पर फिरती मेरी नज़र की गर्माहट महसूस हो।

अर्श-फ़र्श के मध्य कल तक ठूँसी नीरवता को पक्षियों के कलरव ने पराभूत कर दिया है। अचरज है कि ऊँची परवाज भरते पाखियों के अलावा इधर से उधर तक कोई अन्य विहग नज़र नहीं आ रहा। हो सकता है मन्द बयार ये सुरीले स्वर रन के भीतर, कहीं से चुरा लाई हो। यहाँ का आदमी भले ईमानदार हो पर हवा चोट्टी है। वह दिल भी चुराती है, वाचा भी। रन के वीराने में आदमज़ात उसे गाहे-ब-गाहे ही मिलते हैं पर वो छूटते ही आप को घेर लेती है। उसको अधिक सिर मत चढ़ाना, वह आपको रन का ख़ुशनशीं बनाए बग़ैर नहीं छोड़ेगी! सच में आज क़ुदरत पर रंग तारी है। कि आज का मौसम आशिकों पर भारी है।

इन दिलचोर नज़ारों से नज़र बचाना नाक़ाबिल-ए-मुआफ़ी गुनाह। मुझे मालूम, लेकिन मैं मजबूर। चाहें जो कर लें, मेरी नज़र तो यहाँ काली धूसर सड़क पर आती-जाती रहेगी। आप सोचते होंगे कि रास्ते में भीड़-भड़क्का होगा। ना! रास्ता तो ख़ाली-खच्च है। न कोई मनक न मोटर। रहगुज़र के पहलू में सूना-सट्ट रन और यहाँ से वहाँ तक झाड़ियाँ ही झाड़ियाँ। इन्हीं झाड़ियों में छुपे बैठे हैं मेरी जान के दुश्मन। गोली दागने वाले दुश्मन नहीं, टिट्र्र...टिट्र्र की बोलियों से धमकाने वाले जंगली मुर्गे।[94] भाई लोग जब-तब झाड़ियों से निकल सड़क पर दौड़ पड़ते हैं। छूट...बीचोंबीच। कभी दो-तीन, कभी समूचा कुनबा। टिट्र्र...टिट्र्र। उन्हें कैसे समझाया जाए कि सड़कें गाड़ी वालों के द्रुतगति जीवन की गति बनाए रखने का साधन हैं। कि भारत में सड़क पर पहला और अन्तिम हक़ गाड़ियों-लारियों

का। जब पैदल चलने वालों को वहाँ बिल्लात भर जगह मुहैया करवाने हेतु रोज़ लड़ना- भिड़ना पड़ता है तो अन्यान्य जीवों के स्वच्छन्द विचरने के इख़्तियार की बात सोचना भी बेमानी। पर यहाँ वे धड़नतख़्ता सड़क पर आ जाते हैं। हुमक-हुलस चलते हैं। बेख़ौफ़। अभी यहाँ सड़क भर पहुँची है, शहर आने में समय है। इलाक़ा उनका है। वे ही यहाँ के मूल निवासी। ऐहतराम ज़रूरी। वैसे भी हम ठहरे सर्व साधारण लोग। न हम पर विदेशी गाड़ी, न हमको बचाने वाला कोई माई-बाप। हालातों के मद्देनज़र हमारी कार से मुर्गी चिबदना भी एक जल्जल:अंगेज़ वारदात। हमारी जान के लाले पड़े कि पड़े। लुब्बोलुबाब यह कि कारागार में ठूँसे जाने के बनिस्बत यहाँ रस्ता देखते चलना बेहतर। आगे आप की मर्ज़ी...बात न जँचे तो जनाब अपनी जूती निकालकर रखिए...मैं सर मुँड़वाकर यूँ हाज़िर हुआ...

आप भी सोचते होंगे कि बन्दा फिर भटक गया। बातें मझधार में छोड़ किधर का किधर निकल लेता है। जैसे कल घुस गया था निरोणा में रन और समुद्र के अन्तर्सम्बन्धों की बहस-ओ-मुबाहिसा को अधर में लटकाकर। क़सम से मैं उसी कथा के पास जा रहा था, पर फिर सोचा कि ऐसी रूमानी सहर, इतिहास जैसे नीरस विषय पर क्यूँ कुर्बान की जाए? अब सूरज की तपिश बढ़ गई है। जब क्षितिज विवीर्ण-सा हो चला है और दिलक़श मंज़र गुम हो गए हैं तो मैं आपको निरोणा-नखत्राणा मार्ग पर आगे लिए चलता हूँ। सफ़र के दौरान ही आगे बढ़ाएँगे उस चर्चा को जिसका पूरा होना बाक़ी है। पर वह मसला हाथ में लेने से पहले कल का हाल बताना लाज़िमी। रन के इतिहास में घुसने की डगर तो कल रात ही प्रकट हुई।

सिलसिला यूँ आगे बढ़ा कि आप से विदा लेने के बाद हम जुट गए तेजा भाई के गाँव की राह तलाशने में। उनके गाँव-घर की बा-तफ़्सील दास्तान फिर कभी। अभी तो जान लें कि रात उनके घर में गुज़री। ख़ूब क़िस्सागोई हुई। क़िस्सों में एक था दोरबनाथ का क़िस्सा। दोरबनाथ की कथा, यानी कच्छ के बदलते भूगोल और संस्कृति की सैकड़ों बरस से कान-दर-कान चलने वाली दास्ताँ। पर इस कथा पर आने के पूर्व सागर और कच्छ के अन्तर्सम्बन्ध पर तब से अब तक की जानकारियों को अद्यतन कर लेना उचित जान पड़ता है।

तो जनाब, बात यूँ है कि जहाँ इस वक़्त मैं कार चला रहा हूँ कहते हैं वहाँ कभी समुद्र था। और यह भी माना जाता है कि यहाँ से उत्तर, यानी रन का समूचा रक़बा ही समुद्र के सूखने से नमूदार हुआ। समुद्र से कच्छ का संघर्ष तो अनादिकाल से जारी है। यह तथ्य पूर्व में जिस तरह रेखांकित हुआ है उससे यह अवधारणा बनी कि ई.पू. चौथी सदी तक, इस क्षेत्र में बजाय एक मुसलसल ज़मीन के अरब सागर से घिरा

सात द्वीपों का समूह था। यह बताया गया कि कालान्तर में तीन द्वीपों के मिलन से कच्छ की निर्मिति हुई और शेष दो से बना गुजरात।[95] यद्यपि यह बात न तो हमारी पुराकथाओं से मेल खाती है, न पुरातत्त्व के स्थानीय संकेतों से, तदपि सिवराइट के पर्चे को अन्तिम सत्य मान आज भी इस धारणा को तरजीह दी जाती है।

शाब्दिक विवेचना में 'रन' मोटे तौर पर 'रेगिस्तान' का पर्याय माना जाता है। पानी की अनुपलब्धता और ज़मीन की अनुर्वरता के मान से दोनों शब्द में साधर्म्य भी है। किन्तु मेरे तईं गुजरात का 'रन' तो एक व्यक्तिवाचक संज्ञा है। इस मुआमले में मेरी बर्नीज़ के इस निष्कर्ष से सरापा सहमती है कि 'कच्छ का रन संसार में अपने जैसा इकलौता है, इस सरीखा भू-क्षेत्र दुनिया में कोई अन्य है ही नहीं'।[96] इस रन की पहचान उसकी सतह पर रेत के संग जमी नमक की पर्त और सतह के नीचे के दलदल-कादे से है, ना कि रेत के टीलों से। इसी नमक, रेत और दलदल के एक साथ होने से यहाँ किसी समय समन्दर होने की धारणा को बल मिला। इस सिलसिले में कुछ अधुना शोधकों का कहना है कि ईसा के परावर्ती काल के प्रारम्भ तक यहाँ पानी के जहाज़ चला करते थे[97], वहीं अनेक का मानना है यह इधर की नहीं बहुत पहले की बात है। सिकन्दर के भी पूर्ववर्ती किसी काल की। वैज्ञानिकों के तथ्यों से 'बेशर्म' खेला-खेली समझने और एतत्कालीन सच आने वाले वक़्तों में कैसे निरा झूठ बन उभर सकता है, इसका आकलन करने हेतु 'कच्छ का रन' एक उम्दा स्टडी मटीरियल है।

यह बात कल शाम मुझे तीव्रता से समझ पड़ी—तेजा भाई के गाँव-आँगन में ठिठकी कथाओं से दो-चार होने के बाद। एक-एक कर मैं उन कथाओं को आपके समक्ष रखता हूँ। ग़रज़ यह कि बहुकाल से एक दायरे में क़ैद इन कथाओं को आपकी सरपरस्ती में कोई नूतन ठौर मिल जाए। वैसे आप तो जानते ही हैं, फिर भी यह पुनर्स्मरण कराना मेरा फ़र्ज़ है कि ऋग्वेद तथा महाभारत के घटना काल तथा रचना काल के मध्य, वेदों-ऋचाओं के सृजन तथा उनके लिपिबद्धिकरण के बीच हज़ारों बरस का कालक्षेप है।[98] क्या ही अच्छा हो जो आप ये नुक़्ते अपने सामने ही कहीं सहेज लें। इन तक हमें बार-बार लौटना जो पड़ेगा। तो चलिए, अब आप पर जुलुम बन्द और रन तथा समन्दर के राबतों पर बातें शुरू। जो फिलिम से ट्रेलर लम्बा हो जाए तो भद्द किसकी उड़े? मेरी नहीं तो और किस की? तो अपन आते हैं क़ायदे में।

अरब सागर तथा कच्छ देस के पारस्परिक नाते भारत-चीन जैसे। दोनों में ही सीमाओं को लेकर खींचतान। मौक़ा ताड़ते हैं एक-दूजे पर हावी होने का। वैसे अब यह मान लिया गया है कि समुद्र ही लम्बे समय तक कच्छ पर हावी रहा। अलबत्ता वह कब तक तथा किस हद तक कच्छ को डुबोए रखने में कामयाब हुआ—इसे लेकर शोधकर्ताओं में अब भी मतैक्य नहीं है। $^{14}C$ कार्बन-डेटिंग व

नासा से प्राप्त सैटेलाइट चित्रों पर आधारित निम्नलिखित बिन्दुओं पर वैज्ञानिक मोटे तौर पर एकमत हैं—

- हिमयुग, जो उत्तरी गोलार्ध में अधिक सक्रिय था, के दौरान विश्व भर में समुद्र-जल-स्तर उसके वर्तमान स्तर से सौ से एक सौ तीस मीटर नीचे था।[99] माना जा सकता है यही हाल कच्छ के क़रीबी सागर का रहा होगा।
- हिमयुग के अन्त में यानी प्लिस्टोसिन काल (हिमयुग एवं गर्मकाल का संधि काल) के दौरान कच्छ के तट पर समुद्र-जल-स्तर आज से अस्सी मीटर नीचे था। ज्ञातव्य है कि कच्छ के तटवर्ती इलाकों से प्राप्त इस काल की मिट्टी में हिमालयीन नदी की रेत मिली है।[100, 101]
- प्लिस्टोसिन काल के बाद होलोसन काल (गर्मकाल) में तापमान में वृद्धि के साथ समुद्र-जल-स्तर में बढ़ोतरी हुई।[102]
- मध्य होलोसन काल में कच्छ तट पर समुद्र-जल-स्तर आज से दो से तीन मीटर ऊँचा था।
- मध्य होलोसन काल में समुद्र स्तर बढ़ने से रन क्षेत्र दो से तीन मीटर गहरे जल में डूब गया। इस काल में हड़प्पा संस्कृति अपने चरम पर थी, और यहाँ नमक बनाया जाता था। इस काल के अन्त में समुद्र जल स्तर फिर गिरने लगा।
- ई.पू. पाँच हज़ार में अरब सागर आज की स्थिति से बीस कि.मी. पीछे था। यानी जहाँ पुरानी द्वारका बताई जा रही है—वहाँ तब लोग पैदल घूमा करते होंगे। ई.पू. तीन हज़ार के बाद से अब तक कच्छ तट पर जल स्तर वर्तमान स्थिति में है। पिछले तीन-चार हज़ार वर्षों से भीषण तूफ़ान आदि के समय में ही सागर जल कोरी क्रीक से रन की तरफ़ जाता है, लेकिन कुछ सीमित दूरी तक ही। इसी काल में कभी भू-गर्भीय हलचल के चलते लगभग पन्द्रह हज़ार वर्ग किलोमीटर के बड़े रन (दी ग्रेट रन) के दक्षिण-पूर्व में ढाई हज़ार वर्ग किलोमीटर का भू-खंड ऊपर उठा (बन्नी), जिसके चलते रन क्षेत्र आज कोरी क्रीक से उत्तर-पूर्व की ओर जाकर दक्षिण-पूर्व में घूम दक्षिणी छोर पर कच्छ की खाड़ी तक जाता एक जल मार्ग-सा दिखता है।[103]
- कच्छ की खाड़ी के क़रीब छोटे रन से सटे 'कनमेर' में ई.पू. पाँच हज़ार साल के भी पहले की महीन रेत मिली है, जो इस भू-क्षेत्र में उस काल में किसी नदी के होने का प्रमाण है।[104]

मौसम आधारित कालगणना की उपर्युक्त सीमाओं के बरअक्स जो भारत भूमि पर विकसित मानव सभ्यताओं को रखा जाए तो कैसा रहे? जैसे कि सिन्धु घाटी

सभ्यता का कालखंड (ई.पू. 50000 से 1500), हड़प्पा संस्कृति का उदय व चरम (ई.पू. 6000 से 3000), सरस्वती नदी का सूखना (ई.पू. 1900), वेदों का लिपिबद्ध होना (ई.पू. 1700), महाभारत का घटना काल (ई.पू. 3100 अथवा 1500)।[105] गौरतलब है कि भारत में होलोसन कालखंड की अवधि अभी तक निश्चित नहीं हुई है। पर यह तय है कि जब उत्तरी गोलार्ध हिमयुग में जमा पड़ा था, तब गोले के इस तरफ़ सिन्धु तथा रोमन/ग्रीक जैसी विकराल सभ्यताएँ लहलहा रही थीं। धरती पर राज करने वाले धर्मों की नींव पड़ रही थी। पर प्रौद्योगिकी के पुरोधा ज़माने के नज़दीक, अधुना उस्तादों का कहा कवच-कुंडल वेष्टित—अवेध्य, अकाट्य होना भी चाहिए। देखना तो यह है कि पुराग्रन्थों, दन्तकथाओं या सफ़रनामों ने अपनी समकालीय और पूर्ववर्ती घटनाएँ संजोयी भी हैं या नहीं?

# रन का भूगोल—कथाओं में

अपने आप को बार-बार बिखेर, पुनर्गठित कर, नव रूप धर, नूतन परिभाषाओं के संग नमूदार होने की जो तासीर कच्छ-भूमि में नज़र आती है वैसी और कहाँ? अब इसे कच्छ की ख़ुदपसन्दी कहा जाए अथवा ख़ुदमुख़्तारी—मालूम नहीं। पर यह तय है कि इस भू-भाग को भागते रहने, बदलते रहने का चस्का-सा है। याद है न आपको कच्छ-देश के, समुद्र में बहते द्वीपों के संयोजन से, उदय होने की वो बात। उसी बात का एक सिरा पकड़ जो कोई कच्छ के माज़ी में घुसे तो दूसरा सिरा करोड़ों बरस पहले के गोंडवाना द्वीप या महा-महाद्वीप (सुपर कॉन्टिनेन्ट) में धँसा पाए। मौक़ा मौजूँ है, सो कहता चलूँ कि अब से पौने सत्रह करोड़ बरस पूर्व तक तो (यानी मध्य जुरासिक काल तक) धरती के नाक-नक़्श पूरी तरह नहीं बने थे। गर्भस्थ शिशु की भाँति गोश्त का एक पिण्ड ही तो थी वह तब। बस कुछ महा विशाल भू-खंड ही सागर में जहाँ-तहाँ छितरे थे। समय बीतता गया। आरम्भ किया शिशु ने हाथ पैर मारना, करवटें बदलना। गर्भ से आज़ाद होने को तड़पते शिशु-रूपी धरा की नाल अन्ततोगत्वा विच्छिन्न हुई। नतीजतन गोंडवाना महाद्वीप अफ्रीका से विलग हुआ। आगे चलकर, अब से कोई बारह करोड़ बरस पहले, यह गोंडवाना दो भागों में बँटा। उनमें से एक मेडागास्कर बना और दूजा मध्य एशिया से जा टकराया। दो भू-खंडों के टकराव के चलते हिमालय बना। मध्य एशिया का मानचित्र पुख़्ता हुआ। मेडागास्कर के कुछ खंडों से भारत का नर्मदा से दक्षिण का ज्युग्राफ़िया मुकम्मल हुआ। मज़े की बात यह है कि कच्छ की भूमि महाद्वीपों के भीष्म पितामह, गोंडवाना का ही अंश है।[106]

सवाल उठता है कि क्या हमारे पुराग्रन्थों की ऋचाओं अथवा हमारी लोक कथाओं की निगाह इन घटनाओं पर पड़ी? जी, लगता तो है। जैसे प्राचीनतर काल में कभी सगर नाम के राजा के साठ हज़ार पुत्रों द्वारा धरती को खोदना तथा उनका मुनि श्राप से एकमुश्त 'भस्म' हो जाना। बहुकाल बाद राजा सगर के पड़पोते भागीरथ के आह्वान पर गंगा का हिमालय से नीचे उतरना।[107] जैसे परशुराम का अपना फरसा समुद्र में फेंकने पर सागर का पीछे सरकना और उदित होना उस भूमि का, जिसे आज हम 'केरल' बुलाते हैं—भगवान का अपना देस! जैसे, कृष्ण के

कहने पर समुद्र से द्वारिका का उदय।[108] इन रूपकों में मौसम के प्रचंड बदलावों का, समन्दर के रस्ते आकर भूखंडों का भारत भूमि से अन्तर्भुक्त होने का, आभास मिलता है। सार यह कि सागर के घटते-बढ़ते जल स्तर तथा सिलसिलेवार जलजलों (भूकम्प, दावानल, ज्वालामुखी) ने कच्छ के भूगोल को सदा अस्थिर ही रखा।

लेकिन अभी तो हमारा वास्ता कच्छ के रन से है। सो उसी से जुड़े सवालात मुझे छिजा रहे हैं। मसलन कच्छ में रन सदा से था या यह बाद में कभी अवतीर्ण हुआ? दुनिया की सबसे पुरातन सभ्यता को पोसने वाली भूमि के बाशिन्दों ने इस बाबत कुछ इशारे बाद वक़्तों के लिए, कहीं सहेजे हैं क्या?

सवाल बूझने के लिए ज़रूरी है कि हम अपनी स्मृति-पोथी में वह सफ़हा तलाशें जिसमें 'रन' का ज़िक्र सबसे पहले हुआ हो। यदि चेष्टा की जाए तो 'रन' नामक टोहिया-डाँड़ पर चल दुनिया की सबसे पुरातन मानव बस्तियों में से एक में रहने वाले मेहुला-जनों तक पहुँचा जा सकता है। मेहुला-जन यानी सिन्धु घाटी के लोग। सिन्धु घाटी, जिसने ऋग्वेद की ऋचाओं को सदियों तक जनमानस में सहेजा और अनुकूल समय में उन्हें लिपिबद्ध किया। उसी ऋग्वेद में ऊसर भूमि के लिए 'इरिणा' शब्द प्रयुक्त हुआ है।[109] 'रन' उसी का अपभ्रंश है।[110, 111]

अ्...आ...ह्हा! आपकी सवालिया नज़र की टोंच मुझे महसूस हो रही है। आपकी नज़रों का बयान है कि वैदिक लोग तो हिमालय की तलहटी से बलूचिस्तान-राजस्थान-सिन्ध-कच्छ-सौराष्ट्र तक फैले थे, ऐसे में उनका 'इरिणा' राजस्थान भी हो सकता है? तो मुझे कहना होगा कि जी जनाब, वैसे तो इस सम्भावना को दनदनाते हुए ख़ारिज नहीं किया जा सकता। किन्तु आगे जाकर ग्रीक पेरिप्लस[112] में कच्छ के इलाक़े को 'एरिणा' बुलाना इस नाम के कच्छ-रन से जुड़े होने की सोच को उत्तेजना देता है। प्रबल सम्भावना है कि कच्छ का जलहीन, अनुर्वरक क्षेत्र वैदिक काल से पेरिप्लस के सृजन काल तक इरिणा कहलाता हो। किन्तु इस खुलासे से हमारे उस सवाल का समुचित समाधान थोड़े ही होता है कि कच्छ में रन सर्वकाल से था अथवा काल की कारगुजारियों के चलते, वह बाद के वक़्तों में जन्मा? यानी क्या यह इरिणा भूमि सदा से जल-जनहीना थी? जवाब है नहीं, कतई नहीं।

रन में प्रचलित जनश्रुतियाँ कहती हैं कि ढाई लाख जनों को छत मुहैया कराने वाले इस वृहद क्षेत्र में किसी काल में सात नदियाँ बहा करती थीं। इनमें से प्रमुख दो की पुख़्ता ख़बर तो हमारे पास है ही—रन की पूर्वी तथा पश्चिमी सीमा को रेखांकित करती क्रमश: सरस्वती एवं सिन्धु।[113] रन में कुछ बड़े नगर थे मसलन धोलाविरा और कनमेर।[114, 115] इन नगरों में आला दर्ज़े के कलाविज्ञ भी प्रश्रय पाते थे। नगर और नगर सेठ तो कालकूप में गुम हो गये पर उनकी सृजनाओं के बिम्ब आज के कलाधर्मियों के मानस में अक्षुण्ण हैं, जैसा कि हम निरोणा गाँव में प्रत्यक्ष देख आए हैं। जनस्मृतियों में अब तक ज़िन्दा हैं दुर्दान्त जिजीविषा के धनी वे लोग! जिस

सिन्धु नदी ने हमारे इन पूर्वजों की प्यास बुझाई—जिसके जल से वेद दृष्टाओं ने पग प्रक्षालन किए, उसका पावन जल अब भी हमें आचमन हेतु उपलब्ध है। किन्तु हमारी चहेती नदी, सरस्वती, एक अर्से से दुनियावी निगाहों से उसी तरह ओझल है, ज्यों स्वदेश दीपक। नज़रों से ओझल, जनमानस में चैतन्य! संसार में सरस्वती की अलख चेताए रखने का सेहरा बँधा है इससे जुड़ी कथाओं के सर। इनमें सरेफ़ेहरिस्त है महाभारत में गुम्फित बलराम की सरस्वती-तट तीर्थ यात्रा की कथा—जो लगभग सर्वज्ञात ही है। चुनाँचे हम उस वृत्तान्त के पुनर्पाठ के बनिस्बत उसमें पोशीदा भौगोलिक, ऐतिहासिक व सामाजिक सन्दर्भों पर एकाग्र चिन्तन करते हैं। बात शुरू करनी होगी महाभारत से ही। क्यों? क्योंकि समाज के मनोप्रदेश में आवाजाही करती पुराकथाओं और धर्म के राजनीति में हस्तक्षेप से व्युत्पन्न गाथाओं को एकम-एक कर रचा यह महाग्रन्थ हर तरह से अपने काल का 'गजेटियर' है। इससे गुज़रे बग़ैर भारत के इतिहास (तथा भूगोल) के दूसरे छोर तक पहुँचना नामुमकिन।

# तीरे-तीरे सरस्वती

महाभारत के हवाले से कहा गया है कि यदुवंशियों ने अनार्य स्थानीय लोगों (जिनमें राक्षस, नाग, यक्ष आदि जातियाँ शुमार थीं) को पराभूत कर द्वारिका (सौराष्ट्र) में अपनी राजधानी स्थापित की।[116] इसी द्वारिका के शासक, कृष्ण, कौरव-पांडव संग्राम में पांडवों के प्रमुख समर्थक थे। पर कृष्ण के भ्राता बलराम का रुझान कौरवों की ओर भी था। होने वाले प्रचंड युद्ध में निरपेक्ष रहने की बलराम की विनती जब कृष्ण ने नकार दी तो वह युद्ध का बहिष्कार कर सरस्वती नदी की परिक्रमा पर चल दिया। महाभारत में कहा गया है कि 'रुष्ट हो सरस्वती तीर्थों की यात्रा को निकले बलराम ने स्वयं मार्ग में रहकर अपने कुछ सेवकों से द्वारका जाकर यात्रा के लिए आवश्यक सामग्री लाने को कहा तथा अपने शीघ्रगामी सेवकों को, सरस्वती के स्रोत की तरफ़ बढ़ते हुए, आगे पड़ने वाले तीर्थों पर ऋषियों और श्रेष्ठ ब्राह्मणों को जुटाने हेतु भेजा।' इस कथन से प्रतीत होता है कि बलराम के अभियान का आग़ाज़ द्वारिका के क़रीब ही से कहीं हुआ होगा। विचारणीय है कि क्या उस काल में द्वारिका के समीप कोई सरस्वती नामक नदी हुआ करती थी?

प्रसंगवश यह स्पष्ट करना उचित है कि ऋग्वेद तथा महाभारत में सरस्वती नाम की सात नदियों के होने का ज़िक्र है, उनमें से एक 'तेज प्रवाह वाली सरस्वती' का उद्गम हिमालय से होना बताया गया।[117] वर्णित यात्रा पथ का सिंहावलोकन सुस्पष्ट करता है कि बलराम इसी हिमालयीन (वैदिक) सरस्वती के तीर्थ यात्री बने। वो यों कि इस यात्रा की इतिश्री हिमालय के जौनसार-बवार क्षेत्र में हुई थी।[118]

इस यात्रा में बलराम सर्वप्रथम प्रभास तीर्थ पहुँचे।[119] महाभारत के अनुसार यह तीर्थ वहाँ था जहाँ अर्णा सरस्वती पश्चिमी तट पर सागर से मिलती थी। आज अध्येता एकमत हैं कि प्रभास तीर्थ, समुद्र के किनारे, द्वारका/सोमनाथ के पास था।[120] मायने यह है कि उस काल में या तो वैदिक सरस्वती द्वारका क्षेत्र में जाती होगी अथवा सरस्वती की कोई हमनाम नदी, अरावली पर्वत से निकल छोटे-रन के क़रीब से गुज़र, सौराष्ट्र पहुँचती होगी।[121]

समीचीन यात्रावृत्त में आए वर्णन में स्पष्ट संकेत हैं कि प्रभासतीर्थ से आगे उदपानतीर्थ जाने पर सरस्वती का लोप होता था। उस काल में भी उदपान तीर्थ से

लेकर विनशन तीर्थ तक सरस्वती के होने का आभास वहाँ सघन वनों, आर्द्र माटी, हरी-भरी लताओं को देख ही होता था। उदपान तीर्थ में गहरे कुएँ थे जो कभी तो सूख जाते और कभी उनमें इतनी तीव्रता से जल भरता कि तलछटी में बैठा आदमी जलवेग से बाहर आ जाए।[122, 123] यह विवरण दलदली भूमि में दिखती छुपती नदी क्षेत्र का नहीं तो और क्या है? बात ही बात में स्मरण हो आया कि प्रज्ञा की देवी के रूप में समादृत सरस्वती की वीणा को 'कच्छ' कहा जाता है। और यह भी कि 'कच्छ' का शाब्दिक अर्थ कछार यानी दलदली भूमि/बहेंत भी बताया गया है।[124]

सिकन्दर के भारतागमन के बहुकाल पूर्व सम्पन्न इस बलराम यात्रा की कथा में इरिणा क्षेत्र में किसी द्वीप के होने का ज़िक्र नहीं है। यह सूचना अधुना शोधकर्ता के इस कथन से बेमेल है कि ईस्वी साल के शुरुआत तक कच्छ तथा सौराष्ट्र द्वीपों में बँटे थे।[125] दरअसल ईस्ट इंडिया कम्पनी ने बर्नीज़ (1831 ई.) का हवाला दे कच्छ का एक नक़्शा गज़ट में प्रकाशित किया, जिसमें सिकन्दर के भारत से लौटने के काल (ई.पू. 326-325) में कच्छ को सात द्वीपों में विभक्त दर्शाया गया। इसी मानचित्र को आधार मान परावर्ती लेखक मसलन श्रीमती पोस्टन (1838 ई.) या सिवराइट (1907 ई.) तथा रशब्रुक (1958 ई.) आदि ने अपने पर्चे लिखे। बर्नीज़ ने द्वीपों का ज़िक्र सिकन्दर के यात्रा लेख और ग्रीक पेरिप्लस के हवाले से किया।

मौक़ा है तो बताता चलूँ कि सिकन्दर के सिन्धु नदी से समुद्र की राह वापस लौटने की यात्रा दर्ज करने वाली नियार्खस की किताब और पेरिप्लस के पुनर्पाठ के दौरान मुझे ऐसा कोई विवरण नहीं दिखा। सिकन्दर सिन्धु नदी के आसपास ही सीमित रहा। उसकी जद्दोजहद सिन्धु नदी से समुद्र में जाने हेतु आसान राह की तलाश का उत्पादोत्पाद थी। यथार्थ में वह रन की तरफ़ बस कोरी क्रीक तक ही गया। सिकन्दर के यात्रावृत्त में इतिहास के नाम पर पंजाब से कोरी क्रीक के मध्य आए कुछ नगरों के नाम हैं। अलबत्ता इसमें उसके अर्णा, अर्णव और स्थानीय लोगों से द्वन्द्व के क़िस्से ही क़िस्से हैं। तात्पर्य यह कि यात्रा पथ में आए देशों के आन्तरिक भू-गोल को दर्ज करने की मंशा उस वृत्त में लक्षित नहीं होती।[126]

कच्छ के जिस इलाक़े को बूझने की ललक से आप हम संग हैं, उसकी रूह यहाँ के भौगोलिक तथा सांस्कृतिक गाथाओं में किस तरह साँस लेती है, यह समझने के लिए पुनः लौटते हैं आधुनिक शोधों के पास, ताकि मिलान किया जा सके उपर्युक्त कथनों का सद्यःज्ञात से। उपग्रह चित्रों के विश्लेषण में भूवैज्ञानिकों को कच्छ के छोटे रन के तल में विलुप्त नदी के न सिर्फ़ अवशेष प्राप्त हुए हैं बल्कि उन्हें इन्हीं जलचिह्नों के क़रीब कभी सघन वन होने के सुराग़ भी मिले हैं। यह भी तय है कि लापता नदी उस काल में इस क्षेत्र से गुज़रने वाली प्रमुख नदी थी।

अत्याधुनिक शोधों से यह विदित है कि हिमालय पर्वत से निकलने वाली सरस्वती नदी ई.पू. सात हज़ार से पाँच हज़ार के मध्य हिमालय से निकल अरावली पर्वत श्रृंखला के क़रीब से बहते हुए छोटे रन से गुज़र कच्छ की खाड़ी में समाप्त होती थी। किन्तु मौसम में बदलाव तथा ज़मीनी हलचल के चलते कालान्तर में छोटे रन में ही समाप्त होने लगी। उपग्रह प्रदत्त चित्रों से यह ख़ुलासा हुआ है कि इस इलाक़े की भूमि के अन्तस में हिमालय से यहाँ आई नदी तथा अरावली से निःसृत नदियों की पुराजल धाराओं का मकड़जाल है। उन्हीं चित्रों के अध्ययन से यहाँ प्राचीन काल में अच्छी-ख़ासी हरियाली होने के भी सबल प्रमाण मिले हैं। भूवैज्ञानिकों ने यहाँ की रेत पर परीक्षण किए और पाया कि उसका चरित्र किसी हिमालयीन नदी की माटी जैसा ही है। रेत का जन्मकाल निर्धारित किया गया ई.पू. साढ़े पाँच हज़ार से चौदह सौ बरस के मध्य।[127, 128] इसी से जुड़ा एक और नुक़्ता आपकी तवज्जोह चाहता है कि जाँची गई रेत उस इलाक़े की है जहाँ एक पुराकालीन मानव बस्ती, कनमेर के भग्नावशेष मिले हैं। कनमेर से उपलब्ध साक्ष्य कहते हैं कि यहाँ पाँच हज़ार से तीन हज़ार पाँच ई.पू. तक मानव बसा रहा, लगातार। जीवाश्मों की गवाही से मालूम है कि कनमेर में निवासरत लोग धान, गेहूँ, चने की खेती करते थे। समुद्र से सटी इस जगह में धान की उपज की ख़बर यानी उस काल में यहाँ प्रचुर मात्रा में मीठे पानी की उपलब्धता की ज़ामिन।[129]

ख़ैर, इसके बाद इरिणा में वह काल प्रविष्ट हुआ (ई.पू. 5000 से 3000) जब हिमालय से बहकर यहाँ आती वह सदानीरा अर्णा बीच राह में ही मुसमुसाने लगी। यह मध्य क्षेत्र वही था जहाँ कालान्तर में 'रन' प्रकट होना था। नदी के इस हश्र का बायस बने हिमालय क्षेत्र के भूकम्प। जिनके चलते सरस्वती का जल गिरिराज की तराई क्षेत्र में ही यमुना में जा मिला। किसी काल में ठहठहाकर बहती सरस्वती आगामी दो हज़ार बरस (ई.पू. 3000 से 1000) अरावली पर्वत के क़रीब से पश्चिम की ओर सरक कर बड़े रन में धोलावीरा के पास समाप्त होने लगी।[130, 131] महाभारत के गदापर्व में सरस्वती नदी पर तटवर्ती एकाधिक तीर्थों[132] का खुलासा है—यानी सरस्वती की सहायक नदियों का विवरण है। यहाँ सरस्वती की धारा का समुद्र में न जाकर उसके क़रीब ही कहीं धरा में विलोपित हो जाना भी दर्ज है।[133, 134]

यह तो हुई हमारे पुराग्रन्थों में दर्ज उन कथ्यों की बात जो सद्यःजात तकनीकों की कसौटी पर कसने पर उत्तीर्ण हुईं। किन्तु इन ग्रन्थों में न मालूम ऐसे कितने और कथन हैं जिनके निशाँ ढूँढ़े नहीं मिलते। जैसे महाभारत के गदापर्व में सरस्वती नदी के हिमालय से लेकर इसके मुहाने के बीच बसे गाँवों का वर्णन है, पर अब सब के सब लापता। मिलें भी तो कैसे? काल के कब्रगाह में इतिहास-खंडों की पहचान तो उन पर लगीं नामपट्टिकाएँ ही हैं। पट्टिकाएँ चुरा ली जाएँ या नाम बदल दिए जाएँ,

तो पुराकथाएँ गुत्थमगुत्था, सिरे गुम। दुर्भाग्य है कि अपने मानस के अनुसार जगहों के नाम बदलने की परिपाटी भी मानव स्वभाव का अन्तरंग हिस्सा है। नाम कल भी बदले गए, आज भी बदले जाते हैं।

चलिए अब सरस्वती के तट से दूर—इरिणा के पश्चिमी क्षेत्र पर बात करी जाए, जहाँ वैदिक काल से बह रही है सिन्धु। सिन्धु नदी...अहा सिन्धु नदी...। एक सिहरन-सी दौड़ती यह नाम सुनते ही—सरापा। इस महानदी की कुछ बीज धाराओं से मुलाक़ात हुई है मेरी—पहलगाँव, गुरेज़, झाँस्कर में। कितनी सुन्दर, कैसा रूप वैविध्य। सोचता हूँ कैसी दिखती होगी यह अपने प्रियतम-मिलन से ठीक पहले। सुहागकक्ष द्वार के समीप ठिठकी, सकुचाई, शरमाई दुल्हन जैसी। या फिर भावावेश में तन-मन की सुध खो प्रीतम की ओर भागती आकुल-व्याकुल षोडशी-सी।

कहते हैं कि प्रगाढ़ आलिंगन सुख प्राप्ति हेतु वेगवती सिन्धु किसी काल में सात भुजाओं में विभक्त हो अपने प्रिय सागर की ओर अग्रसर हुआ करती थी।[135] साथ ही ऋग्वेद में कहा है कि पुष्पप्रचुर वन क्षेत्र से बहने वाली यह नदी असंख्य जीव तथा मानवों का पोषण करती थी। इसी के चलते तटवासी विपुल वैभव भोगते थे। भरोसा कीजिए कि यह कथ्य भी अतिरेकों से परे है। एक महती सत्य यह भी है कि अर्णा सिन्धु वेदों के रचना काल की पूर्ववर्ती है। पुरातत्त्ववेत्ताओं ने यहाँ ई.पू. पचास हज़ार बरस से अधुना काल तक मानव प्रजाति की उपस्थिति के प्रमाण जुटाए हैं। इसके तटवर्ती क्षेत्र में मिले पाँच पुरा नगरों तथा अनेक गाँवों की बुनावट व बसावट चपाती सरीखी सपाट नहीं वरन् डॅगवुड बमस्टॅड[136] के सैंडविच जैसी बहुपरतीय है—पाषाण युग से आज तक के कालचिह्नों से बना क्लब-सैन्डविच! जमना, उजड़ना और सैकड़ों-हज़ारों बरस बाद पुनः बस जाना इधर के शहर-गाँवों की फ़ितरत है।[137] इसी के चलते यहाँ पर अदिति के एक पहलू में पाषाणयुगीन हथियार-औजार हैं तो दूसरे पहलू में भव्य नगर, अप्रतिम गहने और विराट स्नानागार भी हैं।[138, 139] आप सोचते होंगे अगरचे कि ये नगर विपुल जल राशि के सान्निध्य में पनपे-पले हैं तो निश्चित ही वे लोग जलमार्ग से आवाजाही करते होंगे। पर इसके कोई प्रमाण भी हैं या ये सब निरी कल्पनाएँ ही हैं? पर ज़रा ठहरिए जनाब, कोई मत स्थिर करने के पूर्व मेरा आगे का बयान भी सुन लें।

बयान दर्ज हो कि सिन्धु-सरस्वती घाटी के नगरों में नौकाओं का चित्रांकन हुआ है। इन नौकाओं की बनावट नदी मार्गीय नावों जैसी है, ना कि समुद्री जलपोतों जैसी। इससे लगता है कि यहाँ व्यापार तथा आवाजाही हेतु जलपथ का उपयोग किया जाता था। सम्भव है कि सिन्धु घाटी के लोगों ने अपने टेराकोटा पर लिखे लेखों में इसका खुलासा भी किया हो, पर अब तक तो उनका लिखा अबूझ ही है।

तो जानी-चिनी भाषा में लिखा कहाँ तलाशें? इस मोड़ पर एक नाम ज़ेहन में तपाक से उभरता है—सिकन्दर। ज्ञात इतिहास में कच्छ के क़रीब आने वाला पहला अव्यावसायिक मानुस। ईसा से कोई सवा तीन सौ बरस पहले सम्पन्न अपनी सिन्धु नदी यात्रा के ज़रिये सिकन्दर पंजाब से अरब सागर पहुँचा था। यद्यपि उस काल तक पुराकालीन सभ्यताएँ अपनी जाजम समेट चुकी थीं, तथापि जो यात्रा वृत्तान्त वह अपने पीछे छोड़ गया है, उसके कुछ अंशों को पढ़कर सिन्धु घाटी के तत्कालीन हाल जाने जा सकते हैं।[140]

> *ई.पू. 336 में राजगद्दी पर आसीन होने के उपरान्त बेबिलोना से विश्वविजय को निकले सिकन्दर ने भारत भूमि पर जब सिन्धु की सहायक नदी (बीज़, Beas) के क़रीब अपना अन्तिम युद्ध जीता तब तक उसे घर छोड़े दस बरस बीत चुके थे। थकी-हारी सेना को युयुत्सा विहीन पा सिकन्दर बेबिलोना लौटने का सबसे तेज़ मार्ग विचारने लगा। सिन्धु नदी के सहारे समन्दर में पहुँच पर्शिया जाने का उसका निर्णय सुन सेना में विद्रोही स्वर उठने लगे। मजबूरन सिकन्दर को सबको स्वविवेक से निर्णय करने की छूट देनी पड़ी। जिसके चलते साथियों में से कई तो उसी राह से लौट गए जिस राह वे इधर आए थे। बचे लोगों को दो धड़ों में बाँटा गया। एक का नेतृत्व सिकन्दर ने आप सँभाला, दूसरे की कमान अपने विश्वसनीय मित्र और चिर युयुत्सु नियाख़र्स के सुपुर्द करी। असल मसला तो अब खड़ा हुआ। इतनी विशाल सेना, इतना माल-ओ-असबाब जलमार्ग से किस तरह ले जाया जाए? जलपोत चाहिए। एक नहीं, अनेक। छोटी डोंगियाँ नहीं बल्कि सागर की मार झेलने में सक्षम विशाल जलपोत। कौन बनाए? सिकन्दर के पास इस विधा में निष्णात कारीगर नहीं थे। इसके अलावा उसे जल-मार्ग से वाक़िफ़ कर्णधार भी चाहिए थे और इन समुद्र-यानों को बरतने में सक्षम नाख़ुदा भी। उसकी तलाश ने करार पाया सिन्धु घाटी के मूल निवासियों के क़रीब जाकर। जलपोत बनाने में उस्ताद उन लोगों ने आठ सौ जहाज़ों का निर्माण किया, जिनमें से कुछ तो तीन सौ टन के थे। नियाख़र्स ने बतौर पथप्रदर्शक स्थानीय लोगों को स्वीकार किया, पर सिकन्दर ने अपनी राह आप तलाशने की ठानी। अन्ततः नियाख़र्स अपनी टुकड़ी ले ई.पू. 326 (325) के नवम्बर माह में सिन्धु नदी में उतर ही गया। इसके उपरान्त वह कैसे-कैसे बढ़ा इसका आद्योपान्त विवरण तो ज्ञात नहीं। पर सिकन्दर के अभियान संगियों द्वारा जो दर्ज किया गया उससे यह मालूम होता है कि पंजाब से सागर तक सिन्धु नदी के आसपास कई नगर थे, जंगल थे। नगर वासी सिकन्दर के संग व्यापारिक सम्बन्ध बनाने को आतुर थे, पर जंगल के बाशिन्दों को*

*सिकन्दर की उपस्थिति नाक़ाबिले बरदाश्त। वे जब-तब सिकन्दर पर हमले कर लूटने का प्रयास करते। इनसे लड़ते-भिड़ते आगे बढ़ती ग्रीक सेना ने पाया कि दक्षिण में जा सिन्धु नदी दो प्रमुख फाड़ में बँटी थी जिनके मध्य का भू-भाग एक विशाल द्वीप जैसा था। नदी की पूर्व दिशा वाली फाड़ सीधे सागर में न जा एक विशाल झील में जा मिलती है। इसी मार्ग से सिकन्दर ने अपनी टुकड़ी को आगे बढ़ाने का प्रयास किया। समुद्र में जाने के पहले उसने झील/नदी के पास डेरा स्थापित किया, पानी के लिए कुएँ खोदवाए (झील का पानी खारा होगा शायद)। पर सागर तक नहीं पहुँच पाया। सूरतेहाल ऐसे बिगड़े कि सिकन्दर को पीछे पलट पश्चिमी धार पर जाना पड़ा। इसी बीच पश्चिमी धारा के इलाक़े में (पटाला, कराची के पास से, नदी के मुहाने के बीच) नियार्ख़स का सामना भी दो प्रकार के स्थानीय लोगों से हुआ। पहले तो अग्नि पूजक थे, इनकी अधिक जानकारी दर्ज नहीं। पर दूसरे की संख्या मात्र छह सौ थी। इन लोगों को नियार्ख़स ने 'सिर पर लम्बे बाल, हिंस्त्र पशुओं से लम्बे नाख़ूनों वाला' बताया है। अधिकतर मारे गए, पर जो बच गए विजेता उन्हें युद्ध बन्दी बनाकर जुलाई 325 ई.पू. में अपने संग ले गए।*[141]

ज्ञातव्य है कि उपर्युक्त बयान सिकन्दर के मित्र नियार्ख़स के अतिरिक्त उसकी विश्वजयी यात्रा को दर्ज करने की ग़रज़ से सेना के संग चल रहे ग्रीक इतिहासकारों (भारत में जो चारण बुलाए जाते थे) के हस्ते भी हम तक आए हैं। कहते हैं कि इनके लिखे में विरोधाभास है, सिकन्दर का महिमामंडन है। अगौर टुकड़ा समय का हो या धरा का—मिथ्याप्रचार, अत्याचार व अफ़लातूनी कथाओं का शिकार होता ही होता है। दरबारी इतिहासकार कैसा प्रदूषण पीछे छोड़ता है इसके कई उदाहरण दिए जा सकते हैं। दो कथाएँ सुश्री रोमिला थापर के हवाले से उद्धृत हैं—[142]

- ई.पू. पाँचवीं शताब्दी में पर्शिया के राज दरबार में एक चिकित्सक था—टेसियस। उसने भारत में मातृखोरा नामक एक जन्तु का पाया जाना दर्ज किया है। उसके कथानुसार मातृखोरा बाघ जैसा चपल व शक्तिवान जीव था, जिसकी मुखाकृति मानव सदृश्य थी। उसके ऊपरी तथा निचले जबड़े में तीक्ष्ण दाँतों की दो-दो पंक्तियाँ थीं। मातृखोरा की पूँछ का सिरा बिच्छू के डंकनुमा था...जो टूटने पर फिर उग जाता था...।
- एक ग्रीक इतिहासकार हुआ है मेगेथेनिस (400 ई. के उत्तरार्ध में)। ग्रीक शासक निकेटर का चन्द्रगुप्त मौर्य के दरबार में राजदूत। इसी मेगेथेनिस ने अपनी बहुचर्चित पुस्तक 'इंडिका' में कुछ ऐसा दर्ज किया—'मौर्य राज्य के वनों में नासिका विहीन लोगों का निवास है...कुछ ऐसे भी हैं जिनकी

सिर्फ़ पेशानी के मध्य अवस्थित एक ही आँख होती है...गंगा किनारे उलटे पैर वाले लोग मिलते हैं—एड़ी आगे, अँगूठा पीछे...इनमें से कुछ को तो मुख भी नहीं है वे गन्धपान पर ही जीवित रहते हैं...वनों में द्रुत गति से भागने में सक्षम एक मानव प्रजाति ऐसी भी है जिनके कान उनके पैरों को छूते हैं, वे सोते वक़्त अपने कान ओढ़ लेते हैं... !' मज़े की बात तो यह है कि सम्भवतः इन्हीं कथाओं के असर में सत्यजीत रे जैसे स्वनामधन्य सृजक ने 'प्रो. हिजबिजबिज' नामक एक गल्प कथा सिरजी। कथा का नायक ऐसे ही विचित्र जीव की रचना करता है, और उसका साथी सागर तट पर उस जीव के पदचिह्न देखने का दम भरता है।[143]

बहरहाल, क़ाबिलेग़ौर है कि सिकन्दर के भारत से पलायन के समय तक हड़प्पा संस्कृति अपनी प्राचीन धज त्याग नया अवतार ले चुकी थी। इसी काल में कच्छ की रियासतों पर काबिज़ होने के लिए भारत तथा सिन्ध देश के कई राजा भी इस तरफ़ आए। किन्तु योद्धा यायावर थोड़े होते हैं, कि पुरावेत्ता के मानिन्द उठाई कुल्हाड़ी और जुट गए ज़मीन के भीतर छुपे सत्य को उद्‌घाटित करने में—एक युयुत्सु की आत्मकेन्द्रित दृष्टि के बरअक्स किसी सचेत यायावर की नज़र अपने ही नहीं गुज़रे युग को भी निहारती है। पर हाय रे कच्छ के भाग्य! उसने योद्धा तो अनेक पाए पर यायावर गाहे-ब-गाहे। इसीलिए तो कच्छ के भूविन्यास का हाल तथा इतिहास गाथा दोनों ही सिलसिलेवार उपलब्ध नहीं हैं।

इसी तारतम्य में इब्न-बतूता के कहे क़िस्से का ज़िक्र समीचीन जान पड़ता है।

*यायावर शिरोमणि इब्न-बतूता (1304 से 1369 ई.) से तो सब परिचित हैं ही। किसी सर्वसाधारण व्यक्ति का कालखंडों को अतिक्रमित कर जनमानस का हिस्सा बन जाने का इससे बेहतर उदाहरण ढूँढ़े न मिलेगा। ऐसी गाथाओं से ही तो किंवदन्तियों में इतिहास बावस्ता होने की मेरी सोच को बल मिला है। बन्दा महज इक्कीस बरस की कच्ची उम्र में हज यात्रा के आशय से अपने घर (टेन्जियर, अफ्रीका) से पैदल निकला। और तीस बरस बाद जब लौटा तो आधी दुनिया नाप चुका था। ग़ौर फ़रमाएँ कि मध्यवर्ती छह सौ वर्षों को टाप कर बतूता ने अपना जूता फँसाया सीधे सर्वेश्वर दयाल और गुलजार की कविताओं में।[144] इसे कहते हैं खरा यायावर—जो धरती से तो उठ जाए पर लोकस्मृति में मुसलसल यात्रा जारी रखे!*

*ख़ैर बतूता की गवाही हम उसके यात्रावृत्तान्त के मार्फ़त लेंगे।[145] हालाँकि इस वृत्तान्त में त्रुटियाँ हैं। शायद इसलिए कि रिसाले को दौराने सफ़र नहीं लिखा गया। इब्न-बतूता को घूमने का फितूर था, लिखने का*

*नहीं। फैज के सुल्तान के कहने पर, यात्राओं की इतिश्री होने के उपरान्त, बतूता का यह यात्रा वृत्तान्त लिखा गया। बतूता के बयान को सुल्तान का दरबारी इब्न जूज़ै दर्ज करता गया। पच्चीस बरस पुराने वक़ियात आगे-पीछे हुए। कुछ अमानत में ख़यानत इब्न जूज़ै ने भी की। फिर भी बतूता का रिसाला उस काल का एक महत्त्वपूर्ण, लगभग प्रामाणिक दस्तावेज़ माना जाता है।*

*अपने सफ़र के दौरान बतूता अफ़गानिस्तान के गजना राज्य से होकर 1333 ई. में एक ऐसे निर्जन रेगिस्तान के क़रीब जा पहुँचा जिसे सिन्ध तथा हिन्दुस्तान से बारिशों के मौसम गुज़र जाने के बाद ही पार किया जा सकता था। वह भी पन्द्रह दिनों में। अन्य वक़्तों में इस वृहद रेगिस्तान में भयंकर हवाएँ चलती थीं। पुख़्ता बन्दोबस्त से निकले काफ़िले भी इस रेगिस्तान से हार जाते। उस्तादों के अनुसार बतूता वर्णित यह भू-प्रदेश सिन्धु नदी के दक्षिणी छोर का इरिणा ही है। चूँकि बतूता की मंशा दिल्ली जाने की थी सो वह किसी अस्पष्ट तरीक़े से मुलथान पहुँचा। वहाँ से दिल्ली आने की अनुमति हेतु दरख़्वास्त सुल्तान तक पहुँचाई। सामने से अनुमति पत्रक हाथ में आने में लम्बा वक़्त लगने वाला था। घुमन्तू के लिए एक जगह निठल्ला बैठना असम्भव। सो वह सिन्धु नदी के सहारे से दक्षिण को चल पड़ा। राह में उसका सामना रेगिस्तान से हुआ। उसने ऐसी ऊसर भूमि देखी जहाँ कद्दू के अतिरिक्त कुछ नहीं उगता था। छिपकली वहाँ के लोगों के लिए भोज्य थी।[146] यहाँ से लेकर सिन्धु के मुहाने तक रन होने का ज़िक्र है बतूता के यात्रावृत्त में। ज्ञातव्य है कि प्रचंड गर्मी से घबराए बतूता ने एक बार फिर इरिणा को पार करने की बनिस्बत सिन्धु के किनारे-किनारे पुनः मुलथान जाना ही श्रेयस्कर समझा।*

लुब्बोलुबाब यह कि बतूता का रिसाला पढ़ यह तो स्पष्ट होता है कि 1333 ई. में इरिणा पूरे जोश-ओ-ख़रोश से यहाँ मौजूद था, पर उसके वृत्तान्त से भी रन के भीतरी भूगोल या बसावट का ज्ञान नहीं होता। इस मायने में इब्न-बतूता की किताब मायूस करती है। पर सौभाग्यवश यायावरों से भी अधिक सचेत होता है सामान्यजन। वह अपने समय की घटनाओं को रूपकों-कथाओं में ढालता है, उन्हें आख्यानों के ज़रिये आगामी काल में प्रक्षेपित करता जाता है। अतः कच्छ, ख़ासकर इसके रन की बात करते हुए बारम्बार पुराग्रन्थों तथा दन्तकथाओं की ओर लौटना ही पड़ता है, जिनमें नदियों के सूखने, सागर के सरकने अथवा इरिणा के आविर्भूत होने के कारकों का उल्लेख है। बतौर बानगी यहाँ दिए चन्द क़िस्सों पर ध्यान दे सकें तो बेहतर—

- अपने आसपास फैली अनिरन्तरता से उत्तेजित इक्ष्वाकु पुत्र राजा बृहद्रथ ने ऋषि से पूछा था, 'ऋषि श्रेष्ठ मुझे कारण बताएँ कि क्यों श्रेष्ठ योद्धाओं का नाश होता है? क्यों विशाल सागर सूखते हैं? क्यों पहाड़ गिर जाते हैं? क्यों धरती स्थान बदलती है? जिससे सारे ग्रह जुड़े होते हैं, ऐसे ध्रुव तारे को भी क्यों स्थान च्युत होना पड़ता है... ?'[147] ये तमाम सवालात उस काल के एक ऐसे विचारशील व्यक्ति के द्वारा खड़े किए गए हैं जिसने क़ुदरत के बदलावों के राज जानने हेतु ऋषि के आने का इन्तज़ार एक हज़ार दिनों तक घनघोर तप करते हुए किया। उपनिषदकालीन ऋषि किसी दक्ष वैज्ञानिक की तरह अपनी बात पूर्ववर्ती ज्ञान के साक्ष्य से कहता है। वह पुराने प्रश्नों को बार-बार हल करने का प्रयास भी करता है साथ ही पूर्वोक्त को परिष्कृत भी करता जाता है।[148] यहाँ ऋषि अपने जवाबों को आध्यात्मिक धरातल पर ले जाता है। ब्रह्मा को सदेही नहीं ऊर्जा का रूपकार बताता है।[149] कमल-फूल की कहानी को निरस्त कर उसे भी सृष्टि, आत्मा, जीवन, प्राण का समुच्चयन कर गढ़ा रूपक बताता है। उसके पास राजा बृहद्रथ के प्रश्नों का जागतिक उत्तर नहीं है। ऐसे चिन्तनशील महानुभाव इस तथ्य से अनभिज्ञ नहीं होंगे कि ज्ञान के विकास के लिए अनुत्तरित प्रश्नों का अनवरत पीछा किया जाना ज़रूरी वैज्ञानिक प्रक्रिया है। अनसुलझे प्रश्नों को आने वाले वेत्ताओं के लिए जीवन्त बनाए रखना भी विचारवान लोगों का ही कर्तव्य है। इन्हीं पुराग्रन्थों से निकले सवाल दन्तकथाओं का रूप धर कालक्षेप करते पुश्त-दर-पुश्त आगे चलते हैं।
- महाभारत के अनुशासन पर्व[150] में सरस्वती नदी के सूखने का कारण प्रतिपादित हुआ है। कथा है कि अत्रि मुनि के पुत्र सोम की एक अत्यन्त रूपवती कन्या थी—भद्रा। भद्रा पर जल के स्वामी वरुण की आसक्ति थी। किन्तु मुनि सोम ने भद्रा के लिए अंग कुल के मुनि उतथ्य को उचित वर माना और उसे अपनी कन्या दान में दी। कथा आगे बढ़ते हुए कहती है कि यमुना तट पर अपने आश्रम में उतथ्य अपनी नववधू के क़रीब आते उसके पूर्व ही वरुण भद्रा का अपहरण कर अपने देश वरुणपुरी में ले आया। वरुणपुरी छह हज़ार जलकूपों वाला अद्‌भुत देश था, जहाँ सरस्वती बहती थी। इधर वरुण देव उतथ्य भार्या को भोगने लगा, उधर नारद ऋषि ने उतथ्य को सारा हाल कह डाला। मुनि उतथ्य ने नारद के मार्फ़त वरुण से अपनी भार्या लौटाने का इसरार किया। किन्तु दूत बनकर आए नारद को वरुण ने गुद्दी से पकड़ परे ठेल दिया। नारद से सारा हाल सुन, क्रोध से तमतमाए उतथ्य ने नारद से छह हज़ार जलकूपों वाली वरुणपुरी का

पता जाना और उसका जल पीना आरम्भ किया। कूप एक-एक कर सूखने लगे, पर वरुण ने भद्रा को नहीं छोड़ा। तब उतथ्य ने उस देश से सरस्वती नदी को चले जाने को कहा...जिससे वह देश पुण्यहीन हो गया। सारा प्रदेश ऊसर भूमि में बदल गया।

- कृष्ण-यजुर्वेद की एक कथा है, 'त्वशत्र के पुत्र विश्वरूप के तीन मस्तक थे, जिनका इन्द्र के हाथों विच्छेदन हो गया। पाप मुक्त होने की जुगत में भटकते इन्द्र ने धरती को एक वरदान दे उसे अपने पाप का एक तिहाई हिस्सा वरण करने पर राजी कर लिया। वे विच्छेदित मस्तक धरती पर जहाँ गिरे वह स्थान 'इरिणा' बन गया। लोग उस भूमि को छोड़कर चले गए... ।' इस कथा में सम्भवत: किसी भीषण प्राकृतिक आपदा का ज़िक्र है। मान्यता है कि इन्द्र जब रुष्ट होते हैं तो वृष्टि कम होती है, जलवायु रेगिस्तानी हो जाती है।[151]

# कनफटिया दोरबनाथ

धर्मग्रन्थ की गाथाएँ सुन-सुन कान हाँफ रहे हैं न आपके? सच कहूँ तो कुछ काल तक मैं भी त्रस्त रहा। सोचने लगा कि सरस्वती नदी के चक्कर में यह कैसी जगह आ गया, जहाँ देखने का मसाला कम, सुनने-समझने की सामग्री अधिक है। पर कहा था ना कि रन का नशा हौले-हौले तारी होता है—भाँग की तरह। हालात ऐसे हैं कि मुझे रन की माटी में समुद्री नमक होने की बात ही गप्प लगने लगी है। मेरे जाने तो यह नौन उन कथा-पात्रों के स्वेद कणों से बना है जिनकी बस्तियाँ इरिणा के ज़र्रे-ज़र्रे तक फैली हुई हैं। हज़ारों बरस से रन में तपते असंख्य कथा-पात्र।

आक्षेप लगाया जाता है रन पर ऊसर होने का। मैं इससे सहमत नहीं। जिसकी कोख रोज़ नई कथा जने वह भूमि बाँझ कैसे कही जाए? इस पर भी जो आप रन को अनुर्वरक कहें...तो भला मैं रोकने वाला कौन!

आपको लग रहा होगा कैसी बहकी-बहकी बातें कर रहा है यह मरदूद। आपका अन्देशा अचूक है। हाँ जी हाँ, मैं मदहोश हूँ। मुझ पर नज़ारों से मय बनाने का इल्म ज़ाहिर। अपन को मैनोशी के लिए न कठौती की ज़रूरत न पैमानों की। दीदों से पीने वाले भी क्या खाक़ पीया करे हैं, असल मैपरस्त वो जिसका हर हू पिए। वैसे भी जहाँ के मंज़र ही मैफ़रोश हों वहाँ प्रोहिबिशन की तो पुंगी बनी कि बनी। तो साहेबान लोगों, मैं मदिरा विहीन गुजरात में मदमस्त। पर ऐसा भी टुन्न नहीं कि आपको बाबा दोरबनाथ की कथा सुनाने का अपना कौल ही बिसरा दूँ। वो कथा कहने को तो मैं कब से बेक़रार हूँ। किन्तु बापड़ा मन भौं-म्याऊँ के मध्य झूल रहा है। कथा के न मालूम कितने संस्करण। कौन सा असल, कौन सा नक़ल? किसे भौंक कर भगाना उचित? किसके पीछे म्याऊँ-म्याऊँ करते चल देना ठीक? 'फेक' और 'ओरिजनल' का टंटा वहाँ भी, यहाँ भी। भौं-म्याऊँ के मध्य डोलना वहाँ भी यहाँ भी।

फिर सोचता हूँ, सबसे पहले वह साझा करूँ जो दोरबनाथ से नालबद्ध एक स्थान पर बैठ उसी के भगत ने सुनाया था। हाँ जी हाँ, मेरा इशारा 'थान' की तरफ़ है। कच्छी में 'थान' के माने मन्दिर।

'कोढ़ग्रस्त' धिनोधर डूँगर जहाँ दोरबनाथ ने बारह बरस तप किया। हाल के दिनों में तपस्थली पर एक मन्दिर बन गया है

निरोणा–नखत्राणा मार्ग पर आगे बढ़ते हुए जब आपको दक्षिण से पश्चिम तक फैले छोटे–मझोले पहाड़ दिखने लगें और जब सड़क इनमें से किसी को छूते हुए निकलने को बेताब हो जाए तो जान लीजिए कि आप 'थान' के क़रीब हैं। अब ध्यान अपने दाहिने से भीतर को जाती किसी सँकरी सड़क की आमद पर केन्द्रित कर लें। वैसे एक बदरंग–सा बोर्ड लगा है वहाँ, किन्तु दनदनाती दुनिया में ऐसी सादा मिज़ाज चीज़ें होकर भी जैसे कि हों ही नहीं। वो सँकरी सड़क रेत के मैदान में उगी कँटीली झाड़ियों के बीच जगह बनाते आगे निकल जाएगी। पर अपने को पूरी सड़क नहीं नापना, कुछ दूर बाद जो पहला बायाँ मोड़ आएगा उस में घूम लेंगे अपन। यह डगर थान जाएगी—रन के किनारे, धिनोधर डूंगर (कच्छी अपने पहाड़–पहाड़ियों को डूंगर बुलाते हैं) के तल में। लेकिन जो आप की दीठ पारम्परिक छब का, घंटी–गुम्बद वाला देवालय तलाशेगी, तो मायूसी हाथ आएगी। क्योंकि आपको पहले दिखेगा एक सरगश्ता मैदान। उसमें होंगी सिन्दूर–लिपी कुछ मूरतें। इन्हें बेझिझक नज़रअन्दाज़ किया जा सकता है, इनका बाबा दोरबनाथ से कोई वास्ता नहीं। मैदान के दूसरे छोर पर चूने व ईंटों से बना एक परकोटा दिखेगा। परकोटे में बरामद होगा

धिनोधर–शीर्ष पर बनी दोरबनाथ की तपस्थली पर शीर्षासन लगा तप करता वहाँ का सेवादार नाथी

एक़ दरवाज़ा। बेहद मामूली-सी सजावट वाले उस दरवज्जे पर जीभ निकाले दो बाघ बैठे हैं, जो हर आने-जाने वाले पर सतत् नज़र रखे हैं। बरसों से एक सी मुद्रा में बैठे-बैठे दोनों पथरा गए हैं, फिर भी उनकी आँखों की कौंध बरकरार है। निगहबानी लगातार जारी है। हक़ीक़तन यह परकोटा, भीतरी इलाक़े की हिफ़ाजत की ग़रज़ से, बाद के वक़्तों में कभी बनाया गया। दरवाज़े से गुज़रकर आगन्तुक एक दीगर मैदान में पहुँचता है, जिसमें कुछ बड़े दरख़्त हैं। रन में दरख़्तों का साया बेशक़ीमती चीज़ है, सो उन सायों की ओट में सुस्ताते कुछ ढोर, कुछ कुकुर, दो-चार आदमी दिखेंगे। अभी तो रन में सायों पर सबका हक़ है। बराबरी का हक़। आगे चलकर जब क़ुदरत की नेमतों पर एकाधिकार के चौतरफ़ा प्रयास होने लगेंगे तब आज शान्ति से बैठे ये कुकुर काटने लगेंगे, ढोर भिन्नाएँगे और घाम से त्रस्त लोग नक्सलवादी हो जाएँगे। पर उसमें अभी समय है। अभी क़ुदरत के तक़सीमनामे से छेड़छाड़ होना बाक़ी है।

ख़ैर जी, उनके प्रारब्ध को बदलना आपके या मेरे हाथ में तो है नहीं। हम ठहरे शहरी। हमारे अख़्तियार में है अपने तक सीमित रहकर चुपचाप सामने के बा-दरख़्त मैदान को देखना जिसके उस पार एक गढ़ी है, क़िलेनुमा। क़िले की प्राचीर में ठीक वैसे सुराख़ हैं, जैसे रजवाड़ों के गढ़ों में होते हैं। आग्नेय अस्त्र आदि दाग़ने के लिए। यह थान है—नाथ सम्प्रदाय वालों की बहुसमादृत पीठ। इसे बोलचाल में 'थान जागीर' कहा जाता है। कहते हैं कि इस गढ़ी के पार्श्व में स्थित डूंगर के शीर्ष पर बाबा ने, एक सुपारी पर सर धर, शीर्षासन मुद्रा में बारह बरस तक घोर तप किया था।

थान में भीतर घुसते ही, हमारी भेंट एक तीस वर्षीय पुरुष से हुई। समीप के गदिया गाँव का निवासी, बारह किताब पढ़ा, यह युवक अट्ठारह सालों से यहाँ के मठाधीश की सेवा में है। आग्रह करने पर, उसने हमसे बाबा दोरबनाथ की कथा आद्योपान्त कही। आपकी भेंट इन महानुभाव से हो, न हो—लिहाज़ा उससे सुना सब, (हिन्दी में) जस का तस, आपके सम्मुख पेश किए देता हूँ।

'दोरबनाथ की जो कथा आपने अपने गुरु से सुनी है, हमें भी बताएँ।' महफ़िल जमाने के लालच से मैंने शमा चेता कर उसके सामने सरकाई।

'नाथ सम्प्रदाय में चौरासी सिद्ध हुए हैं, बाबा उनमें से एक हैं। यह उस काल की बात है जब इस क्षेत्र में घने जंगल थे और जिससे सट कर एक दरिया बहा करता था। तब बाबा वीराना तलाशते हुए अपने चेले ग़रीबदास के साथ इधर आए और तप करने के आशय से डूंगर पर चढ़ने लगे। बाबा का ताप सह पाऊँगा कि नहीं, ऐसा सोच डूंगर थर-थर डोलने लगा। बाबा दो पल को रुके, डूंगर नहीं रुका। तब बाबा ने उसे डँपटा। उलाहना देते हुए पहाड़ी से कहा—'धर कोढ़िया धर, तपस्या मैं करूँगा, नाम तेरा होगा।' इसी से इस डूंगर का नाम धिनोधर पड़ा और चूँकि बाबा ने उसे कोढ़िया कहा था, इसलिए डूंगर के शरीर पर सफ़ेद दाग़ पड़ गए, जो आज तक वहाँ दिखते हैं।[152] उन्हीं दिनों यहाँ एक बुढ़िया आने लगी। सर के बल खड़े बाबा को देख वह नित्य ही घर से दूध ला बाबा की दोना-पानी की सेवा करने वाले चेले ग़रीबदास को देने लगी। समय के साथ जब तप पूर्ण हुआ तब यहाँ सारे सिद्ध और अनेक देवी-देवता उपस्थित थे। दोरबनाथ ने उनसे पूछा, 'मेरी नज़र में तप का ताप है, जिधर आँख खोल पहली बार देखूँगा उस दिशा में सब कुछ भस्म हो जाएगा।'

'देवताओं ने विचार किया। सिद्धों ने मंत्रणा की। समस्या विकट थी। धिनोधर के सुदूर दक्खिन में तो मानव बस्तियाँ थीं, जीव-जनावर थे। पश्चिम और पूरब में दरिया था। सबकी सलाह से बाबा ने दरिया की तरफ़ देखते हुए अपनी आँख खोली। दरिया भाप बन उड़ गया, जंगल धू-धू कर जल गए। सब रन में बदल गया।'[153]

आज हमारे संग तेजा भाई है। रन में हमारा मेजबान। कल जिसके आँगन में दोरबनाथ की कथा पहली मर्तबा सुनी थी। उस कथा में कुछ हाँडियों का ज़िक्र था। सेवादार की कथा से वे हाँडियाँ नदारद थीं। मेरे उकसाने पर तेजा ने सेवादार से सवाल किया, 'ये देगें किधर हैं?' बता दूँ कि बड़ी हाँडी को कच्छ में देग कहते हैं।

धिनोधर पर हाल के दिनों में बने मन्दिर में दोरबनाथ को शिव का बाना दिया गया है। मूरत के आसपास नज़र आने वाली छवियाँ उन महानुभावों की हैं जिनकी दी जागीर पर नाथों का मठ बना

सेवादार ने बात आगे बढ़ाई, 'हुआ यह कि तप पूरन होने पर सिद्ध बाबा दोरबनाथ ने सब सिद्धों, देवी-देवताओं और दूरदराज़ के गाँव वालों के लिए भंडारा करने का मन बनाया। पास में तो कुछ था नहीं। इधर ग़रीबदास वग़ैरह सोच-विचार करने लगे। उधर बाबा का ध्यान आसमान पर गया। ऊपर कुछ पीर जाते दिखे। उनके पास छह देगें थीं, जिन्हें वे मक्का-मदीना से लेकर अजमेर जा रहे थे। बाबा ने पीरों से बात की। पीरों ने एक पीर की पीड़ा समझी। चार देग बाबा को आसमान से उतारने को कहा। मक्का तथा चावल की खिचड़ी पकी, बड़ा भंडारा हुआ। देगों का चमत्कार ऐसा कि जितना चाहो निकालो, प्रसाद कभी खूटे ही नहीं।'

'क्या देगों में अब भी खिचड़ी बनती है?' अपर्णा ने सवाल किया।

'नहीं अब वह सब कहाँ। पहले जब पीराई चलती थी तब बहुत लोग यहाँ आते थे। मठ में ही खाते, सोते मुफ़्त। मठ ही सारा इन्तज़ाम करता। एक समय ऐसा भी हुआ जब यहाँ तीन सौ नाथ जी रहा करते थे। सब का खाना, ताँबे की चार देगों में बनता था। खिचड़ी प्रसाद। पर अब तो सब बदल गया है, माई।'[154]

मन में एक जिज्ञासा मन्दिर परिसर को लेकर थी। परिसर जो प्रथमदृष्टया किसी राजा के क़िले का आभास देता था। तो क्या दोरबनाथ ने किसी का क़िला

हथिया लिया? सेवादार ने इस अवधारणा को दृढ़ता से नकारा, 'यह तो सदा से दोरबनाथ जी का स्थान है। उनके भगतों में सब थे—हिन्दू, मुसलमान सब। भुज के राव तो उनके ख़ास भगत थे। सबने मिल कर बाद में बाबा के स्थान के आसपास यह सब बनाया।'[155]

'बाबा ने उस बुढ़िया को तो मालामाल कर दिया होगा?' हममें से एक ने पूछा।

'कौन बुढ़िया, वो दूध लाने वाली? हाँ...हाँ...बाबा की तो उसे मुँहमाँगा देने की इच्छा थी। पर बुढ़िया ने यह कहते हुए मना कर दिया कि उसके पास ख़ूब जानवर हैं, भरपेट भोजन है। बस माटी की खोट है, उसे ही दूर कर दो। बाबा ने कहा वो तो इस जनम भोगना होगी। अगले जनम तेरे घर आऊँ तब कुछ करूँगा। जब बाबा का काम पूरा थाया, तब वे एक खम्भे में विलीन हो गए।'

'यह सब कब की बात है भाई?'

'यहाँ की वाणी है कि यह बहुत जूनी बात है, तेरह सौ बरस से भी ज़्यादा पुरानी।'

'वो खम्भा है अभी?'

'है ना। पीछे। जाओ दर्शन कर लो।'

# थान जागीर के भीतर

द्वार से भीतर जाते हुए गलियारे के दोनों तरफ़ दुमंज़िला मकान हैं। घुसते के साथ, बाएँ हाथ पर एक विशाल कमरा है। जिसमें न वातायनी, न कोई दरीचा। यहाँ पीठाधीश अपने भक्तों से मिलते हैं। उस वक़्त वे मठ में नहीं थे सो हम उनके दर्शन से वंचित रहे।

यहाँ से थोड़ा आगे बढ़ने पर एक छज्जेदार बालकनी है। यह राव साहब (भुज के राजा) के बैठने का स्थान है। बालकनी की छत पर प्राकृतिक रंगों से बने सुंदर रंगचित्र हैं, मान्यता है कि ये सैकड़ों बरस से जस का तस है।[156] कहते हैं कि भुज राजवंश के पूर्वज सिन्ध में गड़रिए थे। उन्हें भुज लाने और यहाँ स्थापित करवाने में नाथ लोगों का हाथ था। इसीलिए राव के आगमन पर पीठाधीश नाथ से खड़ा होना अपेक्षित नहीं।

थान जागीर का भीतरी हिस्सा

जागीर में और भीतर ढुकने पर परिसर के किनारे अनेक छोटे-बड़े कमरे तथा मध्य में मुख्य मन्दिर नमूदार होते हैं। कमरों की बनावट हॉस्टलनुमा है, लगता है इनमें किसी समय कनिष्ठ नाथी रहते होंगे। परिसर के लगभग मध्य में मुख्य देवालय है, आँगन की सतह से तनिक ऊपर—सो कुछ पेढ़ियाँ चढ़ना लाज़िमी। गर्भगृह की प्रमुख प्रतिमा स्फटिक की। कोई तीन-सवा तीन फुट ऊँची। आँखों पर सुनहला बरक। कमर में लँगोट। बाएँ पैर पर जोर देकर खड़े होने से मध्य भाग दाहिनी ओर उठा। वाम हस्त रीता—उसी तरफ़ की जंघा पर टिका। सीधे हाथ में कुछ थामा हुआ। जो सरसरी नज़र से शिवलिंग

थान जागीर में दोरबनाथ की मूरत। यह बहुत पुरानी है—इसका ज़िक्र उन्नीसवीं सदी की किताबों में भी है

जैसा दिखे, पर गौर करने पर स्पष्ट हो कि वह वस्तु देव ने पोरों से थामी है—उँगलियों के मध्य से कमरबन्ध झाँकता नज़र आता है। कान फटे हुए। उनमें भारी-भरकम कुंडल। गले में कंठी। कंठी से बँधा लॉकेट सीने पर झूलता हुआ। यह कनफटिया योगी की धज है।

आचार्य हजारीप्रसाद द्विवेदी ने अपने ग्रन्थद्वय—कबीर एवं नाथ सम्प्रदाय में कनफटियों के बारे में सविस्तार लिखा है। जिसका सार यह रहा—

> *नाथ सम्प्रदायी आदिनाथ (यानी शिव) को प्रथम नाथ मानते हैं। शिव-वेश से अभिभूत मछन्दरनाथ (मत्स्येन्द्रनाथ) को वही वेश पाने की ललक हुई। अस्तु घोर तप किया। मुदित हो शिव प्रकट हुए, और स्वयं अपने हाथों से मछन्दरनाथ का शिव वेशी शृंगार किया। शिव से ही मछन्दरनाथ को कर्ण कुंडल प्राप्त हुए।[157] कुछ लोग मानते हैं कि नाथ योगियों में कर्ण कुंडल धारण करने की रवायत मछन्दरनाथ के शिष्य गोरखनाथ (गोरक्षनाथ) की चलाई है। माना जाता है कि मछन्दरनाथ तथा उनके शिष्य गोरखनाथ का जन्म विक्रम संवत् की दसवीं शताब्दी के आरम्भ में कभी हुआ था। कान में कुंडल धारण करने की प्रथा तो पूर्ववर्ती है। अतः मछन्दरनाथ को उसके गुरु आदिनाथ द्वारा कुंडल दिया*

*जाना अधिक तर्कसंगत जान पड़ता है। द्विवेदी जी ने नाथ सम्प्रदाय में प्रचलित कुछ चिह्नों का ज़िक्र किया है। मसलन—*[158]

- मेखला—कंठहार तथा मूँज की रस्सी का कटिबन्ध। यह काले भेड़ की ऊन से भी बनती है। लंगोट पहनने वाले सिद्ध मेखला का उपयोग करते हैं।
- सेली—रेशमी चादर।
- गूदरी—फटे कपड़े और थेगड़ों से बना अंग वस्त्र, जिसे गले से ओढ़ा जाता था।
- शृंगी (सिंगी नाद)—हिरण के सींग से बना एक सीटीनुमा वाद्ययंत्र, जिसे कंठहार या जनेव से बाँध धारण करते हैं। ऐसी जनेव को 'सिंगीनाद-जनेव' भी कहा जाता है। नाथ योगी भोजन तथा संध्या पूजन के पूर्व शृंगी बजाते हैं।[159] धिनोधर के मठाधीश भक्तों के नमस्कार अपनी सीटी बजाकर स्वीकार करते हैं, फिर चाहे नमन करने वाला राजा क्यों न हो।
- धन्धारी—इसे गोरखपंथी साधु धारण करते हैं। एक यंत्र है, जिसके मध्य में एक छेद होता है। इस छेद में कौड़ी या मालाकार धागे को इस तरह डाला जाता है कि उसे एक विशिष्ट तकनीक से ही निकाला जा सकता है। अन्यथा कौड़ी यंत्र में फँसती जाती है। जो निकालने की क्रिया (मंत्र) जानता है वह ही इसे निकाल पाता है। यह प्रक्रिया ही 'गोरखधन्धा' कहलाती है।
- खप्पर—मिट्टी के घड़े को फोड़ कर बनाई तश्तरी।
- कुंडल—कनफटी नाथों की असल पहचान कान में पहने कुंडल (मुद्रा) ही हैं। इसे ब्रह्म-ज्ञान प्राप्त योगी ही धारण करता है। चूँकि इसे धारण करने की प्रक्रिया में सबसे पहले कान को छुरी से फाड़ा जाता है, इसलिए इन योगियों को 'कनफटिया नाथ' कहते हैं।

उपर्युक्त मुख्य मन्दिर की स्फटिक मूर्ति के सीने पर टँगी वस्तु निश्चित ही सिंगी है, तथा सीधे हाथ में थामी चीज़ धन्धारी अथवा खप्पर में से कोई एक हो सकती है। कमरबन्ध है। बाम्बे गजेटियर में इसे दोरबनाथ की मूर्ति बताया है। सारे कच्छ में दोरबनाथ की तप वाली कथा दो-तीन सौ बरस से कही-सुनी जाती है, पर आश्चर्यजनक रूप से द्विवेदी जी के शोधपरख ग्रन्थों में इस नाम के किसी कनफटिए योगी का ज़िक्र नहीं है। आचार्य ने कच्छ के सिलसिले में दो नाथ योगियों को उद्धृत किया है। पहले मानफरा के कन्हड़नाथ (कंठरनाथ)। दूजे पेशावर से कच्छ आने वाले—गोरखनाथ के शिष्य धर्मनाथ। मौक़ा है कि कुछ बातें जो मेरा ध्यान खींच रही हैं, आपके संज्ञान में भी लाऊँ। एक तो यह कि नाथ सम्प्रदाय उस युग में भारत में गंगोत्री से दूर दक्षिण तक ही नहीं वरन् अफ़गानिस्तान, मास्को, पर्शिया, सिलोन

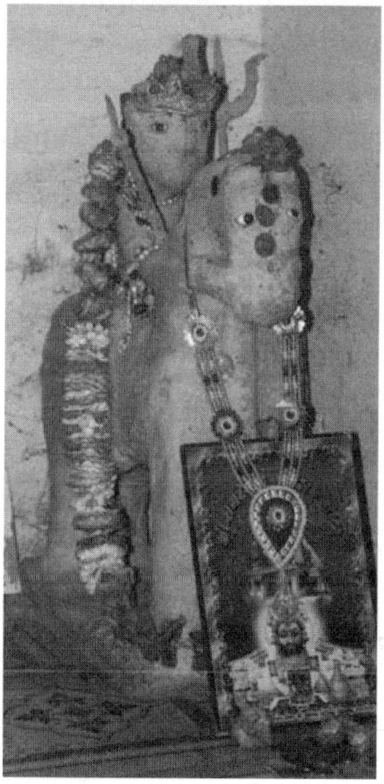

थान में दोरबनाथ के मन्दिर में रखी घुड़सवारों की मूर्तियाँ (पीतल) जो निहत्थी हैं

खम्भे वाले कक्ष में रखी मिट्टी-चूने की मूर्ति जिसके हाथ में हथियार ऊपर से रखा गया है। मूल घुड़सवार के हाथ में कोई शस्त्र नहीं है

तक फैला था। दूसरा ये कि बाम्बे गजेटियर ने धिनोधर मठ का स्थापक पीर 'धोरमनाथ' को बताया है तथा जॉर्ज ब्रिग्स के अनुसार धरमनाथ और दोरबनाथ एक ही हैं। यानी, गोरखनाथ का वह शिष्य है जो 1382 ई. में कच्छ आया था।[160, 161] सम्भवत: 'धोरमनाथ' ही काल के प्रवाह में 'दोरबनाथ' बन गए।

जो हो, इसी मन्दिर में एक और बात नज़र आई, जिसकी संगत कच्छ के इतिहास से बैठती है—वो है स्फटिक मूर्ति के अगल-बग़ल घुड़सवार देव प्रतिमाओं की उपस्थिति। गिनती में तीन, सभी धातु (पीतल) से बनीं।

(बल्कि कहना यूँ चाहिए कि घुड़सवार देव इस मठ के लगभग हर दूसरे कमरे में मौजूद हैं।) कुछ घुड़सवारों ने कुंडल पहने हैं, कुछ के कान अक्षुण्ण, शायद ये औघड़ हों।[162] याद कीजिए कि घुड़सवार हमें माधापर के मन्दिर में भी मिले थे। वहाँ हमें बताया गया था कि ये 'यक्ष' (जख) हैं—योद्धा, जिन्होंने पद्धरगढ़ के आततायी शासक जम पुन्व्रो से युद्ध किया था। हम यह भी विचार कर चुके हैं कि जख सम्भवत: सिन्ध प्रदेश से आए थे, यूँ कहें कि इस क्षेत्र के मूल निवासी। यह अजब संयोग है कि दोरबनाथ (धोरमनाथ, या धर्मनाथ) भी सिन्धु नदी पार से कच्छ आए थे। इसी दोरबनाथ से जुड़ी एक अन्य दन्तकथा बताती है कि इसी योगी ने माँडवी तथा पट्टन को श्राप के ताप से नेस्तनाबूद कर दिया था।[163] द्विवेदी जी के अनुसार कच्छ के नाथ ख़ासे योद्धा थे। कबीर के रहते ही उन्होंने योगियों की सेना संगठित कर कच्छ के शासकों से भयंकर लड़ाइयाँ लड़ीं।[164, 165] धिनोधर में शस्त्र क्षेपण हेतु छिद्र युक्त क़िलेनुमा मठ का होना इसका प्रमाण है। ध्यान करें कि पुन्व्रो की रानियाँ पुत्र प्राप्ति की आकांक्षा से जिन 'सात जख' पुजारियों के पास गई थीं उनकी प्रसिद्धि बाँझन को पूत, निर्धन को माया, निर्बल को काया देने वाले योगियों की थी। इन तीन आकांक्षाओं के चलते ही महाभारत काल से लेकर आज तक भारत भूमि पर धर्मगुरु पूजे जाते हैं। मनवांछित पूत, माया तथा काया देने की युक्ति तंत्र साधकों के पास होती है, यह मान्यता हमारे समाज में सर्व काल से रूढ़ है। आगे चलकर हम देखेंगे कि नाथों का एक धड़ा तंत्र साधक था।

ब्रिग्गस ने दर्ज किया है कि कच्छ में नाथ लोग जादू-टोने, चिकित्सा तथा तंत्र-मंत्र के माध्यम से जनता से जुड़े थे। आपसे यह बात करते ध्यान आ रहा है कि 'सात जखों' के बुलावे पर जखों जो सेना जम पुन्व्रो को सबक सिखाने आई थी उनका एक मन्दिर भुज से चालीस कि.मी. दूर यक्ष गाँव में है।[166] वे सभी जख योद्धा कुंडलधारी हैं। इन संकेतों के संग यदि परावर्ती भुज के शासकों (जडेजा) का नाथ जोगियों की महत्ता स्वीकार करना; राव के आवभगत हेतु धिनोधर मठाधीश का खड़ा न होने की परिपाटी को मिला कर देखें तो जख और नाथ योगियों के एकम-एक होने

के अनुमान को उत्तेजना मिलती दिखेगी।

चलिए एक बार पुनः हम मठ में लौटते हैं जहाँ एक तिरस्कृत से कोने में कुछ कब्रें हैं, पुराने पीरों की।[167] इसी क्षेत्र में एक कुआँ है, जो शायद अब भी उपयोग में है। नाथ परम्परा में नियम है कि योगी, भटके नहीं, किसी मठ में रहकर योग साधना मार्ग पर अग्रसर हों। मठ से यह अपेक्षित कि वहाँ हर साधक को एक छोटा कमरा मुहैया करवाएँ। मठ का वातावरण शान्त हो। वहाँ बग़िया तथा कुआँ हो। इस कसौटी पर थान-मठ सौ खरा उतरता है।

परिसर में जहाँ-तहाँ पत्थरों पर तराशी ख़ूबसूरत मूर्तियाँ भी हैं—मुदित मुख स्त्रियों की। कोई मृदंग पर थाप देते हुए, कोई कान सटाए तानपुरा बजाते हुए। आभूषणों से लदी-फदी। कान में भारी कुंडल तो हैं, पर नाक सूनी। कलाई तक कंगन। बाजू भी पाटलों से भरी। आकर्षक केश विन्यास से सुशोभित। कल की खिलखिल करती ये अप्सराएँ आज भले ही कितनी बेज़ार, बिखरी, बेसहारा क्यों न प्रतीत होती हों पर इनका यहाँ होना बेसबब कदापि नहीं। मुद्दती तो युग होता है, सूचनाएँ होती हैं बेमुद्दती। वे काल के प्रवाह में बह निकलती हैं—समय की गिरफ़्त से बाहर। देखिए तो सही कि समय से लड़ते-भिड़ते अन्ततः ये प्रतिमाएँ किस तरह बचा लाई हैं वे सारी कथाएँ और स्मृतियाँ जो पैठाई थीं संगतराश की छेनी ने एक पाषाण शिला में। कुछ तो है इनमें जो झंकृत हो जाती है समूची देह पहली नज़र पड़ते ही। ये सुख में डूबे नयन। मासूम, शरमाई, सकुचाई, निर्मल हँसी। नृत्य करते पैर और ढोलकी पर थमी उँगलियाँ, जिनमें एक थिरक अब भी बावस्ता है—पल दो पल मन से देखो तो नर्तन भी दिखे, नाद भी सुनाई दे। ये मूरतें

अक्षय पात्र—आकाश मार्ग से उतारी गई देगें। इनके बीच में ही यज्ञ मंडल है

यहाँ क्या कर रही हैं? मूलत: तो मठ है यह। साधना स्थली के संग नव साधक तैयार करने का मंच। इन पाषाण गणिकाओं के माध्यम से क्या शिक्षा-दीक्षा होती होगी?[168] या फिर ये यहाँ उन नाथियों की आमद की निशानियाँ हैं जिनको यौन सुख, मांस, मदिरा आमोद-प्रमोद कुछ निषेध नहीं। तात्पर्य यह कि ऐषणा दमन ही वर्जित।[169] और कुछ नहीं तो ये ख़बर दे रही हैं अपने काल के रस बोध का। ख़बर है मुझे कि इन खंडित प्रतिमाओं में निबद्ध सूचनाओं को समग्रता से बूझ पाना मेरे बस का नहीं। उस्तादों का काम है यह। मूढ़ सही पर यह तो जान ही गया हूँ कि इस मठ में दिखने वाली हर वस्तु एक गूढ़ दस्तावेज़। एक टोही डाँड़। जैसे यहाँ थान में धरी वो चार देगें जो बड़ी तो हैं पर विशालकाय नहीं। देगों के समीप एक हवन कुंड है, जिसकी भस्म में कई त्रिशूल, कुछ चिमटे गड़े हैं। कुछ ताज़ा लकड़ियाँ भी हैं।[170] यज्ञ स्थली देख ध्यान आया कि उधर मन्दिर में भी एक ज्योत जल रही थी। कहते हैं कि इस हवन कुंड में अग्नि का आह्वान स्वयम् दोरबनाथ ने किया था। तब से आज तक भस्म गर्म है। भीतर अच्छी-ख़ासी तपिश अब भी महसूस की जा सकती है। मान्यता यह भी है कि मन्दिर में चेत रहा दीपक भी बाबा के समय से अब तक जल रहा है—अखंड।

देगों के समीप एक तसली और एक नगाड़ा रखा है। ढोल-नगाड़े कनफटिया नाथ मठ में एकाधिक कारकों से अवश्यम्भावी हैं। कहते हैं कि ढोल शिव का आविष्कार है, जिसका सृजन पार्वती के मनोरंजन हेतु हुआ था। जगत् का सृजन जिस ब्रह्मनाद से आरम्भ हुआ, ढोल के बोल में वही झलकता है। कालक्षेप में यह

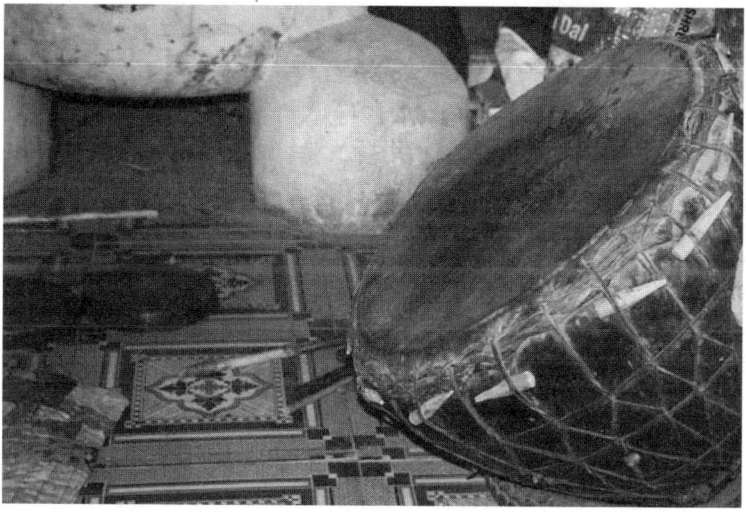


देगों के समीप रखा नगाड़ा और ताशे

वाद्य विलुप्त हो गया था जिसे बाद में गोरखनाथ ने नाथों के प्रथमपुरुष आदिशिव के आशीर्वाद से पुनर्जीवन दिया। तंत्र तथा योग ठहरा अमूर्त-पूजक नाथ लोगों का साधना पथ। और तांत्रिक क्रियाओं में ढोल/तसलों की ध्वनि की केन्द्रीय भूमिका तो सर्वविदित है ही।[171] जो शै मुझे नई-सी लग रही है, वह है हवन मंडल, देग तथा ढोल का एक संग होना। क्या उस युग में खिचड़ी पकाना भी तांत्रिक क्रिया का हिस्सा था! बताया जाता है नाथ न हिन्दू थे, ना मुसलमान। यानी कि नाथ लोग वेद-स्मृतिशासित हिन्दू नहीं थे। नाथ धर्म स्वतंत्र और ब्राह्मण उदय काल का पुरावर्ती धर्म है। इनके उपास्य देव का नाम 'धर्म' ही था—जिसकी कोई मूर्ति नहीं बनती थी।[172] यज्ञ तो घनघोर ब्राह्मणवादी कांड है, तब नाथों में अग्नि पूजा की परिपाटी कैसे आई ?

नाथों का स्वयं को शिव से उपजा मानना तथा इनके प्रथम गुरु मछिन्दरनाथ का ब्राह्मण होना बताता है कि इस सम्प्रदाय का प्रादुर्भाव ब्राह्मणों से असन्तुष्ट लोगों के अन्तर्भुक्त होने से हुआ। इनमें वेदकाल के पुरावर्ती समुदाय (यक्ष, दानव, नाग) आदि लोग भी शुमार थे।[173] इसके प्रमाण आज भी विद्यमान हैं, कुछ तो स्वयं के देखे हैं। दरअसल, हिमालय के दूरस्थ स्थानों पर भटकते हुए हमारा परिचय ऐसी कई जनजातियों से हुआ जो महाभारत से पूर्व की हैं। इनमें से एक जौनसार क्षेत्र में निवासरत है। हिमालय के नामालूम गोशे में रहने वाले जौनसारियों के उपास्य 'दैत्य' तथा नाग हैं। जौनसारी भी ढोल के ज़रिये ईश्वर से संवाद करते हैं। इनके ढोलची (बजगिस) गोरखनाथ को ही अपना गुरु मानते हैं। इसी तरह मध्य प्रदेश के

आदिवासी, जो कुछ काल पूर्व तक 'हिन्दुत्व' तथा ब्राह्मण-देवी देवताओं से अछूते थे, भी ढोल प्रेमी हैं। उनमें भी कई लोग कुंडल धारण करते हैं। अद्‌भुत साम्य तो इनकी उस उपासना विधि में है, जिसके बरअक्स ये भी मान्यता पूरी होने पर अपने उपास्य देव (बहुत करके पेड़, या ठूँठ) को माटी के घोड़े चढ़ाते हैं। इन भीलों में 'देग' का भी बहुत महत्त्व है। इससे सम्बन्धित एक दिलचस्प क़िस्सा है मेरे कने। सुनाऊँ? पर साहेब लोगो, जब मजलिस ही दास्तानगोई की है तो पूछने-पूछाने की औपचारिकता की क्या दरकार। इसलिए सीधे शुरू करता हूँ अलीराजपुर का वह क़िस्सा—

*बात ज़्यादा पुरानी नहीं। दो हज़ार सोलह के फागोत्सव के पहले की है। भीलों की जीवन शैली समझने के आशय से अलीराजपुर आया था। हर दिन की एक ही चर्या—सुबह कार लेकर निकल जाना। अनजान रास्तों पर, अनजान संस्कृति से दो-चार होने। उस दिन नर्मदा के किनारे जाने की ललक में बहुत आगे निकल गया। लौटते में देर हो गई। अलीराजपुर अभी क़रीब साठ किलोमीटर दूर था और मैं एक नितान्त निर्जन इलाक़े को झटपट पार करने की ग़रज़ से तिरीभन्नाट गाड़ी दौड़ा रहा था।*

*जल्दबाजी का जायज़ कारण था मेरे पास। हर दिन की तरह आज भी होटल से निकलते समय लोगों ने चेताया था—'अकेले जा रहे हो, सीधी राह जाना। भीतरी इलाक़ों में घुसना नहीं, रास्ता निर्जन हो और कोई रोके तो चाहे कुछ हो जाए थमना नहीं। जो किसी कारण रुके और जो कोई आदिवासी कुछ माँगे तो बिना हुज्जत उसका चाहा उसे सौंप देना। मामा लोग (हमारे यहाँ आदिवासी को मामा बुलाने की रवायत है) ना सुनने के आदी नहीं होते। फ़ौरन ताव खा जाते हैं। जो ताव-ताव में फलिया घुमा दें तो आपको ख़बर भी न हो और ज़मीन पर पड़ी आपकी मुंडी आपके ही धड़ को देखा करे।*

*सो मैं सरपट भागा जाता था। एक आँख सूरज पर, दूसरी सड़क पर। ज्यों-ज्यों सूरज पश्चिम को सरके त्यों-त्यों मेरी धड़कनें बढ़ती जाएँ। अकेलेपन के भय से वह मेरा प्रथम परिचय था। पेशानी-भिगाऊ, घिग्गी-बँधाऊ प्रथम दृष्टि। तभी एक भील दिखा। सड़क से दूर। महुए तले। पेड़ से टपके फल बीनता हुआ।*

*महुआ, अ...हा...पका महुआ। कितने बरस हुए इसका स्वाद लिए, याद नहीं। बन्द शीशों से छन महुआ की गन्ध गाड़ी में फैलने का भ्रम होने लगा। डर से सूखती जीभ पर महुआ का अर्क लिपटने लगा। अ...हा...महुआ...पका...महकता...महुआ। गाड़ी लहराई और एक किनारे जाकर थम गई। हिदायतें गईं तेल लेने। ख़ौफ़ गैस भरे गुब्बारे-सा नभ*

में कहीं गुम। वो अकेला था। बुज़ुर्ग भी। पर निरापद नहीं, क्योंकि उसके पास हथियार था। उसने नज़र उठाकर मुझे देखा। सवालिया नज़र।

'महुआ खाना है।' मैंने हथेली फैला दी।

उसने महुआ के फल मेरी हथेली पर धर दिए। भीनी सुवास। मीठे, रसीले। समीप बैठ कई फल टपाटप गटकने के बाद जब दरूनी चटोरा बालक शान्त हुआ तब मेरे शरीर का स्थायी निवासी वो कड़ियल शहरी मानुस सिर उठाने लगा।

कड़ियल मानुस—'मामा, कभी शहर गए हो?'

शहरी भेजे में अकसर ऐसे ही सवाल पनपते हैं। शायद इसके परोक्ष में यह विश्वास काम करता है कि आदमी का अन्तिम लक्ष्य सुख और सुख प्राप्ति का एकमेव स्थल शहर। इसलिए हर व्यक्ति शहर जाने के ख़्वाब सँजोए जीता है, खटता है, मरता है। एक शहर से बड़े शहर में और बड़े शहर से समन्दर पार का कोई बहुत ही बड़ा शहर। यही तो जीवन का लक्ष्य है। जिसमें शहर जाने की चाह नहीं, वह या तो अर्धमूर्च्छित या फिर अर्धविक्षिप्त!

मैं उत्तर की प्रतीक्षा कर रहा था पर मिला एक लम्बा मौन।

वह महुआ बीनता रहा, नज़र ज़मीन पर गड़ी की गड़ी। मैंने उसे ध्यान से देखा। वह सुरूर में नहीं था। चेहरा निर्विकार। ना विचलन। ना क्षोभ। नज़रों से टटोला, उसका हाथ फलिए की ओर तो नहीं जा रहा। अलीराजपुर का बीहड़ और मैं नितान्त अकेला। भील से दो हाथ दूर उँकड़ू बैठ उसे घूर रहा था। जब लगा कि वह शस्त्र नहीं उठाने वाला तब मैंने अपना सवाल दोहराया। इस मर्तबा प्रश्न उस तक पहुँचा। नज़रें चार हुईं।

वो—'कित्रे आइलस र भाई?'

बताया—'इन्दौर।'

वो—'बोत पेला इन्दौर ग्यो थो।'

मैं—'एक बार, बस।'

वो—'हव्व।'

मैं—'वहाँ से यहाँ आकर मन लग गया? फिर वहीं जा बसने का दिल नहीं करा?'

वो—'वाँ कइँ धर्यो र शेर मा। एक देग त नी मिल्अ हॅ, थारा इन्दौर मा।'

आगे की गुफ़्तगू का लुब्बोलुबाब यह कि कुछ काल पहले मामा की एक मान्यता पूरी हुई। सो उसे 'बाप जी' और जात-बिरादरी के लिए

*बकरा राँधना था। प्रसाद 'देग' में ही बनना था। चुनाँचे, पूरा बकरा समाए इतनी बड़ी देग की दरकार। उसी तलाश में मामा जा पहुँचा इन्दौर। ख़ाली हाथ लौटा। उसे क्या मालूम हम तो मेहमान देखकर आप पक जाते हैं। हमारे घरों में मेहमानों के लिए खाना नहीं पकता। हम बेकार के कामों में वक़्त जाया नहीं करते। अतिथि का आना यानी होटल जाना। एज़ सिम्पल एज़ दैट! तिनके में सुई तलाशना आसान, ऐसे ओछे शहर में बड़ी देग ढूँढ़ना...पगले होते हैं गाँव के लोग, कुछ भी सोचते हैं...हाँ न ई...तो!*

*वो बड़बड़ाता रहा। आँखों की रंगत बदलती-सी लगी। महुआ छोड़, अब वह मुझे घूर रहा था। इसके पहले कि वह अपना हाथ फलिए की तरफ़ बढ़ाए, मैंने वहाँ से निकल लेने में ही अपनी भलाई समझी।*

बहक जाऊँ तो आप मुझे टोक दिया करें, रौ में कहाँ का कहाँ निकल जाता हूँ। सॉरी।

हम बात कर रहे थे मूर्ति पूजन तथा ब्राह्मण विरोध में बने नाथपंथ में अग्नि पूजन की परम्परा कैसी है? मुझे तो यह अनहोनी नहीं लगती। इस सम्प्रदाय की बुनावट खुरदुरी, वितान बहुरंगी और मिज़ाज स्पंजी है। असन्तुष्ट हिन्दू तथा तिरस्कृत अनार्यों के सान्निध्य से प्रादुर्भूत इस नवपरम्परा से जुड़ने वाले, अपनी सोच व संस्कारों से सर्वथा विलग नहीं हो सके। यथार्थ में भारतीय मानस वेद पुराणों से इस प्रगाढ़ता से नालबद्ध है कि उनसे सम्पूर्ण छुटकारा असम्भव। बाप को नकारा तो जा सकता है, पर उसके गुणसूत्रों को चुन-चुन अपनी हाड़-मज्जा से विलग करना नामुमकिन! चुनाँचे, ब्राह्मणों से नवश्रृंगारित—कर्मकांड, देवी-देवताओं के बिम्ब (कुंडल, तिलक, भस्म), अनार्यों से सर्पपूजा तथा पशुकाया से निर्मित पूजन साधन (कमरबन्ध, सीटी), शैवों से लिंग/योनि पूजा, बौद्धों से तंत्र प्रपंच—अन्तर्भुक्त हुए और नाथ सम्प्रदाय में बदल गए।

थान में अब तो मामला और भी बदल रहा है। ब्राह्मणों और मूर्ति पूजा के धुर विरोधी गुरु से सटकर हनुमान तथा दुर्गा की प्रतिमाएँ विराजमान हैं। अमूर्त शिव के पूजकों के मठ में शिवलिंगों की भरमार है। बहुकाल से यहाँ के कमरों, गलियारों में गूँजते 'जय गोरखनाथ' के घोष को परे धकेल 'जय माता दी' के जयकारे स्थापित हो रहे हैं। क्या आश्चर्य जो कालान्तर में धिनोधर डूंगर पर शिव नृत्य की कथा प्रचलित हो जाए, यह मठ दुर्गा मठ कहलाने लगे। आपकी स्मृतियों में दर्ज हो आज का ज्ञात सत्य बचा रहे, और लब-ब-लब, कान-दर-कान अगले कालखंड तक पहुँचे, इसी उद्देश्य से सारा हाल आपके सामने रखता जा रहा हूँ।

धीरे-धीरे थान से दूर जा रहा हूँ पर विचारों की रेलम्पेल मची है मग़ज़ में। मन में कई बेताब सवाल ब्राउनियन मूवमेन्ट में विचर रहे हैं। सपाट रेगिस्तान में ऐसे भरवाँ मंज़रों से दो-चार होने का ख़याल तो ख़्वाबों में भी न था। गरिष्ठ, बहुपरती मंज़र। हर परत के नीचे एक पुराकथा, कोई नूतन जानकारी। इस राहगुज़र पर तेज़ी से निकलने वालों को सिवा एक आभासी अक़्स के कुछ और हासिल नहीं हो सकता। यह जुमला रन के लिए भी ठीक, जीवन के लिए भी दुरुस्त। सो अब रफ़्तार और भी धीमी-रन में भी, जीवन में भी। जान लिया...बस ठान लिया! पर मन, बेलगाम—उसकी चाल क़ाबू में हो तो किस तरह...

इस पल सोच रहा हूँ कि थान में दोरबनाथ के ताप से सागर सूखने की जो कहानी सुनी उसमें तथा ज्ञात जानकारियों में परस्पर विरोध क्यों है? कथानुसार तो निरोणा-थान के उत्तर-पूर्व में, जहाँ इरिणा प्रादुर्भूत हुई, वहाँ ना तो जल की बूँद होनी चाहिए ना जीवन के आसार। पर ऐसा है तो नहीं। इसी इरिणा के मध्य में एशिया के वृहदतम घास के मैदानों में शुमार 'बन्नी' है, जहाँ शताब्दियों से मानव रह रहा है। और बन्नी जितनी दूर भी क्यों जाए अपने धिनोधर डूंगर से सटकर ही एक जूना तालाब है 'छारी धाँड'। छारी धाँड में बरसों से ठंडे देशों से पक्षी आते हैं, प्रेम करते हैं, जोड़े बनाते हैं, बच्चों को संग ले मार्च आते-आते वापस लौट जाते हैं अपने देस। फ्लेमिंगो (सुर्खाब)[174] का तो यह पसन्दीदा ठिया है। फ्लेमिंगो यानी उथला, खारे जल का तालाब और ढेर सारी मछलियाँ। अब सवाल यह कि दोरबनाथ के ताप से समुद्र तो सूख गए पर पोखर, पाखी, मछली और तृण कैसे बचे रह गए?

ब्राउनियन मूवमेन्ट में भागते सवालों को चैन कहाँ? पहले को ठीक से सोच भी न पाऊँ उसके पूर्व ही उसका सहजात कोई दूजा प्रश्न भेजे में कौंधने लगता है। इन सवालों के हल की तलाश में आपको मेरे संग पुनः अद्यकाल एवं पूर्वकाल के मरकज़ की वक्र डाँड़ियों पर चलना होगा। क्या करूँ, मजबूर हूँ—इरिणा की पहेलियाँ और मैं हातिमताई! हातिमताई को उड़ने वाले गलीचे हासिल, मुझे बोलने वाले रिसाले। चलिए, फिर बतियाएँ उनसे, फिर ढूँढ़ें नए गवाह।

# गवाहों की पुनर्गवाही

हम देख आए हैं कि कच्छ के समुद्र तट पर अरब सागर का जल स्तर ईसा पूर्व तीन हज़ार से आज तक जस का तस है। जबकि दोरबनाथ उर्फ़ धरमनाथ तो सिन्ध से 1382 ई. में कच्छ आया था। यानी अब से कुल छह सौ छत्तीस बरस पूर्व। अत: थान में सेवादार से सुनी कथानुसार धरमदास के श्राप से सागर का सूखना तो कालगणना पर खरा नहीं उतरता।

लब-दर-लब आगे बढ़ने वाली कथाओं की ख़ुसूसियत है कि एक मुख से दूसरे तक पहुँचने के पूर्व कथा में कुछ नूतन जुड़ जाता है। दास्तानगो के मन में कथा के निरन्तर पुनर्सृजन तथा पुनर्गठन से वह नित नूतन बनी रहती है। सर्वदा नूतन देने की जद्दोजहद में कहानी में दूरस्थ युगों का इस तरह गुम्फन हो जाता है कि लगे बस कल ही की बात है। सुनो तो लगे मानो आख्याता का सब देखा-भोगा हो। नतीजतन सुननेवाला एक ही कथा, एकाधिक कथाकारों के मुख से सुनने को लालायित रहता है। भरोसा ना हो तो इन दिनों हर गली-चौराहे पर होने वाली भागवत कथा कभी सुन लें। दो कथाकारों के कथन बेमेल होंगे। आपस में भी, आपके पूर्वज्ञात से भी। पर हर हाल में यह अनुभूति अवश्य होगी कि मानो जब पूतना का स्तनाग्र बाल-कृष्ण मुख में ले रहे थे तो कथा वाचक, वहीं किसी गाछ के पीछे किंकर्तव्यविमूढ़-सा खड़ा सब देख रहा हो। यही श्रुति कथाओं की शक्ति भी है और कमज़ोरी भी—एक कथ्य दूसरे को धराशायी कर देता है।

बन्धुओ, यह ठीक वही पल है जब हमें इरिणा उर्फ़ रन के आविर्भूत होने की घटनाओं पर पलट कर देख लेना चाहिए। हमने महाभारत के अनुशासनपर्व तथा एकाधिक उपनिषदों की गवाही से जाना कि इरिणा की मौजूदगी ईसा के जन्म से बहुत पहले की है। इस कथन की पुष्टि हमने ग्रीक लोगों के पेरिप्लस से भी की है। किन्तु दोरबनाथ की जो कथा हम धिनोधर मठ में सुन आए हैं उसने तो इस थ्योरी की मानो रेड़ ही मार दी।

कहीं कुछ चूक तो नहीं रहा नज़र से?

शायद हाँ।

वो यूँ कि दोरबनाथ की कथा के कई संस्करण हैं। पहला वो जो थान में सुना। दूसरे संस्करण बाम्बे गजेटियर तथा अन्यान्य स्रोतों से उपलब्ध हैं। कथा के एक इतर संस्करण में रन के मध्य जल और जीवन बच जाने के कारण पोशीदा हैं। मुलाहज़ा फ़रमाइए—

*'दोरबनाथ अपने शिष्य ग़रीबदास के संग पहले माँडवी के क़रीब पट्टन में निवास करते थे। ग़रीबदास पट्टन जाता भिक्षा आदि के लिए। किन्तु नगर के लोग उसे दुत्कार देते। अपने शिष्य से जब दोरबनाथ ने यह हाल सुना तो क्रोधान्ध हो पट्टन को मिट्टी हो जाने का श्राप दे दिया। कहा, 'सब पट्टन, सब डट्टन'। कहते हैं उस काल में कच्छ के चौरासी शहरों के नाम में 'पट्टन' शब्द जुड़ा था। लिहाज़ा चौरासी शहर नेस्तनाबूद हो गए। हज़ारों लोग और लाखों जीव-जन्तु मारे गए। जीव हत्या के पाप निवारण के आशय से ही दोरबनाथ किसी एकान्त पहाड़ की तलाश में भटकने लगे। पर दोरबनाथ पर पाप-भार इस क़दर था कि जिस पर्वत पर पैर धरते वो समतल हो जाता। हैरान-परेशान दोरबनाथ मज़बूत डूँगर टोहते हुए थान आए। यह पहाड़ उनके वज़न से डोला, पर धसका नहीं। तप समाप्ति पर देवों की बताई दिशा में देखने पर जब दरिया सूखने लगा, तब दोरबनाथ को ज्ञान हुआ कि जल सूखने से लाखों जलचर मारे जाएँगे, जिसके चलते उनके अर्जित पुण्य का ह्रास हो जाएगा। तब उन्होंने अपनी दृष्टि फेरकर धिनोधर डूंगर पर डाल दी, परिणामतः पहाड़ दो भागों में बँट गया, और सूखे सागर के मध्य कुछ हरियल प्रदेश तथा जल स्रोत बच गए।'*

सोच रहा हूँ कि यदि दोरबनाथ के समय यहाँ दरिया होता तो उसकी कथा में समुद्र टाप कर धिनोधर डूंगर तक आने का ज़िक्र आता। एक बार को मान लें कि बन्दा पहुँचा हुआ पीर था, किसी तरह डूंगर तक आ गया होगा। पर बारह बरस तक उसको नित्य दूध पहुँचाने वाली साधारण बुढ़िया के लिए ऐसा कर पाना सम्भव थोड़े ही है। तो सवाल यह उठता है कि दोरबनाथ के ताप से जो सूखा वह क्या था? तीन सम्भावनाएँ हो सकती हैं। एक—सारी कथा कपोल-कल्पित है; दो—दोरबनाथ को महिमामंडित करने हेतु पूर्वकालीन घटनाओं को उसके नाम से प्रचारित किया गया; तीन—कच्छ में नदी तथा सागर दोनों को 'दरिया' बुलाते हैं। तथा बड़े तालाबों को 'सर' या 'सागर'। कहीं ऐसा तो नहीं कि उस समय यहाँ सागर से इतर कोई अन्य जल स्रोत रहा हो जिसके सूखने की घटना दोरबनाथ से जोड़ी गई है।

हालवक़्त मैं तीसरे नुक़्ते पर ध्यान धरना चाहता हूँ। हमें ज्ञात है कि वरुण देव के परिवार के तीन सदस्यों से इरिणा की नातेदारी थी। इनमें से दो, अरब सागर व वैदिक नदी सरस्वती, तो कब के इरिणा से बिछुड़ चुके, सो ये दोरबनाथ की कथा में आने से रहे। तीसरे नातेदार, यानी सिन्धु नदी, से इरिणा के राबते आज भी बरकरार हैं। क्या कथा का दरिया 'सिन्धु' है?

इसके समाधान हेतु हमें अलेक्ज़ेंडर बर्नीज़ के पास जाना होगा, जिसने कोई दो सौ बरस पहले (1831-32 ई. में) अरब सागर से पंजाब तक जल मार्ग से, सिन्धु नदी के सहारे यात्रा की थी। उसके द्वारा दर्ज भौगोलिक तथा सामाजिक जानकारियों की कद्र तब से आज तक बरकरार है। उसके अनुसार सिन्धु नदी उस काल में कराची से दक्षिण में तत्ता राज्य (लाखो गुरारो जहाँ का राजकुमार था) के पास दो भागों में बँटती थी। इसकी पूर्वी धारा 'सत्ता',[175] मुख्य नदी की दिशा में बहते हुए अरब सागर से मिलती थी। पर समन्दर से मिलने के पहले यह सात भागों में बँट जाती थी। इन सात में से भी कुछ धाराएँ समुद्र तक पहुँचने के पहले फिर इस तरह बँटती थीं कि सागर तट पर सिन्धु ग्यारह मुखी हो जाती थी। इन्हीं में से एक धारा

वह नक़्शा जो बर्नीज़ की उद्धृत किताब में दिया गया है। इसमें सिन्धु नदी को अपने मुहाने पर एकाधिक धाराओं में बँटते दिखाया गया है

थी 'कोरी' जो रन के मध्य से बहती हुई कोरी क्रीक (लखपत) में जाती थी। बर्नीज़ के अनुसार सिन्धु नदी के मुहाने का पाट (पश्चिमी और पूर्वी धाराओं को मिला कर) सवा सौ ब्रिटिश मील (231 कि.मी.) चौड़ा था। रन से बहने वाली कोरी नदी के कारण यहाँ पानी की कोई कमी नहीं थी। बल्कि इतना पानी था कि अट्ठारहवीं सदी के उत्तरार्ध तक (1760 ई. के पूर्व) लखपत के इलाक़े में धान की खेती की जाती थी।

सत्ता की दो प्रमुख धाराएँ सीर तथा कोरी कालान्तर में मानव हस्तक्षेप के चलते सूख गईं। सिन्ध के शासकों ने पहले सीर, फिर कोरी को बाँध बनाकर रोक दिया। जिससे 1762 ई. आते-आते लखपत तक पहुँचने वाली कोरी नदी पतली जल धारा में बदल गई। 1802 ई. में सिन्ध के नए शासकों ने अली बन्दर नामक एक और बाँध सिन्धु की पूर्वी धारा पर बना दिया और सिन्धु नदी रन क्षेत्र से विलुप्त हो गई। कभी मीठे पानी से लबरेज कोरी क्रीक में 1762 ई. के बाद से अरब सागर का खारा जल समाने लगा। कोरी के तट के पास के खेत गुम हो गए, सारा इलाक़ा रेगिस्तान में बदल गया।[176] अन्तिम चोट पड़ी 1819 ई. के भूकम्प की। जिसके कारण नदी के बीच माटी का एक बाँध अपने आप बन गया। अल्लाह का बनाया यह प्राकृतिक बाँध 'अल्लाह बन्द' कहलाता है। किसी काल में एक लाख रुपये प्रतिदिन का कर कमाने वाला लखपत बन्दरगाह बेकार हो गया और मुसीबतज़दा लखपत शहर निर्जन। आज भी लखपत शहर के अवशेष कोरी क्रीक के पास देखे जा सकते हैं। सनद रहे कि लखपत का वह इलाक़ा धिनोधर से अधिक दूर नहीं है। दो सौ इक्तीस कि.मी. चौड़े पाट वाला सिन्धु का डेल्टा परिक्षेत्र थान से बहुत दूर नहीं होगा।

दोरबनाथ की कथा में सूखता दरिया कहीं सिन्धु नदी की पूर्वी धार तो नहीं? दोरबनाथ के वज़न से धिनोधर का डोलना, दो भागों में टूट जाना कहीं ये प्राकृतिक आपदाएँ तो नहीं? यह सब घटा तो दोरबनाथ के कच्छ आने के चार सौ बरस बाद। बराय मेहरबानी नाथ भक्तों का सब कुछ बाबा से जुड़ता गया। बस मन में सवाल आए तो कह दिया, सही ग़लत तो अध्येता ही बताएँगे। कनफ़्यूज़न में थोड़ा और कनफ़्यूज़न डालने का अपना मज़ा है, क़सम से।

# इरिणा

मेरे रन को इरिणा बुलाने से आप को कहीं यह तो नहीं लग रहा कि मैं अतीत से इस क़दर लुब्ध हूँ कि उसके पुनर्सृजन पर ही आमादा हो गया हूँ। कि मैं वर्तमान को ख़ारिज किए दे रहा हूँ। भाई साहब लोगो, ऐसा हर वहम अपने मन से निकाल फेंकें।

यक़ीनन व्यतीत में ताका-झाँकी मेरा दिलपसन्द शगल है, किन्तु मैं अतीतान्ध नहीं। पर जो दिलक़श, वैभव से लहालोट टटका महल भी लाक्षागृह हों या हो गत्ते के बने, तो? नींव की गहराई की ख़बर, दीवारों की मज़बूती का इल्म, घर पर एतिमाद-ओ-ग़ुरूर अता करता है। वर्तमान को बेहतर तरीक़े से बूझने के लिए, उससे तरतीब से जुड़ने के लिए अपने अतीत से जुड़ना, प्रथम पायदान। यह मेरी समझ भी है, इस भूमि में मेरे भटकने का बायस भी। यूँ ही भटकते, अतीत को टटोलते—मुझे ज्ञान हुआ कि 'रन' को 'इरिणा' बुलाना श्रेयस्कर है। क्यों?

**इरिणा में रन है पर इरिणा केवल रन नहीं**

1. निरोणा; 2. धौलावीरा; 3. बन्नी का छोटा रन; 4. लखपत; 5. कोटेश्वर; 6. बहुतेरे जख तथा पद्धरगढ़; 7. हाजीपीर; 8. होड़का; 9. धिनोधर; 10. खावड़ा

रन कहने पर रेगिस्तान, रेत के टीलों का तसव्वुर होता है। प्यास से सूखे कंठों के आर्त्त स्वर सुन पड़ते हैं। कच्छ के सन्दर्भ में जिस क्षेत्र को 'रन' कहा गया है उस पर इनमें से कुछ सटीक नहीं बैठता। रन मतलब रेत ही रेत, यहाँ रेत कम नमक अधिक है। रन मतलब जलहीन, यहाँ नमक-रेत के नीचे पोशीदा दलदलनुमा कीच ही कीच। वास्तव में रन के बरअक्स इरिणा वह भूमि है, जो बहुत उपजाऊ तो नहीं पर जलहीन भी नहीं। जहाँ मिट्टी में रेत तो है पर रेत के टीले नहीं। इसमें नदियाँ हैं, तालाब हैं और कुएँ भी। इसे आदमी भी स्वीकार्य है, उसके जानवर भी। वस्तुत: इरिणा में हमारा परिचित 'रन' है पर इरिणा केवल रन नहीं। जिस भूमि में एशिया के वृहद घास के मैदानों में शुमार 'बन्नी' है, उसे रेगिस्तान कैसे बुलाऊँ?

आपको ध्यान दिला दूँ कि सिन्धु नदी से होते हुए अरब सागर में जाने वाले सिकन्दर के सेनापति नियार्ख़स के संस्मरण में नदी के आसपास मरुभूमि के होने का ज़िक्र नहीं है। होता भी कैसे, यहाँ तो तब सघन हरियाली थी, खेत थे। सिन्धु नदी के डेल्टा क्षेत्र में उसको नदी किनारे बसे जिन लोगों ने चुनौती दी थी, उनमें से कईयों को सेनापति बन्दी बनाकर अपने संग ले गया था। मेरा ख़याल है कि सिन्धु घाटी के इन्हीं युद्ध बन्दियों के संग इरिणा नाम ग्रीस पहुँचा होगा। जिसके चलते परावर्ती काल में रचे पेरिप्लस (40-50 ई.) में कच्छ के इस क्षेत्र को 'एरिणा' बुलाया गया है। पेरिप्लस में 'एरिणा' को दलदल भूमि (Marsh Land) बताया है। कह चुका हूँ कि बाद में यही 'एरिणा' 'रिणा' और फिर 'रन' हो गया। यानी विदेशियों ने अपनी सुभीता के लिए यह नाम भी बदल दिया। ख़ैर, इस प्रवास में आप हम जान चुके हैं नामों का महत्त्व। हमारे पूर्वज ना मालूम कितनी सूचनाएँ ठूँस गए हैं जगहों के नामों में। जैसे भुज के क़रीब एक जगह है—लोलाई। दो हज़ार एक में आए प्रलयंकारी भूकम्प का उत्स स्थल। आपमें से कोई बताएगा, कच्छी में लोलाई के मायने क्या होते हैं? चलिए मैं बताता हूँ। लोलाई माने अस्थिर जगह, सदा हिलने वाला स्थान। जैसे इस नाम में जलजलों के संकेत हैं, वैसे इरिणा में भी न जाने क्या कुछ पोशीदा हो! अभी इल्म नहीं, आगे कभी इलहाम होगा। चुनाँचे, इस नाम को सहेजना चाहिए। फिर भी आप इसे रन कहना चाहें, तो मैं रोकने वाला कौन?

ख़ानाबदोश को पोसना इरिणा की क़िस्मत। न यहाँ के लोग एक जगह बहुत दिन ठहरते हैं ना यहाँ की नदी। सरस्वती हो या सिन्धु नदी, दोनों ने ना मालूम कितनी ही बार अपनी जगह बदली। कभी भू-गर्भीय हलचलों के चलते तो कभी हमारे मनचले पूर्वजों की कारगुज़ारियों के बायस। इसके पहले कि हम इरिणा में और गहरे उतरें, जलस्त्रोतों में हुए इन बदलावों का पुनर्स्मरण उचित जान पड़ता है। क्योंकि इन बदलावों के चलते इरिणालोक का भूगोल बारम्बार बदला, संग-संग बदली यहाँ के

निवासियों की जीवनचर्या। मुलाहज़ा फ़रमाएँ कि नियार्ख़स के क़रीबन दो हज़ार बरस बाद (1831–32 ई.) जब बर्नीज़ सिन्धु नदी के मुहाने पर पहुँचा, तब तक लखपत के हरे–भरे क्षेत्र के भू–परिदृश्य में आमूलचूल परिवर्तन हो चुका था। यों हरियाली का ह्रास तो काफ़ी पहले से हो रहा था। 1333–34 ई. में बतूता इसी डेल्टा के क़रीब आया था, तब उसने यहाँ रेगिस्तान होने की बात कही। इसके बाद (1808 ई.) में यहीं सिन्ध के अमीरों के लिए काम करते हुए आया कैप्टन आर.एम. ग्रींडलै। उसे इस इलाक़े में भयंकर रेतीले तूफ़ानों का सामना करना पड़ा।[177, 178] बताया जाता है कि ग्रींडलै के काल में सिन्ध को लखपत से जोड़ने वाली एक डगर थी। उस समय इस रेगिस्तानी राहगुज़र से आवाजाही करने वाले काफ़िलों से चुंगी वसूलने के लिए, लखपत तथा सिन्ध के मध्य, एक चौकी थी—सिन्द्री। 1834 ई. तक सिन्द्री की यह क़िलेनुमा चौकी समन्दरदोज़ हो चुकी थी। कच्छ तथा सिन्धदेश के मध्य का पैदल मार्ग ख़त्म हो चुका था। इन सबके चलते सिन्धु के तटों पर गुज़र–बसर करने वालों को भी अपनी ज़मीन छोड़ इधर–उधर जाने को बाध्य होना पड़ा। अच्छी–ख़ासी संख्या रही होगी इनकी कभी। क्योंकि बकौल बर्नीज़, तत्ता से डेल्टा के बीच 1832 ई. में तक़रीबन तीस हज़ार लोग सिन्धु नदी के किनारों पर निवासरत थे। इनमें पंजाब, सिन्ध, पर्शिया, बलूचिस्तान से आए लोगों के अतिरिक्त सिन्धु घाटी में हज़ारों–हज़ार बरस से निवासरत वे लोग भी थे जिनका ज़िक्र नियार्ख़स के संस्मरण में भी है।[179]

ईसा से छह सौ बरस पहले से ज्ञात इतिहास के अनुसार इसी काल में डेल्टा और उससे सटे सिन्ध देश से व्यापारी तथा समन्दर यात्राओं में निष्णात लोग भारत में आए (पाटन, कच्छ, सौराष्ट्र आदि) तथा सागर पार (अफ़्रीका, ईरान, इराक) भी गए।[180] हज़ारों बरस के सिन्धु घाटी के मूल बाशिन्दे, जिनको पहले नियार्ख़स तथा बाद में बर्नीज़ ने देखा था, अपनी सारी संस्कृतियों को समेट इरिणा के घास के मैदान (बन्नी) तथा अन्य माटी के द्वीपों (जैसे पच्छम, धोलावीरा) में जाकर बस गए। इनमें से कुछ से हम निरोणा में मिल चुके हैं। ध्यान कीजिए कि जिन लोगों से हमारी मुलाक़ात निरोणा में हुई उनका विस्थापन–पुनर्स्थापन दरअसल गत पाँच–सात सौ बरसों के दौरान ही हुआ था। पर जो सिन्धु–सरस्वती सभ्यता यहाँ हज़ारों बरसों में पनपी, उन्नत महानगरों में तब्दील हुई, उसके द्वारा अर्जित ज्ञान का क्या हुआ? यदि सूचनाएँ (ज्ञान) अमर हैं, तो उन मूल निवासियों का सृजित कहाँ छुपा है? अब यह सवाल मुझे मुँह चिढ़ा रहा है! ख़ैर, सवाल है तो जवाब भी होगा। पर जवाब एक जगह बैठ यूँ गुटर–गूँ करने से तो मिलने वाले नहीं। उसके लिए यह जबड़ा–जुगाली छोड़ रबड़ना होगा। मेरे इरिणा लोक में। इरिणा, जिसके मध्य में है 'बन्नी'। रन का नख़लिस्तान। शायद वहाँ पा जाएँ हम कुछ मनचाहा। तो साहेब लोगो, करते हैं इस नई तलाश का आगाज़ बन्नी से।

# बनी सो बन्नी

बन्नी!

क़च्छ की तरफ़ पेश-क़दमी के संग ही यह नाम बार-बार सुनने में आ रहा है। कैसा अलग-सा नाम है! क्या है इस नाम के पीछे?

फिर एक सवाल।

हल?

पूछताछ।

सवाल राजेश मांकड़ के लिए दुरूह निकला, भीमा भाई भी इससे कन्नी काट गया। ये ठहरे बन्नी के बाहर के लोग, सो इनका यहाँ के इतिहास से वाक़िफ़ होना अपेक्षित भी नहीं। पर अचरज यह कि बन्नी में जाए, यही पढ़े-लिखे लोग, जो इस घासिया मैदान में खड़े हो पन्द्रह सौ साठ सूर्यास्त देख चुके हैं, वे भी जवाब देने में हकलाने लगे। कोई चुप लगा गया, किसी ने इतना भर कहा, 'मतलब तो मालूम नथी, पण जुनो नाम छे।'

नाम पुराना है, इसमें दो राय नहीं। बर्नीज़ के बयानों में इसकी मौजूदगी इस दावे की ज़ामिन है। किन्तु सवाल यह नहीं था कि नाम कब से है, सवाल तो यह ठहरा कि नाम यही क्यों है?

मैं सवाली। चाहे मार डालो पर चुप्पी लगा कर बैठने को न कहो। सो मेरी तफ़्तीश जारी। जहाँ आस दिखे, प्यासा उस दरवज्जे के सामने लम-लेट।

मालवा का कोई गाँव होता न तो अब तक जवाब मिल भी जाता। हमारे उधर इस तरह के सवालों का एक ही उत्तर होता है—

'भाया, काका बाबा ओन से जो सुन्यो वा हम भी बोलाँ हाँ। बाप नी मारी मेंडकी नी छोरो तीरन्दाज़। बेंडी रांड को घणो जासूस बन्यो फिरि रियो है जो बोलाँ सो मान, अन थारे जख़ नी पड़ि री तो सरग मा जाके पूछिले उना से...' इस जवाब की इब्तिदा जो गाली से नहीं हुई तो इन्तहा किसी वज़नदार गाली से होना सुनिश्चित जानिए।

पर बन्नी जुदा है। यहाँ गाली तो दूर ऊँचे स्वर में बोलता भी कोई नहीं मिलता। कच्छ बहुकाल से ऐसा ही है। तब बर्नीज़ को भी अचरज हुआ था, जब

उसने लक्ष्य किया कि कच्छ में बहने वाली नदियों पर बाँध बना रहे सिन्ध के शासकों पर भुज के रावों ने (पुख़्ता सैन्य बल होने के बाद भी) कोई कार्यवाही नहीं की।[181] यद्यपि बन्नी के बाहर अब कच्छ बदल गया है। भुज के बाज़ार में हमने दुकानदारों को अपने ग्राहकों को धकियाते हुए देखा। नखत्राणा में तो बदज़ुबानी का तजुर्बा और भी भयावह रहा। यहाँ एक पान वाले से जब मैंने अपनी पसन्द की सुपारी डालने का इसरार किया तो भले आदमी ने माँ के गुप्तांग का हवाला देते हुए अध-लगा पत्ता उठाया और सड़क पर फेंक दिया।

अब जो हुआ सो हुआ मन ख़राब ना करें। घूमने निकले हैं, मुख़्तलिफ़ तबीयत के लोगों से भेंट तो होगी ही। अपर्णा ने जो मुझे समझाया, सो आपको बताया। हाँ, तो हम कहाँ थे...जी, बन्नी के नामकरण पर...ठीक?

जनाब, मेरा निजी अनुभव है कि ऐसे कठिन सवालों के उत्तर बहुधा अनपढ़ लोगों से मिलते हैं या फिर बुजुर्गों से। यहाँ भी जवाब मिला साठ वर्षीय निरक्षर अकेल क्याली हालेपोत्रा से। अकेल क्याली मालधारी[182] समुदाय से हैं। बन्नी के भीतर, रेतीले बीहड़ में बसे एक वाँड़ (कच्छी में गाँव) अरण्डावली में रहने वाला। उसने छूटते ही कहा, 'यहाँ की वाणी है कि बन्नी सदा से नहीं था। इसे बनाया गया। क़ुदरत का क़रिश्मा। पहले यहाँ सात दरिया बहते थे, खेती थी।[183] फिर दरिया चला गया, बस घास रह गई। दरिया ने बनाया इसलिए इसे बन्नी बुलाया जाता है।'

अकेल क्याली

येल्लो। जिस तथ्य की तलाश में मेरी एड़ियाँ घिस गईं, इतिहास का सीना कुरेद मारा, वह तो भाई ने एक पल में कह डाला। अध्येता जिन बातों को वेद, पुराण, शोधपत्र के ज़रिये जानने की चेष्टा करता रहता है—सामान्यजन उन गुज़श्ता वक़्तों को अपने खीसे में लिए फिरता है। यह है श्रुति परम्परा की शक्ति।

ख़ैर, अकेल क्याली के जवाब को आगे बढ़ाया कुछ दिनों बाद मिले मुतुआ समाज के एक अन्य मालधारी ईशा भाई ने। ईशा भाई, बन्नी के उत्तरी छोर के गोरेवली वाँड़ का निवासी, पैंतालीस के पेटे में, उच्च शिक्षा प्राप्त

मानुष है। उसके अनुसार बन्नी में पुराकाल के निशान आज भी ईंटों और कब्रों के रूप में जब-तब, जहाँ-तहाँ नज़र आते हैं। बन्नी में मालधारियों की आमद चार-पाँच सौ बरस पहले हुई। कब्रें और पुरानी ईंटे उसके भी पहले की हैं।

हो सकता है कि यहाँ बहुकाल से मानव रहता रहा हो, पर आज का बन्नी अन्यान्य जगहों से विस्थापित लोगों से आबाद है। हम जानते हैं कि वे एक साथ तथा एक जगह से नहीं आए हैं। पिछले पाँच सौ बरसों में रफ़्ता-रफ़्ता बन्नी में चहल-पहल बढ़ी है। कोई ईरान, अफ़गानिस्तान से आया है, तो कोई पंजाब, पेशावर या सिन्ध से। ध्यान जाता है कि ये तमाम जगहें वे हैं जिन्होंने सिन्धु घाटी सभ्यता को पाला-पोसा किन्तु उसे सहेज न सकीं। ख़ैर जो हुआ सो हुआ अभी तो बात करते हैं पेशावर की, जहाँ बन्नू शहर नामक एक इलाक़ा था।। बन्नू के लोगों की बोली पश्तो थी, इन्हीं से 'बन्नूची जाति' का उदय भी हुआ है। इसी बन्नूची जाति के लोग सिन्धु नदी पार करके कच्छ में आया-जाया करते थे। इन ख़ानाबदोशों को पेशावर वाले 'बन्नी' बुलाते थे। सम्भावना है, हमारी बन्नी के नाम से इन लोगों का वास्ता भी हो! 'क्रॉस वर्ड' पहेलियाँ पसन्द करने वालों को यह बूझने दें, हम तो ध्यान धरते हैं ईशा भाई के कहे पर कि घासिया मैदान बन्नी, जिसका क्षेत्र ढाई हज़ार वर्ग कि.मी. का है, में किसी समय चार या पाँच झीलें थीं।[184] मसलन भिरिन्डियारा झील, लूणा झील, हुड़को झील, छारी (चारी) झील। इनमें से छारी झील तो अब भी है।

# झील पर गाँव

'हुड़को झील', यह नाम ईशा भाई के मुख से सुनते ही कान कनकनाकर खड़े हो गए। एकदम अटेंशन। वजह ? बन्नी के जिस गाँव में हम ठहरे थे उसका नाम भी इससे मिलता-जुलता होना। गाँव का नाम 'होड़का' झील का 'हुड़को'!

बकौल ईशा भाई, 'कच्छी का एक शब्द है 'हुड़ा', यानी लकड़ी की नौका। पहले यहाँ जो झील थी, उसमें नावें चला करती थीं इसलिए उसका नाम पड़ा 'हुड़को झील'। झील तो कब की सूख गई, बाद में वहाँ बस गया एक गाँव। नाम मिला होड़का।

यह सब कब हुआ—नहीं मालूम। पर गाँव वालों का कहना है कि जब झील सूखी तब सब मिट गया। बस कथाओं से लबरेज एक नाव छूट गई। आधी धँसी, आधी बाहर। तथ्य भीतर, कथ्य बाहर। फलतः सूखी झील पर बसे होने की बात हर होड़कावासी मानता है।[185]

जो हो सो हो, पर इस होड़का गाँव की धज निराली है। अपने से ही आजिज़ आ चुके हमारी तरफ़ के देहात से क़तई जुदा। बल्कि कहना चाहिए कि रंग, रूप, विन्यास में बन्नी के न्यूनतर वाँड़ के समीप भी हमारे तरफ़ का कोई गाँव कदाचित ही ठहर पाए। यहाँ न तंग गलियाँ, न एहसासे कमतरी से तड़पते मकान, ना सड़ते गोबर की गंध। ना खुली गटरें, भूँसते कुकुर, हगते लोग। यहाँ से बीड़ी पीते आवारा बच्चे गुम। इधर न सरपंचाई की खिटपिट दिखाई देती है, न ननद-भौजाई की सरेराह होती खिचखिच। बेकारी के मारे—शहर व सरकार को गरियाते युवक या अधेड़ तो सिरे से ग़ायब हैं। गोया बन्नी के गाँव स्वप्न-निःसृत। एकदम कंचा, सौ फीसदी फ़िल्मी। क़सम से।

सरपंचाई की बात निकल ही गई है तो बता दूँ कि बन्नी में कुल उन्नीस पंचायतें हैं, जिनके अन्तर्गत अड़तालीस गाँव हैं। यों तो हर गाँव की अपनी कुछ ख़ासियत है पर कुछ लक्षण उनमें साझा हैं—यथा उनका फैला-फैला डील, उनका खुलाखुला डौल। कहने का मतलब यह कि गाँव की बुनावट ढीली-ढाली है। घर दूर-दूर, टोलों में बँटे होते हैं। दो टोलों के दरम्यान अच्छी-ख़ासी छेंटी होती है। कहीं-कहीं तो एक आध किलोमीटर की भी। यह अनायास नहीं, इसके परोक्ष में

भी एक परम्परा है। परम्परा जिसके तहत प्रत्येक युगल को एक झोंपड़ा मिलता है। अपने नाबालिग बच्चों के संग रहने के लिए। सिलसिला यह है कि विवाहोपरान्त नवयुगल के लिए समीप में कहीं नया घर बनाकर दिया जाता है। जिसके चलते, कालान्तर में, मुखिया के झोंपड़े के अगल-बग़ल उसकी बालिग सन्तानों की कई झोंपड़ियाँ स्थापित हो जाती हैं। सब की रसोई अलग पर मन एकम-एक। इस मुखिया के अन्य भाई भी, उसी इलाक़े में तनिक दूर, अपना कुनबा बसाते हैं। मुखिया, उसके भाई; उनके शादीशुदा लड़के, सबकी नाबालिग औलादें—हो गया कुटुम (कुटुम्ब) तैयार।

प्रति वाँड़ ऐसे दो-चार कुटुम। यानी रू-ब-रू जीवनशैली।[186] इस तरह की जीवन शैली में एक टोले में दो सौ से अधिक लोग नहीं होते। संख्या इससे ऊपर गई कि मूल टोले से हटकर नया टोला बसना आरम्भ। यही कारण है बन्नी के गाँवों का अनेक टोलों (वाँड़) में बँटे होने का। इस तरह की ग्राम संरचना की शुरुआत हुए सदियाँ गुज़र चुकी हैं।[187] विस्मित यूँ हूँ कि यह पुरानी रवायत बन्नी के वाँड़ों में अब तक मज़बूती से मौजूद है। इसके चलते यहाँ के गाँवों में एक तरह से साम्यवाद नज़र आता है। हर गाँव में घर, रहन-सहन, पेहनवास सब एक-सा। इसकी तुलना में क़स्बाई या शहरी, आत्मकेन्द्रित जीवनशैली अपनाना यंत्र आधारित समाज की मजबूरी है।

इरिणा में, विशेषत: बन्नी में तो, अभी यांत्रिक युग आना बचा है। यहाँ अब भी प्राचीन 'रू-ब-रू' क़िस्म के वाँड़ हैं, जिसमें मनुष्य मनुष्य पर आश्रित होता है। एक-दूजे के सुख-दुख में सक्रिय भागीदार। गाँवों की मनलुभावन बुनावट से परे हट देखना होगा कि क्या इरिणा में इस पुराकालीन जीवनशैली की सारी शर्तें निबाही जा रही हैं? इरिणा में विचरते हुए हमें उसे इस परिप्रेक्ष से भी परखना होगा।

ओत्तेरी...मैं भी ना बस...होड़का की बात मझधार में गर्क़ कर आप को बेवजह यहाँ-वहाँ डोला रहा हूँ। पर आप भी कमाल करते हैं, टोकना तो चाहिए ना। ख़ैर, जो हुआ सो हुआ, अब सीधे-सीधे लौटता हूँ उसी ठौर जहाँ से भटके थे। तो कद्रदान लोगो, बात चल रही थी होड़का वाँड़ के निरालेपन की। वैसे होड़का ही क्यूँ, बन्नी का हर वाँड़ अपने आप में अनूठा है। होड़का की ख़ुसूसियत है उसके घर। गोल घर। यानी बुंगा। होड़का के बुंगाओं का बड़ा बोलबाला है इन दिनों। संस्कृति की तिजारत करने वालों ने इसे कच्छ के पारम्परिक घर के रूप में ख़ूब चरितार्थ किया है। पर सच यह है कि गोलाकार झोंपड़ियाँ इरिणा के पूर्वी इलाक़े का सामान हैं। यह बात अलहदा कि पर्यटकों को भरमाने के लिए अब इस तरह के घर भुज से लेकर हर कहीं बनाए जा रहे हैं—होम स्टे के नाम पर। पर असल बुंगा देखना हो तो जाना चाहिए बन्नी की बड़ी पंचायत में शुमार होड़का के किसी वाँड़ में। हमारे मेजबान तो ख़ैर होड़का गाँव के ही बाशिन्दे हैं। जिस परिवार के संग हम

होड़का के गोल घर—बुंगा। यहाँ अब छत कवेलु की बनने लगी है। घर के बाहर है मोटरसाइकिल पर बनी कच्छ की प्रसिद्ध गाड़ी—छकड़ा। यह जानना दिलचस्प है कि किसी विज्ञापन के लिए छकड़ा चलाने की शिक्षा अमिताभ बच्चन ने होड़का में ही ली थी

टिके थे उस में माता-पिता और उनके तीन बाल-बच्चेदार लड़के हैं। मेघा, तेजा और प्रेम। एक बाड़े में बने चार बुंगाओं में रहता है इनका परिवार। घरातियों के बुंगा से कुछ छेंटी पर पाँच बुंगा और बनाए गए हैं, मेहमानों को ठहराने के लिए। मेहमानों के बुंगा में तो संलग्न टॉयलेट हैं। पर पारम्परिक तौर पर स्नानघर तथा पाखाना बुंगा का हिस्सा नहीं होते। बुंगा के पार्श्व में रसोईघर हो सकती है, पर यह ज़रूरी नहीं। बन्नी की मिट्टी से बनी, धूप में सूखाई ईंटों का प्रयोग दीवार बनाने में होता है। फ़र्श मिट्टी-गोबर का। दीवार में एक या दो छोटी खिड़कियाँ, कुछ आलिए और टाँड़। हमारे देखने में आए अधिकांश बुंगाओं का व्यास दस से बारह फुट के मध्य ही रहा होगा। इतने से बुंगे में कैसे चार-पाँच लोग रह लेते हैं, क्या मालूम। यहाँ के लोगों की हर ज़रूरत सीमित है। फ़र्नीचर के नाम पर दो-चार पेटियों के अतिरिक्त कुछ नहीं। वैसे आजकल कुछ बुजुर्ग नायलोन की निवार वाले, स्टील के पलंग उपयोग में ला रहे हैं, पर अपवाद स्वरूप। हमारे बुंगा में शैया मिट्टी, गोबर और ईंट से बनी थी। चूने से लिपी-पुती दीवारें, और हर कहीं माँडने। वैसे कुछ आगंतुकों को यह गोबरमय ठेठ गँवठी घर नहीं सुहाता। इसके मुताल्लिक एक मज़ेदार वाक़िया ध्यान में आ रहा है, सुन लें—

*हमारे होड़का प्रवास के दौरान वहाँ जो इक्का-दुक्का रोकड़ा-देऊ मेहमान आए उनमें एक बुजुर्ग जोड़ा भी था, रिटायर्ड पैंसठ पार। नाम लेना ठीक नहीं सो हम उन्हें श्रीमानजी-श्रीमतीजी ही कहेंगे। श्रीमतीजी दिल्ली में*

पढ़ाया करती थीं, श्रीमान पूसा में वैज्ञानिक। ठसकशुदा श्रीमतीजी का चाँदनी चौक की चाट व चाशनी से ठसाठस बदन चर्म-चेंट कपड़ों में भी एकदम कड़क, टनटनाट। सर-ता-पा दिल्लीमय! मुसमुसे चेहरे वाले श्रीमानजी ढीले-ढाले, झुके-झुके। पहनावा, संचलन, यूँ कि चप्पे-चप्पे पर एनसीआर चस्पा। उनके परस्पर संवाद में बंगाली भाषा का उपयोग और गुजरात में नॉनवेज नहीं मिलने की शिकायत, जो मेरे कान में नहीं पड़ती तो क़सम ख़ुदा कि मैं सपने में भी उनके बंगाली होने का अन्दाज़ नहीं लगा पाता। तीन समय सामिष भोजन के आदी इन बंगालियों को गुजरात प्रवास के अपने पाँच दिनों में माछ-बोटी तो छोड़िए डीम (अंडा) भी नसीब नहीं हुआ। पर इस बात का खुलासा तो बाद में हुआ।

बंगाली दम्पती की आमद के वक़्त तो मैं घर के कुशादा चौगान में खाट पर पड़े-पड़े ढलते सूरज का मुलाहिज़ा कर रहा था। सोचता था कि कितना बेहूदा है, ढलते सूरज को देख मन में यह ख़याल आना कि उसका डूबना एक भ्रम है। घूमती धरती का पैदा किया विभ्रम। साला कितनी भी कोशिश करो अब छुटपन वाले वे रूमानी ख़याल मन में आते ही नहीं...कि सूरज के घोड़े थक गए हैं...कि सूरज अब जाएगा विश्राम करने...ओढ़कर सोएगा माँ के हाथों से बनी काली गोदड़ी। कि सूरज के ताप से बचने के लिए कहकशाँ के पीछे छुपे तारे अब एक-एक कर बाहर आएँगे...चन्दा के आँगन में। छुपा-छाई खेलने...धमाचौकड़ी से आसमाँ सिर पर उठाने के लिए। कि इनके रोज़-रोज़ के हल्ले से चन्दा का सर भारी होता जाएगा...वह घुटनों की ओर मुड़ता जाएगा...सिमटता जाएगा अपने में हर दिन थोड़ा और ज़्यादा। हालात से बेज़ार बेचारा चन्दा एक रात अपनी चाँदनी की गोद में सर डाल पड़ा रहेगा अपने महल में। गहन तम में उस रात भी नभ में आएँगे तारे...पर रहेंगे चुप। कुछ तो अपने किए पर इतना पछताएँगे कि कूद जाएँगे नभ से...चुपचाप...धु ऽऽऽर...साला...विज्ञान ने जीवन से सारा रस ही सोख़ लिया है...

मैं अपनी ख़याली दुनिया में मस्त था कि ऐन उसी वक़्त खटिया पर मुझे वेला पड़ा देख, वो श्रीमतीजी गाड़ी से उतर सीधे मेरे पास। जनानियों को चुप लेट, आसमां ताकते मर्द सख़्त नापसन्द। फिर चाहे वह पराया मर्द ही क्यों न हो।

अब तक मैं समझता था कि छह सौ किलोमीटर की सड़क यात्रा के बाद गाड़ी से उतरते ही महिलाएँ सर्वप्रथम 'लू' तलाशती हैं। ग़लत। आज मालूम हुआ कि बात करने की हाजत पेशाबदानी के प्रेशर से अधिक जोर मारती है। श्रीमतीजी ने छूटते ही सब पूछ डाला। कहाँ से

आए हो, कितने दिन से हो, कितने दिन रहोगे...ब्ला...ब्ला...ब्ला...और फिर यहाँ खाने में नॉनवेज देते हैं या नहीं?

'नहीं मैडम, यहाँ तो सिर्फ़ वेज ही सर्व कर रहे हैं।'

'अरे, और...प...पनीर...वह तो देते होंगे?' इसे कहते हैं दिल्ली की पेट बोली।

मैं चुप। चुप भी तो संवाद का एक ज़रिया है। वो असहज।

'फिर भी आप यहाँ और रहेंगे!' श्रीमती जी ने लगभग तिरस्कार भरी नज़र मुझ पर डाली, और अपने बुंगे की ओर चल दीं।

अब श्रीमान जी और मैं साथ-साथ।

हमारे मध्य पसरा सन्नाटा तोड़ने की ग़रज़ से मैं उन्हें होड़का के बारे में बताने लगा। वे चुप।

बुंगा निर्माण की प्रक्रिया बताई। सामने वाला निर्विकार।

उस परिसर के हर गोशे में बने माँडनों का मेजबान के घर की जनानियों द्वारा बनाए जाने का राज खोला। बन्दे के कन्धे पर शायद बेताल सवार था, उसे मुँह खोलना तो छोड़िए गोया आँखों से बोलना भी मना। लिहाज़ा अपन भी चुपचाप कच्चे आँगन में आहिस्ता-आहिस्ता अपना बदन समेटती गुलाबी किरणों को देखने लगे।

इस बीच उनकी श्रीमतीजी धड़धड़ाते हुए बाहर आईं। मुँह-नाक पर रूमाल, वाणी अवरुद्ध। उनको देखते ही श्रीमानजी का कंठ फूट पड़ा। श्रीमती जी के हाल से बेख़बर वे दूर से ही उनसे मेरा बताया साझा करने लगे। शायद उन्हें यह धड़का था कि क़रीब आने के बाद फिर उन्हें कुछ कहने का मौक़ा नहीं मिलने वाला—

'शुन चो की, ए भद्र लोग जा बोलचेन। जे बाड़ी, आर फारनिचार शब निजेर हाथे तौयरी। शुधू कपाट-जाँगला गुलो किना होए चे। बायरे जे रंगो चित्रो आछे, ता जानो कि...बाड़ीर मेछेले आर बऊ गुलोर हाथे...'

'तुमि चुप करो तो एकटु, आमि किछु जिज्ञेष कोरते चाई' श्रीमानजी का भय ग़लत नहीं था, वे फिर चुप।

वे मुझसे मुख़ातिब हुईं, 'आपके पास रूम फ्रेशनर है क्या?'

'रूम फ्रेशनर...भला वो क्यों? नहीं हमारे पास तो नहीं है।'

'ओ, आपके रूम में गन्ध नहीं है? ये गोबर की गन्ध, यू नो, आय कान्ट टॉलरेट। इट इज़ किलिंग मी...' फिर एक पल थम कर अपने खाविंद से बोलीं, 'बोले छीलम तोमाके, तुमि चलो एकटु आमार शंगे...'

आज वैज्ञानिक जी की शामत आई कि आई...पक्के से।

ख़ैर, छोड़िए भी जनाब यही दुनिया है। जुदा लोग, इतर संस्कृतियाँ, अलग संस्कार और अलहदा पसन्द-नापसन्द। किस-किस पर मांथा लगाएँ? फिर भी साहेब लोगो, एक बात बताएँ कि आपकी नज़र में संस्कृति के मायने क्या हैं? मेरे लिए तो संस्कृति-परिपाटी और कुछ नहीं सिवा ठोस आकारों में रूपायित स्मृतियों के। पारम्परिक घर, परिधान, गहने, सोच, बर्तन-बासन कुछ भी अनायास नहीं होते। सब के पीछे गहरे सन्दर्भ हो सकते हैं, यह समझ आया इरिणा में आकर। जैसे ये बुंगा। हमें बुंगा होड़का से लेकर कालो डूँगर के मध्य सबसे बहुतायत में नज़र आए यानी इरिणा के पूर्वी इलाकों में। इरिणा के दक्षिण-पश्चिमी क्षेत्र में इनकी उपस्थिति विरल है। सोचता हूँ घरों का रंग-ढंग आखी इरिणा में एक-सा क्यों नहीं? याद पड़ता है कि हमारी इरिणा की पूर्वी और पश्चिमी सीमाओं को किसी काल में दो नदियाँ परिभाषित किया करती थीं। पूर्व में सरस्वती, पश्चिम में सिन्धु। इनमें से सरस्वती के किनारे जो मानव बस्ती थी, धोलावीरा, सुना है वे लोग भी इसी तरह के गोल घरों में रहते थे।[188] तो क्या बुंगा और सरस्वती नदी किसी सूत्र से जुड़े हैं? प्रश्न महत्त्व का था। टेढ़ा भी। ऐसा सवाल सोच पर हावी हुआ कि पलकें ख़ुद-ब-ख़ुद मुँदने लगती हैं। दृष्टि भीतरी जगत् में विचरने लगती है। कान अन्दरूनी संकेतों को पकड़ने में चेष्टारत। पर उस बखत तो मेरे भीतर सन्नाटा पसरा था। एक निस्पंद ख़ामोशी। मानो हिया की हलचलें भी स्थगित हो गई हों। घबड़ाहट में आँखें खुल गईं...और...

भाईजान लोगो, बड़ा जुलुम हो जाता जो इस वक़्त मेरी नज़र आसमाँ पर न पड़ती। हम उधर बेकार की बहसों में उलझे रहे इस बीच इधर के नज़ारे बड़े करारे हो गए हैं। मुझ पर लाज़िमी है कि उनका हाल आप पर ज़ाहिर करूँ। यदि आपके वहाँ भी शाम ढल गई हो, तो एक भरपूर निगाह नभ पर डाल महसूसें, जो मैं महसूस कर रहा हूँ—

> *सूरज ढल गया है। बन्नी ने अपने बदन पर चाँद-सितारों से लक़दक़ चादर ओढ़ ली है। ऐसे में इरिणा का हुस्न निखर-निखर गया है। सरमस्तीखेज़ सरासर जुल्मी हुस्न! माना कि इरिणा रेतीला है। उसमें सघन वन नहीं, कँटीले बबूल हैं। फूल और तितलियों के दीदार भी उसे गाहे-ब-गाहे ही होते हैं। उस पर निर्जल होने का आक्षेप है। पर श्रीमान लोगो, इसे नीरस मानने की भूल न कीजिएगा। शाम होते ही बीहड़ों में छुपा प्रभात मंथरगति से बहते हुए बन्नी के हर वाँड़ को अपनी आगोश में भर लेता है। हॉर्न और भोंगों के आतंक से मुक्त बन्नी में ही सुनी जा सकती हैं मन्द पवन के संग बहती कँटीले बबूल की मलमली सरगोशियाँ। यहाँ आप खुले आँगन में खटिया पर पड़े-पड़े देख सकते हैं अनछुई,*

अक्षत-कौमार्य, कहकशाँ। दिमाग़ को स्थगित कर दिल से सोच सकते हैं। जैसे मैं सोच रहा हूँ इस वक़्त...नीम के दरख़्त तले...खटिया पर लेटे-लेटे।

इन्दौर में इतना सब...इतनी देर तक एक विषय पर सोचने का अवकाश कहाँ मिलता है...टी.वी., फेसबुक पर उस्तादों के मल्लयुद्ध... । मंचों...अख़बारों पर मठाधीशों की निरा कुश्ती... । थर-थर धूजता दिल। बेज़ार... बेचारा... चुप से दुबका रहता है मनुज के वजूद के किसी नामालूम गोशे में। दिल और दिमाग़ के मध्य चोर-सिपाही-सा रिश्ता। दिल को मशग़ूल करने के लिए चाहिए सही माहौल। दिमाग़ी खलबली का बन्द होना लाज़िमी। अन्दरूनी मौसम मुफ़ीद हों तो ही नज़र आता है—सदियों से उत्तर दिशा में क़ैद ध्रुव का कँपकँपाना, सियारों का समूह-रुदन सुन मृग-नक्षत्र का लरज़ना। दिखता है चातक के पुकारने से चाँद का मायूस होना—सुबकना। जब टिटहरी की गुहार, चातक की पुकार, सियारों का रुदन मुसलसल चलता रहे तो चाँद तो रोए ही, संग सारे सितारे भी सिसक-सिसक उठें। नभ तथा धरा के मध्य का तमाम अवकाश आर्द्र हो जाए। धरती भींज जाए। उसका हर हू, हर तृण नम। हर बूटा, हर फूल सगबग। दूजे के दर्द में जब सारी कायनात सुबके तब पसरता है घना कोहरा। तब घटित होती है असल रू-ब-रू जीवनशैली।

पर अभी तो यहाँ माहौल ख़ुशनुमा है। उम्दा संगीत चल रहा है...झींगुरों के मद्धम स्वर, शीतल समीर के नीम-पर्णों पर विलम्बित ठेके... । बीच-बीच में जंगल-काग के स्वर, विरही सियारों का समूह गान। रजाई से मुँह निकाल...चौगान में खाट पर चित्त पड़ा मैं देख रहा हूँ अपने विचारों को फुदकते-उड़ते...कहकशाँ में...मृग-नक्षत्र और सप्तऋषि के मध्य... बेख़ौफ़...धीरे-धीरे तम गहरा रहा है...नयन मुँद रहे हैं...मैं ख़ुद को ओढ़े सोया पड़ा हूँ...सुकून है इरिणा में आया...आजाद ख़याली की यह गुंजाइश अब शहरों में कहाँ...कहकशाँ नीचे उतर रही है...नभ आहिस्ता-आहिस्ता मेरे भीतर...तारे कंचे...मैं कंचे बटोर रहा हूँ...एक हाथ में...कुछ जेब में...एक गुच्ची में...कुछ निशाने पर किन्तु...यह क्या, निशाना सध नहीं रहा...कंचे बिखर रहे हैं... ख़ला में खलबली है...सितारे बिखर गए हैं...बन्नी में...अब बन्नी में कहकशाँ...कहकशाँ में बन्नी...सुबह घासिया मैदान में सितारे चुनने चलेंगे...

# घासिया मैदान पर पहली नज़र

जो मुझ पर गुज़रा, ख़ुदा दुश्मनों को भी उससे बचाए रखना। साला, कल सितारों के आग़ोश में जो सुरीले ख़्वाब देखे, वे हरजाई कौवों की काँव-काँव से टूटे। कोयल, बुलबुल, न सही मोर या मुर्गे के स्वर भी चल जाते। पर काँव-काँव से आग़ाजे सहर, हर्गिज़ क़बूल नहीं। भुनभुनाते हुए बुंगे से बाहर निकला और सीधे तेजा से भिड़ गया कि उसके गाँव में इतने कौवे क्यों हैं? तेजा सन्न। कभी इस बग़ल देखे, कभी उस बग़ल झाँके। पिता के आने से उसकी जान छूटी। पिता से ही मालूम हुआ कि एक समय बन्नी में अमरायी थी, बहुतेरे मोर थे। तब उनकी इय्याऊँ-इय्याऊँ सुन प्राची पर रंग चढ़ा करता था। पर इन दिनों कौवों के कलरव के सहारे ही पौ फटती है। सूने सहन से कौवों की हलचल बेहतर है!

चलिए, यहाँ तक तो ठीक है पर बन्नी से जो अन्यान्य ग्राम्य-दृश्य गुम हैं, उनका क्या? जैसे लहलहाते खेत, माटी की सोंधी गन्ध, मुर्गे की बाँग। ख़बर दी गई कि बन्नी में न खेत हैं, न हल हैं, और न मुर्गे-मुर्गी पालने की रवायत। कि बन्नी में खेती की मनाही है, यहाँ हल चलाने पर प्रतिबन्ध है। गाँवों में हल पर प्रतिबन्ध! नाइन्साफ़ी की हद है यह तो। ऐसा भी कहीं होता है? इस रवायत के पीछे के राज ईशा भाई ने खोले।

ईशा भाई का बयान था, 'सालों पहले जब दरिया सूखे तब मालधारियों के सामने पशुओं के चारा-पानी की परेशानी पेश आने लगी। उस समय उनका ध्यान बन्नी के घासिया मैदान पर गया। घास के लिए भटकते पशुपालक दूर-दूर से आकर बन्नी में बस गए। बाद में भुज के महाराव ने मालधारियों को बन्नी का मैदान बख़्शीश में दिया, इस शर्त पर कि वे इसे सदा चरनोई की ज़मीन जैसा ही बरतेंगे। यहाँ ना खेती होगी, ना ज़मीन को आपस में बाँटा जाएगा। बन्नी के हर ज़र्रे पर प्रत्येक पशुपालक का समान हक़। तदन्तर उन्नीस सौ सत्ताइस में ब्रिटिश फॉरेस्ट कानून के बन्नी पर लागू होने और आज़ादी के बाद, सन् उन्नीस सौ पचपन में इसे भारत गणराज्य के संरक्षित वनों में शुमार किए जाने से खेती करने पर और भी पुख़्ता पाबन्दी हुई। पशुपालकों ने जो कौल भरा, उसका निर्वहन अब भी किया जा रहा है।'

लो कल्लो बात, यह तो और भी असम्भव। आज़ाद तबीयत आदमी किसी प्रतिबन्ध में इतने काल तक बँधा रहे यह कैसे सम्भव है? तो क्या इसके पीछे कोई और पेच भी है? समाधान हुआ कुछ 'जत' लोगों पर हुई चर्चा के बाद।

तेजा भाई : पठानी बाना बन्नी में पुरुषों का पारम्परिक परिधान है। वैसे जींस की आमद हो चुकी है पर बग़ैर दुपट्टे कोई मर्द घर के बाहर नहीं निकलता। किसी घर में घुसने के पूर्व सर ढाँपना इन पर भी लाज़िम

चकरा गए? मैं भी चकराया था। अब तक के सफ़र में हमें जख मिले, यक्षों से हमारा राबिता हुआ, अब ये 'जत' कहाँ से आ टपके? मालूम हुआ कि पश्तो भाषा में, ऐसे पशुपालकों को जो घुमन्तू जीवन छोड़ एक जगह रहने लगते हैं, 'जा' (Ja) बुलाते हैं। इसी से आया है 'जत'—जो इरिणा में निवासरत मालधारियों का प्रमुख धड़ा हैं। 'जत' लोग वैसे तो सुन्नी मुसलमान हैं, पर इनका 'पीरों' में भी विश्वास है। कोई मुझसे पूछे तो बेझिझक कहूँगा कि इरिणा में मौलवियों से कहीं अधिक पीर-दरगाहों का दबदबा है। होड़का के मेघा भाई ने ख़बर दी कि सदियों पहले सिन्ध के किसी पीर ने जतों को खेती की मनाही की तथा उन्हें बग़ैर ईंट, बिना नींव के घरों में ही रहने का मंत्र दिया। मेघा के अनुसार जत आज भी उस पीर की हर बात का पालन कर रहे हैं! मौक़ा है तो

बताता चलूँ कि 'जत' दरअसल अफ़गानिस्तान के ख़ैबर दर्रे तथा ईरान की धरती की पैदाइश हैं। स्वभाव से लड़ाका और घुमन्तू। अपनी पहचान को अपना सर्वस्व मानने वाली कौम के वंशज हैं पशुपालक 'जा'। इन्हीं 'जा' लोगों से छिटके लोग बहुकाल पूर्व सिन्धु नदी के साहिलों पर बस गए थे। किन्तु यह ठहरी इधर की बात, अपेक्षाकृत टटका, बर्नीज़ का बताया इतिहास। सवाल यह है कि 'जा' लोगों के सिन्धु-घाटी में बसने के पूर्व, क्या यह इलाक़ा निर्जन था? नहीं जी, हमारे पास सिकन्दर के सिपाहसालार नियार्ख़स का हलफ़नामा है। सिन्धु घाटी में मानव बस्ती का चश्मदीद गवाह—नियार्ख़स। हैरत तो मुझे यह जान कर हो रही है कि इरिणा के जतों के घरों का जो रंग-रूप मेघा ने बताया ठीक उसी छवि के घर नियार्ख़ज ने भी देखे—सिन्धु नदी के मुहाने पर ई.पू. तीन सौ पच्चीस में। परदेसी इतिहासकार कहते हैं कि बन्नी में मानव अधिक से अधिक पाँच सौ बरस से रह रहा है। पर बन्नी के स्थानीय लोगों का मानना है कि उनके यहाँ मानव बस्तियाँ इससे पहले भी थीं। तो क्या ये जत सिन्धु तट से विस्थापित सिन्धु घाटी के मूल निवासियों का अंश हैं? अगर लेशमात्र भी सत्य है, तो एक अन्य सवाल का सामना करना होगा। वो यह कि इतने विराट काल खंड में, जब इनके अगल-बग़ल के देशों की सामाजिक व्यवस्थाएँ तथा संस्कृतियाँ आद्योपान्त बदल चुकी हैं, तो फिर ये कैसे नहीं बदले? उनके हालाते मौजूद जानना बेहद ज़रूरी।

दिल में बवाल मचना था सो मचा। बन्नी के हालिया लोकजीवन से रू-ब-रू होने की ख़ारिश मचनी थी सो मची। ऐसे में हमारे तारणहार कौन? जनाबेआली, हमारे मेजबान, और कौन? अब इन फ़ज़ूल के सवालातों में वक़्त जाया मत कीजिए, और सुन लीजिए वो, जो मुझ पर गुज़रा—उनसे जतों के गाँवों में ले चलने की इल्तिज़ा के बाद।

मेजबान, 'जत गाम माँऽऽ?'

मैं, 'हाँ जत गाँव में।'

मेजबान, 'ख़ास काम छे? फ़ोटो?

मैं, 'नहीं सिर्फ़ फ़ोटो नहीं, उनसे बात करनी है...।'

मैं उनसे आग्रह करता रहा, वो कान ही न धरें। कभी कहें कि जो पूछना है ईशा भाई से पूछ लिया जाए, उन पर सारी जानकारी है। कभी किसी जत को अपने घर में बुला लाने का प्रस्ताव आगे कर दें। न जाने जतों के गाँव में हमें ले चलने में उनको क्या परेशानी थी?

लम्बी बहस के बाद अन्ततः तेजा भाई ने हाँ भरी। शायद हमारे चेहरे पर असन्तोष देखकर। तय हुआ अगली सुबह जाने का। पर अगले दिन तेजा एक पल तो लखनवी अदा में 'हाँ' करे और अगले पल दिल्ली वाले अन्दाज़ में सब भूल जाए। उसके बाद हर दिन हम पूछें—'आज?' वो कहे—'कल'। टालमटोल से

आजिज़ आ, अकेले ही निकल जाने का मन बनाया। पर बताया गया कि जतों के गाँव तो रन में छितरे हैं। अधिकतर सड़कों से दूर, प्रभु–गूगल के संसार से बाहर। उस पर तुर्रा यह कि जतों को बाहरी लोगों से दूरी बनाए रखना सुहाता है। करेले पर नीम यूँ चढ़ गया कि अधिकतर जत हिन्दी भी नहीं बूझते। सो किसी स्थानीय बन्दे के बिना उनसे संवाद कर पाना असम्भव से बढ़कर असम्भव।

दो दिनों की मान–मनुहार के बाद जाकर तेजा का दिल पसीजा। हमारी आशा के दीप जले कि जले। तभी तेजा के श्रीमुख से शर्तों का सैलाब फूट पड़ा। सब ओर आँधी–तूफ़ान। चिरागाँ गुल। अन्तर में कहीं कुछ चटका, कटकटर्र...कटर्रकट...कट– जैसे कोई छील रहा हो भूनी मूँगफली भीतर बैठ...'फाइन प्रिन्ट्स, कन्डिशन्स अप्लाई' आप भी देख लें—

1. जब तक इशारा न हो हम दोनों कार से नहीं उतरेंगे।
2. वाँड़ में जाने के बाद किसी के घर में नहीं घुसेंगे।
3. आप हँस कर किसी से बात नहीं करेंगे, औरत से तो क़तई नहीं।
4. वाँड़ में जाकर, या सड़क से किसी जत के फ़ोटो नहीं उतारेंगे।

'इतनी पाबन्दियाँ क्यों?' अपर्णा ने पूछा। उसके स्वर में कुछ तल्ख़ी थी, कुछ अग्न भी।

'मेडम, जत बहुत बार अचानक ही खूँखार हो जाते हैं। यदि इनके कोई नियम टूटे तो प्रेम से बात करते हुए, पिलाते–खिलाते अचानक मारने दौड़ जाएँ। जो सड़क पर भी ये आपको अपना फ़ोटो उतारते देख लें तो पीछा करते हुए घर तक...'

'बाप रे!'

'थोड़े बरस पहले की बात है, एक परदेसी आया था। फ़ोटोग्राफर। उसे भी जत से मिलना था। समझा कर ले गया कि भाई, बात कर लेना चाहे जितनी। पर फ़ोटो मत लेना। हाजीपीर के पास फ़क़ीराणी जतों का गाम है, वहाँ ले गया उसको। जत के बलेल ने बैठाया, चाय पिलवाई। एक क्लॉक के ऊपर बात हो चुकी तब परदेसी ने कैमरा निकाल लिया। कैमरे पर निगाह पड़ते ही जत मानो पागल हो गया। उसने उसके हाथ से कैमरा झपटा और नीचे पटक कर टुकड़े–टुकड़े कर दिया। बेचारे का इतना नुकसान हो गया। मालूम नहीं कैमरे से जत इतना क्यों चिढ़ते हैं।'

'तेजा भाई आपने फ़क़ीराणी जत का ज़िक्र किया, तो क्या जत भी कई तरह के होते हैं?' मेरा सवाल।

'हाँ, सर। जैसे फ़क़ीराणी, ग्रासिया, धनेठी जत और कांढी जत। सबके घर और पहरवास भी अलग।'

मरता क्या न करता। तेजा भाई हर एक शर्त मंजूर। तुम जो कहो सो करूँ। बस मिलवा दो अपने जतों से।

# सुराब्जी वाँड़

# सुराब्जी वाँड़

अगली सुबह, कलेवे के फ़ौरन बाद, तेजा ने प्रस्ताव रखा, 'सर अभी चलेंगे क्या सुराब्जी वाँड़?'

'नेकी और पूछ-पूछ,' मेरी बाँछें खिल रही थीं, 'वहाँ क्या ख़ास है?'

'सुराब्जी जतों का वाँड़ है। यहाँ से थोड़ी दूर। रन में जाना होगा, धूल होगी।' तेजा को अब भी भरोसा नहीं था कि कोई देसी पर्यटक ठेठ जगहों पर जाने का इच्छुक है।

'कितनी दूर है?'

'थोड़ी दूर ही है। होड़का पंचायत में ही पड़ता है सुराब्जी वाँड़।' यहाँ दो बातें मैंने लक्ष्य कीं। पहली तो यहाँ के रहवासी बन्नी के दायरे वाले रेतीले मैदानों को भी रन ही बुलाते हैं। उनके लिए बन्नी रन का ही एक हिस्सा था। दूसरी यह कि तेजा ख़ुद भी जत वाँड़ों में जाने से डर रहा था। होड़का पंचायत का सरपंच उसके अपने परिवार का, फिर भी तेजा भयज़दा। मानो हम उसे ततैया के छत्ते में हाथ डालने को कहते हों। मैं उसके चेहरे के बदलते रंग देख रहा था कि उसने आगे जोड़ा, 'इस वाँड़ के तरा और वाव आपको पसन्द आएँगे।'

'वाव मतलब? तरा मतलब?' अपर्णा का सवाल आया और सामने वाले का चेहरा फ़क़। अपनी सीमित हिन्दी शब्दावली के चलते यहाँ लोग अकसर भाषा के भँवर में फँस ऐसे ही डूबने-उतराने लगते हैं। शिक्षा का माध्यम गुजराती, मातृभाषा कच्छी, जन बोली सिन्धी...उस पर अंग्रेजी-हिन्दी के निर्मम प्रहार...आदम जात पसोपेश में। पर तेजा दो-चार घंटे में कहीं न कहीं से माकूल हिन्दी शब्द तलाश ही लाता है। निकलने के पूर्व उसने वाव का अर्थ बताया—कूप। पर 'तरा' अब भी पहेली, उसके लिए भी, मेरे लिए भी।

चलिए अब बात करें सुराब्जी वाँड़ की, जहाँ पैदल जाने का निर्णय हुआ। बड़ी गाड़ी उपलब्ध नहीं थी, मेरी छोटी कार का रन में जाना मुश्किल था। भीतरी क्षेत्र में जंगली जानवर हैं जैसे लोमड़ी, सियार, साही, सर्प। कहते हैं पहले यहाँ जंगली गदहे और बाघ भी थे, पर इधर के कई बरसों से वे गुम हैं। सो गले में कैमरा डाल हम पैरों के भरोसे चल पड़े। हाँ, कैमरा देख तेजा ज़रूर असमंजस में था। उसे फिर से

आश्वस्त किया गया। कौल भरा कि उसका संकेत मिलने के पहले मैं इस यंत्र को स्पर्श भी नहीं करूँगा।

सड़क से इतर हम सौ-पचास क़दम ही कच्चे में गए कि बन्नी की एक जुदा तसवीर नमूदार होने लगी। जाना कि शीशा चढ़ी एयरकंडिशंड गाड़ियों से ज़िन्दा संसार दिखता ही नहीं। न बीहड़ की ख़ुशबू, न मिट्टी की लिपटन, न धूप की छुअन, न विहगों की चहचह, न पवन की कानाफूसी, न घास-पेड़-पौधों की घुसर-पुसर। बन्धु लोगो, दीदों से जो नज़र आए वह तो उस जगह की काया मात्र है। इन नज़ारों की आत्मा तो नज़र से इतर कहीं और बसती है, दृश्यों में धँसे बिना आत्मा से पहचान नहीं होती। लानत है कि शीशों के पीछे से मंज़र देख मैं इतने दिनों से मुर्दाक़शी में मशग़ूल था। ख़ैर, यह बात यहीं दफ़्न और मैं चला रन में भीतर—जहाँ हैं कँटीली झाड़ियों तथा बबूल के पेड़ों के बीच से दौड़ती सँकरी पगडंडियों के झुंड। वैसे तो उधर की हवा निर्मल ही थी पर कभी अचानक सड़ाँध उस पर आरूढ़ हो हम तक आ जाती। इतनी भयंकर कि बाज़ दफ़ा मामला दमघोंटू भी हो जाता। बू एक-सी पर हर बार कारण अलहदा। एक जगह लोमड़ी, एक जगह सियार का सड़ता जिस्म। जिन जिस्मों पर हमें इतना नाज़, जिन पर हम ताउम्र जान छिड़कें वे बेजान होते ही कैसे बेसबब से लगने लगते हैं। पर यहाँ हालात जुदा हैं।

उस सियार का जिस्म भले ही निस्पन्द था पर उसकी आँखें बेनूर नहीं थीं। खुली, बाट जोहती आँखें। बेचारे सियार का दम किसके इन्तज़ार में निकल गया? क्या सियारों में भी शायर होते हैं? कहीं ऐसा तो नहीं कि वे शे'र पढ़ते हैं और मैं उसे उनका रुदन समझता हूँ। कभी मोगली से भेंट होगी तो पूछूँगा। मैं तो भाषा के मुआमले में बेहद कमज़ोर हूँ। ख़ैर, मुर्दा सही इनके दीदार तो हुए। बरसों बाद। इतने बरसों बाद कि इनकी सूरतें अनजान हो गईं। तभी तो सियार देखकर ही ज्ञान हुआ कि गाड़ियों से कुचल बन्नी की सड़कों पर छितरी वे लाशें, जिन्हें मैं कुत्तों की समझ रहा था, हक़ीक़तन सियार व लोमड़ियों के पिचके जिस्म थे। बन्नी घासिया मैदान से निकलती हर सड़क इन बेचारों के घर-आँगन से जो गुज़रती है। कहर बरपा रही है पर्यटकों के लिए बनी बन्नी की हर सड़क। क्या विकास तथा जी.डी.पी. की गाज़ क़ुदरत की इन लाचार सृजनाओं पर भी गिरती है? जी सर जी, बदलाव की हर जुगत पर न जाने कितने अकिंचन जीवों की बलि दी जाती है, न जाने कितने लाचारों का सारे जीवन का कमाया-धमाया होम हो जाता है! कौन साला कह रहा था कि आधुनिक युग में बलिप्रथा बन्द हो गई है? ख़ैर यह बात भी यहीं दफ़्न करते हैं और धँसते हैं बीहड़ में थोड़ा और भीतर। काहे कि आधा क्लाक चलने के बाद भी किसी बस्ती के निशान नहीं दिख रहे।

सुराब्जी वाँड़ के मालधारी जत। ऐसे घरों में मजबूरीवश नहीं वरन् परम्परा तथा बन्नी से गहन अनुराग के बायस रहते हैं

हाँ, तो मैं कह रहा था कि सुराब्जी वाँड़ जाते समय हमें बेहिसाब पगडंडियाँ मिलीं, पर सबकी सब दिशाहीन। नया मनक तो जहाँ से निकले, घूम-फिर के वहीं का वहीं। पर दो-तीन स्थानों पर पक्की सड़क की ओर से भीतर आते हुए ऊबड़-खाबड़ रास्ते भी नज़र आए। ठीक वैसे ही जैसे गीली ज़मीन पर ट्रैक्टर की आवाजाही से बना करते हैं। पर मालूम हुआ कि ये चिह्न ट्रैक्टर से नहीं भैंसों की आवाजाही की बदौलत हैं। यानी कि वे हुए पन्द्रह-बीस फीट चौड़े 'बफेलो हाई-वे'। तेजा के हवाले से ख़बर है कि हर वाँड़ की भैंसों का अलग रास्ता होता है, जिन पर वे एक संग चलती हैं। यदि सफ़र के बीच कोई आ जाए तो उसका कचूमर निकला कि निकला। भैंसें ठहरीं बन्नी की वी.आई.पी.। कोई उनसे कुचल जाए, उनकी बला से। वे जो एक बार शुरू हुईं तो फिर मंज़िले मकसद पर पहुँचकर ही थमेंगी। क्या कोई कल्पना कर सकता है कि भैंसों के हर झुंड का रहनुमा एक 'नेता' भैंस होती है। रहनुमा की ग्रीवा में बँधी होती है ख़ास उसी के लिए निर्मित घंटी। कॉपर-बेल, जो हम निरोणा में देख आए हैं। लिमिटेड एडिशन, नो डुप्लीकेशन। अचरज हुआ यह जान कर कि चरनोई में पहुँच अगर चार वाँड़ों के जानवर भी साथ हो जाएँ तो भी लौटने के समय हर वाँड़ की भैंस अपने नेता की घंटी की आवाज़ पहचान कर उसके पीछे चल देती है। बता दूँ कि बन्नी की भैंस कदाचित दुनिया में इकलौती रात में चरने वाली भैंस होगी। आप सोचते होंगे कि क्या इनके संग कोई चरवाहा नहीं होता? जी, आपका अनुमान सही है जनाब। बिना किसी चरवाहे के ये भैंसें तमाम रात चरने के बाद, सुबह दूध देने हेतु अपने वाँड़ में, स्वयं के घर, आप ही पहुँच जाती हैं। कभी-कभी तो बीस-तीस किलोमीटर का सफ़र तय करना होता है इनको। पर क्या मज़ाल जो कभी समय चूक जाएँ। अब समझा

कि बन्नी के मालधारी अपने जानवरों पर जान क्यों छिड़कते हैं! और क्यों इनके एक जानवर की क़ीमत अकसर छह अंकों में होती है!

अभी तो सुबह के नौ बज रहे हैं। यह वक़्त भैंसों की आवाजाही का नहीं। तो निधड़क 'बफेलो हाई-वे' पार करने के बाद कोई आधे घंटे और चले, तब जाकर सामने पाँच-सात झोंपड़ियों का एक समूह दिखाई दिया। बारदानों से निर्मित 'भीत', टाट-तारपोलिन से बनी छत, कँटीली झाड़ियों से बनी बाड़। सच कहूँ तो प्रथमदृष्टया वे मुझे कोंदवाड़ा ही जान पड़े—जानवरों को बंद रखने के स्थान। किन्तु एक झोंपड़ी के सामने मोटरसाइकल, एक के द्वार कोई एस.यू.वी., और कहीं-कहीं कपड़े सूखते देख यह भ्रम दूर हुआ। अभी वे घर हमसे कुछ तीन सौ मीटर की छेंटी पर होंगे कि फ़िज़ा में एक कर्कश स्त्री स्वर गूँज उठा।

जो कहा जा रहा था सिर्फ़ तेजा ने बूझा। वह ठिठका। पीछे पलटा और घबराते हुए कहने लगा, 'बोला था ना फ़ोटो नहीं लेना।'

'फ़ोऽऽटो, ओ...हाँ...फ़ोटो...सॉरी...सॉरी,' साला मालूम ही नहीं पड़ा कब हाथों ने कैमरा थाम आदतन आँखों के सामने स्थापित कर दिया था। बेध्यानी की पराकाष्ठा हो गई यह तो अजय बाबू। तुम्हारे हाथ दहशतग़र्द...सेपरेटिस्ट...निगोड़े तेरा रक्त पीएँ और तेरा ही गला चाँपने की मंशा रखें।

बेचारा तेजा। उस महिला को समझाने में जुटा था। सवाल-जवाब चल रहे थे। काफ़ी देर में जाकर मुआमला शान्त हुआ। रायता फैल चुका था। अब इस गाँव में अधिक समय गुज़ारने में कोई तन्त नहीं। अपने ही हाथों शर्मसार मैं सर नमाए चुप-चाप आगे बढ़ गया। उस स्त्री का स्वर भी मेरे संग चल रहा था। सोच रहा था सुराब्जी वाँड़ के बारे में। कितना छोटा-सा गाँव। इतने विशाल दायरे में मात्र चार-पाँच घर। मामूली से भी कमतर घर। फिर भी वह महिला कितनी निडर, कितनी बिन्दास। जो होना वो होनाइज्ज़, जो नहीं होना वो किसी दम मंजूर नहीं। इस निर्भयता के आश्रय क्या हैं? शायद मज़बूत पारिवारिक-सामाजिक ताना-बाना, जो सामूहिकता के मध्य यथोचित व्यक्तिनिष्ठ स्वतंत्रता भी प्रदान करता है। शायद हाँ।

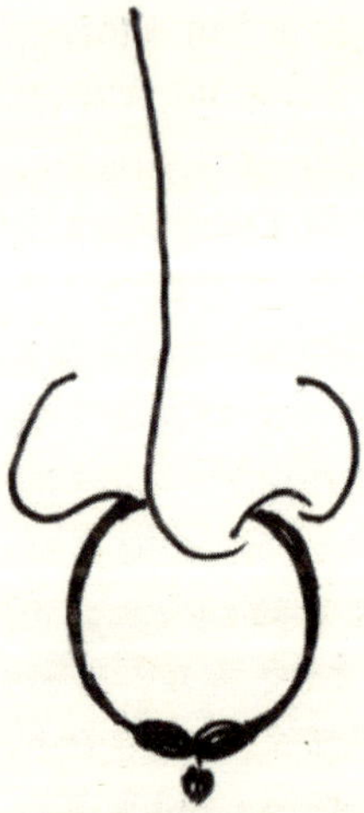

उस जत-जनानी का चेहरा तो बिसरा गया किन्तु उसकी नथ देर तक ज़ेहन में झूलती रही। वही अपर्णा की 'मैदानी डायरी' से यहाँ उद्धृत है

अभी कल ही की बात है जब अपर्णा तेजा के पिता को कुछ रुपये देने की चेष्टा कर रही थी। दरअसल तेजा की माँ एक ख़्यातनाम मुतवा कशीदाकार है। दो दिन पहले उससे कुछ सामान लिया गया था, दाम चुकाना बचा था। कल पिता सामने दिखा तो वही उधार चुकता

'तरा'—मेरे लिए परम्पराओं की शक्ति का परिचय!

करने के आशय से उसे पैसा देने की चेष्टा हुई, जिसे अगले ने दृढ़ता से अस्वीकार कर दिया। कहने लगा, 'जिसका पैसा उसी को दें। हमारे इधर ऐसा ही चलता है।'

बहू सास की मुहताज नहीं, सास अपने पति पर आर्थिक रूप से अनिर्भर। ऐसा भी लगा कि यहाँ घर की सत्ता पर स्त्री का सम्पूर्ण अख़्तियार होता है। और यह पुरुषों को सहज स्वीकार्य भी है। सामाजिक रवायतों के चलते यहाँ स्त्रियाँ हुनरमन्द हैं। वे घर में रहकर, सिलाई-कढ़ाई या अन्य कलाकर्म कर अपनी पूर्ति के लिए धनोपार्जन कर लेती हैं। शायद यही कारण है कि दरीचों से झाँकती महिलाओं की आँखों में घुटन नहीं उल्लास दिखता है। नैराश्य के बनिस्बत आत्मविश्वास नज़र आता है।

'अरे, देखो तो सई, सामने क्या है।' अपर्णा के नृत्य करते स्वर से तन्द्रा भंग हुई।

सामने निगाह पड़ी कि पैर वहीं ठिठक गए। आँखों पर भरोसा करूँ, या इन्हें मसल कर फिर देखा जाए। भरोसा होता भी तो किस विध? कुछ ही पलों में ऐसा दृश्य-परिवर्तन। अभी रेगिस्तान था, अभी नख़्लिस्तान। सामने इस क़दर हरियाली कि आँखों में न समाए।

'यह क्या है तेजा?'

'तरा।'

बेड़ा गर्क़, फिर वही 'तरा'। क्या नख़्लिस्तान का ही कच्छी नाम है 'तरा'? ख़ैर समय आने पर आप ही यह रहस्य खुलेगा, अधिक सिरपच्ची से लाभ नहीं। अभी वह 'तरा' हमसे कुछ दूर ही था कि न जाने किधर से हाथ में लाठी लिए एक बूढ़ा आ धमका। उसकी पैनी निगाह हम पर से फिसलते हुए कैमरे पर थम गई। मेरे क़दम जहाँ के तहाँ। मारे डर के थर-थर। तेजा ने दूर ही से हमारा परिचय करवाया। बूढ़े की नज़र तरल हुई। ढाढ़स बँधा। आगे बढ़े।

तरा क्षेत्र, जिसे कँटीली बाड़ तथा सूखी डगालों से बने एक चरखी कपाट (रिवॉल्विंग डोर) का संरक्षण मिला हुआ था, में आने की अनुमति मिल गई थी।

दरवाज़े के पार, किसी ढूह को काटकर बनाई एक मानव निर्मित घाटी थी। क़रीब सात फुट चौड़ी। आजू-बाजू माटी की क़रीब पन्द्रह फुट ऊँची दीवारें। आगे-पीछे से खुली, हरियल घाटी। इसी से गुज़रकर पहुँचा जा सकता है असल जन्नत में।

अहा! कैसी सुन्दर जगह थी वह। कितनी सुरीली। मानो कुमार गन्धर्व के सुर सशरीर सामने खड़े हों। इन पंक्तियों को लिखते वक़्त भी हर दिशा से उठते वे स्वर सुन रहा हूँ। हर गोशे से उमगती वह मीठी गन्ध महसूस कर रहा हूँ। वो लताएँ, बहुरंग पुष्प, बया के अनगिनत घर। और जल का कल-कल स्वर, जैसे कि संगत में तानपुरा। ये सब मेरे निकट हैं। बस यूँ समझ लीजिए कि अगल-बग़ल, बस दो-चार अप्सराएँ और वहाँ होतीं तो इन्द्र का दरबार मुकम्मल हो जाता। पर वहाँ तो थे चौकड़ीदार तहमत लपेटे, उघाड़े बदन सुराब्जी वाँड़ के दो ग्रासिया जत। खुदाई में मसरूफ़। जानते हैं क्या खोदा जा रहा था—वाव...बोले तो कुआँ और क्या। जी जनाब, बीच रेगिस्तान में वहाँ एक नहीं अनेक वाव थे। बिन मुँडेर वाले, मुँह ज़मीन से सटाए। प्रत्येक से एक छोटी-सी नाली निकल घाटी के किनारे बने इकलौते हौज़ (नाँद) तक आ रही थी। तहमत लगाए एक जत ने बताया कि वलेल (बाप-दादा) के ज़मानों से जत इसी प्रविधि से वाव बना रहे हैं। इसके लिए सर्वप्रथम एक स्थान तलाशा जाता है जहाँ वृष्टि जल स्वतः एकत्र होता हो। कुएँ बनने के बाद बाड़ बनाकर उस इलाक़े को सुरक्षा दी जाती है। कुएँ को सुरक्षा? किससे? भैंसों के अनचाहे प्रवेश से। भैंसों पर ग्रामवासियों द्वारा मुक़र्रर समय सारिणी का अनुपालन करना लाज़िमी। सुबह और शाम, दिन में बस दो मर्तबा ही प्रवेश की अनुमति है उनको। हाँ, पाखी जब चाहें तब आएँ। कुछ छोटे जीव-जनावर ढूँह टापकर आ ही जाते होंगे, उनकी भी फ़िक्र नहीं। वे तों घूँट दो घूँट पीकर चल देते हैं, पर भैंस तो इतना जल देख बौरा ही जाए। कोहराम मच जाए 'तरा' में।

अब जाकर 'तरा' का अर्थ समझ पाया। सबको जो तर रखे सो 'तरा'। या शायद यह 'ताल' का अपभ्रंश है। वैसे इस ताल में जल तो बस बरखा ऋतु में ही भरता है, पर ये ग्रासिया जत उस जल की बूँद-बूँद वाव के ज़रिये धात्री की कोख़ में उतार देते हैं। तीन या चार फुट व्यास के ये कूप पाँच से दस फीट गहरे होते हैं। जिन्हें अकेला आदमी खोद लेता है। कभी-कभी तो एक दिन में तीन-चार।

इनके पारम्परिक ज्ञान की पराकाष्ठा देखिए कि उन्हें इल्म है कि मिट्टी के गड्ढे में एकत्र जल शीघ्र ही कीचड़ बन मर जाता है। अतएव मिटिया वाव की दीवार को धसकने से बचाने के लिए, दीवार पर नीम या बबूल के ठूँठ फँसाते हैं। पानी को जीवन्त रखने के लिए जल को साफ़ रखने वाली जीवन प्रणाली की दरकार होती है, यह भी उन्हें पता है। चुनाँचे वाव की दीवार में ठँसाए ठूँठों के मध्य बन्नी

के मैदान से लाई घास लगाई जाती है। उन्हें अनुभवों से ख़बर है कि जल में उगी घास तथा लक्कड़ पर जमी काई ही वाव के फेफड़े हैं। वाव के जल से लगातार उठते बुलबुले उसके जीवित होने का प्रत्यक्ष प्रमाण हैं।

और हाँ, पानी उलीचने के लिए एक ख़ास क़िस्म की डोलची (चढ़ाई) उपयोग में लाई जाती है, जो पहले भेड़ की खाल से बनाई जाती थी पर अब गाड़ी के ट्यूब का इस्तेमाल होता है। दो लोग लगते हैं जल खींचने में, जो वाव के आर-पार खड़े हो, डोलची से जल उलीच नाली में कूड़ते हैं। नाली से होकर पानी जाता है नाँद में—जहाँ से भैंसें जल ग्रहण करती हैं।

हर साल कुछ कूप वर्षाजल के संग आई गाद से बुर जाते हैं। तो कुछ में जल सूख जाता है। जब किसी वाव के जल से बुलबुले उठना बन्द हो जाते हैं तब उसे बन्द कर नज़दीक ही एक नया कूप खोदा जाता है। अतः वर्षाकाल के अलावा भी तरा की देखरेख लगातार चलती है। नतीजतन, तरा के किसी न किसी वाव से जल साल भर मिलता रहता है। जल बाहुल्य क्षेत्र होने से तरा के दायरे में हरियाली बनी रहती है, भैंसों के लिए उच्चकोटि की घास भी मिलती रहती है। जात-पात में बँटी दुनिया के नागरिक सुन लें कि तरा पर किसी की बपौती नहीं। यह वाँड़ के हर घर, हर भैंस के लिए खुला है।

अभिभूत हूँ इन जतों की जल को लेकर ऐसी चिन्ता देख। यह चिन्ता भूतापीकरण के ख़ौफ़ से प्रचोदित नहीं, आप ओढ़ी है। चिन्ता आज की भी नहीं सैकड़ों बरस से मुसलसल बरकरार है। पर कितने बरस से? यहाँ एक पल को रुकना चाहिए। सनद रहे सो एक बात बताना चाहता हूँ कि यह परम्परा कब से जारी है इसका खुलासा बहुत बाद में होगा—धोलावीरा पहुँचने के उपरान्त। उस वक़्त तक यह

वाव में सबसे ऊपर उपले की दीवार, थोड़ी गहराई में नीम के ठूँठ और बन्नी की घास। बुलबुले उठना बंद तो वाव भी बंद—मरा पानी भला किसके काम का!

दृश्य ज़ेहन में थामे रहिएगा। टींग्ग...टॉन्ग...आवश्यक घोषणा समाप्त हुई अब आगे का हाल सुनिए...

मैं कहते-कहते रुक गया था कि वाव, जल और जल सेवा, जतों के जीवन में किस पाए की चीज़ है इसका खुलासा इनके पीरों से चलता है। इरिणा में वैसे तो कई पीर हैं, पर जतों में सबसे महत्त्व के हैं हाजीपीर। वह फ़क़ीर जो बाद में हाजीपीर कहलाया, था तो मालधारी जत। गाय-भैंस चराता था, इन्हीं की तरह रहता था। जुदा था तो उसका राहगीरों को भोजन देना, प्यासों को पानी पिलाना[189] अब शत्रु तो सबके होते हैं—क्या ईसा क्या गांधी। सो इस परोपकारी जत से भी डाह करने वाले कम न थे। कहते हैं कि उसके दुश्मनों ने उसका सर धड़ से उड़ा दिया। धड़ तो होड़का के समीप शेरुआ गाँव में ही रह गया किन्तु सिर उड़कर वहाँ गिरा जहाँ आज उस फ़क़ीर की दरगाह है। यह भी कहना है कि बाबा के मरते ही उनकी दो सौ भैंसें बावर (बबूल का पेड़) हो गईं। इसीलिए मालधारी आज भी बबूल का पेड़ नहीं काटते। इसी तरह यहाँ रहने वाले आहिर (अहीर) दादा मेकण को बहुत मानते हैं।[190] ध्रंग वाँड़ में रहने वाला यह चरवाहा भी मुसाफ़िरों को जल पिलाता था। इसी ख़ुसूसियत के चलते मरणोपरान्त उसे 'पीर' का सम्मान मिला। प्रतीत होता है कि इन लोक कथाओं के ज़रिये चरनोई की भूमि और पेड़-पौधे महफ़ूज़ रखने के जुगाड़ किए गए हैं और मानव सेवा को सर्वोत्कृष्ट बताने की चेष्टा हुई है। ये कथाएँ जहाँ

जतों की नर्मदिली का बयान हैं वहीं इसका भी सबूत कि जतों के पास प्रचुर मात्रा में पानी रहता था। जिनको वाव बनाने का जुनून हो, दान देने जितना जल तो उन्हीं के पास रहेगा!

बात थोड़ी बेमौक़ा लग सकती है पर ध्यान आ ही गई तो कहे देता हूँ। अभी उस दिन ही ईशा भाई ने बताया था कि नहर का जल अब बन्नी में भी आने लगा है। आज सुराब्जी वाँड़ का तरा और उसके वाव देख उत्सुकतावश तेजा से पूछा कि क्या होड़का गाँव में भी तरा है? मेरे मुँह में ख़ाक कि उससे ऐसा सवाल किया, क्योंकि जवाब ने मुझे भीतर तक हिला दिया।

'तरा तो है, पर सूख गया है।'

'क्यों?'

'पाइप से पानी आने लगा है, उसी से पूर्ति हो जाती है। अब गाँव के लोग इतनी मेहनत नहीं करना चाहते।'

'फिर ये लोग इतनी मेहनत क्यों कर रहे हैं, क्या सुराब्जी वाँड़ में पाइप नहीं डले?'

'पाइप तो यहाँ भी हैं, पर ये जत लोग अपनी परम्परा आसानी से नहीं छोड़ते, ये आज भी वाव का पानी ही यूज करते हैं...।'

'यानी पीने हेतु होड़का में आप लोगों को नलके का पानी बारहों महीने मिल जाता है।'[191]

'नहीं, गरमी में एक-दो दिन छोड़कर। वैसे भी आजकल बन्नी में बोतल में पानी आता है, भुज से। पाइप का पानी तो बस भैंसों के लिए हौदे भरने में काम आता है।'

शर्मनाक है कि ऐसी उन्नत प्रविधियों में निष्णात जतों को नियार्ख़स, बर्नीज़, पोस्टन और भी न जाने कितने महारथी 'गँवार', 'जंगली' आदि उपाधियों से मालामाल कर गए। अपने गिरेबान में झाँकने का साहस ही नहीं मुझमें। इनके बरअक्स क़ुदरत को लेकर मेरी फ़िक्रें कहीं ठहरती ही नहीं। सोचता हूँ आधिक्य और सहज उपलब्धता के चलते मनुज प्रकृति के प्रति कितने असहिष्णु, कितने क्रूर हो गए हैं। एक तरफ़ ये अनपढ़ जल की हर बूँद सहेज रहे हैं, वहीं यहाँ से हज़ार कि.मी. दूर इन्दौर में न्यायालय, एक प्राचीन तालाब को बन्द कर उसी जगह अपने लिए नवीन भवन बनाने पर आमादा है। न्यायालय के ही कुछ लोग न्यायालय से लड़ रहे हैं। पर जब कातिल ही मुनसिफ़ हो तो न्याय न मिलना था, न मिला। इन्दौर का वह 'पिपलियाहाना तालाब' अब लगभग सूख गया है। आम इन्दौरी बेफ़िक्र है, नर्मदा के जल से हमारे कंठ तर जो हैं। इन्दौर इज़ एन्जॉइंग सर जी, यू कैन डू द नीड फुल...खचाखच...खच्च...।

सोच में पड़ गया कि हक़ीक़तन कौन दिमाग़ी रूप से पिछड़ा है और कौन है असल बौड़म? जीवन की पाठशाला में दीक्षित बन्नी के लोग या पुस्तकों के पिस्सू मुझ सरीख़े लिफ़ाफ़िया मानुष? कौन अधिक मायने रखता है क़ुदरत के लिए, वो जो बरसों बरस से उसके नियमों का पालन कर, उसी के रंग में घुल-मिल जीवन-यापन कर रहे हैं? या वे जो ग्रन्थों की जिल्द से क़ुदरत की छाती पर मूँग दलते हुए बड़े आराम से गेट्स-गूगल-अंबानी-अडानी के ख़ीसे भर रहे हैं? यह तरा नहीं एक दर्पण है। मैं निर्वस्त्र, स्तब्ध-ठगा-ठिठका। भीतर भूकम्प, अन्तर में किरचन ही किरचन। तबीयत पर अवसाद-सा तारी होने लगा। अन्य लोगों से मिलने-मिलाने के सभी कार्यक्रम स्थगित कर लौट आया अपने बुंगा में। चुपचाप बैठ ख़ुद को कोसने के लिए, सिरहाने पर सर टिका रोने के लिए...

# बन्नी का इन्द्र-दरबार

गोरू-भैंस, नदी, समन्दर, रेत, भूकम्प और सूखा—कान पक गए न मुसलसल ये नाम सुन-सुनकर। पर क्या करें, जब से कच्छ में घुसे हैं, हमारी भेंट बारम्बार इन्हीं से हो रही है। कभी रू-ब-रू, कभी चर्चाओं में। जो देखा-सुना सो आपसे कहा-बताया। इन नामों के दोहराव के चलते बाज़ दफ़ा तो इरिणा लोक से लोक-जीवन ही नदारद होने का भ्रम होने लगता है। मैं भ्रमित हुआ—वहाँ तक तो ठीक है—पर आपको क्यों ऊहापोह में फँसा रहने दूँ? लिहाज़ा अब रस परिवर्तन होना चाहिए। यहाँ के कला संस्कारों की तपास करना चाहिए। अब तक कला के नाम पर जो हमें दिखाया गया वह तो इनके धनोपार्जन का औज़ार थे, रस संधान का साधन नहीं। पर रस बिन जीना सम्भव है क्या? रेत में जीना सम्भव है, पर जो जीवन ही मरुस्थल हो तो कोई कैसे जी पाए?

बात इरिणा की करें तो यहाँ धरा अनुर्वर। सावन-भादों की रिमझिम ग़ायब। नदी-झरने मात्र ख़यालों में। मानव निर्मित मनोरंजन के साधन इनकी पहुँच से बाहर। कहाँ मेरा जर्क़-बर्क़ शहर कहाँ यह बन्नी का सादा-ज़र्द वाँड़। उधर चेहरों पर मायूसियाँ, ज़ुबाँ पर शिकायतें ही शिकायतें। इधर ऐसे खिलखिल चेहरे? हर कोई अलमस्त। हत्या, बलात्कार तथा आत्महनन दर शून्य! यह कैसा विरोधाभास? क्या है जो इनको जीवन पर भरोसा जगाए है? क्या है जो इनके जीवन को सरस बनाए है? कहाँ लुके हैं इन सवालातों के जवाब? तलाश कहाँ से आरम्भ हो?

दरअसल इन लोगों की जीवन शैली इतनी सौम्य है, इतनी शान्त कि कान ठीक से सटाए बिना कुछ सुनाई न दे। अपने तईं ये कुछ न कहेंगे। विशेषत: स्वयम् के बारे में तो क़तई नहीं। कुछ जानना हो तो लगातार कुरेदना ज़रूरी। ये सब कुएँ के पत्थर, असर देखना हो तो बिना रुके डोर रगड़ते रहो। मैंने भी यही किया। कुरेदा। नतीजा सिफ़र। बार-बार कुरेदा, हर बार सिफ़र। एक दिन भाग्य ने पासा पलटा। ताले में बन्द तेजा की जुबान खुली।

किल्ली? ढोलक!!

हाँज्जी ढोलक!

हुआ यूँ कि होड़का गाँव में घूमते हुए मैंने कुछ घरों के बरामदों में ढोलक टँगी देखी। यह वाद्य तो धूम-धड़ाका, नृत्य-गीत से सम्बद्ध है। बस इसी को लेकर तेजा को घेरा कि अगर बन्नी का गीत-संगीत उल्लेखनीय नहीं, तो इतने आँगनों में ढोलक क्या कर रही है? फँस गया तेजा कोने में। उसकी जुबान खुली। बताया कि शादी-ब्याह-त्योहार के समय घरों में गीत-संगीत होता है। ढोलक काम आती है। हर घर में एक-दो जने ढोलक बजाने में माहिर होते हैं।

उसके घर वालों से पारम्परिक गीत सुनवाने का मेरा आग्रह, फ़ौरन ख़ारिज हो गया। बातचीत का सिलसिला आगे बढ़ा तो मालूम हुआ कि मालधारियों में कई लोग हैं जो पारम्परिक लोकगीत गाते हैं, क़िस्से सुनाते हैं। इनको शादियों में भी बुलवाया जाता है। रतजगे होते हैं।

लो जी लो, काम बन गया अपना। इन कलाकारों से मिलने की ललक जाग गई। तेज़ से तेज़तर होती ललक। पर कुछ पल थमकर थोड़ा 'होमवर्क' कर लें तो ठीक रहे। मुझे इल्म है मेरे रसिक साथी, बेताब तो आप भी होंगे। बस, पल दो पल की बात है, फिर ले चलूँगा आपको स्थानीय इन्द्र-दरबार में।

तो जनाब, जो मैंने उनसे गुफ़्तगू में जाना, आप भी जान लें। क़िस्सागोई और गाना बजाना ठहरा मालधारियों के जीवन का अभिन्न अंग। यहाँ के पारम्परिक वाद्यों में बाजा (मंजीरा), कान्हापावा (बाँसुरी), केसा दाना (झाँझर) के अलावा जुड़ियापावा तथा मोरचंग शुमार हैं। हमें बताया गया कि क़िस्सों और गीत-संगीत के आश्रय से ही चरवाहे विपरीत मौसमों में, खुले आसमान के नीचे रन में जीवित रह पाते हैं। अकसर इनकी जेबों में होता है अपना कोई पसन्दीदा वाद्य तथा ज़ुबान पर होते हैं लैला-मजनू, मुमल-रानो, उमर-मारवी (मारुइ) के क़िस्से। क़िस्से तीन के तीन पर इनके संस्करण अलग। उनको कहने के तरीक़े जुदा। कभी तरन्नुम से। तो कभी नानी-दादी की तरह सीधे-सीधे।

रबजी भाई वाडा और जुड़ियापावा

यह भी बता दूँ कि यहाँ लोक कलाकारों से सम्पर्क साधना भी अपने आप में एक महति काम है। वे मोबाइल से चिपके 'प्रोफेशनल आर्टिस्ट' नहीं, घुमन्तू चरवाहे हैं। कभी यहाँ, कभी वहाँ। चुनाँचे, यहाँ सूचनाओं का प्रसारण मुख-दर-मुख ही होता है पर उसके विकिरण की रफ़्तार देखते बनती है।

इसी सूचना प्रसारण सेवा के माध्यम से तेजा का सबसे पहले सम्पर्क हुआ सराड़ा

वाँड़ के रबजी भाई वाडा से। रबजी वाडा उन लुप्तप्राय कलाकारों में से है जो जुड़ियापावा बजाते हैं। मौक़ा हाथ आया है तो कह देता हूँ कि जुड़ियापावा एक फूँक वाद्य है जिसमें शहनाई के जोड़े को कोई एक साथ फूँक दे इस तरह बजाया जाता है कि एक से तो बस लहरा निकलता है, दूजे से बन्दिश के बोल। वैसे जुड़ियापावा वीरानों को बिसराने वाला वाद्य न होकर मूलतः मालधारियों के उत्सवों में बजने वाला यंत्र है। अतः यह चरवाहों के साथ रन में नहीं जाता। चरवाहों के कमरबन्द में तो खोंसा होता है कान्हापावा।

बहरहाल, रबजी का वाद्य सुरीला था। इसे साधने में हुई उसकी तपस्या भी दिखती थी। उसने जमकर सुनाया भी। पर कुछ था, जो मन भीग नहीं पाया। शायद पूर्वाग्रह। उसका भी, मेरा भी। मुझे पारम्परिक की प्यास, वह सुनाए फ़िल्मी धुनें। मुझे सोते के जल की तृष्णा, उसका शरबत परोसने का आग्रह। उसे पक्का यकीन था कि शहरी लोग गँवठी संगीत में क्या रुचि लेंगे। पानी की प्यास शरबतों से बुझती है कहीं? कुल जमा मामला ठीक ही था, पर अगली बार कभी बन्नी पहुँचा तो जुड़ियापावा पर लोकधुनें ही सुनूँगा। तय है।

इसके बाद हम पहुँचे मोरचंग बजाने वाले कलाकार के गाँव में। उसका भी हाल सुनाता हूँ, पर ज़रा तफ़सील से।

# साजण और मोरचंग

मोरचंग। यह मालधारियों का चहेता वाद्य है। विशेषकर पठान मालधारियों का। दिखने-करने में मोरचंग तथा मयूर में कुछ साम्य नहीं, पर शायद इसको बरतने के तरीक़े के कारण इसे यह नाम मिला हो। एक समय था जब तीन-चार इंच के इस नन्हे से यंत्र को मालधारी युवक जेब में लिए फिरते थे। जैसे कृष्ण के लिए बाँसुरी वैसे ही पठान मालधारी के निकट मोरचंग। वस्तुत: इसमें लोहे (या पीतल) की चिमटी में धातु का एक छोटा तार कसा होता है। चिमटी को दाँतों के बीच फँसा, तार को उँगलियों से टंकारा देते हुए इसे बजाया जाता है। क्या आप जानते हैं कि दुनिया के सबसे पुराने वाद्यों में से एक है यह मोरचंग। मैं नहीं जानता था। स्वीकार करता हूँ कि इससे मेरा प्रथम परिचय इरिणा में ही हुआ।

घूमने के यही लाभ हैं, दिमाग़ पर से धुन्ध छँट जाती है। संसार को समझने हेतु घूमना ज़रूरी। पर दुनिया में फेरा लगाने के पूर्व अपने घर-आँगन से ठीक-ठाक राबता भी अनिवार्य है। अगरचे मैं योरप पहले चला जाता तो तपाक से मान लेता कि मोरचंग एक योरोपियन वाद्य है। क्योंकि योरप में यही वाद्य बहुप्रचलित है। जबकि योरप में 'ज़्यूहार्प' नाम से विख़्यात इस वाद्य का ईजाद और संवर्धन एशियाई देशों में हुआ है। संगीत यंत्रों के शोधकर्ता तथा मोरचंग वादक माइकल राइट के अनुसार ई.पू. चौथी सदी से एशिया (चीन) में मोरचंग की मौजूदगी के पक्के सबूत उपलब्ध हैं।[192] उसके अनुसार व्यापारियों के संग समुद्र लाँघकर मोरचंग ईरान, इराक, अफ़गानिस्तान, बेबीलोन, सुमेरिया आदि में फैला। याद कीजिए कि इरिणा का इन सभी देशों से तीन हज़ार साल से भी उधर का वास्ता है। पोविन्द: पठानों की मोरचंग-अनुरक्ति के तन्तु हो न हो उनके अरब देशों से पुराने राबतों से जुड़े हैं। पठानों में श्रुति भी है कि उनके पूर्वज

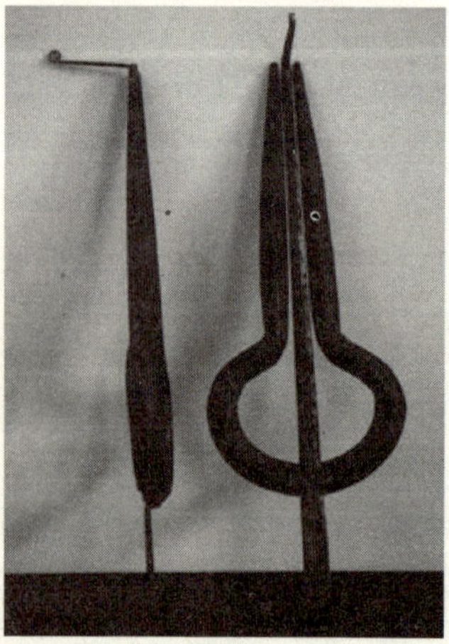

मोरचंग

मो. हजरत साहब की ओर से जंग में शामिल हुए थे। उनकी जाँबाज तबीयत से ख़ुश हो पैगम्बर साहब ने ही उन्हें 'पठान' के ख़िताब से नवाज़ा था।

ख़ैर, जी इतिहास से बाहर निकल मैं अपने माजने में लौटता हूँ, और लिए चलता हूँ आपको बन्नी में वहाँ, जहाँ एक बुजुर्ग मोरचंग कलाकार रहता है। पठान सामत साजण। इनके पुरखे, जो अपने जानवरों के संग सिन्ध से इधर आए, उन्होंने ही बन्नी के भीतरी हिस्से में बसाया जरारवाड़ी वाँड़। जो अब होड़का पंचायत का एक छौना-सा गाँव है, दस-बीस टपरियाँ बस। मुख्य सड़क छोड़ रन के भीतर, कच्चे में, एक-डेढ़ किलोमीटर जाना होता है, पठान सामत तक पहुँचने के लिए।

पठानों के वाँड़ में बुंगा तथा आयताकार घरों का जो गुम्फन है उसे कँटीली झाड़ियों की बाड़ से सुरक्षा दी गई है। घरों के निर्माण की प्रविधि हू-ब-हू वही है जिससे हम होड़का में परिचित हो चुके हैं। फ़र्क़ बस इतना कि यहाँ कुछ घरों के दरवाज़ों पर चौखट तो थी पर कपाट नहीं!

पठान मिलनसार हैं। पहुँचते ही हमें घेर लिया। अच्छी बात है कि फ़ोटो से इनको परहेज नहीं है। पर फ़ोटो लेने के पहले आगाह कर देते हैं कि उन्हें 'नेट' पर नहीं डाला जाए। अल्पवयस्कों से लेकर बूढ़ों तक सब का 'नेट' से राबता देख हुआ अचम्भा और बढ़ गया, जब मुझे एक लड़की, मिठ्ठी का चित्र उतारते देख उसकी दादी ने हँसते हुए, पर दृढ़ शब्दों में कहा कि, 'यादी के फ़ोटो ले लो, पर नेट पर नहीं डालना।'

सहमति में गर्दन हिलाते हुए मैंने पूछा, 'माता जी, नेट में क्या बुराई है?'

तिरछी नज़र से मुझे देखते हुए उसने जवाब दिया, 'कैसे-कैसे फ़ोटो होते हैं नेट पर, हमारी लड़कियाँ बदनाम हो जाएँगी।'

तेजा ने तपाक से आगे जोड़ा, 'बन्नी में कई लड़कियों की सगाई टूट गई है, इसी नेट के कारण।'

जरावाड़ी वाँड़ में बुंगा और ओताक (मेहमानखाना/बैठक) दोनों में कपाट नहीं

अचरज है कि अन्तर्जाल के धनात्मक आयामों से अपना परिचय होने से बहुत पहले ही ये लोग उसके ऋणात्मक वलय में घिर चुके हैं।

चलिए इस विषय को यहीं छोड़ हम चलते हैं सामत पठान से मिलने, जिनके कुनबे से ही जरारवाड़ी वाँड़ बना है। कोई उसका लड़का। कोई काका-ताऊ परिवार का। कुनबे का हर मनक हमसे मिलने अपने-अपने बुंगा से बाहर आया, पर सामत पठान अपने बुंगे में से नहीं निकला। निकल भी नहीं सकता। वो जरावस्था तथा रोग के प्रकोप के चलते खाट जो पकड़ चुका। बुंगा के भीतर नज़र पड़ते ही समझ में आ गया कि बन्नी के अन्य मालधारियों की तुलना में सामत पठान के परिवार की माली हालात पतली थी। यद्यपि तंगहाली हर सिम्त पसरी थी, पर सामत के चेहरे का नूर और उसकी हँसी का वात्सल्य भाव अक्षुण्ण था।

जब उसे मालूम हुआ कि हम लोग इन्दौर से हैं और उससे मोरचंग सुनने की साध लिए आए हैं, तो बावजूद धौंकनी से चलते फेफड़ों के उसने मोरचंग बजाना शुरू किया। एक अर्से बाद जरारवाड़ी वाँड़ में मोरचंग का स्वर गूँजा—उसका सारा कुनबा लपकते हुए आया इस छोटे से बुंगे में। महिलाएँ, पुरुष, बच्चे सब विस्मित। हर कोई दम साधे हुए सामत को दम लगाते देख रहा था, झूम रहा था। हम भी तन्द्रालीन। बता दूँ कि इस वाद्य में अपना एक ही सुर होता है। उस एक सुर को अनन्त सुरों में विभक्त किया जाता है फेफड़ों के बल पर, ज़ुबान की कम्पन व मुख-गुहा के आकार परिवर्तन से। यह गहन साधना का व्यापार है, दम का खेल है। दस मिनट में ही पठान की पेशानी भीग गई, हालात ऐसे कि अब गिरा कि तब गिरा। उतने ही वक़्त में हम भी नशे में चूर, अब गिरे कि तब गिरे। तीन इंच का वाद्य कलेजे में तीन फुट धँस गया। क्या अचरज कि अपने अच्छे वक़्तों में सामत मोरचंग की दुनिया का बेताज बादशाह था।

स्वाभाविक था कि उससे उसके दिन पलटने का सबब जाना जाए। सवाल सुन सामत ठहठहा कर हँसा। फिर चुप। वह नमनाक़ आँखों से अपने हाथ में थामे मोरचंग को घूर रहा था। बुंगे के भीतर धँसे बीस जोड़ नम नयन उसे मोरचंग घूरते देख रहे थे। मेरे कातिलाना सवाल से बुंगे में पसरा सन्नाटा एक महिला ने भंग किया। मालूम हुआ कि मालधारी हो कर भी पठान को सदा ही जानवरों से अधिक मोरचंग प्रिय रहा। इसी के चलते उसे देस-परदेस में नाम मिला और ख़ूब धन भी। पर तबीयत पठान की थी, सो ख़र्च में हाथ खुला था। मेहमानों की टूटकर आवभगत, उनके लिए मुर्गे, बकरे कटवा देना उसका शग़ल था। पर जैसे ही उसकी तबीयत नासाज़ रहने लगी, साज साधना मुश्किल हो गया, वैसे ही एन.जी.ओ. वालों ने उससे मुँह मोड़ लिया।

एन.जी.ओ...फिर एक स्वयंसेवी संस्था पर आक्षेप...अन्तस में भीषण उठा-पटक...जैसे गिर पड़ा हो कोई बड़ा सा ढेला...छपाक्...छप्प...गुड़...गुड़ुप...

मोरचंग का जादूगर सामत पठान स्वयंसेवी संस्था से अपना बचा पैसा पाने की आस लिए
इस मुलाक़ात के छह माह बाद ही चल बसा

जानना चाहा कि वास्तव में मसला क्या था। पर सामत पठान अब भी चुप। बस दो-तीन काग़ज़ हमारे हाथ में थमा दिए। कुछ उसमें लिखे से, कुछ तेजा के मार्फ़त पठान से हुई वार्ता के सहारे, समझ आया कि सामत किसी स्वयंसेवी संस्था से जुड़ा था। वह संस्था ही काम लाती। वो ही उसका पैसा भी उगाहती। बक़ौल सामत जब काम बन्द हुआ उसे आठ लाख रुपये उस एन.जी.ओ. से लेने थे। पर दिए गए मात्र दो लाख रुपये, और कह दिया कि हिसाब चुकता। तब से सामत को ज्वर ने जो जकड़ा कि खाट पकड़वाकर ही दम लिया। जो धन मिला उसमें से काफ़ी तो बड़े शहरों में हुए इलाज में ही ख़र्च हो गया...

हद है यार, बन्दा फिर भी हँस रहा है, न संस्था को कोसता है, ना सरकार को। अपने भाग्य से भी कोई शिकायत नहीं उसे। ये बन्नी के लोग किस माटी के बने होते हैं मालूम नहीं। इसी तरह का वाकिया तेजा की माँ के संग भी घट चुका है। कह चुका हूँ कि उसकी माँ मुतवा कशीदाकारी में निष्णात है। वह भी एक एन.जी.ओ. के मार्फ़त सरकार की 'कलाकार अदला-बदली' योजना के तहत फ्रांस गई थी। गति ने समाज से विद्रोह कर अपनी भार्या को एक लम्बे अन्तराल के लिए अकेले परदेस में भेजा। जितना माल यहाँ से संग गया, और जो वहाँ बैठ बनाया उसका हर टुकड़ा बिक गया। पर हाथ आया फ्रांस के अख़बार में उस पर लिखा आधे पन्ने का एक निबन्ध और ढेर-सी तारीफ़ें। रोकड़े के नाम पर हाथ पर था—घोड़े का अंडा।

मैंने तेजा के परिजनों से संस्था के बारे में बहुत पूछा, पर हर बार नतीजा वही—एक लम्बी चुपी फिर हलकी मुस्कान! निष्कपट हँसी। ज़्यादा कुरेदो तो हर बार एक ही जवाब, 'जाने दीजिए, हमारे वाले हैं...।'

सामत पठान तुम्हें और तुम्हारी ठहठहाती हँसी को सलाम!

# पर नहीं पावर नहीं, मैं पहुँचन कहीं दूर...

अब यहाँ के लोकगीत गाने वालों से मिलने का मन था। सो एक दिन उन्हीं के नाम।

सुना है रन नाना प्रकार की गायन परम्पराओं का पोषक है। श्रमगीत, लगन गीत, भजन और भी जाने क्या-क्या। पर जो परिपाटी तीन सौ बरस से अक्षुण्ण है वह है सूफ़ी गायन की—जिसके पोतवाह हैं फ़क़ीराणी जत। इन फ़क़ीराणी जतों के अलावा जो जत सूफ़ी गीत गाते हैं, उन्हें जत-फ़क़ीर बुलाया जाता है। 'फ़क़ीर' सुनते ही ज़ेहन में उभरती है सिर पर कपड़ा बाँध, हाथ में लोबान लिए, नंगे पैर फिरती, दुआएँ देती, दान-दक्षिणा लेती एक पुरुष आकृति। किन्तु इरिणा लोक में इस शब्द के मायने अलहदा हैं। इधर 'फ़क़ीर' यानी वह मनुज जो अतिरेकों से दूर, प्रकृति के क़रीब, क़ुदरत से जुड़कर अपना जीवन बरतता है।

जत मानते हैं कि उनके सबसे बड़े मुर्शिद सूफ़ी संत और कवि शाह अब्दुल क़रीम (1536-1623 ई) थे।[193] यह भी मान्यता है कि फ़क़ीराणी जतों का पहरवास सिन्ध के इसी शाह क़रीम के बाने से प्रेरित है। यानी काला या नीला पठानी सलवार-कुरता। सम्भव है कि आँखों में सुरमा, सिर की हिनाई व दाढ़ी की रँगाई भी उनसे ही इधर आई हो। शाह क़रीम के पीछे सिन्ध में दूसरे बड़े शायर हुए शाह अब्दुल लतीफ़ भेटाई (1689-1752 ई.), जिसने अलहदा तकनीक से सूफ़ियाना गीत गाने की रीत शुरू की। ऐसे गायन में 'भेत' से आरम्भ कर 'वाई' तक पहुँचा जाता है। 'भेत' वस्तुतः जुदा शायरों-संतों द्वारा रचित कुछ पंक्तियाँ होती हैं, जिन्हें ऊँचे सुर में गाते हैं। 'वाई' का मतलब पुकार, इसमें दुआ होती है, इनसान की ख़ुदा की तरफ़ आवाज़ उठती है।

शाह लतीफ़, जो आप मालधारी थे, गाते समय संगत में जतों को बैठाते थे। शाह लतीफ़ के पासे में बैठ जतों ने जो सुना वह उनके कंठ में बस गया। जो पाया जतों ने उसे आज तक वे वैसे ही निभा रहे हैं—वे ही बन्दिशें, वे ही तानें-ठेके-उतार-चढ़ाव। वो ही ख़रज तथा संगत में वो ही पाँच तार वाला धम्भूरा। राई-रत्ती फ़र्क़ नहीं। इनमें कहावत है कि जो भेत नहीं गा सकता वह फ़क़ीराणी जत नहीं। सो टूटी-फूटी भेत तो हर जत गा लेता है। पर पक्का काम जानने वाले यहाँ अब कुल तीन ही लोग बचे हैं। मीठा (मिठ्ठू) ख़ान फुँआर, सुमार कादू मामन और फतेह

जत, जो गहन रन के भगाडिया गाम में रहते हैं। तेजा इनको जानता तो है पर उनके गाम की डगर नहीं पहचानता।

रन-प्रवास के दौरान तेजा जैसे अनेक नवयुवकों से मिलने का संयोग हुआ। अधिकांश ने अपना इलाक़ा तक ठीक से नहीं देखा—राहें मालूम हैं पर उनसे राबता नहीं। भय है कि निमिष मात्र में आभासी दुनिया की सैर करवाने वाले यंत्र लिए फिरते ये युवक किसी दिन प्रभावी जगत् से दूर प्रक्षेपित न हो जाएँ। जैसा हमारी तरफ़ दिखता है—पुट्ठे इधर, भेजा समन्दर पार। अमरीका में दम भरना, हगना हिन्दुतान में।

वैसे अभी बन्नी में हालात इतने बुरे भी नहीं, क्योंकि एक प्राचीन लक्षण बचा है रन में अभी—सुदूर कोनों में बसे लोगों में परस्पर जान-पहचान का। जो पहचान ना हो तो भी बिछुड़े भाइयों सरीखे गद्गद हो कर मिलते हैं वे। भरत मिलाप के ऐसे दृश्य रन क्षेत्र में जब तक आम हैं, तब तक रन 'रेगिस्तान' होने से बचा रहेगा।

सच कहूँ तो तेजा को यों कोसना अगले पर ज़्यादती ही है। मेरा क्या है न सोचा न समझा मौक़ा देखा और जो हुलक कर मुँह में आया दनाक् से उगल दिया। अरे रन में जाना कोई हलुआ है क्या कि जब जिसका मन किया मुँह उठाया और धँस गया रन में। वहाँ बने-बनाए रास्ते थोड़े ही न हैं, बस दिशाएँ हैं। पर दिन के समय तो दिशाएँ भी हाथ नहीं आतीं, जिधर देखो हिलोरें भरते दरिया का विभ्रम। दरिया में बादलों की छाप, झाड़ियों के अक़्स। न कोई कोना, ना कनौठा। हर दिशा एक-सी, सब दिशाएँ उलट-पुलट। सूझ नहीं पड़ती कि किधर असल है, कहाँ उसका अक़्स। आसरा है तो सिर्फ़ वाहनों से दबी रेत का, जो ढाढ़स देती है कि कोई आदमजात गुज़रा था कभी इस राह से। रन दिन में भी भटकाता है, रात में भी। बल्कि कहना चाहिए कि अँधेरे में तो नामचीन दादा पहवानों की पतलून गीली हो जाती है, जब उनके सामने रन-बत्ती टिमटिमाती है। पल में इधर, पल में उधर। कभी लगे कि कुछ नहीं, कभी यूँ कि कोई काफ़िला गुज़रता हो सामने से। हमारी भी भेंट हुई थी रन बत्ती से एक बार। पर वह कहानी अभी नहीं। अभी तो जान लें कि ऐसे भटकाऊ-डराऊ रन में तो नाख़ुदा वह ही हो सकता है जिसका रन से गहरा वास्ता हो। नतीजतन उस दिन हमारे संग उकाब-सी आँखों वाला नारायण था, जो पूरा एक साल, अपने जानवरों के संग रन में गुज़ार कर हाल ही में लौटा था। 'क़ुदरत-यूनिवर्सिटी' से दीक्षित नारायण अक्षर नहीं पहचानता पर रन के ज़र्रे-ज़र्रे पर लिखा हर हर्फ़ उसे बाँचना आता है। हवाएँ उससे बतियाती हैं, वाहन-वीथिकाएँ उसे राह सुझाती हैं। नारायण को रन पर पी-एच.डी. हासिल!

उसी नारायण के मार्गदर्शन में तीस-चालीस मिनट रन में गाड़ी दौड़ाने के बाद हम पहुँचे फ़क़ीराणी जतों के भगाडिया गाम में।

छोटे समूहों में बँटा भगाडिया हमारे देखे बन्नी के गाँवों में सबसे बड़ा था। यहाँ हर टोला कँटीली बाड़ से घिरा था। परिधित दायरे में बने आशियाने या तो मिट्टी के

भगाडिया वाँड़ में फ़क़ीराणी जतों (नथ वाले) का पारम्परिक सींखचा घर
(अपर्णा के रोज़नामचे से) और नथ

पोत-रहित घर[194] थे या फिर घास-फूस-मिट्टी से बनी झोंपड़ियाँ। इन मिट्टी के घरों का आँगन कच्चा था, मड़ैया की दीवारों पर कोई रंग-रोगन नहीं। हर टोले में कम से कम लकड़ी के डंडों पर चढ़ा एक सीखचा-घर अवश्य था। कुछ-कुछ किसी मचान सरीखा, जिसकी छत तथा दीवारें जालीदार, पर नींव नदारद। एक समय फ़क़ीराणी जत इन मचान-घरों में ही रहा करते थे, पर अब इसका इस्तेमाल उपगृह की तरह ही किया जाता है। किन्तु मुफ़ीद मौसमों में आज भी जत अपने परिवार सहित मचान-घरों में सोते हैं। ग़रज़ यह कि परवर्ती पीढ़ी में इन घरों का आकर्षण बना रहे। ठीक ही सुना था मैंने कि जत अपने संस्कार व संस्कृति आसानी से नहीं छोड़ते।

आजकल प्रचलित जीवन स्तर आकलन के मानकों के मद्देनज़र ऐसी जीवनशैली देख हर एक कह देगा, 'तंगहाली के कारण बेचारे कैसे बुरे हालातों में रहते हैं।' बल्कि इन्हें बेझिझक 'गन्दे, जंगली लोग' की उपाधि से भी नवाज़ा जा सकता है। किन्तु न तो ये निर्धन हैं, ना ही औघड़।[195]

इसी वाँड़ में पहली बार हमें जत स्त्रियों की झलक मिली, और जो चीज़ आँखों पे चस्पा हो गई वो थी उनकी नाक से लटूमती नथ। नथें तो कई जगहों पर कई आकार-प्रकार की देख चुके, पर इतनी बड़ी, ऐसी मोटी वाली नथ से यह पहला परिचय। 'प्रथम दृष्टि' और हृत्कम्प सातवें आसमान पर। कलेजी हुलकते हुए बाहर। मुझे सीट पर आधा उठा, आधा बैठा देख तेजा को खुटका हुआ कि मैं फ़ोटो हेंचने का मौक़ा तलाश रहा हूँ। सो तड़ से बोला, 'सर, सोचो भी मत फ़ोटो की। किसी जत ने देख लिया तो दंगा हो जाएगा। ये अपनी औरतों को लेकर बहुत संजीदा हैं। आदमी के बग़ैर औरत को घर के बाहर क़दम नहीं धरने देते।'

'यह तो जुलुम है...अरब देशों में होता है ऐसा, हिन्दुस्तान में...'

'बात तो बरोबर छे। पर जत का इतिहास अलग है, सर। कच्छ में कोई घास के कारण आया तो कोई धन्धा करने के लिए। पर बोलते हैं कि जतों ने सिन्ध छोड़ा अपनी औरतों के कारण। वहाँ के राजा ने इनको देखा और दीवाना हो गया। शादी के प्रस्ताव आने लगे, लालच दिए जाने लगे, गोलबन्दी होने लगी। जतों ने देस छोड़ दिया पर आबरू का सौदा नहीं किया।'

'तब भी औरतें विद्रोह नहीं करतीं, आत्महत्या...'

'ऐसा तो कभी सुना नहीं। घर के भीतर सब छूट है, पंचायतें ध्यान रखती हैं...'

अब तो लौ लग गई। मन में ठान लिया कि जुगत बैठाकर इनसे बात करनी होगी, मौक़ा देख फ़ोटो भी...

ऐसा हो पाया क्या...आगे बात होगी इस पर। अभी तो सूफ़ी संगीत सुना जाए।

सुमार कादू मामन बाहर ही खड़ा था, उसे इत्तेला थी हमारे आने की। हमें सीधे एक कमरे में ले जाया गया।[196] उनके घर से कुछ दूर, गाम के दूसरे घरों से अलग यह ईंट-सीमेन्ट से बना कमरा था। इस कमरे में ही बैठकी का इन्तज़ाम था। ललक तो मिटिया घर के कच्चे फ़र्श पर बैठ इन मिट्टी से जुड़े लोगों से गीत सुनने की थी। सो मैंने दबे स्वर में विरोध किया। सुमार कादू असमंजस में। एक ओर बाहरी मर्द के घर में प्रवेश निषेध की रवायत दूसरी तरफ़ मेहमानवाज़ी जुट कर करने की परम्परा। सनद रहे सो बता दूँ कि यह परिपाटी सिर्फ़ यहीं नहीं आखी बन्नी में भी पाई जाती है। तेजा के घर की बात ही लें, एक दिन अपने बुंगा से निकल टहलक़दमी करता औचक ही उनके घर की तरफ़ बढ़ गया। मेहमानों के लिए निर्धारित दायरे से बस दो डग बाहर गया कि लछमन रेखा जता दी गई—बेलौस किन्तु दृढ़ स्वरों में। उस रोज़

कुछ नहीं कहा पर आज हिम्मत जुटा, घर या फिर बाहर खुले में इन्तज़ाम करने की अरज कर डाली। हमारी मंशा जान सुमार का चेहरा ऐसे पिचका मानो किसी ने फुग्गे से हवा निकाल दी हो। एकदम से निढाल हुआ सर धड़ाम से अपने ही सीने पर। बताया गया कि सूफ़ी गायन अरदास है, खुले में नहीं गायी जाती। मशविरे लिए-दिए जाने लगे। घर में बाहर के मर्द को जाना मना, बाहर से आए मर्द को बाहर बैठ सुनने से गुरेज। वहाँ आपाधापी मच गई, मानो मुर्गी के दड़बे में बिलौटा घुस आया हो। अन्ततः घर में ही ले जाने का निर्णय लिया गया। मेरे मन की मुराद निकली कि निकली।

सुमार कादू (टोपी में) और मीठा ख़ान। इनको फ़ख्र है कि ये पाँच तारों वाले छम्बूरे उनके वास्ते पाक़िस्तान से बनकर आए हैं। ठेठ शाह लतीफ़ भिटाई की दरग़ाह से!

मन बहुत चतरा। उसे सम्भावना थी कि जैसे पठानों के यहाँ मोरचंग सुनने घर भर दौड़ पड़ा था वो करिश्मा इधर भी घट जाए। पर इस आदमी के नसीब-नामे में तो पूर्ण विरामों की रेलम्पेल। वैसे भी इबारतें तो सफ़ेद रोशनाई से लिखी होती हैं। ऊपर वाला बाँचता है उनको। हमारी उम्रें तो कयास लगाते, जुगाड़ भिड़ाते हुए बीत जाती हैं।

तो जनाब धोका यूँ हुआ कि घर में घुसे तो मिटिया महल में साँय-साँय, अलावा हम चन्द लोगों के कोई दूसरा आमदज़ात नहीं। बैठने के साथ हाथ में रकाबी थमा दी गई। चाय के दौर के मध्य, मीठा ख़ान और सुमार कादू ने अपने-अपने धम्बूरे मिला लिए। न कोई लहरा ना ही पेटी। धम्बूरे से कान सटाए। तारों पर उँगलियाँ फेरते हुए उनकी चाभियाँ उमेठीं और आनन-फानन काँव-काँव करता साज़ कोयल-सा कूकने लगा।

एक लम्बे आलाप के बाद गाना शुरू हुआ। गीत सिन्धी में था। शब्द हमारी समझ से कतई बाहर, पर सुर, तान, रियाज़...एकदम सौ टंच। गायन में इतनी ऊर्जा कि कनपटियाँ गर्माने लगीं। लगा कि सुमार कादू और मीठा ख़ान दरवेश शाह लतीफ़ के रचे सुर नहीं सुना रहे, बल्कि हमें तीन सौ साल पीछे खींचे ले जा रहे हों। अगले एक घंटे में जतों ने जो कमाल किया उसका ताल्लुक़ कहने से नहीं सुनने से है। अर्श से फ़र्श पर आने के एहसासात क्या होते हैं इसका इल्म उनका गायन थमते

ही हुआ। तब का रुका दम अब जाकर चलने लगा—जन्नत में जब काया ही नहीं फिर साँसों की साँसत क्यों!

मरहबा, मरहबा का दौर थमा तब सुमार बोला, 'घणा कलाकार केते हैं मैं सूफ़ी, मैं सूफ़ी। हाँ, तू ताली बजाय तू सूफ़ी। तू पायल घाल नाचे तू सूफ़ी। पण सच्चा क़लाम तो ये ही है। क़बीर और शाह लतीफ़ भिटाई ये सूफ़ी हैं, दूसरो क़ोई नहीं।'

उस ज़ुबाँ पर कबीर का नाम आना अपेक्षित नहीं था, सो फ़ौरन फ़रमाइश रख दी, 'कबीर का कुछ हो तो सुनाएँ।'

सुमार के पास कुछ नहीं था।

मीठा ख़ान भी हमारी फ़रमाइश से अकबका गया। बोला—'कबीर तो याद नहीं मेरे को, कबीर की क्हाणी तो दूसरी क्हाणी है। शाह लतीफ़ सिन्धी में बोला, कबीर की क्हाणी हिन्दी मा है। शाह साब के रिसाला में कबीर है, मेरे को उसका सुर याद नहीं।'

हमारी इच्छा अधूरी देख वह बहुत परेशान हो रहा था। लाख जतन कर आख़िरकार उसने 'शाह-जो-रिसाला' से कबीर का एक दोहा सुनाया—

*पर नहीं पावर नहीं*
*मैं पहुँचन कहीं दूर*
*उड्डा था, उड्ड न सका*
*पार मेरा है दूर*

सुमार—'कबीर तो फ़ैसला किया, गाया नहीं। कोई नाचे कोई ताली पीटे, फ़ैसला तो कबीर किया—

*नी मन हिले, नी माला हिले*
*नी मुख से बोले राम*
*अन्दर की गाँठ लागी तो*
*बक-बक से क्या काम।'*

मैं—'वाह-वाह। अच्छा! कुछ जानना चाहता हूँ...सुना है कि आप लोग दूर-दूर जाकर गाते हो। आपके पास जानवर भी हैं। ज़ाहिर है आमद भी ठीक-ठाक ही होगी। फिर यहाँ बीहड़ में क्यों पड़े हो?'

सुमार—'मैं सबके हाथ जोड़ते हैं, सब को बोलते हैं, यह इबादत है, हमारा धन्धा नहीं। हमको पैसा दो, तुम फ़िल्म बनाओ, तुम धन्धा करो यह नहीं चले। हम बम्बई, दिल्ली, बैंगलोर जाते हैं, प्लेन में घूमते हैं पर ये जंगल है ना, यहाँ आकर लगता है हम माँ के पेट में हैं। माँ के पेट में अच्छा लगता है। माँ के पेट में क्या तकलीफ़!'

# इरिणा में जुरासिक पार्क

खरबूजे को देख खरबूजा रंग बदलने लगा था। तेजा हमारे रंग में ढलने लगा था। विगत दस दिनों में उसने हमें गाँवों में क़िस्से-कहानी या फिर जूने घर, मन्दिर, पत्थर आदि तलाशते देखा। अब हालात ऐसे कि वह हर दिन हमारी मतलब की दो-चार ख़बरें कहीं न कहीं से ढूँढ़ लाए। पूरा साल रन में गुज़ार ताजा-ताजा लौटे नारायण को भी अवश्य टटोला होगा उसने। तभी तो भागडिया वाँड़ से निकलते ही उसने बात छेड़ी—

'सर, नारायण बता रहा था कि रन के भीतर एक बहोत जूना पाण है...कीरापाण...

'पाण?'

'सूँ शबद छे पाण माटे हिन्दी मा?' उसने सवाल भी किया तो उससे जो हिन्दी के मुआमले में क़तई मुफ़लिस था। नारायण बेचारा क्या करता सिवा अपनी उकाबनुमा आँखों को मटकाने के। वो वही करता रहा।

एक-दो मिनट के अन्तराल के बाद तेजा को ख़ुद ही जवाब सूझ गया, 'बोले तो पत्थर। उसी पत्थर के पास में जूनी हड्डियाँ भी हैं...बोलते हो तो चलें।'

'यह तो बहुत ही अच्छा रहेगा...थैंक्यू नारायण भाई।' मैंने नारायण से मुख़ातिब हो कहा। पर वह कुछ बोला नहीं बस अपनी पैनी आँखें मटकाईं और हँस दिया।

'वहाँ से आप बोलेंगे तो नखत्राणा चले जाएँगे। उधर एच.डी.एफ.सी. का ए.टी.एम. भी है, यानी मैंने नहीं देखा पर नारायण को मालूम है।'

एक तीर से दो शिकार। शायद उसकी रुचि हमें नखत्राणा ले जाने में ही अधिक रही हो। होनी भी चाहिए। अग्रिम धन राशि के नाम पर दो दिन के छह हज़ार दे, हम अब तक उसके घर दस रातें गुज़ार चुके हैं। चिन्ता तो होनी ही थी। चिन्ता हमें भी कम न थी। निरोणा के सुमार खत्री का उधार भी तो सर पर था। सो हम हर दिन कुछ न कुछ समय पैसा उँडेलू मशीन की तलाश में भटकते, पर मनचाही सफलता नहीं मिलती। इक्का-दुक्का कम्पनियों की धीमी गति वाली सेवाओं के चलते यहाँ स्मार्ट फ़ोन भी हिचकोले खाते हुए ही चलता है। यानी कि पूरी सम्भावना रहती है कि आप माल डकार लें और भुगतान के वक़्त इन्टरनेट ढुस्स पड़ जाए। इसीलिए इधर लोग 'अन्तरजाल' के ज़रिए लेन-देन से बिदकते हैं। हम भी तो तेजा के 'आठ दिन'

रन में विभ्रम

डकारे बैठे थे—बन्दे का चिन्तित होना सरासर वाजिब। आप वजह कुछ भी मान लें, हम तो कीरापाण की ओर बढ़ चले।

नारायण हमें नितान्त निर्जन रन में लिए जा रहा था। एकदम खाँटी रन। नज़र की सीमाओं के पार तक—रेत ही रेत। यहाँ-वहाँ कुछ बबूल के पेड़ और रेत से चिपकी हुई कँटीली झाड़ियाँ। रन में इक्का-दुक्का टेकरियाँ, क्षितिज के क़रीब कुछ पहाड़। नज़ारा एकदम फ़िल्मी था, क्वीन्सी जोन्स की 'मेकेनाज गोल्ड' नुमा।

सच में यहाँ के मंज़र तो सपनों के देस में भी अनदेखे। भक्क नीला आसमान। लगभग आसमान से सट कर खड़े धुन्ध में अधछुपे डूंगर। मैदान में कुछ बैठे, कुछ घूमते ऊँट। पहाड़ और ऊँटों के मध्य यहाँ से वहाँ तक फैला विस्तीर्ण तालाब। कुछ ऊँट तालाब के किनारे भी बैठे थे। फ़ोटो लेने की हाजत के मारे गाड़ी से उतर तालाब की तरफ़ बढ़ने लगा। आहिस्ता-आहिस्ता, दबे पाँव।

क्यों, दबे पैर क्यों?

'भाग न जाए।'

'कौन? ऊँट?'

'नहीं, तालाब!'

'ह...ह...हा...तालाब भी कहीं भागते हैं?'

'ही...ही...हहीही...वो देखो भाग गया।'

धत् तेरी की। ऐसा विभ्रम। चार सौ मीटर दूर पर पानी है या उसकी नक़ल, इसी को पहचानने में नज़र धोखा खा गई। सोचता हूँ कि यदि मैं गाड़ी से न उतरा होता तो किस चीज़ का चश्मदीद गवाह कहलाता? हलफ़ी बयान देता कि हमने रन को जल से लबरेज़ देखा। दुनिया की हर अदालत उसे क़बूल फ़रमाती। साहेबान लोगो, नज़रों का रकबा इतना ओछा, फिर भी हम आँखों-देखे को ही 'ज्ञान' क्यों मानते हैं? मन के देखे-बूझे को क्यों सिरे से नकार देते हैं? नहीं यह सवाल मेरा नहीं। इरिणा का है। आप तक पहुँचाने का ज़िम्मेदार था, सो पहुँचा दिया।

वहाँ से आगे बढ़े तो दृश्य में पक्षी समा गए। यत्र-तत्र चुग्गा तलाशते एक रूप, एक रंग के सैकड़ों पक्षी। हमारी धमक से जब वे उड़ें तो सारा सहन चाँव-चाँव से भर जाए। पाखी, ऊँचा-पूरा। मजबूत कसरती टाँगें। कत्थई पंख। लम्बी ग्रीवा—सामने से काली, पीछे सफ़ेद। सर भी सफ़ेद पर किसी-किसी पर लाल टोप। यह है कॉमन क्रेन यानी क्रौंच। अभी तो झुंड में हैं पर अभिसार की वेला में ये जोड़ा बनाकर कुनबे से अलग हो जाते हैं।

क्रौंच का ही एक जोड़ा उस दिन तमसा नदी के तट पर प्रेम मग्न था, और जोड़े का नर निषाद-वाण से बिंध गया। प्रेमदग्ध मादा के दुख से विगलित हो तब वाल्मीकि के मुख से नि:सृत हुई थी दुनिया की पहली कविता।

रुककर उन्हें निहारता रहा। सोचा शायद कोई कविता घुमड़ आए। टपली पर हाथ मारा। जिगर को आम-सा गिलोया। नतीजा—शून्य बटे सन्नाटा। पाखी देखने भर से जो काव्य निकलने लगे तो धरा कवियों से अँट जाए। पराया दर्द अपने जिगर पर लेने का हौंस हो तो बात बने। मेरा मन ज़हीन। फार्मूलाबद्ध। दर्द व एहसासातों से इतर, वह सिर्फ़ सोच सकता है। वह तो कभी से आने वाले रोबोटिक जगत् का

निवासी बन चुका है। सो इस लानत-मलानत से क्या हासिल? मेरे प्यारे मन इतना दुख न मना। जान ले कि रोबोट कविता नहीं किया करते, वे तो कविताओं पर शोधग्रन्थ रचते हैं!

ख़बर दे दूँ कि क्रौंच में एहसास अब भी ज़िन्दा हैं। ये पाखी आज भी मानव से सुरक्षित छेंटी रखते हैं। हम उनके लिए निषाद। मैं जब कुछ क़दम इनकी ओर बढ़ा तो वे तक़रीबन उतना ही मुझसे परे हो गए। उड़ कर नहीं पैदल। लगता है इनके समूह का एक नेता होता है। अपने आसपास सतर्क निगाह रखने के लिए ज़िम्मेदार। हर आहट पर वही सबसे पहले इधर-उधर देखता है, धड़का होने पर वही परे चल देता है। बाक़ी सब उसके पीछे। अधिक जोखिम लगने पर वह नेतृत्व प्रदाता सर्वप्रथम दौड़ना आरम्भ करता है, फिर उड़ जाता है। ठीक हवाई जहाज़ की तरह इसे एक 'रन-वे' चाहिए। खड़े-खड़े, यानी दन्नाक से, नहीं उड़ सकता क्रौंच। इसीलिए तो यह मैदानों में रहता है, बीच जंगल में नहीं।

तेजा का कहना है कि ये पक्षी बाहर के हैं, अक्टूबर से मार्च तक बन्नी घासिया मैदान के अतिथि। दिनों दिन इनकी आमद कम पड़ रही है। पहले तो क्रौंच बहुत ही बड़े समूहों में आते थे, निरोणा से नखत्राणा के मध्य के खेतों में बैठते तो सब कुछ चट करके ही हटते थे।[197] इसीलिए नखत्राणा क्षेत्र में अरंडी की खेती का चलन बढ़ गया है। अरंडी, कपास का स्वाद क्रौंच को नहीं पसन्द। इसके पसन्दीदा मोटे अन्न तथा राजगीरे का रकबा इन दिनों कम हो गया है।

क़रीब एक घंटा गाड़ी दौड़ाने के पश्चात् नारायण को नज़र आई एक शिला। मैदान के मध्य, अकेले। न क़रीब कोई दूसरा पत्थर, ना पास में कोई पहाड़ी। लगे जैसे आसमान से टपका हो, या फिर ज़मीन से उगा हो। एक दिशा से देखो तो लगे कि कोई दो मुँहा सिंह हो, दूसरी तरफ़ से ज़मीन पर बैठा एक विशालकाय जीव, जिसका पिछवाड़ा धरती से चिपका, मस्तक पहला माला पार। मानो विश्राम करता कोई जीव किसी ऋषि श्राप से पाषाण में बदल गया हो, जैसे अहिल्या बदली थी गौतम ऋषि के श्राप से। शायद इस पाषाण खंड से भी कोई ऐसी कथा जुड़ी हो। नारायण को तो ख़बर नहीं। जब रन-उकाब की सजग नज़र में कथा नहीं तो मान लेना चाहिए कि यह बेनामी सम्पत्ति है। आप जो चाहें सो कथा बना लें।

शिला के समीप जा उधर-इधर ताँका-झाँका। पर कुछ अता-पता नहीं मिला। हालाँकि उसके पेंदे के समीपवर्ती हिस्से में कुछ विचित्र-सी आकृतियाँ दिख रही थीं। कहीं कटोरी जैसे गड्ढे। कहीं रेलेनुमा आकृतियाँ, मानो कोई रेंगता कीड़ा पथरा गया हो। शिला का पेंदा सपाट नहीं—लहरदार। जैसे हिलोरें मारता जल ठिठर कर रुक गया हो। न जाने कब से, ना मालूम क्यों? ये पहेलियाँ बूझना मेरे बूते के बाहर, किसी पढ़े-लिखे की शरण में जाना होगा।[198]

कीरापाण को देखते हुए ध्यान आया कि ऐसी पाषाण-कलाकृतियाँ भुज से कुछ दूर खारी नदी में भी हमें दिखी थीं। खारी नदी के पाट को क़रीब से देखो तो लगता है जैसे किसी ने अदिति का पेट चीर दिया हो। पाषाण में तब्दील हो चुकी अदिति की अंतड़ियों में भरा मलीदा तबसे वहीं अटका पड़ा है। कांस्टिपेटेड आँतें! कोई जुलाब दे तो भक्क से सारा माल खारी नदी में बह निकले।[199]

कीरापाण से आधा घंटे की ड्राइव के बाद हम रेतीले मैदान से बाहर निकल आए। थान (कनफटिया मठ वाला क्षेत्र) के क़रीब। जहाँ हमारा साक्षात्कार हुआ एक अद्‌भुत संग्रहालय से—जीवाश्म संग्रहालय। विलक्षण बात है कि यह संग्रहालय

कीरापाण (देखें सन्दर्भ-198)

मोहन सोढा नामक एक जीवट योद्धा के एकान्त तप का प्रतिफल है। बेग़ानी शक्लो सूरत के पत्थर एकत्र करने का शौक़ आगे चलकर सोढा के जुनून में बदल गया। पैंतालीस बरस तक पैदल घूम, बन्दे ने दस हज़ार से अधिक विविध आकार-प्रकार के पत्थर कच्छ की धरती से बीन डाले। उसे तो बहुत बाद में ख़बर हुई कि कच्छ की ख़ाक से उठाए उसके पत्थर वैज्ञानिक जगत् में जीवाश्म कहलाते हैं। उम्र भर के श्रम के प्रसाद स्वरूप आज उसके कने डायनासोर, समुद्री गाय, विशाल घोंघे, शंख जैसे न जाने कितने ही जीवाश्म हैं। जिनमें कई की आधुनिक तकनीकों से जाँच हो चुकी है। अपेक्षित था कि वैज्ञानिकों में इनके दावों को लेकर मतभेद होते। वही हुआ। जैसे कि समुद्री गाय और डायनासोर के जीवाश्म कच्छ के नहीं माने जा रहे। क्योंकि आधुनिक शोध के अनुसार ये जीव इस इलाक़े में कभी थे ही नहीं, सोढा का दावा है इन जीवाश्मों को कच्छ से ही लाए जाने का। पर इस बहस से सोढा के काम की महत्ता कम नहीं होती।

बड़े लोग कह गए हैं कि ये जीवन तो पूँजी है—क़ुदरत का बख़्शा दिन-पल-साल से भरा एक घट। पूँजी कैसे व्यवहृत हो, यह आदमी का अपना निर्णय। मज़े में लुटाया तो अन्त में हथेली ख़ाली। समझदारी से निवेश किया तो घट से जो निकाला उससे कहीं अधिक पीछे छोड़ जाने का सन्तोष। बाद की पीढ़ियाँ जन्म से ही मालामाल! वही सन्तोष झलक रहा था विक्रम सोढा के मुख पर अपने काबिल पिता के संग्रह के बारे में बताते हुए। बबुआ के मुख पर पिता पर अभिमान, ऐसा तो हमारे यहाँ इन दिनों कम ही दिखाई देता है। सच में...नहीं मानते...तो लो क़सम ले लो।

# इरिणा की जनानियाँ

लोग कहते हैं बन्नी तो एक ही दिन में निबटाया जा सकता है। यहाँ हाल यह कि जब बारह दिन ख़र्च करके भी बन्नी ही को ठीक से न देख पाए तो इससे सटे लखपत या धोलावीरा तक पहुँचने की योजना तो गई तेल लेने। अब सिर पर हाथ धरे सोच रहा हूँ कि इतना बहुत-सा वक़्त यहाँ किस तरह खप गया?

फिर लगता है कि तह-दर-तह बसी बन्नी को जो तह-ब-तह देखने की जिद्द-जिद्दा हो जाए तो कभी-न-कभी कैसेट तो उलझनी ही थी। जैसे मेरी उलझी, यहाँ के स्त्री प्रसंग पर। जो कोई सवाल करे कि मेरे जाने बन्नी में सबसे ज़्यादा तवज्जोह का हक़दार क्या है? तो मैं बेझिझक कहूँगा—बन्नी की जनानियाँ। यहाँ की नारी—अहा! उसकी तो हर बात निराली है। अगरचे इनके परिधान पर ही ध्यान दें तो उसके वैविध्य से अचम्भित रह जाएँ। यह कहना अतिरेक नहीं होगा कि नारी का परिधान ही यहाँ उसकी पहचान है। कोई घाघरा-चोली पहनती है, तो कोई गगो।[200] किसी का लिबास लाल, किसी का काला, तो किसी का बहुरंगी। किसी की ओढ़नी पर कशीदाकारी तो किसी की सादा। किसी का लिबास सूत से बने तो किसी का भेड़ की ऊन से। हाल यह है कि इन दिनों यहाँ के युवाओं का

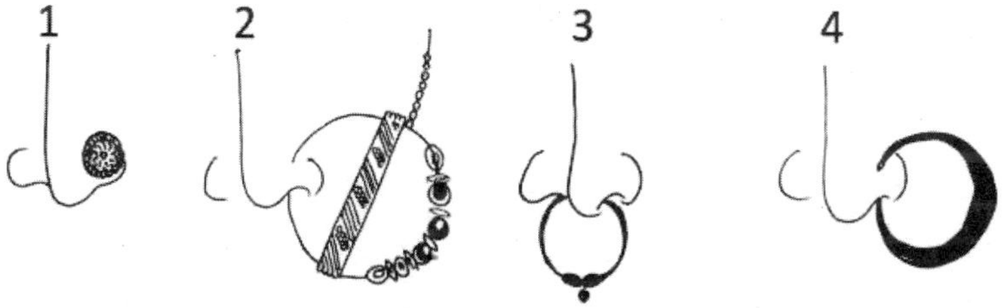


**स्त्री की पहचान :** इरिणा में औरत की बिरादरी की ख़बर उसके परिधान से मिल जाती है। जैसे सर-ता-पा काला लिबास (बड़ी नथ वाली फ़क़ीराणी), काला घाघरे के ऊपर रंगीण स्तनावरण (रबारी), लाल परिधान (ग्रासिया जत)। गफ़लत होने पर सुहागिन की बिरादरी उसकी नथ से भी पहचानी जा सकती है। अपर्णा की मैदानी डायरी में दर्शाए नमूनों में जो पहली नथ है वह फ़क़ीराणी (बिना नथ वाला धड़ा), दूजी मारवाह (सरकारी काग़ज़ों में हरिजन), तिजी ग्रासिया तथा चौथी अहीर औरतों में प्रचलित है।

शग़ल बन गया है, परिधान देख नारी की बिरादरी की पहचान करना। इसके लिए वे वॉट्सअप-समूह में किसी नारी का चित्र शाया कर जाति का अनुमान लगाते हैं—वाद-विवाद करते हैं! चित्रों से उनकी बिरादरी पहचानने में सबसे सहायक होते हैं गहने। उँगलियों में छल्ले, हथेली पर धातु-पुष्प, कलाई से कोहनी तक पाटले, बाजुओं में कड़े या पाटले, कानों में कर्ण-फूल। पठानों के अलावा हर वर्ग की विवाहिता स्त्री बाजुओं में पाटले और कलाइयों में कंगन पहनती है। दो समुदायों की जनानियों के बीच अगर पुख़्ता फ़र्क़ करना हो तो वह दिखाई देगा आभूषणों की बनावट में।

पर रंगीन कपड़े, क़ीमती आभूषण पहनने वाली स्त्री का जीवन रंगीला भी है—यह कैसे मान लें? चुनाँचे इस आभूषण वाले प्रसंग को कुछ लम्हों के लिए स्थगित रख, अभी करी जाएगी सबसे ज़रूरी बात। यानी कि बन्नी में स्त्रियों के संसार की बात। सो इस पर एक रपट यह रही आपके सामने—

> *'यहाँ महिलाएँ ख़ुदमुख़्तार हैं। सम्पूर्णतः घर की चहारदीवारी तक सीमित रहने के बावजूद वे आर्थिक रूप से काफ़ी कुछ स्वतंत्र हैं। घूँघट, बुर्क़ा सिरे से ग़ायब है। अलबत्ता पराए मर्द को देख महिलाएँ चेहरा अवश्य ढाँपती हैं। पर दो-चार मिनट बातचीत हुई कि वह भी हट जाता है।*

करीने से सजे-सँवरे घर यहाँ की महिलाओं के नफ़ासतपसन्द होने की ज़ामिन हैं

बता चुका हूँ कि विदाई के समय लड़कियाँ अपने हाथों से बनाए कपड़े लेकर ही पति के घर आती हैं। ससुराल में भी उसका ख़ासा समय कशीदाकारी युक्त कपड़े तैयार करने में व्यतीत होता है। शायद अपनी इसी वस्त्र अनुरागिता के चलते यहाँ औरतें सामन्य दिनों-समयों में भी सजी-सँवरी दिखती हैं। कपड़ों और गहनों के अलावा इन जनानियों को अपने तन पर गोदने बनाना सुहाता है। एक समय था जब औरत की बिरादरी की ख़बर उसके शरीर पर बने गोदने देख मिल जाती थी। परन्तु अब तो यह कुछ चुनिन्दा तबक़ों में ही सम्भव है, जैसे कि अहीर। अहीर जनानियाँ काले घाघरे पर बाँहदार बहुरंगी कशीदाकारी या पैच वर्क वाला ब्लाउज पहनती हैं। बदलते वक़्त और शिक्षा के प्रसार के बावजूद इनमें गोदनों का आकर्षण क्षीण नहीं हुआ है। आज की लड़कियाँ भी विवाहोपरान्त अपने गाल (अधिकतर बाईं तरफ़) पर '$X$' जैसा गोदना गुदवा रही हैं। यह पारम्परिक गोदना मक्खी या माखली कहलाता है। 'अरमा' नामक पेड़ की छाल को पानी में भिगोकर तैयार होनेवाली 'त्राजमा' नाम की स्याही का प्रयोग माखली उकेरने में होता है।

पहले बाल विवाह ही नियम था, जो अब बदल रहा है। हालाँकि सगाई अब भी जल्दी हो जाती है पर मुकम्मल विवाह सोलह के बाद ही। सगाई के बाद लड़के-लड़की का अपने ससुराल में आना-जाना चलता है। पर विवाह पूर्व एकान्तवास की वर्जना है।

आधुनिक शिक्षा की पैठ पुरुष तथा महिलाओं में समान रूप से छिछली है। आखी बन्नी में कुछ ही बच्चे कॉलेज तक पहुँचे हैं, जिनमें लड़कों का अनुपात अधिक है। इन दिनों मुतआ, ग्रासिया तथा अहीर समुदाय में बच्चे-बच्चियों की शिक्षा पर विशेष जोर है।

मुस्लिम मालधारियों में लगन अपने सगों में ही होती है।[201] ज़्यादातर तो उसी वाँड़ में निवासरत अपने सम्बन्धियों में। यदि दूसरे वाँड़ में लड़की जाए तो बारात (जिसे कच्छी में जान बुलाते हैं) आती है। दहेज माँगने का रिवाज नहीं। अलबत्ता माँ-बाप अपनी क्षमतानुसार गृहोपयोगी माल-असबाब अवश्य देते हैं। कई बार लड़की देने के बनिस्बत लड़का लिया जाता है, ऐसे दामाद को 'हाँडी जमाई' या 'ख़ाना जमाई' कहा जाता है। विवाहतेर सम्बन्ध और तलाक़ दोनों ही यहाँ अनसुने से शब्द हैं। प्रेम विवाह भी इनके लिए बेगाना शै है।

बन्नी में विधवा विवाह को मान्यता है। पुनर्विवाह बहू के ससुराल वाले ही करवाते हैं। यदि पहली शादी से बच्चा है तो वह ससुराल में ही रहता है, माँ के साथ नए घर नहीं जाता। कभी-कभी देवर या जेठ भी

*बच्चेदार विधवा को अपना लेते हैं। ये रवायतें सिर्फ़ मुसलमानों में ही नहीं हिन्दुओं में भी हैं, फ़र्क़ बस इतना है कि हिन्दू वाँढ़ तथा परिवार के बाहर से लड़की लाते हैं। इसके अलावा अन्य कई रवायतें भी मुसलमानों से निकल बन्नी के हिन्दुओं तक आई हैं—जैसे मुर्दे को दफ़न करने की परिपाटी।'*

बन्धु लोगो! स्त्री प्रसंग पर 'उलझी मेरी कैसेट' का ज़िक्र करते वक़्त मैंने कहा था कि, बन्नी में यदि कुछ विशेष ध्यान देने योग्य है तो वो है वहाँ की जनानियाँ। यह जुमला नारी तन के माल-मसालों पर पुरुष मन का उच्छ्वास नहीं वरन् उसका हल्फ़ी बयान है। मेरे क़रीब इधर की नारी जैसे यहाँ का चलता-फिरता इतिहास। उसका आभूषण, उसका कपड़ा, उसका शृंगार—सब जैसे संकेतक पताकाएँ। इरिणा के इतिहास में लगे बुक मार्क! अपने मूल से गुत्थम-गुत्था कंडिका। किसी को भी थाम आगे बढ़ें तो चलते चले जाएँ गुज़श्ता समयों में, हज़ारों बरस पीछे तक।

जानता हूँ आपको भरोसा नहीं हो रहा होगा। साहेब लोगो, आपका भरोसा जीतने के लिए लेता हूँ जत-जनानियों के गहनों का ही सहारा। आभूषण ही क्यों? क्योंकि जहाँ स्त्री है वहाँ आभूषण है। यदाकदा तो दोनों समानार्थी लगते हैं मुझको। मोहनजोदड़ो से मिले खेबड़ी सूरत मर्दों तथा कड़क तैयार स्त्रियों के बुत देख यह

मोहनजोदड़ो की बहुचर्चित 'नाचती बाला' और बन्नी की स्त्री की धज में कितना साम्य

भुज—छतरड़ी में राव लखपत को घेरे ख़ड़ी बाँदी के गहने आज भी प्रचलित हैं।

अन्दाज़ लगाना सहज है कि सजने-सँवरने का शग़ल महिलाओं पर गुज़रे ज़माने से ही तारी है। पर क्या यह सम्भव है कि ईसा से तेरह सौ बरस पहले के गहनों का असर आज तक हो? इरिणा की फ़क़ीराणी जत जनानियों के आभूषणों को देख तो इस अनुमान को उत्तेजना मिलती है।

इधर की लुगाइयों को देख भ्रम होने लगता है मानो मोहनजोदड़ो की 'नाचती कन्या' सप्राण समक्ष आ गई हो जिनके बदन के गोशे-गोशे पर ठीक मोहनजोदड़ो वाले गहने। गले में वैसा ही कड़ा, बाजुओं, कलाइयों, कानों में ठीक उसी तरह के गहने। फ़र्क़ है तो बस नथ का। जहाँ 'नाचती कन्या' की नाक सूनी है, वहीं नासिका-आभूषण फ़क़ीराणी स्त्री जगत् में बहुप्रचलित है।

सनद रहे सो कह दूँ कि भुज के पश्चिम में, हमीरसर के किनारे, यहाँ के रावों की जो छतरड़ियाँ (छत्रियाँ) हैं उनमें से एक राव लखपत (लाखा) की है, जो 1770 ई. में बनी थी।[202] इस छतरड़ी के मंडप में प्रवेश करते ही लगता है मानो किसी राजा के दरबार में आ गए हों, जहाँ अनेक पाषाणीकृत जनानियाँ हैं। इसी दरबार के मध्य घोड़े पर सवार राव को अपनी रानियों के संग दर्शाया गया है। कहते हैं पहले उसके बग़ल में पन्द्रह रानियों की प्रतिमाएँ थीं पर इनमें से कुछ 1819 ई. के भूकम्प का शिकार हो गईं। आज तो यहाँ कोई नौ रानियों की ही मूरतें हैं। रसिक प्रवृत्ति वाले राव लखपत को यहाँ भी अनेक बाँदियाँ घेरे खड़ी हैं। काबिलेग़ौर है कि

इस छबीली की ग्रीवा पर शोभित जरमळ (गुलूबन्दनुमा गहना) तो लगे जैसे सिन्धु-घाटी (धोलावीरा) से इधर आया हो। जो धोलावीरा वाली की नाक सूनी न होती तो दोनों एक सी दिखतीं

राव की नौ रानियों में से दो ही नथ वाली हैं पर हर बाँदी नथ पहने है। ध्यान इस ओर भी जाता है कि इन बाँदियों के आभूषण, मोहनजोदड़ो की 'नाचती कन्या' के गहने तथा अद्यप्रचलित जत गहनों में ग़ज़ब की एकरूपता है।

कहीं भारतभूमि के अनार्य तो नथ प्रेमी नहीं थे, प्रश्न किया जा सकता है। किन्तु भारत की अनार्य जन-जातियों को देखें तो नर्मदा घाटी के आदिवासियों में नथ पहनने की रवायत आज भी नहीं है। यदि कुछ पुरानी गवाहियों पर दृष्टि डालें तो रामायण में हर क़िस्म के आभूषण का ज़िक्र वाल्मीकि द्वारा किया गया है पर उस में नथ नहीं है।[203] सन् 950 से 1050 ई. के मध्य निर्मित खजुराहो के मन्दिरों में महिला मूर्तियों की भरमार है। वहाँ भी अन्य सभी आभूषण नज़र आते हैं, अलावा नथ के![204] अब सवाल उठता है कि 'नथ' का भारत में आगमन कैसे और क्यों हुआ? क्या यह किसी अन्य देश से प्रक्षेपित गहना है।

इस सिलसिले में ध्यान आ रहा है कि अफ्रीका में नाक में आभूषण पहनने की प्रथा बहुत पुरानी है, और कच्छ का इस देश से पुराना वास्ता है। तो क्या नथ अफ्रीका से यहाँ आई, जैसे आए थे हमारे खेत-संत यानी बिजूका। अगर हम कच्छ के प्राचीन काल में लौटें तो पाएँगे कि उस युग में राजाओं को गुलाम भेंट में देने का

नियम-सा था। प्रसिद्ध है कि गुलामों के रूप में अफ़्रीका, ग्रीक, पर्शिया आदि देशों के लोग यहाँ ज़्यादा पसन्द किए जाते थे। यह सर्वज्ञात है कि कच्छ पर लम्बे काल तक फारस तथा बेक्ट्रिया (ग्रीस) के लोगों का शासन रहा।[205] यह भी ज्ञात सत्य है कि जहाँ राव लखपत की कुछ रानियाँ परदेस की थीं वहीं इस रसिक राजा की सेवा में ग्रीस, अफ़्रीका के अनेक गुलाम भी थे। अवसर है तो बता दूँ कि इन्हीं गुलामों के देश, ईरान में ई.पू. दो हज़ार की एक शिला मिली है, जिस पर पराभूत के सीने पर पैर रखे विजेता को एक औरत (देवि स्तार, Istar) दो गुलाम समर्पित करती दर्शायी गई है।[206] आश्चर्य है कि उन दासों के नाक में नथ है, जिससे डोर बाँध उन बेचारों को खींचा जा रहा है। तो क्या राव लखपत की छतरड़ी में प्रदर्शित परदेशी नारियों की नथ को उनके गुलाम होने का संकेत माना जाए? हैं? नहीं मतलब सम्भावना दिखी सो पूछ लिया! वैसे अब नथ सिर्फ़ इरिणा तक सीमित नहीं। भारत के कई प्रदेशों में भी यह प्रचलित है।

इसी नथ के मुताल्लिक कुछ यादें मेरे ज़ेहन में छुटपन से हैं। हमारे इधर जो मैंने तब देखा वह सब खेल ही लगा। उस खेल के असल मायने तो अब नाज़िल हो रहे हैं। तब फेरों के समय कन्या को जीवन में पहली बार नथ पहनाई जाती थी। ससुराल में आई नवागत वधू को सर-ता-पा गहनों से लाद सुहागकक्ष में पहुँचाया जाता था। बाहर रतजगे होते थे, भीतर की आहटें ली जाती थीं। अगली सुबह सास धीरे से उसकी ननद या जेठानी से कहती, 'जारे दरी देखिने आ नथ को कईं हुय्यो?' सुहागकक्ष से बाहर आते ही नववधू को घेर ननद-भौजाई उसकी साड़ी का पल्लू उलट-पुलट करने लगतीं। नथ अगर पल्ले से बँधी मिल जाए तो रनिवास में हँसी-ठिठौली होने लगती। सासू माँ के मुख पर ग़ज़ब का सन्तोष नज़र आता। पर अगर नथ सुबह भी वधू की नासिका से लटूमी नज़र आए तो हर कोई परेशान। बहू से एकान्त में विमर्श होने लगते। दूल्हे के लिए अगले कई रातों तक केसर-पोस्ते वाला दूध और शिलाजीत का पाक पहुँचाया जाता...। इससे तो लगता है कि हमारे समाज में तब नथ का कुछ न कुछ सम्बन्ध विवाह की सम्पूर्णता तक पहुँचने की सामाजिक उद्घोषणा से अवश्य रहा होगा।

यहाँ सवाल यह उठ बैठा कि जो नथ ग़ुलामी का चिह्न थी तो फिर यह संसार भर की औरतों में सौन्दर्य-प्रसाधन के रूप में समादृत क्यों है? इसका जवाब उन वैज्ञानिक शोधों पर बावस्ता है जिनमें परिवेश के बदलावों का जीव के गुणसूत्रों और चिन्तन पर पड़ने वाले प्रभावों को रेखांकित किया गया है। जहाँ गुणसूत्रों में बदलावों के चलते जीव की दैहिक संरचना बदलती है वहीं चिन्तन के बदलने से वह जीव थोपे गए बदलावों को भी जीवन का अंग मान सहर्ष स्वीकारता चलता है। क्यों श्वान स्वीकार लेते हैं गले की ज़ंजीर या पशु क्यों लौट आते हैं चुने वक़्तों पर अपने बाड़े में? क्योंकि घर की चहारदीवारी में क़ैद श्वान को बेड़ी में दिखती है

खुले में घूमने की आज़ादी और पशुओं को नज़र आती है बाड़ों से प्राप्त होनेवाली सुरक्षा। यदि इस तर्क का विस्तार करें तो कहा जा सकता है कि नथ का होना यदि ग़ुलामी का द्योतक था तो उसका 'उतरना' स्त्री का किसी पुरुष द्वारा भार्या के रूप में स्वीकारे जाने की सामाजिक उद्घोषणा। पुरातन परिप्रेक्ष्य में उसकी दासत्व से मुक्ति का संकेत!

गो कि शहरों में तो नथ अब फैशन से ताल्लुक़ रखने लगी है किन्तु सिन्दूर प्रथा से अनभिज्ञ बन्नी में लड़कियाँ विवाह उपरान्त ही नथ धारण करती हैं। यहाँ हर समुदाय की नथ भी जुदा ही होती है। जैसे हिन्दू मारवाह में महिलाएँ वो नथ पहनती हैं, जो मोती जड़ी, गोलाकार, पलती तथा हलकी होती है; अहीरों में बिना नग-नगीनों की अपेक्षाकृत छोटी नथ पहनने का चलन है; फ़क़ीराणी जतों का एक धड़ा नाक में नथ की बनिस्बत स्वर्ण फूल धारण करता है। किन्तु रबारियों तथा पठानों में हमें नथ पहने कोई जनानी नहीं मिली।

फ़क़ीराणी जतों के एक अन्य धड़े (दनिता जत) की पहचान तो नथ से ही होती है—'नथ वाले जत'। इनकी नथ की बनावट रोमन लिपि के 'डी' जैसी होती है, जिसका पेट सोने का बना होता है, तथा भुजा पर बहुरंगी नग लगे होते हैं। ऐसी एक नथ की क़ीमत पचास हज़ार से अधिक कुछ भी हो सकती है तथा इसे बनाने की प्रविधि नखत्राणा के कुछ जौहरियों के ही पास है।

फ़क़ीराणियों की यह नथ इतनी बड़ी होती है कि इससे स्त्री का आधा चेहरा ढक जाता है। इसके वज़न से नाक का भूगोल ही बदल जाता है। वज़न सँभालने हेतु

क़िस्मत ने ज़ोर मारा तो हमें भुज के बाज़ार में नथ वाली फ़क़ीराणी जत स्त्रियाँ मिल गईं

नथ से काली डोर बाँधी जाती है जिसके दूसरे सिरे से सोने का एक लॉकेट बँधा होता है। इस लॉकेट को चोटी में दबा दिया जाता है।

प्रश्न यह कि सुन्दरता के लिए प्रसिद्ध जत स्त्रियों को रूप मटियामेट कर देने वाला आभूषण पहनने की दरकार क्यों पड़ी ? बता चुका हूँ कि नथवाले जत सिन्ध से यहाँ अपनी जनानियों को राजाओं की कामुक नज़रों से बचाने की ग़रज़ से आए थे। प्रतीत होता है कि बड़ी नथ द्वारा फ़क़ीराणी जत अपनी जनानियों के विवाहित होने का पुरजोर ऐलान करते हैं—इन कैपिटल लेटर्स! यानी सुन्दरता का ह्रास करने वाली बेढब और भारी नथ इस तबके में सौन्दर्य प्रसाधन नहीं वरन् आत्मरक्षा का साधन है। माले मुफ़्त न होने का ऐलान। जैसे ख़ून पिपासु मच्छरों को दूर रखने के लिए 'मॉस्किटो रिपेलेन्ट', जैसे माल मुफ़्त उड़ाने के आदी पक्षियों को डराने के लिए बिजूका, वैसे परायी जनानियों पर लार टपकाने वाले कामुक नरेशों को दूर रखने के लिए नाकफाड़ू नथें!

सम्भावना है कि इसीलिए ये जत आज तक जनाना जात को घर से अकेले नहीं जाने देते, उनके फ़ोटो नहीं लेने देते। दूध से जले लोगों की छाछ फूँककर पीने की

ईरान में किसी पहाड़ के शीर्ष पर पाया गया यह शैल-चित्र ई. पू. 2000 का है। यहाँ हाथ में कुल्हाड़ी और काँधे पर धनुष धारण किए योद्धा अपने क़दम तले पराभूतों को दबाए देवि इश्तार के सामने खड़ा है। देवि ने नथ से डोर बाँध दो गुलाम थाम रखे हैं।

यह आदत समय के साथ परम्परा में परिवर्तित हो गई। कुल जमा बात यह कि 'नथ वाली फ़क़ीराणी' की नथ उस युग के राजा-रजवाड़ों की कामुक प्रवृत्ति की स्मृति है। नाक में लटका एक बिजूका। एक स्मृति द्वीप!

सवाल यह है कि आज तो क़ानून-राज है, आत्मरक्षा हेतु अनेक बेहतर साधन मौजूद हैं, तो फिर आधुनिक जत युवतियाँ क्यों यह नाकफाड़ नथ पहने घूम रही हैं? यही सवाल उठाया था मैंने हाजीपीर के पास वाले फ़क़ीराणी वाँड़ के एक बुज़ुर्ग के समक्ष। अरे, वही दुनिया-जहान देख चुके हाजी साहब, जो कैमरा देखते ही उसे तोड़ने पर आमादा हो जाते हैं। सवाल सुनकर हाजी साहब बोले कि उनकी तो दिली तमन्ना है कि नथ प्रथा बन्द हो, पर औरतें ही उनका विरोध करती हैं। फिर अनपेक्षित रूप से वे मुझे अपने घर के भीतर ले गए। जहाँ कुछ नहीं तो दस औरतें नथ पहने मिलीं। इत्मीनान से गुफ़्तगू हुई। उपर्युक्त सवाल दोहराया गया। बुज़ुर्ग महिलाएँ तो बस हँसीं, पर एक बीस-पच्चीस वर्ष की लड़की ने कहा कि परम्परा का निर्वहन उन्हें अच्छा लगता है। माना जा सकता है कि वे जनानियाँ अनपढ़ थीं, दुनिया-जहान से बेख़बर। यह ख़याल एक सीमा तक सही भी है पर सम्पूर्ण सत्य नहीं। क्योंकि हाजी का परिवार उन गिने-चुने जत कुटुम्बों में है जिसकी लड़कियाँ कॉलेज तक भी पहुँची हैं! और बन्नी में आने पर वे इस नथ को शान से पहनती हैं।

अब शेष रहा सवाल मोहनजोदड़ो/सिन्धु घाटी युगीन तथा जत आभूषणों के एक जैसा होने का। सीधा उत्तर हो सकता है कि सिन्धु घाटी की मूर्तियों के चित्र सौ बरसों से सर्वज्ञात हैं। चंट जौहरियों ने वहीं से ये पैटर्न उठाए हैं। सही? नहीं! क्षमा करें ग़लत है यह जवाब। क्योंकि मोहनजोदड़ो की 'नाचती कन्या' जैसे कड़े, हार, पाटले, कर्ण फूल पहने राव लखपत की छतरड़ी में उपस्थित बाँदियों की मूर्तियाँ तो 1770 ई. में बन चुकी थीं—बोले तो हड़प्पा या मोहनजोदड़ो की खुदाई से एक सौ पचास बरस पहले! मेरा मानना है कि जतों के आभूषणों का उन प्राचीन गहनों से साम्य औचक नहीं। कौन जाने जतों का एक धड़ा (फ़क़ीराणी जत—बड़ी तथा सामान्य नथ वाले) सिन्धु घाटी के मूल निवासियों का परिमार्जित अवतार ही हों!

फ़क़ीराणी जत अपने आप में 'सिन्धु घाटी सभ्यता' का एक सजीव द्वीप है...मान लें...क़सम है आपको...हाँ नइ तो...

# इरिणा लोक में चिन्ता

इस दास्ताने सफ़र को सुन आप शायद सोच रहे हों कि इरिणा, दुनिया से बेख़बर, आत्मलीन अनपढ़ चरवाहों का संसार है। ऐसे कूपमंडूकों का देस जो अपने बिल्लात भर के संसार को ही जन्नत समझ कुप्पा हैं। बोले तो आप पकाया, ख़ुद ने खाया, और मान लिया इससे लज़ीज़ कहीं कुछ नहीं! सच बताएँ, यही सोच रहे हैं न आप?

तो मायलार्ड लोगो, मैं गवाही देता हूँ कि ये मालधारी जन्नत में ही रहते हैं। दिलक़श नज़ारों से मालामाल कश्मीर तो ठहरा क़ुदरत का रचा स्वर्ग। परन्तु क़ुदरत की मेहरबानियों से महरूम इरिणा तो फ़ितरतन स्वर्ग है। पीर-पैग़म्बर जिस परस्पर प्रेम, आपसी भरोसे, अपरिग्रह और निर्मोह की बात करते रहे इरिणा जगत् में वह कण-कण, जन-जन में व्याप्त है।

बन्धुओ, जिस तरह की दुनिया रचने के ख़्वाब मार्क्स-लेनिन-गांधी-मंडेला-लोहिया ने देखे, ठीक वैसा ही संसार बन्नी वाले तो पाँच सौ बरस पहले ही बसा चुके। बन्नी की सारी ज़मीन, सारा आसमान, पानी की हर बूँद और घास के हर टुकड़े पर सबका साझा हक़ है। खसरा, रकबा, प्लॉट, रजिस्ट्री कुछ नहीं। हर आदमी अपनी सामयिक ज़रूरतों के मुताबिक कच्चा मकान बाँधता है। वह ज़मीन पर काबिज़ नहीं होता, उस पर टिक भर जाता है। जैसे पक्षी रहते हैं पेड़ों पर। पाविन्द: हैं ये लोग। फ़ितरत भी पाखियों-सी ही पाई है। अगरचे यहाँ कोई पक्की ईंटों से बना मकान दिखे तो तय जानिए कि वह या तो कोई सरकारी इमारत होगी (स्कूल, डिस्पेंसरी, पंचायत भवन) या फिर सरकारी अनुदान के रूप में थोपा घर। सरकारी योजनाओं में झोंपड़ी बनाकर देना या उनमें रहना शुमार जो नहीं। शास्त्र की मानें तो कच्चा घर ग़ुर्बत की पहचान। अर्थशास्त्रियों को देखें तो उनके पास भौतिक उन्नति नापने के तमाम औज़ार। पर जब भौतिक उन्नयन और आन्तरिक अधोनयन संग-साथ चलें तो क्या जीवन रसमय हो सकता है?

इरिणावासियों के यहाँ आनन्द के नाम पर प्रचारित आधुनिक उपकरणों का टोटा सही, पर उनका जीवन रस से सगबग है। ईर्ष्या के अभाव के चलते उनमें प्रतिस्पर्धा का भाव उपजा ही नहीं। वे चोरी, बलात्कार, दमन, जातिवाद उत्प्रेरित

हिंसा जैसी 'महत्त्वपूर्ण' घटनाओं से सर्वथा अनभिज्ञ हैं। अगर किसी का जानवर भटकते हुए किसी अन्य टोले में चला जाए तो छह माह बाद भी मालिक अपना जानवर पहचान कर बिना किसी टंटे के वापस ला सकता है। कभी कोई बहस हो भी तो समाधान सीधा है—उसे अपने उपासना स्थल पर जा, गाँव के लोगों के सामने, यह भर कह देना है कि 'क़सम से यह भैंस मेरी है।' बहस ख़त्म, फ़ैसला हो गया। ग़रज़ ये कि यहाँ आदमी को आदमियत का सहारा है, कोर्ट-कचहरी की बैसाखी इधर बेकार। यह गप नहीं, मेरा स्वयं का देखा है।

हुआ यूँ कि हमारे होड़का पहुँचने के दो-तीन दिन बाद तेजा की एक भैंस जंगल से घर नहीं लौटी। ढूँढ़ मची। अगले चार-पाँच दिन तक रन का हर चप्पा तलाशा गया। पर जानवर नहीं मिला। लिहाज़ा सबने मान लिया कि या तो भैंस किसी खड्ड में जा गिरी होगी या फिर इतने बड़े रन में कहीं तो भी भटक रही होगी। परिवार के हर सदस्य का चेहरा उतरा-ढलका। घर में मायूसी थी पर मातम नहीं। माल क़ीमती था, फिर भी थाना-कचहरी नहीं। कारण? भरोसा, बन्नी पर विश्वास। कि जहाँ भी, जिस हाल में भी, जिस किसी को भी भैंस मिलेगी, वह उसका पूरा ख़याल रखेगा। उन तक ख़बर पहुँचवाएगा। उनको भैंस चोरी हो जाने का तो ख़याल भी नहीं था। इन्तज़ार में सात दिन गुज़र गए। फिर एक दिन मनचाही ख़बर मिली। भैंस के ज़िन्दा होने की ख़बर। भटकी भैंस जिस टोले में पहुँची, वहीं से ख़बर वाँड़ दर वाँड़ घूमती हुई होड़का आई। गुमशुदगी के आठवें दिन जिनकी भैंस उनके पास! आप कहेंगे झूठ। ऐसा भी कहीं होता है?

पर यदि कहूँ कि बन्नी सर्वथा चिन्ता मुक्त है तो झूठ होगा। भाई लोगो, स्वर्ग में भी तो चिन्ता व्यापती है। देवता भी असुरों के भय से भागे फिरते हैं। इन्द्रासन भी डोला करते हैं। इरिणावासी दुनियावी चिन्ताओं से विमुक्त कोई ऋषि नहीं हैं। उनको भी चिन्ता है। परन्तु उनके स्वार्थ छोटे हैं। और उनकी फ़िक्रें ठेठ क़िस्म की। इधर का वासी जानता है कि वह प्रकृति के गोचर-अगोचर घटकों की सोहबत के सहारे ही खड़ा है। लिहाज़ा इनकी अधिकांश चिन्ताएँ बन्नी से हो रही छेड़छाड़ से नालबद्ध हैं।

वनवासियों या आदिवासियों की तरह इरिणा-वासी भी अपने देस में बाहरी हस्तक्षेप से आजिज़ हैं। यहाँ मेरा सबब उस गाँठदार 'देस' से नहीं जिसमें 'स' के मगज पर गाँठ बाँध 'देश' तथा 'राष्ट्र' जैसे विध्वंसक शब्द पैदा किए गए हैं। इनका देस है सीमा विहीन 'धात्री'। इनको पोसने वाली क़ुदरत की हर एक शै। इनकी चिन्ताओं को भलीभाँति बूझने हेतु वांछित है कि हम आधुनिक सोच के दूरारूढ़ असर पर एक नज़र डाल लें। बात-बात में एक घटना स्मरण हो आई। गो कि वाक़िया निहायत निजी है पर उसे आपसे साझा करने का यह उपयुक्त अवसर गँवाना भी ठीक नहीं—

यह क़रीब पाँच वर्ष पूर्व की घटना है। गाँव से मेरी भतीजी, अपनी सखी के संग आई थी। भतीजी का पिता एक छोटे अख़बार से जुड़ा पत्रकार। उसकी सखी किसान की बेटी। दोनों सहेलियाँ कॉलेज ख़त्म कर, आगे की पढ़ाई के लिए परीक्षा देने इन्दौर आई थीं। भतीजी क़स्बे के बीच पक्के मकान में रहने वाली, सखी खेत मकान में। बातों-बातों में लोगों के पेड़-पौधों से विरल होते रिश्तों का ज़िक्र निकला। तब मेरे दिमाग़ में एक दिलख़राश वाक़िया घर किए था। वही बीस-बाईस बरस की उन लड़कियों को कह सुनाया—

*कुछ साल पहले की बात है जब मैं क़रीब की एक अमराई में गया था। यह अमराई इसलिए पसन्द की जाती है कि यहाँ आप पेड़ से अपने पसन्दीदा फल स्वयं तोड़ सकते हैं। जितना दिल करे खा सकते हैं। मुफ़्त। पैसा उसी का देना होता है जो तुलवाओगे। मैं जब पेड़ों से 'लँगड़ा' उतरवा रहा था, तब एक बाल स्वर कान में पड़ा,*

*'वॉव ममा, लुक एट दी मैंगोज़। आय नेवर न्यू, दे ग्रो ऑन ट्रीज़।'*

*ममा सकपकाई।*

*बच्चे को एक तरफ़ खींच दाँत पीसते हुए उसने कहा, 'बेबी, डोन्ट टॉक लाइक एन इडियट। आपने बुक में पढ़ा है ना, मैंगो ग्रो ऑन ए ट्री...'*

*फिर मुझसे मुख़ातिब हो बोली, 'बेबीज़, यू नो। अंकल दे पुट यू टु अटमोस्ट एम्बॉर्समेंट सम टाइम्स।'*

*'जी', कहकर मैंने भरसक विनम्रता से पूछा, 'मैडम आप बच्चे को कभी किसी गाँव में नहीं ले गई होंगी। इसीलिए लगता है कि आपका बच्चा...'*

*'नो,नो। ऑफ़कोर्स इसको विलेज मालूम है अंकल।'*

*'अच्छा बेटा गाँऽऽव...विलेज क्या होता है मुझे भी बताओ?' मैंने भारत के भविष्य से सवाल किया।*

*उसका तपाक से जवाब आया, 'यस आई हैव रेड अबॉउट देम। टीचर टोल्ड मी दैट विलेज डोन्ट हैव रोड्स। देअर पीपुल लिव इन मड हाउस, दे इवन ड्रिंक वाटर फ्रॉम ए वेल,' फिर अपनी माँ से मुख़ातिब हो उसने जोड़ा, 'ममा, शो मी ए वेल ना...।'*

*मेरे हाथ का 'लँगड़ा' ज़मीन गर, अमराई के सारे तोते फुर्र...*

क़िस्सा सुन वे दोनों खिलखिलाकर हँस पड़ीं।

हँसी थमी तो सखी ने गोफ़न से मुझ पर वार किया, 'अंकल, गाँव में रहते हुए

भी आपकी भतीजी ने भी आम का पेड़ नहीं देखा था। कुछ रोज़ पहले मेरे घर आई। खेत की मेड़ पर लगा कैरियों से लदा पेड़ देखा और देखती रह गई। बोली, 'बाप रे आम इतने बड़े पेड़ पर लगते हैं, तुम लोग इन्हें तोड़ते कैसे हो? अंकल जी, थोड़े दिनों में विलेज शब्द बस 'ग्लोबल विलेज' में ही बचा रहेगा।'

वो दोनों हँस रही थीं। मेरे भीतर टें...टें...टाँय...टें...। देश भर की अमराइयों से उड़े तोते मेरे मन की ड्योढ़ी पर अपना सर फोड़ रहे थे...

मेरी भतीजी की चिन्ताएँ क्या थीं मालूम है? ख़ूब पढ़ने की, ख़ूब कमाने की, ख़ूब आगे बढ़ने की, बस मनचाहा खाने-पहनने की। हम व्यक्तिवाद के मारों की फ़िक्रों के दायरे में ख़ुद के सिवा कोई नहीं। नि:सर्ग का हर घटक हमारे लिए आहार्य।

ख़ैर, इस क़िस्से के बरअक्स अब आप इरिणावासियों की चिन्ताओं को ध्यान में रखकर देखें।

बयान पहला

# अकेल क्याली हाले पोत्रा की गवाही

अफ़सानागो अपने अकेल क्याली को आप जानते ही हैं। पर शायद आपको यह पता न हो कि वह किस पाए का दास्तानगो है। मंच के किसी मँजे कलाकार की तरह, क़िस्से को थोड़ा गाता है, कुछ बातचीत के लहज़े में सुनाता है।

सुनाने पर आ जाए तो पूरी रात भी छोटी पड़ जाए। पर सोचता हूँ उसकी स्मृति-पटल पर ये दास्तानें न मालूम किस लिपि में दर्ज हैं? यूँ कि वह ठहरा अँगूठा टेक। उर्दू, हिन्दी, गुजराती, सिन्धी—हर लिपि से नावाकिफ़, निपट गँवार। उसके मुलाक़ातियों में सबसे अव्वल भैंसें। ऐसे में उसका शाइर होना तो और भी हैरत में डालता है। भैंसें चराता है और ग़ज़ल कहता है। और क्या ख़ूब कहता है। उसी का एक शे'र है—

*क़सम है दिल तुझे हिम्मत मत हारना*
*जिस तर्हा ज़िन्दगी गुज़रे, उस तर्हा गुज़ारना*

इस एक शे'र से ज़ाहिर है कि इस शख़्स की चिन्ताएँ दूर तक फैली होंगी। पर उन चिन्ताओं के केन्द्र में क्या था, ज़रा सुन लें।

'अकेल भाई मुझको अपनी सबसे बड़ी फ़िक्र बताओ।'

'घास।'

'घास! वो कैसे? ठीक से समझाओ भाई।'

'पहले बन्नी में दस किसम की घास होती थी।[207] मीठी, खारी, हरी पर अब घास की सब किसमें ख़त्म हो गईं यहाँ गॉडा बावर (नवी घास, विदेशी बबूल) उगने लगे हैं। बन्नी के जूना बावर (देशी बबूल) मर गए।'

'यह कैसे हुआ?'

'पहले जो नदियाँ थीं, बारिश में उनका पानी बन्नी में बहकर आता था। बाद में सरकार ने उस पर बन्द (बाँध) बना दिया।[208] लोगों के घर पाइप से पानी आने लगा। पर बन्नी बारिशों में भी प्यासी रहने लगी। घास कम होने लगी। हरियाली वापस लाने के लिए सरकार ने विदेशी घास लगाई।'[209]

‘तो क्या हुआ, अपने पशुओं को गॉडा बावर ही खिलाओ।’

‘आपको मालूम है पहले मालधारी के पास गाएँ ज़्यादा होती थीं, अब गाएँ बहुत कम हैं। क्योंकि विदेशी पत्ती खाकर वे मरने लगीं। इसलिए अब भैंस ही पालते हैं। पर उसे भी थोड़ी बन्नी वाली घास तो चाहिए ही होती है, नवी घास तो उसको भी मुआफ़िक नहीं आती। यहाँ पहले एक नमकीन घास होती थी। उसकी पत्ती में ख़ूब पानी होता था। गर्मी में हमारे जानवर, ख़ासकर ऊँट, उसे खाकर ही ज़िन्दा रहते थे।’

‘परन्तु पुरानी घास उगने में परेशानी क्या है।’

‘वो गॉडा बावर ख़ूब ऊँची हो गई है। हमारी बकरियों की पहुँच से बहुत दूर। वैसे भी बकरियाँ उसे नहीं खातीं। भेड़ पचा लेती हैं पर उस तक पहुँच नहीं पातीं। गॉडा बावर की छाँव के कारण बन्नी के मैदान में बारह मास रहने वाली घास अब उगनी ही बन्द हो गई है।’

इतना कह वह थमा। नज़रें झुकाईं।

अँगूठे से ज़मीन कुरेदते हुए, उसने सवाल किया, ‘हमें तो और कुछ आता ही नहीं। बिना घास के हम मालधारी क्या करेंगे?’

उसकी आँखों में उठा सैलाब, साहिलों को तोड़ने की जद्दोजहद कर रहा था।

कहाँ हैं वे वैज्ञानिक जिन्होंने खम ठोंककर बन्नी को हरा-भरा कर देने का वादा किया था? कोई तो सामने आए और अकेल क्याली के इस सवाल का जवाब दे...

## बयान दूसरा
# तेजा भाई की गवाही

तेजा एक सुबह मेरे पास आया। सियाह-रू। रसातल तक डूबी आवाज़। मानो अभी-अभी मरसिया पढ़कर हटा हो। मेरे समीप रखी कुर्सी पर बैठ गया। इससे पहले क़रीब आकर खड़ा रहता था। चार बार कहने पर ही बैठता। वह भी बड़े संकोच के संग। पर आज सामने आकर बैठ गया। धम्म से। कुर्सी चरमराई। उसके चार में से दो पैर हवा में। तेजा गिरा कि गिरा। बड़ी मुश्किल से सँभला।

मैं चुप। कुछ तो गड़बड़ है। सोचा, बग़ैर पैसा चुकाए उसके यहाँ कई दिनों से टिके हैं। आज तक़ाज़ा किया जाएगा। हो सकता है कि हमें फ़ौरन चले जाने का हुक़्म ही मिल जाए। चुप्पी भी बाज़ दफ़ा कारगर कारतूस साबित होती है। सो मैं चुप रहा।

कुछ देर बाद उसी ने सन्नाटा तोड़ा, 'सर, आपको भी लगता है, हम लोग पिछड़े हैं? हमने बन्नी को बरबाद कर दिया है।'

बच गए बच्चू, यह सवाल 'निकल जाने के फ़रमान' तक पहुँचता नहीं दिखता। चैन मिला। वाणी को अतिरिक्त चाशनी में डुबोते हुए मैंने कहा, 'अरे! यह ख़याल तुम्हारे माथे में कहाँ से आया? मैं तुम लोगों के बीच रहकर विकास के ऊहापोह और संत्रास समझ पा रहा हूँ...'

'पर 'वो' तो बोलते हैं कि न हम लोगों की कशीदाकारी उम्दा है, न हमारे कुमार (कुम्हार) की सोच बड़ी है। हम सब परम्परा में फँसकर बरबाद हो रहे हैं।'

बात कुछ समझ में आ रही थी। तेजा के 'वो' दरअसल 'कुछ दिन तो गुज़ारो गुजरात में' मुहिम के शिकार, कच्छ देखने आए एक प्रवासी भारतीय थे। गोबर की गन्ध से परेशान उस भद्र बंगाली दम्पती के साथी जिनका ज़िक्र पूर्व में कर चुका हूँ। इन प्रवासी भाई साहब के कंठ में मिट्ठू का वास। जब मुँह खोले अपना राग बोलें। बक़ौल उनके वो एक वैज्ञानिक हैं। अमरीका में कई नोबेल विजेताओं के संग बराबरी से जुड़ काम करते हुए, एक दिन अचानक ही उनकी आत्मा चैतन्य हो गई। बन्दे ने धड़ाकबन्द सब छोड़ा-छाड़ा और जंगलों को बचाने में जुट

गए। इसी सिलसिले में निकारागुआ पहुँचे—वहाँ के जल-वनों का पुनरुद्धार करने के लिए।

गुजश्ता रात मैंने भी उन्हें तेजा की क्लास लेते हुए सुना था। क्लास क्या उसे तो हाथ पकड़ जबरन ठाँसना ही बुलाना चाहिए। बहरहाल, वैज्ञानिक महोदय उसे बता रहे थे कि किस तरह अकेले उनके हस्तक्षेप के चलते निकारागुआ के विलुप्तप्राय जंगल पुनर्जाग्रत हो गए। कि किस तरह निकारागुआ के मूल निवासी अब जंगलों में खेती भी करते हैं। उन्हें देवता-सा पूजते हैं कि उनके आने से ग़ुर्बतज़दा जनता मालामाल हो गई।

अब उनका इसरार था कि पूरी बन्नी में कटहल के पेड़ लगने चाहिए। खेती होनी चाहिए...फूड प्रोसेसिंग करके कटहल आदि 'एक्सपोर्ट' करना चाहिए... वग़ैरह...वग़ैरह।

जवाब में तेजा बार-बार दोहरा रहा था, 'सर हमारे यहाँ खेती नहीं करते...कटहल के पेड़ों के चलते जो बची-खुची घास भी ख़त्म हो गई तो पशुओं का क्या होगा...सर हमें कुछ कमी नहीं है...।'

पर 'वो' कटहल के पेड़ पर चढ़ यहाँ की पारम्परिक कला और जीवनचर्या की धज्जियाँ उड़ाए जा रहा था।

'तुम लोग जो बनाते हो वह बाहर वालों के किस काम का? बाहर के घरों के डेकोर में टेराकोटा के ऐसे ऑर्डिनरी ऑर्टिफेक्स कैसे फिट होंगे। तुम्हारा कशीदा का सामान कितना कॉस्टली है। इससे सुन्दर सामान, बहुत चीप रेट में हमारे यहाँ मिल जाता है। आपको इंटरनेशनल लायकिंग समझना...वग़ैरह...वग़ैरह...।

'जाने दो भाई, मेरे अनुसार तो आप लोग हम शहर वालों से बहुत आगे हो। आपको यहाँ कष्ट नहीं तो मेरे पेट में दर्द नहीं होना चाहिए,' मैंने उसे सांत्वना दी।

'सर, एजेंट की बुकिंग नहीं होती तो मैं उसको अभी का अभी भगा देता। लोग आएँ। बन्नी देखें। पसन्द न आए तो मत ख़रीदें। हमारी बन्नी में कोई कारीगर आप पर ख़रीदने का ज़ोर नहीं डालता। ऐसे लोग आकर हमारे लोगों को भटकाते हैं। पहले अच्छे लोग आते थे। इस रन उत्सव ने बहुत नुकसान कर दिया...।'

उस तक मेरी बात नहीं पहुँची। उसका चेहरा मलिन का मलिन। जगत का कोई भी पुष्प न तो आज तक अपनी सूरत देख पाया है? न ही किसी फूल को इल्म है अपनी सुवास का। ऐसे में उसे ख़ुद पर अभिमान हो भी तो किस विधि? फूल की इसी मासूमियत का ही तो फ़ायदा उठाता है व्यापारी। भरमाकर तोड़ लेता है उसे—बनाने को अपने काम के गज़रे, ग़ुलदस्ते और जयमाल। हनुमान को भी स्मरण करवाना पड़ता है उसका बल। तेजा को भी याद दिलवाना पड़ी बन्नी की शक्ति।

मैं—क्या बन्नी में भुखमरी है?

वो—नहीं सर।

मैं—क्या तुम मनचाहा खा-पहन सकते हो?

वो—हाँ, बिलकुल।

मैं—क्या बन्नी में कोई बेघर है। ठंड, गर्मी से कभी कोई मरा है?

वो—नहीं, कभी नहीं।

मैं—क्या तुम उधारी के पैसों पर ऐश कर रहे हो?

वो—नहीं, नहीं।[210]

मैं—क्या अपनी जात-बिरादरी के कारण तुम्हारा यहाँ कभी दूज-भाव से सामना हुआ?

वो—नहीं, नहीं।

मैं—तो तुम हम शहरियों के कहे पर कान भी मत धरो। सिर्फ़ अपने दिल की सुनो। अपनी बन्नी को सहेजे रहो, वो तुम्हें सँभाले रहेगी।

वो—सच में सर?

मैं—क़सम से...

बयान तीसरा

# तेजा भाई की एक और गवाही

आज के युग में किसी नेता के प्रति ऐसा श्रद्धा भाव नहीं देखने में आता जैसा इरिणावासियों में आगा ख़ान के लिए दिखा। युवा हो या बुज़ुर्ग, लखपत में हो या वहाँ से सौ किलोमीटर दूर, जहाँ कहीं इस फ़क़ीराणी जत का नाम आए, कहने-सुनने वाला नतमस्तक-सा हो जाए। आप तो वाक़िफ़ हैं कि जब से बन्नी में नथ वाले जतों पर नज़र पड़ी मुझे उनका इतिहास जानने की अच्छी-ख़ासी ललक थी। हर एक मिलने वाले से इस बाबत सवाल किए जाऊँ। पर पक्की ख़बर किसी के पास नहीं। ज़्यादा कुरेदने पर मुझे लखपत जाकर आगा रईस ख़ान से मिलने का सुझाव मिल जाए। नतीजतन, हम उस दिन तेजा के संग आगा रईस ख़ान से मिलने ही लखपत गए थे।

लखपत तालूका में नारायण सरोवर से कोई पच्चीस कि.मी. दूर, हिन्दुस्तान की सरहद के बिलकुल क़रीब, एक टीले पर था—फ़क़ीराणी जत आगा ख़ान का घर। कांग्रेस का वरिष्ठ नेता फिर भी घर मामूली से भी बढ़कर साधारण। वही फ़क़ीराणी झोंपड़ी। जिसमें छप्पर की छत और छप्पर की ही दीवारें। मुख्य निवास के सामने बना बैठक घर भी छप्पर का। वहाँ भी कोई तामझाम नहीं। फ़र्श पर दरी। मेहमान और मेजबान दोनों के लिए। फर्नीचर सिफ़र। हर इरिणावासी में सहज लक्षित वही नफ़ासत। वही सादा स्वभाव।

फ़क़ीराणी क़ायदों की क़द्र ऐसी कि नेता होने के बाद भी न तो कोई फ़ोटो लेने दिया और न बातचीत ही रिकॉर्ड करने दी। और तो और जत परम्परा पर भी बोलने से साफ़ मना कर दिया। सो एक तरह से हमारा ढाई सौ कि.मी. का आना-जाना बेकार ही गया। फिर भी बातचीत में जो सुकून मिला उसके चलते मन में मलाल नहीं था।

घंटे भर इधर-उधर की बात होती रही। इस दौरान कमरे में कभी कोई पाखी आकर फुदक जाता, तो कभी कोई कुकुर झाँक लेता। सबकी आवाजाही बेरोकटोक। बैठक में कपाट जो नहीं था। बातचीत के दौरान एक बिल्ली, मय अपने चार

बच्चों वाले कुनबे के, बैठक में घुस आई। ख़ान ने बिल्ली के परिवार को देखा। बिल्ली ने ख़ान को। हमसे बातचीत जारी रखते हुए आगा ख़ान ने अपनी हथेली भर हिलाई। बिल्ली ठिठक गई। जहाँ की तहाँ। इसी बीच उसने तर्जनी घुमाते हुए बिल्ली को भीतर आने का इशारा किया। शायद बिल्ली को ख़ान के पीछे रखी गादियों के ढेर में जाना था। शायद हमने बिल्ली के आवाजाही के नियमित मार्ग में बैठ उसका गोदड़ी-घर में जाने का मार्ग अवरुद्ध कर रखा था। घूमती तर्जनी देख उसने 'म्याऊँ' का हुँकारा भरा और अपना मार्ग बदल दिया। न हमारी ओर देखा, न तश्तरी में रखे बिस्कुटों पर नज़र डाली। मैं अभिभूत। जिसे मैं छोटी-सी झोंपड़ी समझ रहा था वह कितनी विशाल निकली। जिसमें भटकते कुत्ते-बिल्ली-पाखी सबके लिए भरपूर जगह है। कितनों का घर है, फ़क़ीराणी जत की यह झोंपड़ी।

ख़ान के यहाँ से लौटते वक़्त ही मेरा ध्यान तेजा के बदले मिज़ाज पर गया था। हरदम हँसता चेहरा एकदम मलिन।

सबब पूछने पर वह बिदककर बोला, 'सर, मैं तो पहली बार ही मिला आगा ख़ान से। मुझे तो ठीक आदमी नहीं लगा। आप इतनी दूर से आए हैं, थोड़ा अपने बारे में बताता तो क्या बिगड़ जाता? और वो देखा आपने...

'क्या?'

'वह मक्खियों को कैसे भगा रहा था...'

ध्यान पड़ा कि बैठक में मक्खियाँ भी बहुतायत से थीं। जब-तब चाय-बिस्कुट पर बैठतीं, हम सबके ऊपर मँडरातीं। आगा ख़ान बार-बार उन्हें उड़ा रहा था।

मैंने कहा—'इसमें क्या बुरा है तेजा भाई। गन्दगी फैलाने वाली मक्खियाँ तो सहन नहीं की जानी चाहिए।'

तेजा का बयान, 'मक्खी भी तो क़ुदरत की देन है, जहाँ आदमी हैं वहीं आएँगी। उसे ऐसे मार थोड़े सकते हैं...'

सनद रहे कि तेजा अनपढ़ नहीं। स्कूली शिक्षा पा चुका है। वह कूपमंडूक भी नहीं। देश-प्रदेश के बड़े शहरों में घूमता है। घर में ठहरने वाले देस-परदेस के मेहमानों से दिन-रात सीखता भी है।

बहरहाल, समझाने की ग़रज़ से मैंने कहा, 'भाई, मक्खी तो गन्दगी फैलाती है। उसे हम भी सहन नहीं करते। हमारे यहाँ तो घर-घर में हर तीन माह में पेस्ट कंट्रोल करवाने की रवायत है।'

वितृष्णा भरी नज़र मुझ पर डालते हुए वह बोला, 'बन्नी में ऐसा नहीं होता। बन्नी में गन्दगी ही नहीं, फिर मक्खी को क्यों मारना?'

बता दूँ कि इरिणा भर में चिराग लेकर तलाशने पर भी किसी दूसरे बन्नीवासी को कोसता या उस पर कलपता कोई कदाचित् ही मिले। यहाँ की ख़ुसूसियत ही ठहरी ख़ुशमिज़ाजी और क़ुदरतपरस्ती। इस कोण से देखें तो तेजा का यह बयान विज्ञानसंगत न सही, पर इरिणावासियों की क़ुदरतपरस्ती का नमूना है।

बयान चौथा

# मोहम्मद अली की गवाही

मोहम्मद अली वल्द हाजी शाले मोहम्मद, मुकाम डागा वाँड़, तालूका लखपत, उम्र साठ-सत्तर के दरमियान, फ़क़ीराणी जत (बिना नथ वाला धड़ा)।

क़ाबिले ग़ौर है कि डागा वाँड़ कोरी क्रीक के आसपास के उसी इलाक़े में है जो कभी सिन्धु-नदी के विशाल डेल्टा क्षेत्र का हिस्सा था। ध्यान कीजिए कि बहुकाल पहले इरिणा में बहने वाली सिन्धु नदी की पूर्वी धारा (फुर्अन) लखपत के क़रीब कोरी क्रीक के ज़रिये अरब सागर से मिलती थी। फुर्अन नदी के दायरे वाला यह इलाक़ा तब सैरा कहलाता था जहाँ ख़ूब खेती हुआ करती थी।[211] नियार्ख़स ने इसी क्षेत्र में मिट्टी से बने गन्दे घर देखे और उन्हें 'जंगली लोगों के घर' का दर्ज़ा दिया। इसी क्षेत्र में चीनी यात्री ह्वेन त्सांग ने फुर्अन नदी के किनारे पर बौद्ध भिक्षुओं की क़तार देखना दर्ज किया है।[212] 40-50 ई. में इसी क्षेत्र को,

कोरी क्रीक तथा भारतीय हिस्से में सूखा हुआ सिन्धु नदी का डेल्टा क्षेत्र

1. सियोत की बौद्ध गुफाएँ—जहाँ सिन्धु नदी तट से ह्वेनसांग को बौद्ध भिक्षु दिखे थे
2. कटेसर (कटेश्वर) जहाँ वंघम चावड़ा का सर काटा गया था
3. लखपत

कटेसर के समीप जंगल में सियोत की बौद्ध गुफाएँ

समन्दर से देख पेरिप्लस के रचयिता ने इसे 'एरिणा' बुलाया था। पेरिप्लस काल से कुछ अट्ठारह सौ साल बाद बर्नीज़ का भी वास्ता यहाँ पर कच्चे मकानों से पड़ा। झोंपड़ियों का जो चित्रण बर्नीज़ द्वारा हुआ है वह नियार्ख़स के मिट्टी, धान के भूसे व घास से बने कच्चे घरों का हूबहू है। बर्नीज़ के अनुसार ये अस्थायी ठिकाने बनाकर रहने वाले सिन्धु घाटी के मूल लोगों के घर थे। मतलब कि वे मिटिया महल उन घुमन्तू गड़रियों में से किसी समुदाय के रहे होंगे जो सिन्धु घाटी में हज़ारों सालों से रहते आए थे। जिनमें शुमार हैं सिन्धु घाटी के मूल निवासी 'जतों' के अलावा पंजाब से आए 'मुआना' और 'लोबाना', कराची के पहाड़ी इलाक़ों के मूल निवासी 'जुखी' तथा बलूचिस्तान के प्रवासी। इनमें से अन्तिम दो तो भेड़-बकरी के बालों से बने शामियानों में रहा करते थे।[213] अत: प्रबल सम्भावना है कि नियार्ख़स की देखीं, बर्नीज़ द्वारा अनुमोदित वो 'गन्दी' झोंपड़ियाँ सिन्धु घाटी के मूल निवासी जतों की ही हों। ग़ज़ब है भाई। सिकन्दर काल से बर्नीज़ काल तक जस के तस घर। आज जब स्थापित मान्यताओं का कोई न कोई गढ़ हर पल ढह रहा है, ऐसे में क्या यहाँ वे जत संस्कार बचे होंगे? इसी सवाल का पीछा करते हुए हम लखपत के आसपास के क्षेत्र में उस दिन भटक रहे थे। इरिणा की इसी दक्षिणी-पश्चिमी सीमा पर मोहम्मद अली से मुलाकात हुई। अली के घर का

लखपत के समीप का वह क्षेत्र जहाँ नियार्ख़स और बर्नीज़ को सिन्धुघाटी के मूल निवासियों के हू-ब-हू ऐसे ही घर दिखे थे

ज्योग्राफ़िया वही का वही—सिकन्दर के युग वाला! पत्ते तथा चटाई से बना घर। बस एक फ़र्क़ कि उसकी झोंपड़ी के नीचे सीमेंट का फ़र्श था। बातों का सिलसिला उसी फ़र्श से शुरू हुआ।

'आप लोगों में तो नींव वाले घर बनाने की मनाही, फिर...'

'नहीं नींव नहीं बनी है। कुछ परेशानी ऐसी हुई की यह फ़र्श बनाना पड़ा।'

‘परेशानी? क्या परेशानी?’

‘बाप-दादा के ज़माने में यहाँ नदी थी। ऐसा जंगल था कि उसमें समाया ऊँट नहीं दिखता था। बंध बनने से नदी सूख गई।[214] जंगल कम हो गया। फिर भी बारिश के समय यहाँ ख़ूब पानी भर जाता था, बरसाती नदियों के कारण। बाद में ये बरसाती नदियाँ भी सूख गईं। यहाँ पानी कम हुआ तो ज़मीन में इतनी ऊदी (दीमक) हुई कि दो-तीन बरस में सारा जंगल सूख गया। ऊदी जब हमारे घरों में लगी लकड़ियाँ भी खाने लगीं तो हम पक्के फ़र्श बनाने लगे।’

मैंने ध्यान से देखा कि सीमेंट के फ़र्श का विस्तार सिर्फ़ उतना ही था जितने में उनकी झोंपड़ी समाए, ज़रूरत से तीन फीट भी बाहर नहीं।

‘ओह! अच्छा दूसरी बात यह बताओ, आप तो पाक़िस्तान के इतने पास रहते हैं। यहाँ कभी कोई लोग नहीं आते आपको बहकाने के लिए।’

‘हाँ, पहले आते थे। बताते थे कि हम मुसलमान हैं। हमने हाथ जोड़कर कहा कि भाई हिन्दू-मुसलमान तो काका भाई हैं, काटेंगे तो ख़ून तो भाई का ही गिरेगा। दो-तीन साल तक आए अब नहीं आते। वैसे भी अब यहाँ सेना आ गई है तो ऐसे लोग नहीं आ सकते।’

## बयान पाँचवाँ
# मेघा भाई की गवाही

मेघा, माध्यमिक स्कूल तक शिक्षा, होड़का के समीप होटल (होम स्टे)।

मेघा की फ़िक्रें अपनी आमदनी को लेकर थीं। जो न बताया हो तो बता दूँ कि हमारे प्रवास के दौरान बन्नी से थोड़ा हटकर 'सफ़ेद रन उत्सव' आयोजित था। होड़का से कुछ ही किलोमीटर दूर। एक साँझ वहाँ का फेरा भी लगा। रन का नज़ारा हुआ। उत्सव का हाल देखा। सतह पर जमे हुए नमक के कारण श्वेतवर्णी सफ़ेद रन तो ख़ैर अप्रतिम सुन्दर जगह है। पर रन उत्सव, उस सुन्दर जगह में मानो विष्ठा का पहाड़। मालूम नहीं ऐसी बौड़म अक़्लें किन भेजों की फ़सल हैं। वहाँ हृदय विदारक एक मानव हस्तक्षेप और था। सफ़ेद रन के भीतर जाने के लिए बना एक लम्बा-सा पुल। पुल के बग़ल में, रन की भूमि पर अति विशाल मंच। मंच पर विराट-आकार के ध्वनि विस्तारक यंत्रों का जमावड़ा। तेज़ रोशनी करने वाले न जाने कितने हेलोजन बल्ब। यानी रात में सितारों को भगाने और रन की नीरवता के संग लयबद्ध सामूहिक बलात्कार करने का पुरज़ोर सरकारी इन्तज़ाम!

यदि बेचने पर आ जाएँ तो सरकारें साहूकारों को भी मात कर सकती हैं। रन उत्सव इसका सजीव प्रमाण है। उन लोगों ने उस पुल पर एक प्रवेश द्वार बना दिया है। रन में उसी जगह से प्रवेश करने की ज़बरदस्ती है। हालाँकि पाँच सौ क़दम दाएँ-बाएँ जाने पर रन में बेलौस घुसा जा सकता है। प्रवेश टिकट रुपये पचास प्रति आदमी। प्रति गाड़ी पार्किंग एक सौ पचास अलग। गेट खोलने-बन्द करने वाला बी.एस.एफ. का जवान! टिकट चेकर भी बी.एस.एफ. का जवान। रन में कोई इधर-उधर से न घुस जाए, हकालने वाला भी एक अन्य बी.एस.एफ. का जवान। प्रसंगवश बता रहा हूँ कि मैं इसके पहले भी सीमान्त क्षेत्रों में अर्द्धसैनिक दल के जवानों से मिला हूँ। उनके संग में रातें गुज़ारी हैं। पर अपने अफ़सरों को गरियाते, या अपने ही बल को कोसते हुए किसी जवान को नहीं देखा था। रन उत्सव में उसका भी जायज़ा ले लिया। हम बेचू हैं। हमारे निकट हर शै बिकाऊ। हमारे निकट तनखैया सैनिकों का आत्मसम्मान भी बेचने योग्य। लगता है कि वह दिन दूर नहीं जब गोवा में समुद्र देखने पर प्रति लहर के हिसाब से और उत्तराखंड

में प्रति शिखर दर्शन के हिसाब से शुल्क लिया जाने लगेगा। वह भी बन्दूक की नोक पर।

ख़ैर, ये अठखेलियाँ छोड़ मुद्दे पर आता हूँ। रन में अटूट भीड़ देख सोचा कि चलो रन का नुकसान हुआ सो हुआ, पर इस उत्सव से स्थानीय रोज़गार तो बढ़ा ही होगा। मेघा भाई से सवाल किया रन उत्सव के असर को लेकर।

'नहीं। इस 'सफ़ेद रन उत्सव' से कुछ लाभ नहीं हुआ। बन्नी का नुक़सान ही हुआ है। रोड एक्सीडेंट का तो हमने पहले नाम भी नहीं सुना था, अब तो यह डेली का काम है। इतनी भीड़ आती है कि सीरियस लोगों का आना बहुत कम हो गया। पहले मेहमान सीधे हमसे कॉन्टेक्ट करता था। हमारे घरों में ही रुकता था। फ्री में। हमारी कलाकारी देखता, और ख़रीदता। उसको काम की पहचान थी। अब रन उत्सव में दुकानें खुल गई हैं। वे लोग मशीन का बना हुआ माल लाकर बेचते हैं। जो हमारे हाथ के काम से बहुत सस्ता होता है। अब टूर ऑपरेटर कमीशन पर बुकिंग करता है, उसके साथ आए लोग तो जल्दी में आते हैं। काम देखने के लिए घर-घर जाना बन्द-सा है। उत्सव के बाद से आमदनी बहुत कम हो गई है, बस यही चिन्ता है।'

## बयान छठवाँ
# सामाजिक कार्यकर्ता ईशा भाई की गवाही

यह गवाही बड़े महत्त्व की है। क्योंकि ईशा भाई का यहाँ के समाज से गहरा जुड़ाव है। साथ ही वह बन्नी के हक़ की लड़ाई में अग्रिम पंक्ति में खड़ा कार्यकर्ता भी है। उसके आन्दोलन के सूत्र वाक्य हैं—'बन्नी को बन्नी ही रहने दो', 'बन्नी का हक़ हमको दो'। मैंने उससे दो सवाल किए।

पहला—आप यहाँ कोई बदलाव नहीं चाहते। पर यहाँ का युवा इधर क्या चाहता है, बन्नी छोड़ बाहर निकल जाना या बड़े शहर जैसा विकास बन्नी में करवाना?

दूसरा—आप बन्नी पर हक़ माँगते हैं पर बन्नी की यह अक्षत कौमार्य भूमि धन्धेबाज दानवों की नज़र से कैसे बचाएँगे?

'नहीं-नहीं, क़तई नहीं। यहाँ के युवा के सोच में बन्नी छोड़ने की बात है ही नहीं। हमारे बच्चे पढ़-लिखकर भी यहीं रहना चाहते हैं। कुछ लोग बाहर भी गए पर पाँच-दस साल बाद वापस लौट आए।[215] नौकरीपेशा लड़के भी शाम को घर लौटकर भैंसों को सँभालते हैं। वे जानवरों के बिना रह ही नहीं सकते। हम दिलो-जिगर से मालधारी हैं। हमें अपने पशुओं से अटूट लगाव है। आप मेरी आवाज़ से मत मानिए गाँव-गाँव जाकर बात कीजिए। आपको एक भी युवा ऐसा कहते नहीं मिलेगा कि बन्नी छोड़ना है, या बन्नी में शहर जैसा विकास हो जाए', दो पल रुककर ईशा भाई ने आगे जोड़ा, 'बाहर से आने वाले बोलते हैं कि यदि यहाँ विकास नहीं होने देंगे तो बन्नी पीछे रह जाएगा। तो मैं कहता हूँ कि नहीं, बदलते वक़्त के साथ सोच बदलती है। आप वक़्त को सोच बदलने दो, ज़बरदस्ती मत करो हमसे। देखिए, पहले यहाँ रोड, स्कूल, अस्पताल, बिजली कुछ नहीं था। संरक्षित वन अधिनियम के तहत यहाँ इनमें कुछ आ भी नहीं सकता था। बाद में यह सब आया। सबकी ज़रूरत थी सो विरोध करने वाले चुप हुए। सब बनने दिया। पर अब हमें कुछ नहीं चाहिए। कम से कम अभी तो।

'रहा सवाल यहाँ की ज़मीन पर लोगों की नज़र का तो बता दूँ कि बन्नी को हथियाना मुश्किल है। जबकि बन्नी पर संरक्षित वन क़ानून लागू है। फिर भी दो बार कोशिश हो चुकी है। पहली बार फॉरेस्ट डिपार्टमेंट ने 'बन्नी एक्शन प्लान' बनाकर घासिया मैदान को विकसित करने की चेष्टा की थी। बहुत बड़ा आन्दोलन किया था हमने, ख़ूब रैलियाँ निकालीं। हमारी माँग थी, 'बन्नी को बन्नी ही रहने दो।' बात दिल्ली तक पहुँची। योजना वापस लेनी पड़ी। दूसरी कोशिश हुई थी सन् 2008 में। तब हमारे सी.एम. साहब ने यहाँ टेंट-सिटी बनवाई। उनकी मंशा थी उद्योगपतियों को यहाँ लाकर ज़मीन दिखाना। दो साल तक सी.एम. यहाँ आए। बहुत से उद्योगपति भी आए। एम.ओ.यू. भी साइन हुए। पर हमने आन्दोलन किया। जिनसे एम.ओ.यू. हुए थे उन उद्योगपतियों से मिले। उन्हें बन्नी की ज़मीन का लीगल स्टेटस बताया। बन्नी की भूमि भुज के राव ने मालधारियों को बख़्शीश में दी थी, उसके काग़ज़ भी दिखाए। बताया कि यह एक संरक्षित वन है, जहाँ आप डेवलपमेंट करोगे तो हम सुप्रीम कोर्ट तक लड़ेंगे, पर बन्नी को प्रदूषित नहीं होने देंगे। फलतः उद्योगपतियों ने आना बन्द कर दिया। टेंट-सिटी में अब भी 'रन उत्सव' तो होता है पर उसके बाद सी.एम. कभी नहीं आए।'

ईशा भाई की बात सुन मैं अपने को रोक नहीं पाया और बोला, 'ईशा भाई आपके तब के सी.एम. आज पी.एम. हैं। अब जो वे ज़बरदस्ती से यहाँ विकास करवा दें...'

ईशा भाई का दृढ़ शब्दों में जवाब आया, 'पी.एम. हैं, कोई भगवान थोड़े हैं।' लड़ेंगे। कोर्ट जाएँगे। विदेश में जाकर आन्दोलन खड़ा करेंगे, हारेंगे नहीं। हम मालधारी हैं, हमें हमारी बन्नी से प्रेम है...'

लो जी लो, हो गई गल ख़तम।

इस बयान के बाद तो बन्नी में किसी से कुछ पूछने-कहने को बचता ही क्या है...

अब तो शेष रहा उन महीन स्वरों का संधान जिसका पीछा करते हम रन में खिंचे आए और छुपी है अभी तक खँडहरों पर नृत्य करती छिन्नमस्ता नारी छवि की पहचान। शायद इरिणा के पूर्वी छोर पर कुछ हासिल हो जाए। तो बन्धु लोगो, क्यों न आप भी हमारे संग वहीं चलें—बोले तो धोलावीरा।

# इरिणा की पूर्वी कगार पर

बन्नी की पूर्व दिशा में, ख़दिर 'द्वीप' पर बसे धोलावीरा (धोळावीरा) पहुँचने के दो रास्ते हैं।[216] एक जूना, एक नया। पुराना वह जो पचास-पचपन बरस पहले तक बन्नी के घुमन्तुओं का पारम्परिक मार्ग था। इस मार्ग से जाने के लिए उनको कालाडूँगर[217] तथा धोलावीरा के मध्य पसरा पैंतीस कि.मी. का सफ़ेद रन पार करना होता था, ऊँट से। पर अब रन के उस हिस्से में पैर रखना भी आम आदमी के लिए निषिद्ध। कारण, सेना की नाक़ाबन्दी।[218] वजह यह कि अब भारत-पाक़िस्तान की सीमा रेखा भी इसी रन से होकर गुज़रती है। नए रास्ते जाएँ तो बन्नी से सटा यह धोलावीरा तीन सौ पचास कि.मी. दूर हो जाता है। पर वो कहते हैं न कि मरता क्या न करता। चुनाँचे धोलावीरा जाने की अमिट ख़ुजाल के सताए इसी नए मार्ग से, रन पर बने उड्डन पुल से गुज़रकर ही धोलावीरा पहुँचे।

वहाँ पहुँच सबसे पहले, सबसे पहला सवाल हल किया गया। धोलावीरा के नाम का राज पता करना। मालूम हुआ कि यह नाम नहीं बल्कि यहाँ की स्त्रियों द्वारा किसी को नवाजी उपाधि थी जो वक़्त के साथ इस स्थान विशेष का नाम ही बन गया। स्मरण करवा दूँ कि कच्छी में सफ़ेद रंग को 'धोळा' बुलाते हैं और भाई को वीरा। वास्तव में जो आधुनिक धोलावीरा गाँव है, वह तो इधर के काल की बसावट है। जूना गाँव तो यहाँ से कुछ किलोमीटर दूर था। उस रबारी बाहुल्य वाँड़ में पानी की बहुत किल्लत थी। पानी के लिए दूर-दूर भटकने को मजबूर रबारी जनानियों को धोलावीरा के क्षेत्र में मीठे पानी का एक कूप मिला। जल को लेकर इतनी ढेर सारी मशक्कत ख़त्म हुई। लोग यहाँ आकर बस गए, पुराना गाँव उजड़ गया। इस कूप ने महिलाओं का कष्ट यूँ दूर किया जैसे कोई सगा भाई करे। यहाँ से नाम का पुछल्ला तय हुआ—वीरा। उस कूप का जल हलका पीला होने पर उसे पनिहारिनों ने 'धोळो पाणी' बुलाया। सो कुएँ का नाम पड़ा—'धोळावीरा', जो कालान्तर में इस नई बस्ती का नाम ही बन गया।

इस जगह के संग एक अद्भुत बात और जुड़ी है। वह भी सुन लीजिए। दरअसल जहाँ उन्नीस सौ बानबे की खुदाई में सिन्धु घाटी सभ्यता से जुड़ा परकोटेदार नगर और क़िला मिला, वह स्थान पहले एक टेकरी-सा दिखता था। अत: कच्छी

धोलावीरा में जल प्रबन्धन : जल एकत्रीकरण हेतु हौद, जिसके तले में एक कूप दिख रहा है

परम्परा के अनुसार उस टेकरी को 'डूँगर' बुलाया जाना चाहिए था। किन्तु अचरज है कि गाँव वाले सदा उसे 'डूँगर' नहीं 'कोटड़ा' बुलाते रहे। कोटड़ा यानी गढ़! बल्कि बड़ा गढ़!

कोटड़ा पर बड़े-बड़े पत्थर थे। घर बनाने के लिए मुफ़ीद। पर गाँव के बड़े-बूढ़े उन पत्थरों को उठाकर घर लाने पर नाराज़ होते। उनका कहना था कि कोटड़ा मरे लोगों का घर है। मृतकों का सामान घर में लाना शुभ नहीं होता।

खुदाई पूर्व इसी कोटड़ा के बग़ल में सपाट मैदान था। जहाँ खेती होती थी। किन्तु अचम्भित करने वाली बात है कि उस मैदान को लोग 'बाज़ार' कहते थे। यानी वहाँ खेती करने वाले अपने खेत का पता कुछ यूँ देते थे, 'अपणो खेत बजार मा छे'। इसी गाँव के निवासी रावजी भाई के अनुसार ये खेत 'बाज़ार के खेत' नाम से ही सरकारी (रेवेन्यू) काग़ज़ातों में कई पुश्तों पूर्व से दर्ज हैं।

फिर सत्तर के दशक में धोलावीरा के पोस्टमास्टर को यहाँ कुछ जीवाश्म मिले, जिसने पुरावेत्ताओं का ध्यान धोलावीरा की तरफ़ आकर्षित किया। आर.एस. बिष्ट की देखरेख में कोटड़ी पर खुदाई आरम्भ हुई। वर्ष था उन्नीस सौ बानवे।

धोलावीरा के हौदे में सीढ़ियों वाला कुआँ

कोटड़ी के गर्भ में परकोटेदार विराट महानगर के अवशेष मिले। भाई जान लोगो ज़रा सँभलकर बैठ जाएँ, क्योंकि असल झटका तो आपको तब लगेगा जब मैं बताऊँगा कि 'बाज़ार के खेत' को खोदने पर उसके नीचे क्या निकला! सँभल गए हों तो सुनिए, वहाँ निकला उस कोटड़े का बाज़ार, और एक विशाल स्टेडियम। कयास लगाएँ कि कोटड़े का बाज़ार कितना पुराना था। ख़ैर रहने दें, मैं ही बताता हूँ—आज से चार से पाँच हज़ार बरस पुराना! अब दो पल ठहरकर विचार करें कि जिस नगर की, आज से पच्चीस साल पहले तक, दुनिया में किसी को सपने में भी ख़बर नहीं थी—वह ज़मींदोज़ शहर, उसका बाज़ार, उसका उजड़ना सब इतने बहुत सारे बरसों से जनस्मृति में किस तरह ज़िन्दा रहा! मेरा जवाब है पुश्त-दर-पुश्त कही-सुनी जानी वाली कथाओं की वजह से। अब अपना उत्तर आप ही तलाशें तो बेहतर।

वैसे देखा जाए तो खुदाई में पुरासभ्यताएँ मिलना कोई अनहोनी नहीं। दुनिया भर में ना मालूम कितनी ऐसी खोजें की जा चुकी हैं। पर एक सौ बीस एकड़ में फैला अपना धोलावीरा उन सब में निराला है। ई.पू. छब्बीस सौ पचास से लेकर

निरोणा की पहाड़ी पर हमें मिला ऐसा ही एक सीढ़ियों वाला कुआँ। क्या इस पहाड़ी के नीचे भी कोई पुरा नगर ज़मींदोज़ है

चौदह सौ पचास के दरमियान, बकौल आर.एस. बिष्ट, आबाद रहे इस शहर की ख़ुसूसियत है इसका अति उन्नत जल प्रबन्धन। ऐसा कि उसने आज के नगर वास्तुशिल्पियों को अपनी कुर्सी पर अध-बैठी, अध-उठी मुद्रा में बने रहने को बाध्य कर रखा है।

याद है न आपको कभी हिमालय से निकल रन में बहने वाली सरस्वती नदी के उपग्रह से प्राप्त चित्रों का वह ज़िक्र। कोटड़ा उसी दरिया के किनारे पनपी, ऊँची परवाज ले अन्ततः गुमनामी के अँधेरों में डूबने वाली मानव बस्ती है। दरिया किनारे का वो गुमशुदा नगर तो खुदाई में बरामद हुआ। पर उस दरिया के निशान कहाँ हैं? हैं भी या नहीं? माने तो हाँ, न माने तो भी...हाँ।

कोई ग़ौर से देखे तो बूझ जाए कि वह परकोटेदार नगर ऐसी दो जलधाराओं के मध्य बसाया गया था, जो आज तक बरसात में चलती हैं। ध्यान आ रहा है कि अपने बाद के समय में सरस्वती भी बरसाती नदी बन गई थी। पुरातन धोलावीरा नगर के उत्तर तथा दक्षिण में बहने वाली, क्रमशः मनसर तथा मनहर नदियाँ कहीं उस सूखी सरस्वती का अंश तो नहीं? इनके नाम भी तो कैसे मीठे हैं। मनहर—

मन को हरने वाली। मनसर—मन से उत्सर्जित।[219] संसार से विदा हो चुके प्रियतम मन से तो सदैव जुड़े रहते हैं!

बहरहाल चर्चा चल रही थी धोलावीरा में जल प्रबन्धन की, सो वहीं लौटता हूँ। मनहर व मनसर के मध्य इस नगर को इस तरह बसाया गया है कि इन नदियों का जल रोककर नगर के विशाल जलकुंडों में भरा जा सके।[220]

साथ ही वर्षा जल को संग्रहीत करने और जल की प्रत्येक बूँद को बचाने की ऐषणा धोलावीरा के नगर विन्यास में क़दम-ब-क़दम गुँथी दिखती है। जल परिसंचलन हेतु नगर के परकोटे में बड़ी नालियाँ हैं। आदमी आसानी से पैदल चल पाए ऐसी बड़ी। नगर में हर सिम्त जलाशय हैं। मध्यम आकार का ट्रक चल पाए कुछ तो इतने बड़े। इन जलाशयों के तले सपाट न होकर छिद्रल हैं। पूछने वाले पूछ सकते हैं कि जलाशय के पेंदे में छेद क्यों? जो आपका इस सवाल से सामना हो तो जवाब मुझसे सुन लीजिए। पानी को धरती की कोख में उतारने की मंशा। जिन्हें मैं छेद कह रहा हूँ वे हक़ीक़तन कुएँ हैं। सीढ़ीदार कुएँ। उनकी बनावट ठीक वैसी है जैसी हमने पहले पुराने निरोणा में देखी थी और बाद में बन्नी के एकाधिक वाँड़ों में भी!

तो जनाब लोगो, कल्पना कीजिए यहाँ ऐसे जलाशयों की जिनमें पहले सरस्वती, बाद में मनहर और मनसर का पानी आता था। ऊपर से बरखा का जल अलग। इन तालाबों के तले से पानी धरती में उतारा जाता था। ग्रीष्म काल में यही जल नगर की आवश्यकताओं की परिपूर्ति करता था। जलाशय में उतरने को बनीं रपटें ठीक वैसी हैं जैसी इन दिनों हम निर्बाधा-परिसरों में बनवा रहे हैं। कयास लगाया जाता है कि सूखे के काल में इन रपटों से होकर नीचे आई बैल या ऊँट गाड़ियों के ज़रिये कुओं से उलीचा जल नगर में पहुँचाया जाता होगा। क्योंकि उन कुओं की मुँडेरों पर डोर से घिसने के निशान अब भी मौजूद हैं! धोलावीरा के पुरावासियों की जल को लेकर चिन्ताएँ यहीं समाप्त नहीं होतीं। वे उपयोग में आ चुके पानी को भी सहेजने की फ़िक्र करते दिखते हैं। इस पुरा नगरी का प्रत्येक घर किसी नाली से जुड़ा है। खुली नहीं ढकी नाली। इन नालियों से होकर घरों के 'वेट एरिया' में बहाया पानी शहर के बाहर बने एक विशाल हौज़ में पहुँचता तथा हौज़ से धरणी की कोख में उतर जाता।

कल्पना की जा सकती है कि बारिश के मौसमों में यह नगर एक जलद्वीप जैसा लगता होगा। यही दृश्य इरिणा के चरवाहों में प्रचलित लोककथाओं में संरक्षित है। जैसे रबारियों की प्रिय मुमल-सूमल की कथा। यह गल्प बन्नी के मालधारी अकेल क्याली तथा धोलावीरा के चारण शम्भू गड़वी के मुख से सुनी। वैसे इस प्राचीन प्रेमकथा से संसार को परिचित करवाने का श्रेय सिन्धी शायर लतीफ़ शाह भिटाई

(1689–1752 ई.) के खाते में दर्ज है। मुमल-सूमल नामक दो लड़कियों की कथा कुछ इस तरह चलती है—[221]

> *कच्छ के रन में एक बड़ा सुन्दर नगर था। वहाँ की राजकुमारी मुमल बेइन्तहा ख़ूबसूरत थी। देस-बिदेस के राजकुमारों की नींद हरने वाली सुन्दरता। अपनी इस प्रसिद्धि के चलते मुमल को थोड़ा घमंड भी हो गया। उसे लोगों को नीचा दिखाने का चस्का पड़ गया। वह नित नए तरीक़े ईजाद करती प्रेमातुर लड़कों को छकाने के लिए। इसी भावना से प्रेरित हो उसने स्वयंवर रखने की योजना बनाई। इस कार्य हेतु उसने एक तिलिस्मी तालाब गढ़ा। उस तालाब के मध्य वह बैठ गई। उस तक पहुँचने के लिए तालाब पर एकाधिक मार्ग बनाए गए। हर राह देखने में समान। पर उनमें से तमाम रास्ते असल न होकर आभासी थे। सिवा एक के। स्वयंवर की शर्त थी बग़ैर जल में गिरे उसके पास पहुँचना। जो गिरे तो राजा की मिल्कियत मुमल की। जो मुमल तक पहुँच गया तो दुनिया का आलातरीन हुस्न विजेता का हुआ। राजा आते रहे, अपनी दौलत गँवाते रहे। अन्ततः सिन्ध देश के उमरकोट का सोढा राजपूत राणा महेन्द्र, मुमल तक पहुँचने में कामयाब हुआ।*

यह तो गल्प की इब्तिदा भर है। आगे कथा बहुत लम्बी है। इतनी कि क़िस्सागो इसे सुनाने में शाम से सहर कर देते हैं। मुद्दे की बात यह है कि रबारी श्रुतियों के अनुसार इस कथा का महल रन के खादिर-बेट में अवस्थित 'कोटड़ा' है। जैसा कि आप जानते हैं कि इस नगर का महल लगभग हर तरफ़ से जलकुंडों से घिरा है। इन्हीं जलकुंडों और जलभरण हेतु बनाई नालियों के इर्द-गिर्द यह गल्प घूमती-सी लगती है।

यह तो हुई लोक कथाओं और कहावतों की बात। पर क्या 'कोटड़ा' का बन्नी की संस्कृति पर अब भी कुछ असर है? जनाब लोगो, मेरा अनुमान है कि बन्नी के पूर्वी इलाक़े में 'कोटड़ा' धड़कता है। जैसे कि बन्नी के बुंगा। जिसके बारे में सुना था कि ऐसे ही गोलघर धोलावीरा के जूने नगर यानी कि कोटड़ा में देखे गए हैं। सुनकर अच्छा लगा था, पर तब एतबार नहीं हुआ। परन्तु धोलावीरा के खँडहरों में इनकी पुरज़ोर मौजूदगी को नज़रअन्दाज़ कोई करे भी तो किस विध। इनके आकार, बनावट व बसाहट बन्नी के बुंगाओं का चरित्र हू-ब-हू। रावजी भाई, जिसने आर.एस. बिष्ट के ज़मीनी कार्यकर्ता के रूप में अपना जीवन खपा दिया, के अनुसार ये बुंगानुमा घर धोलावीरा काल के अन्तिम चरण में बनाए गए थे। यानी ई.पू. दो हज़ार से पन्द्रह सौ के मध्य। बता दूँ कि सरस्वती के बदलते रुख़ के चलते ई.पू. इक्कीस सौ के बाद कुछ काल तक मानवों ने यह शहर त्याग दिया था। शायद

खुदाई में प्राप्त ई.पू. 1500 के गोलघर। ये धोलावीरा की सबसे ऊपरी सतह पर देखे जा सकते हैं

वह भव्य नगर प्राकृतिक आपदा का शिकार बन, ज़मींदोज़ हुआ हो।[222] नया गाँव उस पुराने भव्य नगर की क़ब्र पर बसाया गया।

इस नए गाँव के शिल्प में पुराने शहर का-सा वैभव सिरे से ग़ायब है। यहाँ जलकूप तो हैं, पर जलसंरक्षण के प्रयास विरल से हो गए हैं। घर निर्माण के लिए अपने पूर्वजों की तरह पत्थर के बजाय इस बस्ती को आबाद करने वाले लोगों द्वारा धूप में सुखाई मिट्टी की ईंटों का उपयोग किया गया है। ठीक उसी तरह की ईंट जिनसे आज भी होड़का में बुंगा बन रहे हैं।

सवाल है कि क्या गोल घर बनाने का यह निर्णय फ़क़त एक सजावटी बदलाव था ? कदाचित् नहीं। स्वाभाविक है कि बार-बार के भू-त्रास से सुरक्षा के उपायों की धोलावीरा के शिल्पज्ञों ने ख़ूब ढूँढ़ मचाई होगी। अपनी नुकीली दृष्टि और गहन मेधा से ही उन्होंने ईजाद किए ये गोल घर। वे जान गए थे कि वृत्ताकार मकान की भूकम्प प्रतिरोधक क्षमता आयाताकार घरों से बेहतर होती है। ऐसा तथ्य जो हाल में प्रयोगशाला में सिद्ध हो चुका है। होड़का तथा धोलावीरा में जितने लोगों से इस विषय पर चर्चा हुई, सबने एक सुर में कहा कि भूकम्प में उनके बुंगा हिले तो ख़ूब पर टूटे एक्का-दुक्का ही। जो कोई बुंगा टूटा भी तो दीवारें तड़कीं, पर छत बची रही। नतीजतन जान का नुक़सान नहीं हुआ—सिवा धोलावीरा में एक बच्चे की मौत के। इसकी तुलना में उन्हीं आँगनों में बने आयताकार घर भरभराकर गिर गए।[223] विडम्बना है कि ग्रामीणों की समझ को दरकिनार कर सरकार इन गाँवों में जबरन माचिसनुमा घर

धोलावीरा की खुदाई में मिला मिट्टी का खिलौना।
माना जा रहा है कि इसका उपयोग पूजा में किया जाता होगा।

बनवा रही है। वह भी ख़ूब लोहा डाल, ढेर-ढेर सीमेंट, कंक्रीट से। हालिया ख़बर यह है कि अधुना धोलावीरा गाँव में अब शायद ही कोई बुंगा बचा है, सिवा उन सीमेंट-भट्ठी में पकाई ईंटों से बने वातानुकूलित बुंगाओं के जो गाँव के बाहर बने एक होटल में हैं। सो, चार हज़ार साल पूर्व जूनी पद्धति से बने बुंगा में रात गुज़ारने का परमानन्द लेने के इच्छुक कृपया होड़का ही पधारें![224]

चर्चा रहन-सहन की जारी है तो लगे हाथ क्यों न धोलावीरा में खुदाई से हासिल माल-ओ-असबाब पर भी एक नज़र डाली जाए। वैसे सच कहूँ तो यहाँ इतना कुछ दबा-छुपा देखा कि आप से सब बाँट लेने का लालच हो रहा है। पर जनाब समय की सीमा है और गहराई में उतरने की भी। एकमुश्त गहरे उतर जाना भी तो दमघोंटू हो जाता है। लिहाज़ा कुछ ख़ास-ख़ास चीज़ों को आपके संज्ञान में लाता हूँ। जैसे धोलावीरा के संग्रहालय में प्रदर्शित उस काल की नारियों की मूर्तियाँ, उनके गहने। ध्यान है न आपको कि मालदारी लोगों की जनानियों पर चर्चा के दौरान मैंने उनके और भुज में राव लखपत (1741-1760 ई.) की छतरड़ी में बनी महिलाओं के गहनों में अत्यधिक साम्य होने का ज़िक्र किया था।[225]

इसी संग्रहालय में जानवरों की मूरतें भी हैं। छोटे-छोटे, नन्हे-मुन्ने, टेराकोटा से बने चौपाए। पुरावेत्ताओं का मानना है कि आकार में इतने छोटे ये जानवर इतनी ज़्यादा संख्या में धोलावीरा में मिले हैं कि इनका खिलौने के रूप में उपयोग किया जाना सम्भव नहीं लगता। उनका कयास है कि ये पशु-मूरतें पूजा में काम आती होंगी। शायद देवता को चढ़ाने के लिए। जो आगे कभी ऐसा साबित हो जाए तो आराध्य देव को माटी के घोड़े समर्पित करने की परिपाटी भी सिन्धु-सरस्वती सभ्यता से जुड़ जाए।

धोलावीरा के 'कोटड़ा' में मिले अवशेषों में यदि जल-संवर्धन व्यवस्था के बाद किसी चीज़ ने मुझे विशेष तौर पर आकृष्ट किया तो वे थे उस सभ्यता के चरमकाल में निर्मित दो खम्भे। हालाँकि रावजी भाई उनका परिचय शिश्न कहकर करवाने से बच रहे थे पर शर्त बद सकता हूँ कि जो धृतराष्ट्र भी इन पर उँगलियाँ फिराए तो कहे—'लिंग'। ख़तना किया गया लिंग!

ज़मीं से कम से कम चार-पाँच फीट बाहर निकले ये दो लिंग एक ढलुआ क्षेत्र में बनाए गए हैं। इनको इतनी सफ़ाई से गढ़ा गया है कि इनका महत्त्वहीन होना सम्भव नहीं। उनको देखते ही कई सवाल धड़ाम से सामने आ खड़े हुए। क्या यह जलाशय नग्न नृत्य के लिए बनाया गया? क्या यह उनके शिव पूजक होने की चुगली कर रहे हैं? या फिर इनका कोई तांत्रिक महत्त्व है? पहले सवाल का जवाब ढूँढ़ना उतना ही मुश्किल है जितना इन दिनों प्रचलित 'मीटू' अभियान के तहत दर्ज बीस बरस पूर्व हुए शारीरिक शोषण के अभियोग में सत्य-शोधन।

उपर्युक्त में से दूसरे प्रश्न पर विचार करते हुए ख़याल आया कि मैं उस पुरा सभ्यता के बीचोबीच खड़ा हूँ जिसने ऋग्वेद का सृजन किया। वेद व पुराणों में जगत् की सृष्टि (विष्णु, शिव, ब्रह्मा सहित हर एक शै की) एक ज्योति स्वरूप लिंग से होना बताया है। तो क्या यह लिंग शिश्न नहीं वरन् ज्योतिपुंज था—जिसका न आदि, न अन्त! शायद हड़बड़ी में आपको तब बताने से चूक गया कि ऐसा ही एक खम्भा हमें दोरबनाथ की थान-जागीर में भी दिखा था। उस खम्भे के बारे में कहा जाता है कि दोरबनाथ अन्ततः उसी खम्भे में अन्तर्धान हो गए थे। यह ज्योति का अन्ततोगत्वा ज्योति में ही अन्तर्भुक्त हो जाने की प्रक्रिया समझाता रूपक नहीं तो और क्या है? तो क्या यहाँ खड़े ये लिंग उसी ज्योति-लिंग का प्रतीक हैं?

अब सवाल बच रहा इन शिश्नाकार खम्भों के तंत्र-मंत्र से जुड़े होने का। इस सम्भावना को भी खड़े दम नकारा नहीं जा सकता। आख़िरकार उन दिनों अश्लीलता की परिभाषाएँ जुदा थीं। सिन्धु घाटी में मिली कई मूर्तियों में पुरुष को ऊर्ध्वमुखी लिंग के संग दर्शाया है। लगता है कि उस काल में जीवन्त हर सभ्यता में ऊर्ध्वमुखी लिंग को शक्तिसंचारक और बुरी आत्माओं का संहारक माना जाता था। उदाहरण के लिए रोम

धोलावीरा के लिंगाकार खम्भे

को ही लें। उस समय रोमन अपने बच्चों को बुरी नज़र से बचाने तथा ऊर्जावान बनाए रखने हेतु उनके शरीर पर 'उत्तेजित-लिंग' के आकार के 'फेसिनम' नामक खिलौने बाँधा करते थे।[226] सब जानते हैं कि व्यापारिक नातों के चलते रोम तथा धोलावीरा में गहरा जुड़ाव था। लिहाज़ा इन दो सभ्यताओं के मध्य संस्कार-विचार की दोतरफ़ा आवाजाही का होना कैसे नकारा जा सकता है?[227] धोलावीरा के कर्ता-धर्ताओं ने जलाशय में ऊर्ध्वमुखी लिंग की स्थापना, उनकी सबसे क़ीमती वस्तु—पानी को बुरी नज़र से बचाने तथा ऊर्जावान बनाने के आशय से ही की हो शायद!

अब सवाल उठ रहा है कि ऐसी उन्नत सभ्यता को विकसित करने वाले लोग ईसा से चौदह सौ पचास साल पहले अचानक कहाँ गुम हो गए? कोई आसमानी-सुलतानी उन्होंने भुगती हो इसके कोई चिह्न इस सरस्वती-घाटी में नहीं मिलते, सिवा शनैः-शनैः सरस्वती के क्षीण होने के। लगता है कि सरस्वती नदी पर पूरी तरह आश्रित, यहाँ के स्वभावगत खानाबदोश बाशिन्दे, इसी आपदा के बायस इस जगह को छोड़ इतर स्थानों में जा बसे।[228]

कुछ मिनट पहले ही आपके संग कोटड़ा में दिखे जलाशयों व जलकूपों की चर्चा हुई है। पर उस काल में भी बस्तियाँ तो इस कोटड़ा के बाहर भी रही होंगी। पूरे इरिणा लोक में शायद। उन बस्तियों में भी इसी तरह जल संरक्षण किया जाता होगा, विशेषत: वर्षा जल का। ठीक उसी तरह जैसे आज भी किया जा रहा है बन्नी के वाँड़ में वाव बनाकर। अब ध्यान कीजिए वह कथा जिसमें वरुण लोक में छह हज़ार कुएँ

होने का ज़िक्र था। वह ऋषि की ब्याहता को अगवा कर जलदेश के महल में भोगने की कथा थी और थी मुनि द्वारा सरस्वती नदी को वरुण-लोक छोड़ अन्य लोक में चले जाने के आदेश की कथा। कहा गया कि इस आदेश के चलते सरस्वती ने बहना छोड़ दिया। वरुण लोक सूखने से, यहाँ बसे लोग इसे छोड़ अन्यत्र कहीं चले गए। इसी में जोड़ लीजिए बलराम की सरस्वती-तट यात्रा का वह देस, जहाँ सरस्वती का विलोपन होने से कूप सूख गए थे पर देवेच्छा से पुनः सरस्वती प्रकट हुई—कुएँ के भीतर जल आया। अब स्मरण करें हिमालय में कालानाग ग्लेशियर (हर-की-दून क्षेत्र) से निकलकर तराई में आने वाली सरस्वती का मार्ग च्युत हो, इसी काल खंड में, यमुना में समाहित होने के प्रमाण।

थान जागीर का वह खम्भा—
जिसमें दोरबनाथ अन्तर्भुक्त हुए थे

मौक़ा मुफ़ीद है, सो क्यों न एक बार याद कर लें थान जागीर का। जहाँ चर्चा हमने की थी सिन्ध प्रदेश से आकर इरिणा में मठ स्थापना करने वाले नाथी गुरु दोरबनाथ की। वहीं देखा था नाथ लोगों द्वारा शिश्न का शिव रूप में तथा तंत्र साधना में स्त्री की योनि का पूजा जाना। सारा सिलसिला कुछ जुड़ता-सा लगता है। नहीं क्या?

चलिए इस जल-चर्चा को यहीं विराम दे हम लौटते हैं सूखते धोलावीरा को छोड़ने वाले लोगों की ओर। तीक्ष्ण मेधा वाले वे लोग संग क्या ले सकते थे अलावा अपने अर्जित ज्ञान, संस्कृति एवं संस्कार के। सो वे यही लाद ले गए अपने संग, और यही लिख-रच गए आने वाली पीढ़ियों के गुण सूत्रों में। उसी ज्ञान व संस्कार की चौंध हम देख आए हैं होड़का के बुंगा, बन्नी व पुराने निरोणा के कुओं, जतों के गहनों, मिट्टी के घोड़ों में।

सन्तानों ने अपने पुरखों द्वारा सिरजी लिपि माँडनों में इस तरह समोही की। वह

यहाँ से निकल हिन्दुस्तान में हमारे घर-मन्दिरों में अब भी शोभायमान है। आज के इरिणा लोक वासियों में सिन्धु-सभ्यता अन्तर्भुक्त है। आज के भारत के जन-मानस के किसी न किसी गोशे में सरस्वती अन्तःसलिल है...

धोलावीरा से लौटते वक़्त मेरा मन कहीं से भारी, कहीं से हलका। मनःपटल पर मेरा अब तक का जीवन चलचित्र की तरह घूम रहा है। जो पुरखों से पाया उसको मैंने किस तरह बरता? रह-रह ध्यान इस बात पर जाता है। उन्होंने ताल-तलैया-नदी-नाले दिए, मैंने बूर दिए। उन्होंने सघन अरण्य मुझ तक पहुँचाए, मैंने काट डाले। उन्होंने कहानी-ग्रन्थों के ज़रिये हमारे सामने अपनी भूलें रखीं। अपना सारा अर्जित ज्ञान परिमार्जित करने हेतु मेरे लिए रख छोड़ा। मैंने उन्हें पिछड़ा, जंगली निरूपित कर वह सब एक सिरे से नकार दिया। वैभवशाली भवन के ऊपर नितान्त सादा बुंगा बनाकर अति-दोहन से दूर प्रकृति के स्वभाव के अनुरूप रहने का सन्देसा दिया, मैंने किसी बात व संकेत पर ध्यान नहीं देने की क़सम ही खा ली।

मेरा अब तक का जीवन तो बच्चों हेतु धन व वैभव जुटाने में खप गया। युधिष्ठिर ने द्यूत में भार्या हारी मैं अपनी धरणी हिरा बैठा हूँ। यहाँ, धोलावीरा में देखा कि जिनके मूत के दिए कभी जला करते होंगे उनकी शक्लें भी अब लापता हैं। धन नदारद है, वैभव विलुप्त। आज जब मेरा तन उत्तरोत्तर बढ़ते ताप से झुलस रहा है, कार्बन डाइऑक्साइड से लदी हवा ने मुझे बेदम कर रखा है, तो मैं सोच रहा हूँ कि धन तो वज़नी शै है। उसमें ज़्यादा देर तक चलने का माद्दा ही नहीं। दूर तक तो जाएँगे ज्ञान व संस्कार। सवाल यह कि मैंने ऐसा कौन-सा ज्ञान सृजित किया, किस संस्कार को परिमार्जित किया, जिसे आने वाली सन्तानें अपने रक्त-बीज में लिए फिरने में गर्व महसूस करेंगी? मन पर बड़ा बोझ है। जीवन जाया हो जाने का दर्द!

पर ठीक इसी समय एक उत्तेजना भी है मन के किसी कोने में। एक पड़ाव पर पहुँचने का सन्तोष भी। कि सन् दो हज़ार एक में जो हिमालय यात्रा, एक बन्दर की दन्तकथा की प्रेरणा से आरम्भ हुई थी, वह कुछ-कुछ मुकम्मल हुई-सी जान पड़ती है। सन्तोष यह कि इन यात्राओं का कुछ अंश मैंने सँजो लिया है कि शायद मेरी बरबादियों का यह खुलासा अनागत को सँभालने का बायस बने।

सत्रह बरस, और सत्ताईस से अधिक छोटे-बड़े अभियान...बहुत छकाया इस सरस्वती ने, उन पांडवों ने। अब देखिए न इस इरिणा लोक में ही एक माह (दो खंडों में) से कुछ अधिक समय निकल गया है। मेरे साथ आपने भी तो रन में बहुत कष्ट झेले हैं, लिहाज़ा कुछ विश्राम कीजिए।

फिर मिलेंगे, संग चलेंगे—यह वादा करते जाएँ...प्लीज़!

# निकलने से पहले

# रन का सूर्य मन्दिर

धोलावीरा के कोटड़ा में बरामद हुए जिन दो ऊर्ध्वमुखी लिंगों का ज़िक्र मैं कर आया हूँ वैसी आकृतियाँ मेसोपोटेमिया से लेकर सिन्धु-सरस्वती घाटी तक तमाम जगहों पर देखने में आई हैं। यद्यपि धोलावीरा में मिले शिश्नाकृति नमूनों की उपयोगिता की ठीक-ठाक ख़बर मिलना नामुमकिन तथापि कयास बहुतेरे लगाए गए हैं। यथा छोटे वाले बटखरे और मध्यम आकार वाले हैं मसाला पीसने हेतु बट्टे। वहीं जो खम्भेनुमा हैं उन्हें सूर्य-घड़ी या खगोल गणना का यंत्र माना जा रहा है। कुछ इसे धर्म से जोड़ते हैं। लेकिन मेरी चिन्ता इनके उपयोग को लेकर कम वरन् इतर कालखंडों में जुदा जगहों पर इनकी पुरज़ोर उपस्थिति से अधिक जुड़ी है।

जननांगों के चित्रण के साथ-साथ स्त्री-पुरुष के उन अंतरंग लमहों को शैल खंडों पर उकेरने की रवायत भी काल-गर्भ में बहुत गहरे तक पैठी है। यथा खजुराहो और कोणार्क के मन्दिरों में नुमाया सम्भोग-चित्रण। इनसे तो हर कोई परिचित ही है। अचरज है कि मेसोपोटामिया में ई.पू. दूसरी सदी के टेराकोटा के टुकड़े में सम्भोगरत ठीक वैसा ही युगल दिखता है जैसा लाखो के मन्दिर में मिलता है।[229] लगता है जैसे उस जोड़े की परछाईं हज़ारों बरस बाद बने रन के सूर्य मन्दिर तक फैली हो। यही कारण है कि इस जीर्ण-शीर्ण देवालय पर नज़र पड़ते ही बत्तीस बरस से मेरे ज़ेहन के किसी कोने में सो रही खजुराहो की रति-मस्त छवियाँ जीवन्त हो गईं।

रन के साँय-साँय वीराने से लड़ते-भिड़ते इस मन्दिर को साथी के नाम पर हासिल हैं तो कुछ ठिगने-छौने पहाड़। ढेरों-ढेर काँटेदार झाड़-झंखाड़ तथा भूले-भटके इधर घुमड़ने वाली बदलियाँ। कहा जाता है कि गुजश्ता काल की कोटाई नामक बस्ती में इस मन्दिर की निर्मिति लाखो फुलानी (मृत्यु 979 ई.) द्वारा हुई। कोटाई गाँव तो अब गुम है, अलबत्ता फुलानी के इस मन्दिर से तीन-चार किलोमीटर दूर ध्रंग गाँव बस चुका है। यानी वही दादा मेखण वाली बस्ती। पर मन्दिर बहुप्रचारित नहीं होने से लगभग अलक्षित ही है, सो बबूल से अँटे बीहड़ के बीच अपनी राह आप बनाते हुए ही उस तक पहुँचना सम्भव। ख़ैर जी, मन्दिर की भौगोलिक स्थिति पर बयानबाज़ी में वक़्त जाया करने के बजाय मैं सीधे-सीधे उस वजह पर आता हूँ जो सूखे-सट्ट रन में गीले-गच्च खजुराहो की याद दिलाती है। मेरा मुतालबा फुलानी के सूर्य मन्दिर और खजुराहो मन्दिरों (निर्माण

रन का सूर्य मन्दिर

950 से 1130 ई. के बीच) की बनावट तथा इनकी मूर्तियों में अतिशय साम्य से है। कई कोणों से लगे कि मानो एक ही मानस में इनका सन्धान हुआ हो। एक जैसे ही हाथों ने उन्हें गढ़ा हो। हॉरर फ़िल्म की भूतनी के दीवारों को चीर अपने शिकार को दबोचने में सक्षम हाथ। समय की अभेद्य दीवारों से गुज़र मेसोपोटामिया से इरिणा लोक और इरिणा लोक से तमाम भारत में पहुँचते, कामुक मुद्राएँ सिरजते, अगोचर हाथ।

मजस्मात का निरन्तर उच्चतर स्तर पर जाना देख यह कयास बेजा नहीं होगा कि मेसोपोटामिया और सिन्धु-सरस्वती नगरों के मध्य की आवाजाही के दौरान काम-कला चित्रण में पारंगत हुए लोगों ने पुश्त-दर-पुश्त इस कला को भारत में परिमार्जित किया। कालान्तर में ये पीढ़ियाँ इस तरह की मूर्तियाँ बनाने के लिए जानी जाने लगी होंगी। पुरखों के हुनर से लबरेज़ इन हाथों ने ही सिरजी कोटाई, कोणार्क, खजुराहो और दक्षिण भारत में दिखने वाली कामुक मूरतें। हाथ में कंगन हैं तो आईना तलाशने में आपका वक़्त जाया क्यों हो इस ग़रज़ कुछ चित्र दिए देता हूँ। आप स्वयं देखें। थोड़ा विचारें।

कहने वाले कह सकते हैं कि ध्रंग के समीप का यह मन्दिर तथा खजुराहो का शिल्प तो सटे हुए कालखंडों की कारगुज़ारियाँ हैं कि सम्भोगेच्छा एक जन्मजात वृत्ति। कि इस क्रिया को बरतने के तौर-तरीक़े भी गिने-चुने। अस्तु मूर्तियों में साम्य दर्शन अपेक्षित। सही। पर मेरी नज़र तो मूर्तियों के इतर मानव की उस प्रवृत्ति पर केन्द्रित है जिसके मातहत हर काल के आदमी ने अपना समय विविध तरह के शैल चित्रणों से स्थिर कर दिया है। समयों के बीच की फाँक को लाँघते चलने वाली, सागरों को

उलाँघते दौड़ने वाली इस मन:वृत्ति में जो स्मृति का अवदान न हो तो क्या वह सब सम्भव हो पाता जो हमारे आज को परिभाषित करता है? मनन कीजिएगा!

रन के सूर्य मन्दिर की बाहरी दीवारों पर बनी मूर्तियाँ

# इरिणा के मेले

पीर-फ़कीर, मेले-ठेले को तो इधर के लोकजीवन का ताना-बाना ही जानिए । मेला यहाँ के लोकरंग का चरम बिन्दु। इरिणा का आनन्द उत्सव।

धार्मिक मान्यताओं से जुड़े ये मेले प्रमुख दरगाहों पर हर बरस किन्हीं ख़ास दिनों में जुटते हैं। हँसी-ठट्ठे से आसमान गूँज उठता है। रेलमपेल से हवाएँ रेतमरेत हो जाती हैं। स्त्री-पुरुष पारम्परिक धज में नमूदार होते हैं। एक रस, एक रंग-सा प्रतीत होने वाले इरिणा लोक का एक गोशा रंगों से सगबगा जाता है। लोकगीत गाए जाते हैं। पारम्परिक संगीत के असर में फिजाएँ झूमने लगती हैं। मेल-मिलाप होता है। रिश्ते बनते हैं।

वर्षा ऋतु की विदाई और ग्रीष्मकाल की अगुआई के पहले, जुदा दिनों में, दीगर जगहों पर, भरने वाले हर मेले की अपनी ख़ुसूसियत होती है। कोई ग्रासिया जतों की आमद के लिए जाना जाता है, तो कोई फ़क़ीराणियों की उपस्थिति के लिए। कोई घुड़दौड़ के लिए प्रसिद्ध है तो कोई कुश्ती प्रतियोगिता के लिए। एक दृष्टि से ये मेले सरल स्वभाव, अपनी दुनिया में सन्तुष्ट इधर के लोगों को बाह्य जगत् से संसर्ग का अवसर देते हैं। इतर नज़र से देखें तो ये मेले बाहरी लोक के बाशिन्दों को इरिणा की शानदार परम्पराओं से रू-ब-रू होने का मुफ़ीद मौक़ा भी है।

इस मान से सरकारी आयोजन 'सफ़ेद रन उत्सव' यहाँ की मेला संस्कृति पर एक बदनुमा दाग़ बनकर उभरा है। गुजरात के सिम्त कॉर्पोरेट जगत् को खींचने के मानस से आकल्पित यह उत्सव अब मालदार पर्यटकों को लपेटने का सामान बन गया है। सफ़ेद रन के सीने पर ठुँके वातानुकूलित शामियाने आठ-दस हज़ार प्रति रात के हिसाब से बेचे जाते हैं।

हमें तो हज़ारों की भीड़ में भी यहाँ मात्र मुट्ठी भर स्थानीय लोग दिखे। जंगल का सोंधापन चिड़ियाघर में नहीं आ सकता। पिंजराबन्द पाखी में रंग तो फिर भी दिख जाए पर लालित्य कदापि नहीं। बल्कि बाज़-दफ़ा तो लगा कि सरकारी-विचारकों के मानस पर यहाँ के आचार-संस्कारों के प्रति जुगुप्सा तारी है। खान-पान के शामियाने हों या मालो-असबाब की दुकानें, सब की सब नीरस। नूडल्स, डोसा, पनीर-पराँठे, पेप्सी-पिज़्ज़ा तो भरपूर पर कच्छी खाना सिरे से गुम। 'लोक रंग' की मजलिस में मंच पर जबरन बैठाए कलाकार के कंठ से सुर नहीं फूटे तो क्या अचरज ? अरे, जिस मनक की सोच में भी पैसे के लिए गाना-बजाना नहीं हो उसे 'गांधी छाप' काग़ज़ दिखा

सफ़ेद रन उत्सव—फरवरी, 2018 में पुस्तकालय होने का दम्भ भरता विशाल शामियाना। पर भीतर सिर्फ़ अलमारी और किताबों के त्रिआयामी चित्र के सिवा काग़ज़ का एक टुकड़ा नहीं।

'बार-बाला' बना दोगे तो वह रिकॉर्ड-एक्शन के अतिरिक्त और क्या करेगा? तभी तो यहाँ से जुड़े बन्नीं के कलाकार अपनी लोकधुनों को हेय मानने लगे हैं। याद करें जुड़िया पावा वाले रावजी भाई को, जो हमें फ़िल्मी गीत ही सुना धन्य होता रहा। इस मेले को देखकर मन कैसा-कैसा होने लगा। लगा, मानो किसी मध्ययुगीन गुलाम-मंडी में आ पहुँचा हूँ। सरकार प्रायोजित देह व मन की तस्करी नहीं तो यह और क्या है?

उथली एक-कोणीय सरकारी सोच से मेरा एक और वास्ता उस शामियाने में पड़ा जो अपने 'पुस्तकालय' शीर्षक के चलते शामियानों की नगरी में निराला था। स्थानीय किताबें पाने की ललक तीव्र हो उठी। पलक झपकी और मैं शामियाने में। बता सकते हैं इस अति विशाल शामियाने में मुझे कितनी किताबें दिखीं? रहने दें। आपका हर क़यास ग़लत निकलेगा, क्योंकि जवाब है—सिफ़र। तम्बू के मध्य मुस्कुराते गांधी बाबा बैठे थे। सोचता हूँ कि यदि वे उन गोलियों से बच भी गए होते तो इस शामियाने के बीच होने के क्षोभ से ही उनके प्राण छूट जाते। किताब के नाम पर उस पुस्तकालय की दीवारों के क़रीब रखी आभासी अलमारी में करीने से सजी आभासी पुस्तकें ही थीं। त्रिआमी आभासी अलमारियों तथा पुस्तकों के मध्य 'डिजिटल इंडिया' के असली पोस्टर लटकाए गए थे। सच कहूँ तो वहाँ हस्ताक्षर हेतु धरे रजिस्टर के अतिरिक्त कोई काग़ज़ का पुर्ज़ा तक नज़र नहीं आया। एक घिन-सी मची। जी मितली-मितली। 'डिजिटल इंडिया' के नारे का अभीष्ट यदि परदेसियों को यह जताना है कि भारत छपी पुस्तक के विरुद्ध है, या देसी अवाम को बरगलाकर छपी किताब के विरुद्ध खड़ा करना है तो कैसे स्वीकार करता? वो यूँ कि मेरी परम इच्छा किताबों के बीच, किताब का सिरहाना लिए, किताब पढ़ते हुए देह त्याग करने की जो ठहरी। चुनाँचे मैं उस तम्बू से ही क्या मेला परिक्षेत्र से ही निकल भागा।

# सन्दर्भ तथा टिप्पणियाँ

1. कोशिकाओं में पाए जाने वाले मायटोकान्ड्रिया करोड़ों बरस पूर्व के वे जीवाणु हैं जो धरा पर प्राणवायु के अवतरण से पहले कायनात में मस्ताए घूमा करते थे। सो कार्बन डाइऑक्साइड से लबरेज अवकाश में ऑक्सीजन का अवतरण—उस काल के जीवों के लिए भीषण प्रदूषण ही था। चाक्षुसत: वे धरती से तो 'विलुप्त' हो गए, किन्तु वास्तव में इस नूतन शत्रु से बचने हेतु वे प्राचीन जीवाणु, नवागत प्राणवायु आश्रित कोशिकाओं में धँस गए। इन्हें ही सब आज मायटोकान्ड्रिया बुलाते हैं।
2. 'शेखर एक जीवनी', 1:25
3. ध्यान रहे कि ब्लैकहोल की परिकल्पना क्वान्टम फिजिक्स के सिद्धान्तों पर अवलम्बित है, जिसमें मैटर के मायने लिक्विड-गैस-सॉलिड-अणु आदि को अतिक्रमित कर फ़ोटॉन,न्युट्रीनॉन और गुरुत्वाकर्षण तक पहुँचते हैं।
4. बड़ी जद्दोजहद के पश्चात् अन्ततः 1997 ई. में हॉकिंग ने अपनी थ्योरी की त्रुटि स्वीकारी। शर्त बदने का आदी हॉकिंग एक और शर्त हारा। 'The Black Hole War', Leonard Susskind, Black Bay Books, 2009; पृ. 444.
5. 'The Black Hole War', Leonard Susskind, Black Bay Books, 2009; p. 136.
6. इस बाबत उड़ीसा में हाथियों का व्यवहार परिवर्तन एक टटका उदाहरण है। जहाँ के घने वन हाथियों को सैकड़ों बरस से प्रश्रय देते रहे हैं। इन बरसों में हाथियों ने जंगल में आवाजाही के मार्ग तय कर लिए। पुश्त-दर-पुश्त उन्हीं राहों से आते-जाते गजराजों का जीवन ठहर गया, जब विकास योजनाओं के तहत गज-वीथिकाओं के मध्य गाँव बस गए, सुपर-कॉरिडोर बन गए। ग्रामीणों ने हाथियों से अपने खेत, घर आदि बचाने हेतु तारों की बाड़ बना, उनमें विद्युत प्रवाह आरम्भ किया—हाई वोल्टेज करंट। हाथी मरने लगे, गाँव सुरक्षित। पर कुछ समय पश्चात् हाथियों का कहर फिर शुरू, वे पहले से अधिक आक्रामक। ढूँढ़ मची। पाया गया कि हाथी बिजली भरे तारों से पार पाना सीख चुके थे। कुछ हाथी जंगल से पेड़ उखाड़, प्रहार कर तार तोड़ने लगे। शरीर परे, सिर्फ़ वृक्ष के तने से तार पर मार। अन्ततः ज़मींदोज़ तारों को आहिस्ता से लाँघ खेतों में घुस आते। सवाल उठता है कि गजराज विद्युत भौतिकी के ये पाठ किससे सीख आए? क्या किसी एक प्रजाति द्वारा अर्जित/परिमार्जित ज्ञान अन्यान्य जीवों को भी सहज उपलब्ध हो जाता है?
7. 'दरकते हिमालय पर दर-ब-दर', राजकमल प्रकाशन, 2018
8. घाट के गिर्द उन आदिवासियों के डेरे हैं जो लूट को ही अपना धर्म मानते हैं। उनको आगे से अपना सारा कुछ सौंपने पर भी वे अपने शिकार की जमकर कुटाई करते ही करते हैं। यही उनकी मेहनत है। शिकार का मालो-असबाब उनका श्रम परिहार। भूतेड़ी, आम्बा और माछरिया गाँव विशेष बदनाम हैं। वैसे इस गुज़रगाह पर से कोई भयमुक्त गुज़रता ही नहीं। दिन में घाट पर बनी पुलिस चौकी में सिपाही गाहे-बगाहे ही नज़र आते हैं, अलबत्ता शाम ढले पुलिस गश्त पर ज़रूर रहती है, पर काफ़िला बनाकर। इन्दौर में कुछ अर्सा पहले यहीं का एक आदिवासी इलाज के लिए मेरे वार्ड में भर्ती था। उसी से मालूम हुआ कि लूट अब ठेके पर होती है। दस-बारह लोग मिलकर लूट को अंजाम देते हैं। लूट का माल ठेकेदार का। इन्हें तो प्रति गाड़ी मात्र

पन्द्रह सौ रुपये (यानी औसतन प्रति व्यक्ति, प्रति लूट डेढ़ सौ रुपये) दिए जाते हैं। पुलिस कभी-कभी गाँव में दबिश देती है, जिसकी पूर्व ख़बर ठेकेदार को होती है। ठेकेदार ही तय करता है कौन गिरफ़्तार होगा, वही छुड़वाता भी है। सज़ा के दौरान 'अपराधी' के गुट द्वारा की गई लूट का हिस्सा उसके घरवालों तक पहुँचता रहता है। सुना है इन दिनों तो वनवासियों के जामे में गुजरात, निमाड़ के शातिर बटमारी करने लगे हैं।

9. Travels into Bokhara, Vol. 1.
10. Cutch or Random Sketches of Western India.
11. The Balck Hills-Kutch in History and Legends.
12. Cutch and The Ran, Robert Silverwright, Public work Department, 1907.
13. पूजा में उपयोगी लाल-पीला धागा।
14. शेतकरी उदय काल को लेकर मतभेद हैं। Sapience A brief History of Humankind, Harvil Secker, London, 2011 के लेखक युवल नोआ हेरारी के अनुसार कृषि 12000 साल पूर्व आरम्भ हुई, वहीं वेंडी डोनिगर ने इसका उदय ई.पू. 6500 में बताया है (The Hindus An Alternative History, 2009)। सम्भव है कि यह काल भेद लेखकद्वय की दृष्टि भेद के बायस हो, क्योंकि युवल हेरारी के बरअक्स वेंडी का ध्यान बस भारत पर ही केन्द्रित है। अगरचे यह सच है तब तो भारत में खेती 5500 वर्ष देर से आरम्भ हुई। यह बात आसानी से मेरे गले नहीं उतर रही।

    बिन्टलिफ जॉन की पुस्तक The Complete Archeology of Greece (Willey Blackwell, 2012; पृ. 28-29) तथा **पंकज श्रीवास्तव व गंग विशाल वर्मा, की 'प्रकृति के रहस्य खोलते नर्मदा घाटी के जीवाश्म' (नर्मदा संरक्षण पहल, 2011; पृ. 260-263)** के हवाले से यह रेखांकित किया जाना बेहद आवश्यक है कि मानव सादृश्य आरम्भिक (होमिनिन) प्रजाति का अभ्युदय अफ्रीका में क़रीब अस्सी लाख बरस पहले हुआ तथा तीन लाख वर्ष पूर्व वहीं होमो हिबलिस भी विकसित होकर दुनिया में फैले। बाद में आविर्भूत मानव प्रजातियाँ जुदा स्थानों पर संग-संग विकसित हुईं। भारत में नर्मदा घाटी में विगत पाँच लाख सालों से निरन्तर आदिमानव की उपस्थिति के पुख़्ता प्रमाण हैं, जबकि दक्षिण भारत में तो वह आठ लाख सालों से मौजूद है। 1982 में नर्मदाघाटी (हथनौरा) में मानव कपाल का जीवाश्म मिला है, जिसे होमो इरेक्टस या फिर शुरुआती होमो सेपियन्स का माना जाता है। इसी घाटी के क़रीब, विंध्याचल पर्वत के तले भीमबेटका में मनुष्य प्रजाति पिछले एक लाख वर्षों से मुसलसल निवासरत है। अत: अन्य जगहों से भारत में कृषि काल शुरू होने में 5500 सालों की देर होने वाली वेंडी डेनिगर की बात सहज स्वीकार करने में हिचक होती है।
15. Scarecrows Historically Speaking; Warnes Kathy available at-https://historybecauseitshere.weebly.com/scarecrows-historically-speaking.html
16. The Scarecrows Fact and Fable, Haining Peter, Robert Hale, London, 1988; p. 30.

17. The Great Scarecrow In days Long Ago: Gothic Myth & Family Festivals, Wood Juliette, available at http://www.juliettewood.com/papers/scarecrow.pdf v©j The Scarecrows Fact and Fable, Haining Peter, Robert Hale, London, 1988; p. 57.
18. A Dictionary of Archaic and Provincial words, Halliwell, JO; Reeves & Turner, 1889, p. 33. It also gives following example to suggets the use of word 'lant'/'lent': "In cuntré som tyme was a man that lante penyes of that he was."
19. 'Animal Farm' by George Orwell; Amazing Reads, India Book Distributors (Bombay) Ltd.
20. ज्ञातव्य है कि बिखरकर पुनः बस जाना अंजार को बख़ूबी आता है। कभी भूकम्प ने इसे ढहाया, कभी राजनीति ने इसे तार-तार किया। उन्नीसवीं सदी की शुरुआत तक अंजार एक ख़ुशहाल, परकोटेदार नगर था। 1819 ई. में ईस्ट इंडिया कम्पनी ने अपनी एक सैन्य टुकड़ी यहाँ छोड़ी। तर्क दिया गया कि क़ानून व्यवस्था के सुचारु संचालन हेतु ऐसा करना आवश्यक है। एवज में कम्पनी ने यहाँ के शासक को थोड़ी आर्थिक छूट बख़्श दी और वार्षिक हरजाना भी दिया। परन्तु यह समझौता अंजार पर श्राप-सा टूटा। निरन्तर अवनति का शिकार हो 1907 ई. आते-आते अंजार एक मृतप्राय नगर में बदल गया।
21. दरकते हिमालय पर दर-बदर-राजकमल प्रकाशन, 2018, पृ. 159-162।
22. ऋग्वेद के सूक्त 10.75 के द्रष्टा ऋषि का नाम है सिन्धुक्षित् प्रैयमेध। सिन्धुक्षित् आंगिरस के पुत्र थे, अतः इनके संग 'प्रैयमेध' पद संयुक्त हुआ है। सिन्धुक्षित् का अर्थ जल (रस) का नियंत्रक बताया गया है।
23. The Lost River : On the trail of the Sarasvati, Penguin Books, 2010.
24. अपने मुँह से निकली अग्नि से आप भस्म हो जाने वाला यूनानी मिथक पाखी (अरबी में कुक्नुस, अंग्रेज़ी में फीनिक्स) जो जल के छींटे पड़ते ही पुनर्जीवित हो जाता है। कबीर ने शायद इसे ही अग्निपाखी कहा है।
25. भुज के नल चौराहे से जुबली चौक के सिम्त बढ़ते हुए दाहिने हाथ पर एक विशाल परिक्षेत्र पर निगाह पड़ी। अडानी अस्पताल और मेडिकल कॉलेज। मालूमात निकाली। 2001 के भूकम्प के पूर्व यह भुज का सरकारी अस्पताल था। कच्छ के जानमाल का एकमेव रक्षक। भूकम्प में टूट गया। कद्दावर व्यापारी परिवार अडानी ने इसका पुनरुत्थान किया। इसे गोद ले लिया। अब गोदी में बैठाकर भोग रहे हैं। प्राइवेट मेडिकल कॉलेज बन गया है। अब इलाज सस्ता है, मुफ़्त नहीं। लगता है भुज/अंजार में आए तूफ़ान ने लाखों आँगनों की रोशनी समेट दो-चार बाड़ों में इकट्ठा कर दी है!
26. कच्छ ने गत तीन-चार हज़ार वर्षों में अनेक भूकम्प झेले हैं। जिनमें से अधिकांश के बारे में पूरी जानकारी नहीं है, सिवा उनके जो 1819 और 2001 ई. में आए। 1819 के भूकम्प से भुज में लगभग सात हज़ार घर तहस-नहस हुए, और ग्यारह सौ पचास लोग हताहत। राजा के हाथियों ने सड़कों पर दौड़ जान-माल की हानि की सो अलग।

26 जनवरी, 2001 का भूकम्प भुज के इतिहास में भीषणतम था, जब सुबह 8:46:41 पर आए जलजले ने मिनटों में चार लाख घरों को नेस्तानाबूद कर दिया, इससे दोगुने घर आंशिक रूप से क्षतिग्रत हुए। इस दौरान पच्चीस हज़ार से ज़्यादा जानें गईं, दो लाख लोग घायल हुए। 2001 Bhuj-Kachch earthquake, McCalpin JP, Thakkar MG, Annals of Geophysics, vol. 46, Oct, 2003. तथा Cutch Random Sketches of Western India, Mrs. Postan, Smith Elder & co. Cornhill, London, 1839.

27. कच्छ भूमि की भौगोलिक संरचना उसे भूकम्प-संवेदनशील बनाती है। दरअसल गुजरात का क्षेत्र उस जगह से मात्र तीन-चार सौ कि.मी. की दूरी पर है जहाँ पुराकालीन 'यूरेशियन प्लेट' और 'इंडियन प्लेट' मिलने के लिए आज भी एक-दूसरे की तरफ़ दो से.मी. प्रतिवर्ष की गति से बढ़ रही हैं। लगातार हिलने वाले इन खंडों के मध्य विशाल-गहरी दरारें (फाल्ट) हैं। पैरों के नीचे की धरती में जारी यह सतत सरकन ही भूकम्पों का बायस है। 2001 Bhuj-Kachch earthquake, McCalpin JP, Thakkar MG, Annals of Geophysics, Vol. 46, Oct, 2003 तथा Source Parameters and Tectonic Implications of Aftershocks of the Mw 7.6 Bhuj Earthquake of 26 January 2001; Bodin P, Steve H; Bulletin of the Seismological Society of America, Vol. 94, No. 3, pp. 818–827, June 2004.

28. माधापर—भुज शहर से तीन कि.मी. दूर, 1473-1475 ई. में माधाकान जी सोलंकी द्वारा जमाई बसावट। मिस्त्री-कला में दक्ष सोलंकियों के वंशज बारहवीं सदी में गुजरात से रोज़गार तलाशते हुए कच्छ आए और धनेटी नाम के गाँव में बस गए। कालान्तर में धनेटी से बाहर निकले माधाकान ने यह बस्ती बसाई, जो उसी के नाम से चरितार्थ हुई। अट्ठारह सौ पचास में जब रेलमार्ग का गठन आरम्भ हुआ तो इन मिस्त्रियों में से अनेक ठेकेदार बने। फलत: माधापर के दिन फिर गए। इस बीच यहाँ व्यापार-चतुर पटेल भी आ बसे। कहते हैं कि अब यह दक्षिण एशिया की सबसे अधिक प्रति व्यक्ति आय वालों की बस्ती है।

29. 'The War of the Twins'—K C Sagar; Northen Book Centre, N. Delhi; 1997; p. 212.

30. बाद में इन वीरांगनाओं को सरकार से इनाम और इकराम के बतौर पचास हज़ार रुपये मिले। यह धन माधापर में सामुदायिक भवन निर्माण में प्रयुक्त हुआ।

31. कुरुक्षेत्र के समीप, सरस्वती नदी के पास, कुबेर तीर्थ है। पर तीर्थ के समीप का मन्दिर भद्रकाली का है। इसी तरह नर्मदा तट पर भी एक कुबेर तीर्थ बताया गया है। हिन्दू धर्मकोश, राजबली पांडेय, 2014; पृ. 189।

32. 'कुबेर-तीर्थ', जहाँ कुबेर द्वारा यज्ञ किए जाने की बात प्रचलित है। याद दिला दूँ कि कुबेर 'यक्ष' जाति से थे। अनार्य (यक्ष, नाग, दानव आदि) जातियाँ भारत में आर्य-आगमन के पूर्व से, तब के भारत में वनों तथा जल स्रोतों के क़रीब निवासरत थीं। जंगलों से जुड़ी राक्षस कथाएँ, ताल-तलैया-बावड़ी के क़रीब नाग प्रतिमा स्थापित करने जैसी परम्पराएँ इसी सत्य से प्रेरित हैं। इनमें से कुछ तो आर्यों से सदा युद्धसन्नद्ध रहीं पर कुछ के घोड़े व नवआयुधों से लैस आर्यों से दोस्ताना रिश्ते बने। यक्ष उनमें

से एक हैं। यक्ष कुल के कुबेर द्वारा इस तीर्थ में यज्ञ करने की कथा, कुबेर का अग्निपूजक (आर्य) हो जाने का द्योतक है। इस हिसाब से इतिहास में दर्ज यह सम्भवत: धर्मपरिवर्तन का प्रथम दृष्टान्त है।

33. Tribal Culture of India. Vidhyarthi LP, Rai BK; Concept Publishing Co. N.Delhi; 1976; p. 27.
34. Myths and Symbols in Indian Art and Civilization. Campbell J;Princeton University Press, 1972; p. 70.
35. दूर से देखने पर यह पहाड़ एक भुजंग सदृश नज़र आता है। हमारे समाज में शारीरिक गुण-दोषों के आधार पर नाम रखने की लम्बी परम्परा है। भुज को अपना नाम भुजंग जैसे पहाड़ की तलहटी में होने से भी मिला हो सकता है। इस सुन्दर तथा ऐतिहासिक पहाड़ी को पर्यटन बाज़ार में बिकाऊ बनाने की मंशा से यहाँ एक पार्क विकसित किया जा रहा है। दिल टूटता है यह सोचकर कि कुछ समय उपरान्त यह झूले-झाले, सैर-सपाटे, चाट-पकौड़ा केन्द्र में रूपायित हो जाएगा। आगे जाकर हमें मालूम होगा कि इसी ख़ब्त का शिकार रन के उत्तर-पूर्व में अवस्थित पश्चिम द्वीप का 'कालो डूंगर' भी है। उस डूंगर पर नाथ सम्प्रदाय का एक ऐतिहासिक मन्दिर है। हमें तो वहाँ सीमेंट की सड़क मिलेगी और सीमेंट की ही पगडंडियाँ भी। दिखेंगे पगडंडियों के गिर्द पग-पग पर सीमेंट के ही पशु-पक्षी। कहते हैं वहाँ प्रसाद पाने सुबह-शाम सियार का एक जोड़ा नमूदार होता है। होता होगा। हमारी मुलाक़ात तो उस स्थान पर सीमेंट से बने सियार से ही होगी। इसमें शुबहे की कोई गुंजाइश नहीं कि आगे चलकर भुजिया डूंगर के हाल इससे भी बदतर होंगे। आख़िरकार यह नेताओं का 'ड्रीम प्रोजेक्ट' जो ठहरा।
36. Cutch Random Sketches of Western India, Mrs. Postan, Smith Elder & co. Cornhill, London, 1839; पृ. 9.
37. Dictionary of Symbolism, Cultural Icons and Meanings Behind Them; Hans Biedermann, Meridian Book,1994; p. 358.
38. Cutch Random Sketches of Western India, Mrs. Postan, Smith Elder & co. Cornhill, London, 1839; पृ. 9.
39. Encyclopaedia of Ancient Indian Geography; ed Subodh Kapoor, Cosmos Publication, 2002; p. 323.
40. Iyengar, RN and Radhakrishna, BP (2007) *Geographical location of Vedic Irina in Southern Rajasthan.* In: Journal of the Geological Society of India, 70 (5). pp. 699-705.
41. समान्तर कोश, हिन्दी थिसारस, अनुक्रम खंड, नेशनल बुक ट्रस्ट, 2005।
42. संस्कृत हिन्दी शब्दकोश, सं. वामन शिवराम आप्टे, कमल प्रकाशन, नई दिल्ली, पृ. 120।
43. Lt. Raikes, Memoir of The Kutch State, report submitted to the Government in 1854; p. 12.
44. कहते हैं कि मोळ-मनाई पर उसके नाना को भरोसा नहीं था। सो उसने दोनों भाइयों

से काली देवी के सम्मुख अपने नाना के प्रति निष्ठावान रहने की क़सम दिलवाई। पर धूर्त भाइयों ने क़सम के शब्दों में बदलाव कर नाना वंघम चावड़ा को ठग लिया। उन्होंने बाद में कभी, पूजा में डूबे वंघम का सिर कलम कर डाला। लखपत के समीप आज भी वो काली मन्दिर और वह वध स्थल (जहाँ अब शिव मन्दिर है) विद्यमान है। जगह का नाम पड़ गया है कटेश्वर (कटेसर का अपभ्रंश) जहाँ सर काटा गया।

45. ढेढळी—आधुनिक नाम पुनराजपर। सिन्ध के सूफी शायर शाह लतीफ़ ने लाखो फुलानी के ऐसे अनेक क़िस्से शायरीबद्ध किए हैं।

46. वैसे संगतराशों के बाजू काटना बेसबब नहीं था। जैसा कि मैं कह चुका हूँ कि लाखो फुलानी द्वारा बनवाए सूर्य मन्दिर तथा वहाँ की मूर्तियों की बनावट तथा खजुराहो की मूर्तियों की भाव-भंगिमा में इस कदर साम्य है कि लगता है मानो एक ही हाथों ने इन्हें गढ़ा हो। ज्ञातव्य है कि कच्छ का सूर्य मन्दिर लाखो फुलानी की मौत (979 ई.) के बहुत पहले ही बन चुका था। इसके बरअक्स खजुराहो के मन्दिरों का निर्माण 950 से 1130 ई. में होना बताया जाता है। ऐसे में यह ख़याल सहज ही आता है कि लाखो के मन्दिर की नक़ल खजुराहो में जाकर उन्हीं कारीगरों ने तैयार की। अपने बनाए वास्तुशिल्पों को अद्वितीय बनाए रखने पर आमादा जम पुन्व्रो ने शायद इसी बायस कलाकारों को टुंडा कर डाला।

47. काकाबिध पहाड़ी के इलाक़े को अब 'यक्ष' बुलाया जाता है। उस पहाड़ी पर अब एक मन्दिर है—'बहुतेरे जख' मन्दिर। पहाड़ी से कुछ परे, भुज की दिशा में, पत्थरगढ़ के कुछ अवशेष हैं। वह पूरा क्षेत्र असंख्य छोटे-बड़े पत्थरों से अटा पड़ा है। वहाँ का मंज़र ठीक वैसा है जैसा कि पत्थरबाजी के फ़ौरन बाद इन दिनों कश्मीर में सड़कों का हो जाता है।

48. The Black Hills : Kutch in History And Legend, William Rushbrook LF;Weidenfeld & Nicolsan, London, 1958, reprint, Sahithya Mudranalaya, Ahmedabad, 1999; p. 85.

49. मौर्यवंश ने पतन के उपरान्त यवनराज मनेन्दर (मिनान्दर) ने पश्चिमी भारत पर क़ब्ज़ा कर लिया। मनेन्दर ने अपनी राजधानी की स्थापना उस शहर में की जिसका ज़िक्र महाभारत में 'साकला' नाम से आया है। आज यह शहर स्यालकोट कहलाता है। ज्ञातव्य है कि साकला रावी तट (सिन्धु की सहायक नदी) का वही शहर है जिसे सिकन्दर ने ई.पू. तीन सौ पच्चीस-छब्बीस में ज़मींदोज़ कर वहाँ के निवासियों पर कत्लेआम बरपाया था। ख़ैर जो हुआ सो हुआ पर मेरी तवज़्ज़ो इस पर है कि साकला जैसे दूरस्थ स्थान से मनेन्दर ने अपना राज्य सिन्धु नदी के किनारे के बसे कच्छ के साथ-साथ मथुरा और उज्जैन तक फैलाया था। बुद्धच्यर्या; राहुल सांकृत्यायन; गौतम बुक सेन्टर, 2010; पृ. 7

50. बुद्धच्यर्या; राहुल सांकृत्यायन; गौतम बुक सेन्टर, 2010; पृ. 7

51. वन-यात्रा के दौरान सीता ने मार्ग रोकती नदियों को पार करने के पूर्व उनसे मानता माँगी और कहा कि 'मैं पति के साथ चौदह वर्ष के वनवास से यदि सकुशल लौटूँ तो तुम्हें सुरा के एक सहस्र घड़े और चावल-मांस के पकवान भेंट चढ़ाऊँगी।' रामायण

कालीन संस्कृति, शान्तिकुमार नानूराम व्यास; सस्ता साहित्य मंडल प्रकाशन, 2001; पृ. 93

52. घोड़ों का महत्त्व मुस्लिमों में भी है। उनमें घोड़े जैसा ताज़िया बनता है, जिसे दुलदुल कहते हैं।

53. इब्न-बतूता जैसा घुमक्कड़ भी जब किसी बादशाह से मिलता था तो उसे धन, गुलाम और उच्च नस्ल का घोड़ा भेंट करता था। यह उसकी बाध्यता थी, इसके लिए वह दान में मिला धन ख़र्च करता था। Ibn Battuta-Travels in Asia and Africa; Gibb HAR; 1929 (reprint 2012).

54. बकौल कृष्णनाथ; लद्दाख़ में राग-विराग।

55. सच है कि सामान्य कच्छी अपने को गुजराती नहीं मानता। उनकी इस मान्यता के पीछे उनका इतिहास खड़ा है। वस्तुत: 1960 के पूर्व किसी भी काल में कच्छ और गुजरात में दोस्ताना सम्बन्ध नहीं रहे। यहाँ पर पूर्वकाल में स्थानीय लोगों, यानी नाग, राक्षस, यदु, सिन्धी, ग्रीक आदि के वंशजों का आधिपत्य रहा। आधुनिक काल में (1505 ई. से) यहाँ जड़ेजाओं का शासन रहा। 1947 ई. में ब्रितानी सरकार ने अपने अधिभार से मुक्त करते हुए, इन्हें अपनी राह आप चुनने को कहा। तत्कालीन राजा महाराव विजयराज सवाई बहादुर ने 16 अगस्त, 1947 को ही भारत से जुड़ने की घोषणा की। पर यहाँ का शासन भार 1950 ई. तक कच्छ राजवंश के पास ही रहा। तदनन्तर 1950 से मई 1960 ई. में गुजरात में विलय तक कच्छ केन्द्र द्वारा शासित रहा। 1950 ई. तक कच्छ की अपनी मुद्रा थी—कोरी—जिसका विनिमय दर था एक (समकालीन) रुपये में साढ़े तीन कोरी। कच्छी के मन, मत, भाषा व जीवन-यापन के संस्कार अलग होने से कच्छी स्वयं को सगर्व भारतीय तो कहता है पर उसे गुजराती कहलाना नापसन्द।

56. कच्छ में अटूट हिन्दू-मुस्लिम सौहार्द होने का ज़िक्र रुशब्रुक के अपनी किताब (The Black Hills, Kutch in History and Legend, 1958) में एकाधिक बार किया है, और उसके पीछे के कारण को इतिहास से जोड़ने का प्रयास भी किया है। ध्यान देने वाली बात यह है कि उनकी पुस्तक भारत विभाजन के फ़ौरन बाद के उन वर्षों में (1958 ई.) लिखी गई जब इन दो कौमों के दरमियान अदावत अपने चरम पर थी। जो इस चाय वाले ने कहा ठीक वही बात भुज के फिरोज़ भाई ने भी कही थी। पैंतीस वर्षीय फिरोज़ एक बड़े होटल में मैनेजर है। उसका कहना है जब गोधरा व अहमदाबाद में मारकाट मची थी, तब भुज से दोनों समुदायों के वरिष्ठ जन समखयाली नाके पर जा खड़े हुए। गुजरात से कच्छ में भेजे जा रहे आतताइयों को इधर क़दम नहीं धरने दिया, साथ ही इधर के लोगों को उधर सम्पर्क नहीं करने दिया। नतीजतन गुजरात धधकता रहा, कच्छ में ठंडी बयार बहती रही।

57. परिवर्तित नाम।

58. रॉबर्ट सिवराइट (Cutch and Ran, 1907), रशब्रुक (The Black Hills, Kutch in History and Legend, 1958), तथा श्रीमती पोस्टन (Cutch or Random Sketches of Western India, 1838) के अनुसार कच्छी हमेशा से बेहतरीन समुद्री नाविक रहे।

मुग़ल बादशाह जहाँगीर ने कच्छ को 'लगान मुआफ़' किया था। उन पर यह शर्त थी कि कच्छी उन मुसलमानों को मुफ़्त में मक्का ले जाएँगे, जो समुद्र से हज-यात्रा पर जाना चाहें। 1838 ई. में पोस्टन का ऐसे लोगों से साक्षात्कार हुआ जो समुद्री मार्ग से, उनके अपने बनाए नक़्शों पर चल, इंग्लैंड तक जाते थे, कभी-कभी तो हालैंड या अफ़्रीका भी। वे अपने जहाज़ आप बनाते थे। उनके ये समुद्री अभियान एकाधिक आशयों से हुआ करते थे। प्रमुख कारण तो ख़ैर अन्यान्य देशों में मालो-असबाब की ख़रीद-बेच ही रहा, पर बाहरी देशों से ग़ुलामों को लाना भी इन्हें सागर में जाने को प्रेरित करता था। ऊपर नामित महानुभावों के अनुसार कच्छी दुर्दान्त समुद्री दस्यु भी थे, जिन्हें स्थानीय शासकों (राव) का वरदहस्त हासिल था। उनके ख़ौफ़ के चलते कम्पनी को 1819 ई. में कच्छ के रावों से समझौता करना पड़ा। इस समझौते की शर्त थी कि राव समुद्री डकैतों को क़ाबू करेंगे, एवज में उन्हें स्वशासन की छूट दी जाएगी।

59. कच्छ के रन के मध्य घास का एक विशाल मैदान है। नाम है 'बन्नी'। उस मैदान के दक्षिण का हिस्सा 'लिटिल रन ऑफ़ बन्नी' भी कहा जाता है।

60. "The Rann of Kutch resembles a dried up sea… except a stray bird, an occasional caravan, no sign of life breaks the desolate loneliness" (Imperial Gazette of India, 1908:85) यही बात बाद के ब्रितानी गज़ट (1909, 1928 ई.) में भी दोहराई गई है।

61. सुनो चारुशीला, भारतीय ज्ञानपीठ, 2012; पृ. 19।

62. Wheeler M,'The Indus Civilization' 3rd ed; 1968; p. 126 and Habib Irfan, 'The Indus Civilization', Tulika Book, 2002; p. 22.

63. अलेक्जेंडर बर्नीज़ को कम्पनी ने एक यायावर के वेश में सिन्धु नदी से समुद्र की राह तथा नदी के इर्द-गिर्द के राज्यों की टोह लेने भेजा, उसने अपनी किताब में लिखा है—*In the year 1831, I was deputed in a political capacity to the Court of Lahore, charged with a letter from the King of England, and a present of some horses, to the ruler of that country. The principal object of my journey was to trace the course of the Indus...His Lordship was of opinion that a knowledge of the general condition of the countries through which I was to travel, would be useful to the British Government, independent of other advantage which might be expected from such a journey...as I had voyaged on the Indus, an accredited agent; and I was directed to appear (which I myself had suggested) as a private individual...; Travels Into Bokhara, Being the Account of a Journey from India to Cabool, Tartary and Persia; Also, Narrative of a Voyage on the Indus, from the Sea to Lahore, with Presents from the King of Great Britain; Performed Under the Orders of the Supreme Government of India, in the Years 1831, 1832, and 1833.

64. जेम्स मैकमुरडो (चिकित्सक तथा कम्पनी में कैप्टन) 1812 से 1820 ई. तक कच्छ में रहा। कम्पनी की मेहरबानी से उस काल तक कच्छियों के जीवनयापन व धनोपार्जन के पारम्परिक तौर-तरीक़े ध्वस्त हो चुके थे। नतीजतन समुद्री यात्रा में निष्णात कच्छियों

ने—कुछ दैहिक ज़रूरतों के दबाव से, कुछ कम्पनी के प्रति आक्रोश के बायस—अरब सागर पर अपनी पकड़ जमाई। वे लोग (जिन्हें ब्रितानी इतिहासकार समुद्री-दस्यु कहते हैं) माल औ' असबाब से लदे इंग्लैंड आने-जाने वाले कम्पनी के जहाज़ों को लूट लेते थे। कम्पनी का दस्युओं के मारे नाक में दम था, वे उनसे पार पाने की राह ढूँढ़ रहे थे। इस दौर में मैकमुरडो ने रामानन्दी समुदाय के नग्न साधु का वेश धरा और अंजार के एक मन्दिर में लम्बे काल तक रहा। वह एक ओर तो स्थानीय लोगों की दवा-दारू करता, दूसरी तरफ़ बतौर जासूस भी काम करता रहा। उसने कम्पनी को कई सामरिक और व्यापारिक भेदों से अवगत कराया, जिसके बदौलत ही कच्छ के रावों और कम्पनी के मध्य 1816, और 1819 ई. में समझौते हुए। नतीजतन कच्छ को स्वायत्ता मिली एवं कम्पनी को दस्यु के आतंक से आंशिक मुक्ति। जेम्स मैकमुरडो की 1820 ई. में हैजे की चपेट में आने से मृत्यु हुई।

65. बेतुका और अजीब है न मेरा भीमा के बहाने आपको झाँप दे यूँ निकल जाना। पर ऐसा नहीं है। आप मेरे व्यवहार को अन्यथा न लें, सो मेरा बयान ज़रूरी। पर निजी बातें सबके सामने कैसे कहता? संकोच था। चुनाँचे आपको इस गलियारे में खींच लाया कि 'ऑफ़ दी रिकॉर्ड' गुफ़्तगू हो पाए। ख़ैर, बात तब की जब मैं 'टीन एज' से दो-तीन बरस की छेंटी पर था। ठीक वह काल जब बच्चा लाड़, गोद और लालीपॉप के लिए ललचाता तो है पर इनका मिलना दिनोंदिन मुश्किल होने लगता है। उस काल में कई मर्तबा यूँ हुआ कि वय: में दस से चालीस बरस बड़े कुछ लोग मुझसे वक़्तन-फ़वक़्तन लड़ियाने लगे। क़रीब बैठाने की जिद्दम-जिद्दा। हाथ मिलाने का इसरार। मैं गर्मजोशी से हाथ मिलाऊँ, तो वे मेरी हथेली अपनी बीच की उँगली से खुरच दें। मैं तपाक से हाथ खींच लूँ, वे ठहठहाकर हँस पड़े। वाह यह बढ़िया खेल है! बालमन खिलखिल। अब मैं भी लोगों से हाथ मिलाऊँ और उनकी हथेली खुरच दूँ। हासिल यह कि कुछ हँस देते, कुछ झिड़क देते, कुछ अपनी बाईं आँख दबाते हुए मेरी हथेली दबोच लेते। लेकिन उस बार एक बा-साब ने मेरी हथेली छोड़, पोंचा पकड़ा, और मुझे ही झपट लिया। लालीपॉप दी। गोद में बैठाया। अपने पैर यों हिलाने लगे जैसे माँ हिलाती है गोद में लल्ला को। बीच बाज़ार, दुकान के ओटले पर—मुँह में घुलती मिठाई, ऊपर-नीचे होता लयबद्ध हिंडोला। मेरे मन की मुरादें एकमुश्त पूरी हुईं कि हुईं। तभी नीचे कुछ सुलगने लगा। मानो चूतड़ से कोई जलता काठ सटाता हो। करंट। दनाक से उठा। पलटा। देखा। धोती के बीच से झाँकती, ठुनकती, सुलगती डंडी! एक चीख़—और मैं दे भाग। बाद के वक़्तों में पिछवाड़े में सटतीं गर्म सलाखें और भी मिलीं। कभी कलकत्ते की ठसाठस बस-ट्रामों में, कभी गाँव के आँगन में परिवार के बीच सोते हुए। तब से मुझे भीड़ से भगास होती है, आदमी से चमक। मेरे साथी, आपको किसी अनजान से औचक कैसे मिलवा दूँ? पहले मैं मिल-मिला कर खात्री कर लूँ तो ठीक। कहीं आपके संग कुछ ऐसा-वैसा गुज़र जाए तो मुझ मालवी के तो माजने ही बिगड़ जाएँ। जो अब भी आप बुरा मानें, तो आपकी मर्ज़ी।

66. लाख वस्तुत: मादा लाख कीट (Laccifer lacca;coccus laccas; Kerria Lacca ) की लार से बना वो खोल है जो मादा के शरीर से लिपटा होता है। इस कच्ची लाख को

पकाने के उपरान्त बनने वाली वस्तु चपड़ा कहलाती है। भारत में लाख के कीड़े प्रमुखतः बेर, पलाश (ढाक), बरगद तथा कुसुम के पेड़ों पर बसते हैं। लाख की सामान्य अवस्था ठोस होती है, जो उष्मता से पिघल जाती है। विश्व को लाख कला भारत की देन है। 1902 ई. में दिल्ली में सम्पन्न 'इंडियन आर्ट एक्ज़ीबिशन' के कैटलॉग (जार्ज वाट द्वारा सम्पादित) में इसका ज़िक्र है। वाट के आकलन अनुसार उस समय इंडिया (भारत-पाक़िस्तान) में बनी हर कलाकृति में लाख प्रयुक्त होता था। चूड़ियों के माध्यम से उस काल की एक तिहाई जनसंख्या तक लाख की पहुँच थी। उसी प्रदर्शनी में पहली मर्तबा लाख-कला का प्रदर्शन हुआ। उसी हस्त-कलासमागम में पहली बार 'लाख' और 'लेक्युर' को मुख़्तलिफ़ पहचान मिली। लाख वह जो वृक्ष की टहनी पर जमी लाख के कीड़े की लार से तैयार की जाए, इसके बरअक्स लेक्युर उस पदार्थ को कहा गया जो 'ओलिओ-रेझिन' से बनाया जाए। पेड़ों से प्राप्य चिपचिपे तेल को 'ओलिओ-रेझिन' कहते हैं। ओलिओ (वसमव) शब्द तैलीय चीज़ों का द्योतक है, जिसमें वसा, मोम आदि शुमार हैं। रेझिन के माने गोंद। तरल होने के कारण कलाकृति पर इसका लेपन कूँची द्वारा किया जाता है।

67. वाडा परिवार, जिसे जिलाये हुए है वह, घर्षण-ऊर्जा का प्रयोग कर सतहों पर लाख लिपटाने की विधा भारत में नामालूम कब से प्रचलित है। 1902 में प्रकाशित जॉर्ज वॉट की पुस्तक में इस तकनीक का सविस्तार वर्णन है। निरोणा के वाडाओं का काम 'लाख' का है न कि 'लेक्युर' का। दोनों को समानार्थी मान लेने से आने वाले समय में कला जगत् को भारत से मिले लाख-कला के अवदान की बात भुला दी जाएगी।

68. ग्रीक नाविकों द्वारा 40 ई. में रचे एक दस्तावेज़ के हवाले से कहा जा सकता है कि ईसा के पूर्ववर्ती समय में सिन्ध प्रदेश से लाख से बनी वस्तुओं का निर्यात होता था। The Periplus of the Erythraean Sea, Schoff WH, 1912; p. 38.

69. लकड़ी के बर्तनों का उपयोग सिन्ध के बंजारों के यहाँ बतौर शौक़ नहीं, वरन् जीवन का अटूट हिस्सा था। इब्न-बतूता ने लिखा है कि (अरबी देशों में) मेहमानों के लिए परोसी भोजन-थाल के संग काँच के गिलास तथा लकड़ी के चमचे रखे जाते थे। कुछ मुसलमान धार्मिक वर्जनाओं के चलते चाँदी, सोने के बर्तनों का उपयोग नहीं करते थे। अतः धातु के बासनों के संग काँच तथा लकड़ी से बने बर्तनों को भी परोसे के साथ रखने की परम्परा चली। Ibn Battuta, Travels in Asia and Africa 1325-1354; ed. Gibb HAR, 2012; p. 169 & 359.

70. आपको रन के समीपवर्ती इस इलाक़े में जंगलों के होने का ज़िक्र कुछ अटपटा लग रहा होगा। पर यह मिथ्या भाषण नहीं, झूठ तो ब्रितानी राजपत्रक में दर्ज कथन हैं। जिनको सच जान कच्छ संसार में एक अनुर्वरक, वनस्पति विहीन क्षेत्र के रूप में चरितार्थ हुआ। जबकि रॉबर्ट सिवराइट (1907 ई.) ने कच्छ के मध्यवर्ती इलाक़े में बबूल, पीपल और बरगद के सघन जंगल देखे थे। उसका सामना ऐसे विकराल वृक्षों से हुआ जिनकी छाया में एक दर्जन शामियाने लग सकें। वन इतने सघन कि शाम के बाद स्थानीय लोग भी राह भटक जाएँ। कितने खेद का विषय है कि भारत देश की वन सम्पदा का सटीक आकलन करने में रुचि न परदेसियों ने ली, न स्वदेशियों

ने। हमारी धरणी के अन्दरूनी अंगों की नुचाई हुई (जो आज भी जारी है) और हम बेख़बर कि कौन-सा अंग कितना और किधर से उखाड़ा गया! Cutch and The Ran, Geographical J, Vol 29:5; p. 523.

71. पीले के लिए हल्दी और सींगदाने का तेल/लाल के लिए लाल पत्थर का बुरादा/ हरे के लिए नीम-पत्ती का रस तथा अरंडी का तेल/काले के लिए महीन पीसा लकड़ी का कोयला उपयोग में लिया जाता है।
72. लही से बक्से/टीक से गिलास, सुराही/बबूल से बेलन, करछी, चम्मच/नीम से कुर्सी के पाए बनाए जाते हैं।
73. Danino Michel, 'The Lost River on the trail of the Sarasvati' Penguin Book, 2010; table 4.1, p. 89.
74. Habib Irfan, 'The Indus Civilization', Tulika Book, 2002; p. 29.
75. जानवर पालने वाले समुदाय को इधर 'मालदारी' कहते हैं। लक्ष्य करने वाली बात है कि उत्तराखंड में भी बंजारा प्रवृत्ति के पशुपालकों को इसी नाम से पुकारा जाता है।
76. भुज, अंजार, गांधीधाम में उपलब्ध स्क्रेप (कंडम फ्रिज, कार आदि) से पतरा मिलता है।
77. ताँबा (copper), पीतल (brass), जस्ता (zinc) और सुहागा (borox)।
78. पानी, मिट्टी और कपास का मिश्रण बनाकर आटे-सा साना जाता है। फिर उसे रोटी-सा बेलकर उपयोग में लाते हैं।
79. जानवरों के गले में घंटी बाँधने की रवायत प्राचीन काल से है। सिन्धु घाटी में मिली क़ब्रों में घंटियाँ दिखी हैं (The Indus civilization, Wheeler, M, 1968)। पुराकालीन ग्रीस/मिस्र में मृत्यु तथा मृतक के अन्तिम संस्कार से सम्बन्धित अनेक रवायतें और अभ्यर्थनाएँ प्रचलित थीं। इन कथाओं व भजनों को तब मक़बरों की भीतों, ताबूतों तथा क़ब्र—शिलालेखों पर दर्ज करने के संग काग़ज़ पर भी सहेजा गया। 'पपाअरस' (Papyrus) नामक यह काग़ज़ इसी नाम की वनस्पति से तैयार किया जाता था। इसी पपाअरस पर लिखे और मक़बरों क़ब्रगाहों में उकेरे भजनों व चित्रों का समुच्चयन है 'थेबिस—बुक ऑफ़ दी डेड'। जैसे हमारे यहाँ गरुड़ पुराण। ग्रीस के इसी पुराग्रन्थ के एक प्रकरण में मृतक के सर के नीचे गाय (ग्रीक देवता 'रा' की माता) का चित्र रखने को कहा गया है। इसी चित्र में गाय की ग्रीवा से घंटीनुमा एक चीज़ लटकी दिखती है। इस लॉकेट को 'जीवन' का निशान बताया गया है। 'The Book of The Dead', English translation by Budge EAW, 2nd ed.; Routledge & Kegan Paul Ltd, 1909, Vol. 3; p. 531
80. 'Travels of Ibn Battuta', translated by Gibb HAR; 2017, Low price Publication, N.Delhi; p. 59-60.
81. Pandya A, Vishwakarma A, Rogan, The Traditional Hand Painted Textile of Gujarat; Indian J of Traditional Knowledge, vol. 9(4); Oct, 2010; p. 644-650.
82. पावरक़ = पुस्तक के पन्ने के तले में लिखा वह अन्तिम अक्षर जो अगले पन्ने पर

लिखा जाएगा। जब किताब के पन्नों पर नम्बर नहीं पड़ते थे तब इसी तरह से सफ़हे मिलाकर किताब का सिलसिला जमाया जाता था।

83. कृपा कर यहाँ 'पुरुष' को उभयलिंगी मानें।

84. http://www.iranicaonline.org/articles/afridi-or-apridi-singular-ay-designation-of-a-major-patun-tribe-in-northwest-pakistan-with-a-few-members-in-afghan.

85. पश्तून = अफ़गानिस्तान की अमू नदी के दक्षिण और सिन्धु नदी के पश्चिम के बीच का क्षेत्र

86. पाविन्दः = इसमें परिन्दः (परिन्दा) की अनुगूँज सहज लक्षित है। ज़ाहिर है कि सिकन्दर जैसे युयुत्सु को रोकने वाली सिन्धु नदी को उलाँघने में सक्षम लोग पक्षी ही कहलाएँगे। ये लोग पेशावर के बन्नू शहर में पाए जाते थे। बन्नू के लोगों की बोली पश्तो थी, इन्हीं से 'बन्नूची जाति' का उदय हुआ है।

87. रोगन एक फ़ारसी शब्द है जिसके मायने हैं तेल। आफ़्रीदि सूरजमुखी के बीज का तेल निकाल, उसे बारह घंटे गरम करने के बाद ठंडे पानी में डाल देते थे। पानी में जाते ही यह तेल गाढ़ा हो जाता है, जिसे 'रोगन' कहा जाता है।

88. Bombay Gazetteer, Gujarat, 1880; p. 94 के अनुसार ये लोग सिन्ध से 1544 ई. में इधर आए थे। ये मूलतः हिन्दू थे, जिनमें से कुछ ने बाद में मज़हब बदल लिया।

89. सुमार खत्री का अपने कुटुम्ब को इस कला का एकमेव साधक कहना अतिरेक है। 1902 ई. तक यह काम पेशावर, बड़ौदा, पाटन और लाहौर में होता था। आज भी अहमदाबाद के हिन्दू खत्री परिवार रोगन का काम कर रहे हैं। कच्छ में अरंडी की सहज उपलब्धता के चलते, सूरजमुखी के बीज के तेल को अरंडी के तेल ने विस्थापित कर दिया है। वैसे सुमार खत्री के अनुसार सूरजमुखी के बीजों का तेल रोगन कला में कभी प्रयुक्त ही नहीं हुआ। हालाँकि 1902 ई. में दिल्ली में सम्पन्न 'इंडियन आर्ट एक्ज़ीबिशन' के कैटलॉग में आफ्रदियों द्वारा रोगन काम में अरंडी-तेल का प्रयुक्त होना नहीं बताया है।

90. माँडने काढ़ने हेतु थोड़े से रोगन को हथेली पर फेंटा जाता है, इससे रोगन में लार-सी बनने लगती है। फिर ज़रा-सा रोगन सलाई की नोक पर उठा कपड़े पर माँडा जाता है—ठीक उसी तरह जैसे हथेली पर मेहँदी माँडी जाती है—फ्री हैंड, बिना नक़्शे के। सलाई से माँडने की यह विधि, सैकड़ों बरसों से अक्षुण्ण है।

91. The Book of The Dead; translated by Budge EAW, Routledge & Kegan Paul Ltd, 1931, chap LXIII(a) p. 208.

92. कच्छी हस्तशिल्पियों के उत्थान हेतु काम करने वाली संस्था 'सृजन' ने तो यहाँ धमाल मचा रखा है। सदियों से बिना किसी पूर्व योजना-साँचे-खाँचे के कशीदे या माँडने तैयार करने वाले कलाकारों को अब 'सृजन' के लोग कम्प्यूटर पर तैयार आकृतियाँ (टेम्लेट्स) मुहैया करवाते हैं। हस्तशिल्पी बस पूर्वांकित रेखाओं में सूत या सलाई से रंग भरता है। संस्थान वालों का दावा है कि उन्होंने चार हज़ार कारीगरों के काम को देख ये आकृतियाँ तैयार की हैं। मुख़्तालिफ कामों के चुनिन्दा हिस्सों को जोड़कर

नूतन आकार-प्रकार के माँडने गढ़े हैं। इस सवाल पर कि इससे तो कलाकार के काम की प्रकृति और उसकी सृजन क्षमता कुंठित होने का धड़का है, संस्था वाले तपाक से बोल पड़ते हैं, 'हस्तशिल्पी को छूट है कि वे अपने धागे-रंगों से, खुल्ले दिमाग़ से काम करे। पर सिर्फ़ छोटे काम। बड़े काम, जैसे—साड़ी, शॉल, वॉल हैगिंग आदि हमारे अनुसार होना चाहिए। आख़िर हमें डिजिटल बाज़ार (अमेज़न अथवा संस्था की वेबसाइट) की माँगपूर्ति जो करनी है।'

93. Greater flamingo (अग्निपंख, कच्छी में सुर्ख़ाब), Spoon bill (चमचा), Painted stork (कठ सारंग), Red naped ibis (काळा शराटी), cotton pygmy goose (गिरिजा), Little egret (छोटा बगुला), Black winged stilt (प्रवाल पाद/कच्छी में गजपाद), Grey Heron (अंजन बक)।
94. दरअसल ये हैं तो गोरा तीतर (Grey Francolin) पर स्थानीय लोग इन्हें मुर्गी बुलाते हैं। गोरा तीतर समूचे दक्षिणी एशिया में झाड़-झंखाड़ वाले रूखे-सूखे जंगलों में बहुतायत से मिलता है। परिवार संग विचरता है, उड़ने में अक्षम होने के कारण ज़मीन पर ही घर बसाता है।
95. रॉबर्ट सिवराइट के अनुसार सिकन्दर के भारत-प्रवास काल (327-325 ई.पू.) में कच्छ व गुजरात एकखंडीय भूक्षेत्र नहीं बल्कि सात खंडीय सामुद्रिक द्वीप थे। कालान्तर में समुद्र सूखने के कारण इन जजीरों का पुनर्गठन हुआ और आधुनिक भू-परिदृश्य की निर्मिति हुई। Cutch And The Ran, Robert Sivewright;The Geographical Journal Vol. 29, No. 5, May, 1907; p. 518-535.
96. 'A Memoir on The Indus; Burnes A, 1831, chap xvii, p. 317.
97. Gaur AS, Vora KH et al; Was the Rann of Kachchh navigable during the Harappan times (Mid-Holocene) ? An archaeological perspective, Current Science, vol. 105, no 11, Dec'13.
98. राष्ट्रकवि रामधारी सिंह दिनकर ने अपनी पुस्तक 'संस्कृति के चार अध्याय' में महाभारत का युद्ध ई.पू. 3000 के पहले होना बताया है। ऋग्वेद की ऋचाएँ उसके भी पहले से मौखिक आख्यानों का हिस्सा थीं। महाभारत तथा ऋग्वेद का सम्पादन और लिपिबद्धकरण वेद व्यास द्वारा बहुकाल बाद किया गया; लोकभारती प्रकाशन, इलाहाबाद, 2014। यही मत वेंडि डोनिगर का भी है। उसने इसके भी आगे जाकर जो लिखा है उसे मूल रूप में उद्धृत करना ही उचित होगा—"*The Rig Veda was preserved orally, but it was frozen, every syllable preserved for centuries (before it was written), through a process of rigorous memorization. There are no variant readings of the Rig Veda, no critical editions or textual apparatus. Just the Rig Veda.*" The Hindus, p. 33.
99. The Archeology of Greece, Bintliff J, Willey-Blackwell, 2012; p. 14-15.
100. Archana D et al, Late Pleistocence-Holocene climate and sea level changes inferred based on the tidal terrace sequence, Kachchh, W.India, Palaeogeography, Palaeoclimatology, Palaeoecology, 473 (2017); p. 82-93.

101. कालगणना को लेकर मत विभेद हैं, फिर भी मोटे तौर पर यह स्वीकारा गया है कि ग्रेगोरियन कैलेंडर की शुरुआत के पन्द्रह हज़ार बरस पहले उत्तरी गोलार्द्ध के हिमनद सिकुड़ना प्रारम्भ हुए। हिमयुग का यह अन्तिम दौर Pleistocene काल कहलाता है। LGM (Last Glacial Maximum Period) ई.पू. 18000 तक जारी था। कच्छ के भूवैज्ञानिक डा.महेश ठक्कर ने साक्षात्कार के दौरान अपने कम्प्यूटर पर सेटेलाइट चित्र के मार्फ़त जब यह काल दर्शाया तो मालूम हुआ कि उस समय समुद्र में धरती का टुकड़ा (shelf) आज की तुलना में दो सौ कि.मी. आगे तक पानी से बाहर था।

102. Holocene एक ग्रीक शब्द है, जिसके मायने हैं 'ताजा या रीसेन्ट'। ई.पू. बारह हज़ार साल पहले आरम्भ हुए इस काल को तीन खंडों में बाँटा गया है। आरम्भिक (ई.पू. 7000 तक), मध्य काल (ई.पू. 7000 से 3000) और उत्तरकाल (ई.पू. 3000 से अब तक जारी)।

103. Interview with Dr. M.G. Thakkar, Head, Dept. of Earth and Environmental Science, KSKV, Kachchh University, Bhuj, India.

104. Sushama DG et al, Holocene environmental changes and cultural patterns in costal western India: A geoarchaeology perspective; Quaternary International, 229 (2011); p. 132-139.

105. एहतियातन यह बता दूँ कि शोधकर्ताओं में कालगणना को लेकर मतभेद है। जैसे कोई हड़प्पा काल ई.पू. 3200 से 1200 का बोलते हैं, कुछ वेदों को 950 ई.पू. में रचा जानते हैं तथा कुछ विद्वान सरस्वती नदी का स्थान अफ़गानिस्तान बताते हैं। उपर्युक्त गणना The Hindu - An alternate History, Wendy Doniger से उद्धृत है।

106. Special publication-6, Recent Studies on the Geology of Kachchh; editor Thakkar MG; Geological Society of India, 2016.

107. भारत क्षेत्र की प्राय: सभी प्रमुख नदियाँ (नर्मदा को छोड़) हिमालय/तिब्बत के हिमनदों के पिघलने से बनीं एवं मैदानी इलाक़ों में अवतरित हुईं। यद्यपि इन रूपकों से काल-समय का भास नहीं होता किन्तु कयास लगाया जा सकता है कि यह सब भारत में होलोसिन काल आरम्भ होने के बाद ही घटित हुआ होगा। हालाँकि इस कथा में सागर पुत्रों द्वारा पृथ्वी खोदने का कारण गुमशुदा यज्ञअश्व की तलाश बताया गया है। किन्तु क्या यह नहीं माना जा सकता है कि यह रूपक 'सागर' पुत्रों की जल की तलाश का द्योतक ही हो? राजकुमारों के भस्म होने की गाथा गर्म शुष्क मौसम का प्रतीक हो सकती है।

108. सनद रहे सो दोहराना ज़रूरी है कि पुराकालीन द्वारिका गोंडवाना द्वीप का वह हिस्सा था, जो सागर से बाहर निकल गुजरात में जुड़ा और कालान्तर में पुन: सागर द्वारा लील लिया गया। द्वारिका के पुन: डूबने का काल ज्ञात-अज्ञात सा है। भिन्न मतानुसार यह ई.पू. 3102 या 1400 या 950 में कभी घटित हुआ। Doniger W, The Hindus : An Alternative History; 2009; p. 55.

109. ऋग्वेद 1:186:9; 10:34:1; 10:34:9.

110. Iyengar RN etal, Vedic Irina and Rann of Kutch. https://www.slideshare.net/byomkeshpanda/vedic-irina-and-the-rann-of-kutch-by-iyengar-radhakrishna-mishra.

111. Geographical Location of Vedic *Iriòa* in Southern Rajasthan, Iyengar RN, Parhakrishna BP; Journal Geological Society of India, vol. 70, Non 2007; p. 699-705

112. The Periplus of the Erythean sea, translation Schoff WH, Longmans Green & Co., 1912. p. 38 'पेरिप्लस ऑफ़ सी' यानी ऐसा दस्तावेज़ जिसमें समुद्र मार्ग के नक़्शे के साथ मार्ग सम्बन्धित विस्तृत टिप भी होते हैं। इस पेरिप्लस का रचनाकाल 40-60 ई. का माना जाता है।

113. ऋग्वेद 10:75—नदी स्तुति सूक्त, जिसमें हिमालय से निकलने वाली नदियों का सटीक वर्णन है। पूर्व से पश्चिम की ओर क्रमशः गंगा, यमुना, सरस्वती, शुतुद्री (सतलुज), रावी, चिनाब, मरुद्धधा विस्तता(झेलम), सदेहान तथा व्यास। सागर के सिम्त बढ़ते हुए नदियाँ आपस में मिल किस विध सिन्धु नदी बनाती हैं, और मैदानी क्षेत्र में अन्ततः कैसे सिन्धु नदी अपनी एक सहगामिनी नदी के संग समुद्र से मिलती है, इसका विस्तृत वर्णन उस काल के लोगों को इस विराट क्षेत्र के भूगोल का ज्ञान होना स्थापित करता है।

114. The Indus Civilization, Irfan Habib, Aligarh Historian Society, Tulika p. 22, and.

115. Kenoyer JM. Wealth and socioeconomic hieratchies of the Indus Valley civilization, available at http://iks.iitgn.ac.in/wp-content/uploads/2017/01/Wealth-and-socioe-conomic-hierarchies-of-Indus-Civilization-JM-Kenoyer.pdf.

116. The Black Hills : Kutch in History And Legend, William Rushbrook LF;Weidenfeld & Nicolsan, London, 1958, reprint, Sahitya Mudranalaya, Ahmedabad, 1999, p. 60.

117. महाभारत, शल्यपर्वणि, गदापर्व, 36:1-55, तथा 38:3, तथा 38:22।

118. सोडानी अजय, दरकते हिमालय पर दर-ब-दर; राजकमल प्रकाशन, 2018।

119. महाभारत, शल्यपर्वणि, गदापर्व, 35:12-19।

120. 'हिन्दू धर्मकोश' राजबली पांडेय, उ.प्र. हिन्दी संस्थान, लखनऊ, 2014; पृ. 422, तथा Encyclopaedia of Ancient Indian Geography, editor Subodh Kapoor, Cosmo Publication, 2002; Vol. 2, p. 538।

121. ऋग्वेद (6:61:2,8,10 से 14) में सरस्वती नदी को अति वेगवान, पर्वतों के तट तोड़ निकलने वाली नदी बताया है। कहा गया है कि वे सात बहनें हैं, जो तीन प्रदेशों में रहकर, पाँचों वर्णों के मानवों को पोसती हैं। इन सातों को ही सरस्वती बुलाया जाता था। इस सूक्त में सरस्वती से जनता को 'प्रवाह कष्ट' न देने का आग्रह है। इस प्रवाह कष्ट को दो तरह से देख सकते हैं—बाढ़ किंवा सूखा।

122. 'The Rigveda and The Avesta, The Final Evidence', Talageri SG; Aditya Prakashan,N.Delhi, 2008 के अनुसार ऋग्वेद के खंड 6,3,7 अन्य खंडों से पहले रचे गए हैं। ज्ञातव्य है कि यद्यपि वेदों का लिपिबद्धकरण ई.पू. 1700 में होना बताया गया है पर श्रुति परम्परा में वे कई शताब्दी पहले से न सिर्फ़ मौजूद थे, बल्कि यूँ कहना चाहिए कि वे पीढ़ी दर पीढ़ी शब्दश: आगे बढ़ाए गए। महाभारत वेदों के बहुत बाद घटित हुआ। इससे यह लगता है कि वैदिक काल की प्रचुरनीरा सरस्वती महाभारत के वक़्त में जल-क्षीण होने लगी थी। अधुना जानकारियाँ भी इस मत को संबल देती हैं।

123. महाभारत, शल्यपर्वणि, गदापर्व, 36:1-55, तथा 37:1।

124. समान्तर कोश, हिन्दी थिसारस, अनुक्रम खंड, नेशनल बुक ट्रस्ट, 2005; पृ. 804।

125. Habib I; Atlas of The Mughal Empires (referenced by Gaur AS, Vora KH / et al; could not be personally evaluated)

126. पेरिप्लस (40-60 ई.) तो यथार्थत: सौदागरों की सुविधा के लिए समुद्री मार्ग से अफ्रीका से भारत यात्रा कैसे करें, क्या सावधानियाँ बरतें, कहाँ बन्दरगाह हैं, कौन से बन्दरगाह पर क्या ख़रीदा-बेचा जा सकता है, आदि का बिन्दुवार विवरण है। देशों के आन्तरिक भूगोल का वर्णन इसका विषय ही नहीं था। इसके अनुच्छेद क्रमांक 38 तथा 39 में सिन्धु नदी के मुहाने का वर्णन है। समुद्री यात्रियों को कहा गया है कि भारत में माल या तो सिन्धु नदी के सात मुँह में से मध्य धार के मुहाने (जो उत्तर दिशा में जाता है) पर स्थित बन्दरगाह पर उतारना चाहिए। अनुच्छेद 40 में सिन्धु नदी के मुहाने से पूर्व की ओर बढ़ते हुए क्रमश: कोरी क्रीक और कच्छ की खाड़ी का समुद्र से देखा हाल वर्णित है। कहा है कि 'सिन्धु नदी के बाद एक उत्तर को जाती खाड़ी है, जिसे 'इरिणा' कहते हैं। इस खाड़ी के दो हिस्से हैं—छोटी खाड़ी तथा बड़ी खाड़ी। दोनों में ही पानी उथला है। रेत के किनारे स्थान बदलते हैं। इसमें समुद्री जलपोत नहीं जा सकते। रोमीला थापर (The Invincible Traveller) के अनुसार पेरिप्लस में कुछ तो लेखक का आप देखा है पर अधिकांश अन्य व्यापारियों के लिखे/देखे से उठाया गया है, अस्तु इसमें कई त्रुटियाँ हैं।

127. Shukla. Z, Thakkar. MG, Journal of Environmental Research And Development 9(2):472-479 · October-December 2014.

128. Iyengar RN, Radhakrishnan BP, J. Geological Society of India: (70) Nov. 2007, p. 699-705.

129. Sushama DG et al, Holocene environmental changes and cultural patterns in costal western India: A geoarchaeology perspective; Quaternary International, 229 (2011); p. 132-139.

130. Iyengar RN, Radhakrishnan BP. Geographical Location of Vedic Irina in S. Rajasthan; J. of Geological Society of India (70), Nov 2012; p. 699-705.

131. सरस्वती के सूखने के काल को लेकर मत विभेद है, वेन्डि डोनिगर के अनुसार यह

ई.पू. 1900 में घटित हुआ। The Hindus, An Alternative History, p. 85.

132. तीर्थ—वह स्थान जहाँ से नदियों को पार किया जा सकता हो, या/स्नानघाट/नौका घाट/पवित्र स्थल।

133. विनशन तीर्थ—शल्यपर्वणि, गदापर्व-37:1.5।

134. महाभारत, शल्यपर्वणि, गदापर्व 35:77 में शापित चन्द्रमा को पश्चिमी समुद्रतट—जहाँ सरस्वती का सागर से संगम हुआ है—जा महादेव की आराधना करने की सलाह दी गई है। अधुनाकाल में इस क्षेत्र में दो महत्त्वपूर्ण महादेव मन्दिर मिलते हैं, सौराष्ट्र की तरफ़ सोमनाथ तथा कच्छ में कोटेश्वर।

135. फिर भी ऋग्वेद के नदी स्तुति सूक्त में इसे 'सरलगामिनी' कहा है, सम्भवतः इसलिए कि मैदानी क्षेत्र में यह पंजाब से अरब सागर तट तक लगभग सीधी—एकरेखीय लीक पर ही चलती है।

136. अमरीकन कार्टूनिस्ट मुरॉट बर्नाड यंग (चिक यंग) रचित पात्र।

137. सरस्वती नदी घाटी के प्रमुख शहरों में से दो धोलावीरा तथा कानमेर में मिले चिह्न इनके बनने-बिगड़ने की चुगली करते हैं। कानमेर में ई.पू. 5000 में जो बसे थे उन्होंने डेढ़ हज़ार साल रहने के बाद यहाँ से अपने बोरिए-बिस्तर समेट लिए। अगले डेढ़ हज़ार सालों तक निरस्त रहा यह शहर ई.पू. दो हज़ार में पुनः आबाद हुआ। यही हाल सिन्धु नदी के किनारे के शहरों/क़स्बों का भी रहा।

138. Kenoyer JM. Wealth & socioeconomic hierarchies of the Indus Valley civilization. http://iks.iitgn.ac.in/wp-content/uploads/2017/01/Wealth-and-socioeconomic-hierarchies-of-Indus-Civilization-JM-Kenoyer.pdf.

139. Robinson A. Cracking the Indus script https://www.nature.com/news/ancient-civilization-cracking-the-indus-script-1.18587.

140. Nearchus Discovers a sea route from India to the Arabian Peninsula, https://www.encyclopedia.com/science/encyclopedias-almanacs-transcripts-and-maps/nearchus-discovers-sea-route-india-arabian-peninsula.

141. सुश्री जॉएन हिल के सिकन्दर से जुड़े इतिहास और दन्तकथाओं पर किए शोध को पढ़ मालूम होता है कि यह महाविजेता अपनी गाथा और स्वयं के सामाजिक बिम्ब के गठन को लेकर कितना चैतन्य था। उसके दैनिक कार्यकलापों को प्रतिदिन दर्ज किया जाता था। केलिस्थेनस, सुकरात का भतीजा, अधिकृत इतिहासकार के रूप में उसके साथ 336 से 327 तक रहा। केलिस्थेनस का लिखा सिकन्दर की स्वीकृति के उपरान्त ही प्रकाशित होता था। इसी के माध्यम से उसने अपने सम्बन्ध एकिलिस से होने की धारणा जनमानस में स्थापित करवाई। हालाँकि राजा से मतभेद हो जाने के कारण ई.पू. 337 में उसे प्राण खोने पड़े। इनके अतिरिक्त असिस्तोबुलस (सिकन्दर की सेना में वास्तुशिल्पी), ट्लेमी (Ptolemy), मार्सिया आदि सहकर्मियों से उसने अपने को चिन्तक, अपराजेय आदि रूपों में प्रचलित करवाया। Ancient and Modern Treatment of Alexander The Great, Thesis, submitteted to University of S.

Africa, February, 2002.

142. The Invincible Traveller, ed Raj Thapar. Vikas Publishing House, 1980; p. 4-5

143. सत्यजीत राय की कहानियाँ; राजपाल प्रकाशन; 2014; पृ. 7।

144. इब्न-बतूता पहन के जूता/निकल पड़े तूफ़ान में/थोड़ी हवा नाक में घुस गई/घुस गई थोड़ी कान में...— http://kavitakosh.org/kk

145. Travels of Ibn Battuta, Translator Gibb HAR, 1929, reprint 2017, Low Price Publication, N. Delhi, p. 10-14; 179-180.

146. इस स्थान की पहचान आज के रन के उत्तर-पूर्व में सिन्धु के नज़दीक की गई है।

147. मैर्त्युपनिषत्, रामतीर्थ संहिता, 1:4।

148. ज्ञातव्य है कि वेद और महाभारत के लिपिबद्ध होने का काल सरस्वती के विलुप्त होने के पहले (ई.पू. 1900) है। उपनिषद् ई.पू. 600 से इधर के कालखंड में रचे गए।

149. मैर्त्युपनिषत्, रामतीर्थ संहिता, 6:1-5।

150. महाभारत में क्षेपित इस पर्व का रचना काल मुख्य ग्रन्थ से बाद का माना गया है। उद्धृत दृष्टान्त श्रीपद दामोदर सातवलेकर द्वारा अनूदित महाभारत के अनुशासन पर्व 139: 9-26 में वर्णित है। प्रकाशक स्वाध्याय मंडल, भारत मुद्रणालय, पारडी, गुजरात।

151. यह क्षेत्र शुष्क जलवायु का सामना ई.पू. 6000 साल से 3000 तक कर रहा था। ई.पू. 3000 से इधर, यहाँ कभी शुष्क तो कभी आर्द्र जलवायु के दौर आते रहते हैं। Das A et al. Late Pleistocene Holocene climate and sea level changes..., Palaeography, Palaeoclimatology, Palaeoecology, 473(2017) 82-93.

152. धिनोधर डूंगर (1268 फीट)—कथानुसार जहाँ दोरबनाथ ने तप किया वहाँ एक बड़ा, रकाबीनुमा, गड्ढा है। वैज्ञानिक मत है कि यह पहाड़ एक फुटा-खुटा ज्वालामुखी है। और वह 'रकाबी' ज्वालामुखी का मुख (क्रेटर)। पहाड़ में चूने की शिलाएँ (लाइम स्टोन) हैं जिनके चलते धिनोधर के बदन पर सफ़ेद दाग़ नज़र आते हैं। मैंने झूठ तो नहीं कहा ना कि दन्तकथाओं में सब होता है—बॉम्बे भेल की तरह—इतिहास, भूगोल, जिओलॉजी, जलजले सब।

153. यही कथा 1831 ई. में ईस्ट इंडिया कम्पनी के बर्नीज़ ने भी सुनी। उसे बताया गया कि दरिया सूखते समय धिनोधर भी दो भाग में विभक्त हो गया था। । A Memoir on The Indus, 1831-1833.

154. 1838 ई. में इसी मठ में ब्रितानी फ़ौज अफ़सर, टी. पॉस्टन्स आया था। उस समय तक सबको, बिना किसी भेदभाव के मुफ़्त खाना और विश्राम-सुविधा देने की रवायत जारी थी। ख़र्चा-पानी चलाने के लिए मठ के अधीन पूरे कच्छ में बीस गाँव थे, कुछ राजा प्रदत्त कुछ आप ख़रीदी जागीरें। अपनी सालाना आमद की पाई-पाई अखंड भंडारे हेतु ख़र्च की जाती थी। An account of Kanphatis of Dhinodhar, by Lt. T. Postans, 1838 available at https://www.jstor.org/stable/25207516 (Gazetteer of the Bombay presidency, Gujrat, 1880; p. 86) के अनुसार इस मठ

की उस समय सालाना आमदनी सत्रह हज़ार रुपये थी, इसके बावजूद उसने अपनी किताब में इस मठ के नाथों को भुज के भिखारी समुदाय में गिनाया है। उस युग के कतिपय अंग्रेज़ी लेखकों ने तो इन्हें 'रास्कल्ली बेग्गर' यानी छली भिखारी लिखा है। Gorakhnath & The Kanphata Yogis. Briggs GW, Oxford University Press, 1938; p. 2.

155. धिनोधर स्थित दोरबनाथ के तपस्या स्थल पर अब एक मन्दिर है। और एक छोटा-सा मठ भी। मन्दिर में दोरबनाथ की संगमरमर की मूर्ति है, जिसके समक्ष चाँदी के समईनुमा पात्र में एक सुपारी धरी हुई है। मूर्ति को यद्यपि शंकर सदृश रूप दिया है, पर उसके पैताने पर रखी दोरबनाथ के पुरातन रेखाचित्र में उसकी वैसी धज नहीं है। भगत मानते हैं कि सुपारी वही है जिस पर दोरबनाथ ने शीर्षासन लगा तप किया था। बाबा की मूरत के दाहिनी बगल में दो फ़ोटो फ्रेम हैं। जिनमें राजसी भूषा में दो मनक नमूदार हैं। इस देवस्थल पर इन दिनों तपस्यारत एकमात्र नाथी (नाथ सम्प्रदाय का साधु) ने बताया कि थान इन्हीं दो महानुभावों की जागीर थी, जिसे दोरबनाथ को दान में दे ये दोनों भी नाथी बन गए। इसीलिए स्थानीय लोगों में, सैकड़ों बरस बाद भी, यह स्थान 'थान जागीर' के नाम से पहचाना जाता है। जनस्मृतियों में समाया इतिहास अक्षयगति को प्राप्त करता है—अब तो मेरे इस विचार से आप सहमत हैं?

156. इनका उल्लेख 19वीं सदी के सफ़रनामों में भी है।

157. कथा है कि शिव के आग्रह पर स्वयं शक्ति ने मछन्दरनाथ के कान अपने हाथों से फाड़ उनमें कुंडल पहनाए। तब से कान फाड़ कुंडल धारण करने वाले नाथ कनफटिया नाथ कहलाते हैं। नाथियों में कर्ण-कुंडलधारी सर्वोपरि होते हैं। इस निमित्त हर नाथी चाहता है इस समूह में शुमार होना। वे जिनके कान के छेद फटने के बाद बन्द हो जाएँ, या जो कान फड़वाते समय दर्द महसूस करें—नाथपन्थ के इस धड़े में शुमार नहीं किए जाते। अलबत्ता ऐसे लोग नाथपंथ के अघोरी धड़े में शुमार हो सकते हैं। कुंडल के बोझ से या अन्य किसी कारणवश यदि कनफटिया के कान पूरी तरह चिर जाएँ तो जानिए कि उसके लिए क़यामत का दिन ही आ गया। कुछ काल पूर्व तक तो ऐसे नाथी को जीवित ही दफ़ना दिया जाता था। आजकल उसे नाथ सम्प्रदाय से बाहर खदेड़ दिया जाता है। उसका नाथ मठ में प्रवेश निषिद्ध। उसे मरने के बाद किसी तरह का सम्मान दिया जाना भी वर्जित। पहले कुंडल मिट्टी के होते थे, शायद इस बायस कि नाथ सम्प्रदाय में शीर्षस्थ शिव, पार्वती के तन के मैल से बने कुंडल धारण करते थे। बाद में गैंडे के सींग से बने कुंडल प्रचलित हुए। इन दिनों धातु के कुंडल भी व्यवहृत हैं। जहाँ तक महिलाओं का प्रश्न है, नाथ सम्प्रदाय में दीक्षित विधवाओं को कर्णकुंडल पर अख़्तियार है, सुहागनों को कुंडल हासिल नहीं। Gorakhnath & The Kanphata Yogis. Briggs GW, Oxford University Press, 1938; p. 8 & 11.

158. 'नाथ सम्प्रदाय', हजारीप्रसाद द्विवेदी, लोकभारती प्रकाशन, इलाहाबाद; 2010; पृ. 15-19।

159. हिरण के सींग से सीटी बनने की एक कथा है—एक बार राजा भर्तृहरि अपनी रानियों

के कहने पर शिकार पर गए। अरण्य में उन्हें हिरणों का एक झुंड मिला। सत्तर हिरणियों के बीच एक ही नर। भर्तृहरि नर के पीछे धाएँ, पर वह हाथ न आए। इस पर मादा हिरणियों ने अपने नर को राजा भर्तृहरि का मान रखने को कहा। नर प्राण उत्सर्ग हेतु प्रस्तुत तो हुआ पर इस शर्त पर कि उसके सींग से श्रृंगी तैयार की जाए जिसे योगी फूँकें।

160. Gorakhnath & The Kanphata Yogis. Briggs GW, Oxford University Press, 1938; p. 230.
161. Bombay Gazetteer, Gujarat, Vol. V, p. 220.
162. कर्णकुंडल धारण नहीं करने वाले नाथ को 'औघड़' बुलाया जाता है।
163. श्राप था 'दट्टन सो पट्टन, माया सो मिट्टी'।
164. हजारी बाबू ने कबीरदास का जन्म संवत् 1456 (1400 ई.) तथा अवसान 1575 (1518 ई.) स्वीकारा है। 'कबीर', हिन्दी ग्रन्थ रत्नाकर कार्यालय, बम्बई, 1942।
165. हजारीप्रसाद द्विवेदी, 'नाथ सम्प्रदाय', पृ. 20।
166. भुज से नखत्राणा, देसलपर होते हुए, राजमार्ग-47 पर।
167. नाथ सम्प्रदायी मृत देह को 'योगासन' की मुद्रा में धरती की कोख में समर्पित करते हैं। कहीं-कहीं देह को अग्नि दिखाने के बाद गाड़ा जाता है। कहते हैं कि कबीर, जो नाथ सम्प्रदाय से थे, का शरीर मृत्युपरान्त फूलों के ढ़ेर में परिवर्तित हुआ। आधा भाग हिन्दुओं ने दहन किया, बचे को मुसलमानों ने क़ब्र के हवाले किया। यह कथा इसी जलाने-गाड़ने के घालमेल वाली परम्परा की ओर इशारा है। हजारीप्रसाद द्विवेदी, 'कबीर', हिन्दी ग्रन्थ रत्नाकर कार्यालय, बम्बई, 1942; पृ. 11।
168. धिनोधर के नाथ कट्टर ब्रह्मचर्य का पालन करते थे। उन्नीसवीं सदी के अन्त तक इस मठ में स्त्री प्रवेश वर्जित था। Gorakhnath & The Kanphata Yogis. Briggs GW, Oxford University Press, 1938; p. 46.
169. 'नाथ सम्प्रदाय', में हजारीप्रसाद द्विवेदी, (2010; पृ. 89-90) तथा ब्रिग्स (Gorakhnath & The Kanphata Yogis. p. 172, 288) ने नाथ लोगों के विशिष्ट गुट में स्त्री पूजा, या उसके प्रतीक की आराधना का प्रचलन बताया है। जिसके तहत योनि की पूजा की जाती थी। ऊपर हमने देखा है कि किस तरह उपनिषद् में कमल की आध्यात्मिक व्याख्या हुई थी, पर नाथ सम्प्रदाय के आते-आते कमल की परिभाषा बदल गई। कहा जाने लगा कि—मूलाधार, यानी गुदा के गिर्द का स्थान ही चार पंखुड़ियों वाला वह कमल है। इसी के मध्य स्थान में सिद्धों की वंदनीय 'कामाक्षा योनि' है। सनद रहे कि यह 'वंदना' उच्चस्तरीय सिद्धों को ही उचित बताई है, नव-नाथियों को नहीं। त्रिभुजाकार इस मूलाधार को ही तंत्र-यंत्रों के मध्य में त्रिकोण के माध्यम से दर्शाया जाता है।
170. माना जाता है कि शिव के शरीर पर चुपड़ी भभूत उस माटी का रूप है जिससे जगत् के हर प्राणी का सृजन होता है। शिव के पूजक नाथों में इसीलिए भभूत का विशेष महत्त्व है। नाथ लोग धूनी से निकली राख का इस्तेमाल करते हैं। यह यज्ञ स्थली न होकर वही धूनी है, जो दोरबनाथ के समय से जल रही है।

171. PERFORMANCE AND IDENTITY IN JAUNSARI PUJA DRUMMINGS: Hans Frederick Utter, available at https://etd.ohiolink.edu/!etd.send_file?accession=osu1400151972&disposition=inline

172. हजारीप्रसाद द्विवेदी, 'कबीर', हिन्दी ग्रन्थ रत्नाकर कार्यालय, बम्बई, 1942; पृ. 8।

173. जो आप धिनोधर पहाड़ पर दोरबनाथ के तप स्थल के दर्शन हेतु चढ़ें, तो कुछ पैड़ियों बाद ही आप एक देवालय के क़रीब से गुज़रेंगे। कुंडली डाल बैठे एक भुजंग का मन्दिर। नाथ सम्प्रदाय के तीर्थ स्वरूप धिनोधर में नाग की ऐसी प्रबल उपस्थिति नाथ लोगों और अनार्य नागों के अन्तर्सम्बन्धों का द्योतक है क्या, यह सवाल मेरे दिमाग़ में भी आया, आपको भी झकझोरेगा।

174. गोविन्द मिश्र की पुस्तक 'परतों के बीच' (राधाकृष्ण प्रकाशन, पृ. 36) में फ्लेमिंगो का हिन्दोस्तानी नाम सुर्ख़ाब बताया है। जवान फ्लेमिंगो ऊपर से तो सफ़ेद दीखता है किन्तु जब वो पंख खोलकर दौड़ता है तब इसके भीतरी—लाल पंख दिखते हैं। जब हज़ारों फ्लेमिंगो एक साथ दौड़ लगाते हैं तो तालाब का जल लाल-सा नज़र आने लगता है। मिश्र जी के अनुसार यही फ्लेमिंगो के हिन्दोस्तानी नाम का कारक है। मेरे संज्ञान में भारत में एकाधिक पक्षियों को सुर्ख़ाब कहने का प्रचलन आया है। उत्तराखंड में मोनाल, और लद्दाख़ में रुडी शेल्डक को सुर्ख़ाब कहा गया है।

175. 326 ई.पू. में इसी धारा में सिकन्दर समुद्र की तरफ़ गया था।

176. A Memoir on The Indus. Burnes A, 1835, Chap-XVII.

177. Ibn Battuta, Travels in Asia & Africa, 1325-134; p. 180.

178. A Memoir on The Indus. Burnes A, 1835; p. 325-328.

179. याद करें, जंगली लोगों से सिकन्दर की सेना की वह मुठभेड़।

180. पुराणों के अनुसार कच्छ में सबसे पहले यादवों का शासन हुआ, जो 'सिन्धु-सरस्वती सभ्यता' के दक्षिणी सीमा पर बसे राक्षस, नाग तथा अन्यान्य प्रजातियों को परास्त कर कच्छ पर काबिज़ हुए। तदनन्तर, 521 से 485 ई.पू. के बीच इरिणा तथा कच्छ के समुद्री इलाक़ों पर फारस के राजाओं का शासन रहा। ई.पू. 300 में चन्द्रगुप्त मौर्य ने इस पर क़ब्ज़ा किया। ग्रीस (बेक्ट्रिया) से आए लोगों ने चन्द्रगुप्त से इसे छीना। ई.पू. 140 से 120 में शक वंशी यहाँ आए। ग्रीक राजा मनेन्दर ई.पू. 175 में यहाँ का शासक रहा। अन्तत: राजा स्ट्रेबो ने ई.पू. 66-24 के मध्य इसे 'तेजराष्ट्र' नाम दिया।

181. "...they (the rulers of Bhuj) used no exertion to recover that which nature bestowed on their country...as (they believed) on the country's law of inflicting, even during time of war, as little harm as possible, without prejudice to their own real interest." A Memoir on The Indus, chap XVII, p. 311.

182. कच्छ में 'मालदारी' अथवा 'मालधारी' वह समुदाय कहलाता है, पशुपालन जिनका पुश्तैनी काम हो। इनमें हिन्दू तथा मुस्लिम दोनों शुमार हैं। बन्नी मालदारी बहुल इलाक़ा है। यह कहना भी सत्य से परे नहीं होगा कि बन्नी के निवासियों (तैंतीस हज़ार) में अधिकांश मालधारी ही हैं। इनके कुल जमा बीस समुदाय हैं, जिनमें से सिर्फ़ दो

(मेखवाल तथा वाडा कोली) ही हिन्दू हैं। मालधारी के अतिरिक्त यहाँ कुम्हार, हरिजन, चर्मकार आदि भी हैं। ब्राह्मण का होना सुनने में नहीं आया।

183. ध्यान करें कि सिन्धु नदी अपने मुहाने पर सातमुँहा थी!

184. एम.जी.ठक्कर के अनुसार इस घास के मैदान का क्षेत्रफल 2525 वर्ग कि.मी. है। Geographical Field Guide on Kachchh Peninsula, 2007, ed Thakkar MG, Kar A.

185. जून 1819 में कच्छ में आए भूकम्प से हम वाकिफ़ हैं ही। उसी दौरान बन्नी के रहवासियों को विचित्र अनुभव हुए। जैसे ज़मीन के भीतर से रेत टीले तथा काला पानी निकलना। साथ ही बड़ी-बड़ी कीलों, जैसी नावों/जहाज़ों में प्रयुक्त होती हैं, का निकलना भी लक्ष्य किया गया। यह इलाक़ा खावड़ा के समीप बताया जाता है। ज्ञातव्य है खावड़ा व बन्नी बहुत समीप नहीं पर इतने दूर भी नहीं। Dasgupta S, Mukhopadhyay B, Historiography & commentry on the 16 June, 1819, Kutch Earthquake, Gujarat, Indian J of Geosciences, 2014, 68 (1) : 57-126 तथा A Memoir On The Indus, Burnes A. p. 321.

186. Face-to-face living pattern.

187. अकेलेपन से त्रस्त गुहा मानव ने जब मध्य पाषाण युग में समूह में रहना आरम्भ किया तो उसका सामना दो परिस्थितियों से हुआ। 'परस्पर संघर्ष का उदय' और 'विकृत सन्तानों का जन्म'। उसे इलहाम हुआ कि जैसे समूह में लोगों की संख्या दो सौ से ऊपर निकलती है, वैसे आपसी सामंजस्य बैठाना कठिनतर होता जाता है। छोटे समूह में जब लोग आपस में शादियाँ करते हैं तो कमज़ोर तथा विकृत सन्तानों की आमद बेक़दर बढ़ जाती है। समूह में अधिक लड़कियाँ होने का सीधा मतलब था अधिक आपसी शारीरिक संसर्ग, अधिक संख्या में विकृत सन्तानें। मेरा क़यास है कि छोटे समूह में रहने को बाध्य लोगों में कन्या-हत्या की परिपाटी इसी समस्या के समाधान के रूप में आरम्भ हुई होगी। शायद इसीलिए आज तक भारत के कई गाँवों में अपने गाँव की कन्या से विवाह वर्जित है। छोटे समूह में ऊँच-नीच, जात-पात का लफड़ा नहीं था, झगड़े आपसी तालमेल से निबटाए जाते थे। इसलिए इस संख्या तक पहुँचने के पहले ही लोग एक समूह से अलग हो, कुछ दूर जाकर, एक नूतन समूह की निर्मिति करते। छोटे टोले खेती, पशुपालन आधारित जीवनचर्या के लिए तो ठीक थे पर यंत्र आधारित समाज के लिए नहीं। एक समूह में तीन सौ से अधिक लोग होने पर, परस्पर सामंजस्य बैठाने के लिए किसी बलवान या धनवान के अधीन रहने की आवश्यकता महसूस हुई। लिहाज़ा यांत्रिक युग के आगाज़ के संग इब्तिदा हुई जात-धर्म, कर्ता-सेवक आधारित समाज की। सनद रहे सो बता दूँ कि सामाजिक विज्ञान में निष्णात लोगों ने पाया है कि मानव-दिमाग़ में एक वक़्त में अधिकतम एक सौ पचास लोगों से ही निरन्तर तथा मानीखेज़ सम्पर्क बनाए रखने की क्षमता होती है। यह भी कि गुणसूत्र आलम्बित रोगों से बचने के लिए समूह की जनसंख्या कम से कम छह सौ होना ज़रूरी है। John Bintliff. The Complete Archaeology of Greece. Wiley-Blackwell; 2012. p. 53-55.

188. 'The Lost River'—Michel Danino, p. 170.

189. बर्नीज़ साहेब! सुन रहे हैं न। आपके हवाले से ब्रिटिश राजपत्रक कह गए कि रन में आदमजात जाति ही नहीं। तो बताएँ ये पीर किन रूहों के कंठ तर किया करते थे?

190. अहीरों का ज़िक्र पुराणों में मिलता है, सिकन्दर की जीवनी लिखने वाले गणितज्ञ टॉलमी (Ptolemy) ने भी इनकी चर्चा की है। पुराणों में इन्हें क्षत्रिय पुरुष तथा वणिक स्त्री की सन्तान बताया है। कभी गुरबतों में दिन काटने वाले अहीर अब उच्चस्तरीय जीवन जी रहे हैं। प्रगतिशील मानस के होने के बाद भी अहीर अपनी भूमि से जुड़े हैं, अपनी संस्कृति को जिलाए हैं। ये अपने को कृष्ण-वंशज मानते हैं और दावा करते हैं कि ये कृष्ण के संग मथुरा से गिरनार आए, तदनन्तर कच्छ में आकर बस गए। अब मेकण दादा इनके पीर हैं। कहते हैं ध्रंग में जहाँ मेकण दादा ने जीवित भू-समाधि ली थी वहीं अब उनकी दरगाह है।

191. अपनी पहली यात्रा के नौ माह बाद सितम्बर में जब हम पुन: बन्नी गए तो वहाँ पानी की भयंकर किल्लत थी। चार-चार दिन जल विहीन। पर सुराब्जी वांङ के मिटिया कुएँ ज़िंदा थे।

192. https://edspace.american.edu/silkroadjournal/wp-content/uploads/sites/984/2017/09/The-Search-for-the-Origin-of-the-Jews-Harp.pdf

193. सूफ़ियत मानसिकता का उदय हजरत साहब के जाने के बाद ही होने लगा था। पैगम्बर के चौथे उत्तराधिकारी उमर के बारे में प्रसिद्ध है कि वह अपने दास को ऊँट पर बैठाकर आप पैदल चलता तथा रेगिस्तानों में खजूर के पेड़ के नीचे सोया करता था। यूनानी भाषा में 'सोफ़ी' परिवार्जक दार्शनिकों को बुलाया जाता है। यही शब्द अरबी में 'सूफ़ी' हो गया। आबूहाशिम (770 ई. के आसपास) सबसे पहले सूफ़ी थे। पर सूफ़ियत परवान चढ़ी मोहम्मद ग़ज़ाली (1056-1111 ई.) के प्रभाव से। राहुल सांकृत्यायन, दर्शन-दिग्दर्शन, किताब महल, 2016; पृ. 76 तथा 105-142

194. बग़ैर नींव वाले घर।

195. बन्नी के निवासी कलाधर मुतवा, जो बन्नी की लोक-गाथाओं तथा गीतों को सहेजने में जुटे हैं, का नाम कच्छ में बड़े आदर से लिया जाता है। उनकी तथा बन्नी में हुई अनेक लोगों से मेरी बातचीत की गवाही की बिना पर मैं पूरे भरोसे के साथ आपको बता रहा हूँ कि बन्नी को बन्नी बनाए रखने तथा उसे सांस्कृतिक अपमिश्रण से बचाए रखने में यहाँ के जत समुदाय का बड़ा योगदान है। किसी के जानवर मर जाएँ, धन्धे में नुकसान हो जाए या अन्य कोई अड़चन आ जाए तो उसे जत पंचायत में जाकर ज़रा इशारा भर करने की देर है, रुपयों का इन्तज़ाम हो जाता है। चाहे दरकार हज़ारों में हो या फिर लाखों में, न ब्याज की माँग और न लौटाने की कोई मियाद ही मुक़र्रर। यह प्रथा कल भी थी तथा अब भी वैसे ही जारी है।

196. इसे स्थानीय भाषा में ओताक अथवा दोखाना कहा जाता है। यानी मेहमानखाना।

197. यह इलाक़ा बन्नी के बाहर है, सो यहाँ खेती होती है।

198. जो मस्तिष्क की जानकारी में हो आँखें बस वही देख पाती हैं। ऐसे में किसी पढ़े-लिखे की शरण में जाना ही उचित। सो इसकी कुछ तसवीरें भुज के भू-वैज्ञानिक

प्रोफ़ेसर महेश ठक्कर को भिजवाई गईं। उन्हीं के हवाले से कह रहा हूँ कि बन्नी घासिया मैदान के दक्षिण-पश्चिम सीमान्त क्षेत्र में दिखा, सैंड स्टोन तथा अनेक खनिजों के मिश्रण से बना, वह पाषाण खंड जुरासिक काल का है। मतलब कि साढ़े चौदह से बीस करोड़ बरस पहले का पत्थर। इसके तले पर जो जल बहाव से निर्मित कटाव-चिह्न हैं उससे यह कयास लगाया जा सकता है कि तब यहाँ समन्दर उथला ही रहा होगा। अनुमान है कि यह धरती को चीरकर (Periodic upliftment) ऊपर आई शिला है। क्या किसी डायनासोर ने तब इससे अपनी खुजाल मिटाई होगी, या अपने शिकार को इस पर पटक-पटक मारा होगा?

199. करोड़ों बरस पहले उत्तरी गोंडवाना भूमि से टूटकर निकले भूखंड से बना है कच्छ। उस काल में तथा बाद के समयों में भी धरती की कोख फटती-चीरती रही। इन चीरों में बाद में जल बहने लगा, नदियाँ बनीं। माना जा रहा है कि खारी नदी जिस फाड़ (rift) में बह रही है वह उसी काल का है। Biswas SK, Tectonic Framework, Structure and Tectonic Evolution of Kutch Basin, Western India; Special publication of the Geological Society of India, No.6, 2016. p. 129-150.

200. गाउन की तरह एक पीस, जिसमें चोली-घाघरा अलग-अलग नहीं होता।

201. मालधारियों का एक समुदाय है 'रबारी', जो हिन्दू होते हैं। ये राजस्थान (गारवाड़) से बन्नी में आए हैं। इनमें श्रुति है कि शिव ने तप से एक ऊँट बनाया, फिर उसकी देखभाल के लिए एक आदमी। यानी प्रथम रबारी। प्रथम रबारी को चार कन्याएँ हुईं, जिनका विवाह राजपूतों में किया गया। कहते हैं कि आगे चलकर रबारियों ने परशुराम के ताप से बीस राजपूतों की रक्षा करी। हर रबारी परिवार में एक ऊँटनी होती है—माता मेरी—उस परिवार में माता के तरह समादृत। इस ऊँटनी का दूध पीने का हक़ किसी विजातीय व्यक्ति को नहीं होता। रबारी मर्द कन्धे पर धरे काले कम्बल से पहचाने जा सकते हैं।

202. The Gazetteer of the Bombay Presidency, 1880. Vol. V, p. 218.

203. शान्तिकुमार नानूराम व्यास, 'रामायणकालीन संस्कृति', सस्ता साहित्य मंडल प्रकाशन, 2001; पृ. 60।

204. Ritu, Feminine Beauty in Khajuraho Temples, India International Research Journal of Social Sciences, Vol. 3(1); 35-37, January (2014).

205. ई.पू. 521 से 485 के मध्य सिन्धु-घाटी फारस सम्राट डेरियस के अधीन थी। Rushbrook LF, 'The Black Hills', p. 60.

206. Jonathan Michael Westhead, Royal Ideology in Mesopotamian Iconography of the Third and Second Millennia BCE with Special Reference to Gestures; A thesis presented to Stellenbosch University; 2015, available at https://docplayer.net/59294677-Royal-ideology-in-mesopotamian-iconography-of-the-third-and-second-millennia-bce-with-special-reference-to-gestures.html; यहाँ यह भी जोड़ता चलूँ कि किसी भी पशु के घरेलू-कृत संस्करण में होने वाले बदलाव पुरावेत्ताओं के बड़े काम की चीज़ हैं। पालतू होने के बाद आई

उसकी सन्तति की काया, सींग, मस्तिष्क आदि आकार में छोटे हो जाते हैं। उनके स्वभाव में शान्तता व्याप्त होने लगती है। शिकार हेतु आवश्यक उनके दाँत अपनी तीक्ष्णता खो देते हैं। Early Indian, Tony Joseph, Jaggernaut, 2018; p. 69.

207. कुछ लोगों का कहना है कि यहाँ किसी वक़्त में उन्नीस क़िस्म की घास पैदा होती थी।

208. 1985 में बाँध बना। इससे बरखा ऋतु में बन्नी से होकर रन में जाने वाला पानी रुक गया। यह पानी बन्नी की सतह पर जमी क्षार को बहा ले जाता था। पानी का बहाव थमने से घासिया मैदान की वार्षिक सफ़ाई रुक गई, नतीजतन घास की पैदावार बुरी तरह से चरमरा गई। बन्नी के वाँड़ों में बने कुएँ सूखने लगे। अब क़रीब चालीस टका गाँव हैं जिनकी पानी की ज़रूरतें इनके पारम्परिक वाव से ही हो रही है।

209. वन विभाग ने बीसवीं सदी के साठवें दशक में बन्नी को हरा-भरा करने की मुहिम चलाई। वैज्ञानिकों द्वारा चयनित घास (Prosopis juliflora) बाहर से बुलवाई गई। इस विदेशी वनस्पति को इरिणा भूमि ऐसी रास आई कि यह घास के बजाय ऊँचे और घने पेड़ों में तब्दील हो गई। इसके असर से यहाँ के देशज पेड़ बबूल का ज़िन्दा रहना दूभर हुआ है। अब वन विभाग ने इन पेड़ों से निजात पाने के लिए एक नई मुहिम चलाई है। जिसके तहत वे बन्नी वासियों को विदेशी पेड़ जलाकर कोयला बनाने हेतु प्रोत्साहित कर रहे हैं। कभी पेड़ न काटने वाले मालधारियों के मध्य तथा सरकारी काग़ज़ों में, कोयला बनाने को एक नया काम पैदा करना (न्यू जॉब जनरेशन) कहकर प्रचारित किया जा रहा है। सत्यत: यह कोयला बन्नी के बाहर रन में उग आए अनेक कारखानों/खनिज शोधक उद्योगों के लिए ईंधन उपलब्ध करवाने का षड्यंत्र है। बन्नी में यह कहा जाता है कि सफ़ेद रन से सटा एक विशाल संस्थान एग्रोसेल से (इन दिनों) संवैधानिक पद पर आसीन एक व्यक्ति का गहरा नाता है। यह संस्थान धारडो ग्राम की धरती से नित्य सैकड़ों टैंकर पानी भी उलीचवा रहा है, और सफ़ेद रन में दनादन जहरीली क्लोरिन गैस उगल रहा है। दिन-रात इन कारखानों की चिमनियों से जहरीला, काला-भूरा धुआँ निकलता देखा जा सकता है। लोगों का मानना है कि इस जहरीली गैस का भी बन्नी की घास पर विपरीत असर हुआ है।

210. मनुवादी ऐनक से देखा जाए तो तेजा तो मृत पशुओं की खाल निकालने वाले लोगों का वंशज है। ये लोग कुछ काल पहले तक जूते बनाया करते थे। अगर गाँव में कोई शादी हो तो वे दूल्हे/दुल्हन को ख़ास उन्हीं के लिए तैयार की गई जूतियाँ भेंट करते थे। इस जूती के बिना शादी की रस्में आगे ही नहीं बढ़ती थीं। शगुन के इस जूती-जोड़ के बदले में उन्हें प्राप्त होती थी एक दुधारू भैंस! गो कि तेजा के परिवार ने यह काम छोड़ दिया है, फिर भी उन्हें कोई परेशानी नहीं।

रन के अपने एक माह के प्रवास के दौरान हम बीस दिन तो उसी के यहाँ मेहमान रहे। उसके घर में इतर धर्म के लोगों को बेझिझक आते-खाते देखा। तेजा को निधड़क दरगाह-देवालयों में जाते देखने के गवाह भी हम हैं। नब्बे टका मुस्लिम आबादी होने के बावजूद बहुसंख्यकों का इन पर कोई दाब हम लक्ष्य नहीं कर सके।

211. A Memoir On Indus, Bunes A, p. 309.

212. लखपत से कटेश्वर पारम्परिक सड़क के बजाय यदि बीहड़ (रन) से जाएँ तो बीच

में एक छोटे से टीले पर कुछ बौद्ध गुफाएँ मिलेंगी। बीहड़ का यह इलाक़ा वस्तुत: सिन्धु नदी का किनारा था, जहाँ सघन वन हुआ करते थे।

213. Notes on Nomad Tribes of Eastern Afghanistan, Robinsons JA, Nisha Traders, Quetta, Pakistan. Chapter I.

214. बाँध कहाँ बना यह बोध मो. अली को नहीं था। पर हमें मालूम है कि सिन्ध के शासकों ने कच्छ से शत्रुतावश सिन्धु नदी को इस तरह से बाँधा कि कोरी क्रीक की तरफ़ आती उसकी पूर्वी धार सूख गई थी।

215. ऐसे एक युवक से हमारी भेंट लखपत में हुई। नाम था लियाक़त। ख़ासा पढ़ा-लिखा। एम.बी.ए. के बाद बाहर गया पर दिल नहीं रमा। लौट आया उसी खँडहर बन चुके भूतिया शहर लखपत में। अब वह अपने वालिद की तरह गाइड का काम करके प्रसन्न है।

216. ख़दिर द्वीप में भी जुरासिक काल के चिह्न मिले हैं। धोलावीरा के समीप, रन से सटकर, यहाँ एक महाकाय पेड़ का जीवाश्म मिला है—कोई अट्ठारह हज़ार करोड़ बरस पुराना। यानी कि यह द्वीप भी महापुरातन गोंडवाना भूमि से ही नालबद्ध है।

217. बन्नी के उत्तर-पूर्व में स्थित कालाडूँगर रन के पच्छिम-द्वीप का एक पहाड़ है। स्याह वर्णी पत्थरों से बने होने के बायस इसके नाम में 'काला' शब्द जुड़ा।

218. फ़ारसी से उर्दू में शब्द आया है—नाक़ा। मायने हैं ऊँटनी, साँड़नी। इसी से बना है नाक़ाबन्दी। पहले के नगरों में बाहर के पशुओं, व्यापारियों (जिनके सफ़र ऊँट से हुआ करते थे) को घुसने के पहले रोक दिया जाता था। सामान्यजन को कष्ट न हो इसलिए दिन के किसी ख़ास समय में ही उन्हें नगर प्रवेश की अनुमति होती थी। ऊँटों की इस बन्दी को 'नाक़ाबन्दी' कहा जाता होगा। अरब देश में ऐसे नियम होने का गवाह इब्न-बतूता का यात्रावृत्तान्त है।

219. सामान्य अर्थों में जलाशय के द्योतक 'सर' शब्द का एक मायना उत्स्रोत भी बताया गया है।

220. अत्याधुनिक शोध तकनीक, जी.पी.आर. (Ground Penetrating Radar) से धोलावीरा के खँडहरों के गिर्द बारह हज़ार वर्ग मीटर के इलाक़े का अध्ययन करके पता चला है कि मनहर नदी मूलत: उत्तर से दक्षिण-पश्चिम को बहती थी। इसी नदी का जल नगर के मुख्य जलसंग्रहण ताल में एकत्र किया जाता था। बाढ़ की परिस्थिति में नगर-ताल को क्षति से बचाने हेतु मनहर पर अनेक छोटे-मझोले बाँध बनाए गए थे। सम्भव है कि समुद्री इलाक़े (नदी का डेल्टा क्षेत्र) में नदी का मीठा जल एकत्र करना ही इन नगरवासियों का मंतव्य रहा हो। Agrawal S et al, Archaeological studies at Dholavira using GPR, Current Science, VoL. 114, No. 4, 2018; p. 879-887.

221. इस कथा के अनेक संस्करण हैं और अनेक नाम। शाह भिटाई की कही कहानी में मुमल द्वारा एक जादुई जलमहल बनाना कहा गया। यहाँ उद्धृत क़िस्सा बन्नी में अकेल क्याली तथा धोलावीरा में बुजुर्गों से सुने क़िस्से पर आधारित है।

222. Archaeological Survey of India द्वारा उपलब्ध जानकारी के अनुसार धोलावीरा की खुदाई में प्राप्त निशानात वहाँ सात स्तरों से गुज़री सभ्यता के प्रमाण सामने रखते

हैं। पहले स्तर (2650-2550 ई.पू) पर जो लोग यहाँ बसे वे टेराकोटा, ताँबे और पत्थर के काम में दक्ष थे, दूसरे से पाँचवे स्तर (2550-1850 ई.पू.) पर आए लोगों ने धोलावीरा नगर को वह रूप दिया जिसे देख उनसे जलन-सी होती है। इसी समय समाज का आर्थिक तथा कर्मानुसार वर्गीकरण चरम पर पहुँचा। इन्हीं मानकों पर आधारित उच्च, मध्यम तथा निम्न वर्ग के लोगों के अलहदा समूहों में रहने की परिपाटी स्थापित हुई। तदनन्तर सातवें स्तर (1650-1450 ई.पू.) पर आए लोगों ने भव्य नगरों का मोह त्याग पुनः ग्राम्य जीवन अंगीकार किया। बुंगा बनाए।

223. शोधकर्ताओं ने प्रयोगशाला में दो तरह के घर बनाए। आयताकार तथा गोल। निर्माण में पारम्परिक सामग्री प्रयुक्त हुई—जैसे मिट्टी-रेत से बनी धूप में सुखाई ईंटें। दोनों घरों की दीवारों की मोटाई, ऊँचाई, छत का वज़न एक जैसा रखा। अब इन घरों को भूकम्प जैसी स्थिति में जाँचा गया। वैज्ञानिक चकित हो गए यह देख कि बुंगानुमा घरों में अपनी प्रतियोगी के बनिस्बत 45 प्रतिशत अधिक टेढ़े होने की क्षमता तथा 19 प्रतिशत ज़्यादा संवेग सहने का माद्दा होता है। यही नहीं उन्होंने देखा कि माचिसनुमा घर के गिरने की शुरुआत छत के पास से होती है, जबकि गोलघर की टूटन दीवार से आरम्भ होती है। Samali B, Jinwuth W et al. Seismic Capacoty Comparison between Square and Circular plan Adobe Construction. Procedia Engineering 14 (2011) 2103-2108.

224. कृपया संज्ञान में लें कि बन्नी के पश्चिम में बढ़ते ही बुंगा भू-परिदृश्य से ग़ायब हो जाता है।

225. प्रमोद जेठी, राजघराने के अधिकृत चारण होने से जिनके वंशज उनकी ही तरह भुज के रावों का इतिहास दर्ज करते रहे, का कहना है कि राव लखपत ने अपने कला प्रेम के चलते अपने जीवित रहते ही वह छतरड़ी बनवा दी थी जहाँ मरणोपरान्त उनका अन्तिम संस्कार किया जाना था। इस हिसाब से समीचीन मूर्तियाँ 1760 ई. से पहले ही बन गई होंगी। प्रमोद जेठी भी इसी काम में जुटे हैं। सामान्यजन की सुभीता के लिए उसने कच्छ पर दस से अधिक किताबें लिखी हैं।

226. अंग्रेज़ी में एक शब्द है fascinating, रोमन भाषा के fascinum का अपभ्रंश। facinum का मतलब होता ऊर्ध्वमुखी लिंग, erect penis। लिंगाकार तावीज बाँधने की यह प्रथा रोम में 500 ई.पू. तक प्रचलित थी। Holy Shit—A Brief History of Swearing, Melissa Mohr; Oxford Press, 2013; p. 28-31.

227. मेसोपोटामिया में खोजी गई क़ब्रों (2600-2450 ई.पू.) में सिन्धु-घाटी में निर्मित क्वाट्र्ज पत्थर से बने रंगीन मनके मिले हैं। कई मनकों पर बारीक़ कारीगरी की गई है, ठीक सिन्धु-घाटी के समान। http://www.historydiscussion.net/history-of-india/indus-valley-civilisation/early-indus-civilization-and-its-trade-relations-india-history/7058.

228. Mayank Vahia, The Harappan Question, Annals of the Bhandarkar Oriental Research Institute, Pune; 2006.

229. https://www.timesofisrael.com/4000-year-old-erotica-depicts-a-strikingly-racy-ancient-sexuality/

# आभार

तहे दिल से आभार, आप पुस्तक-प्रेमी पाठकों का! जो आप निरन्तर मेरा हौसला न बढ़ाएँ तो लिखा-सिरजा सब अकारथ। सो पहला प्रणाम आपको।

आभार! भुज के भू-वैज्ञानिक महेश ठक्कर का जिन्होंने दरियादिली से अपने और अन्य कई शोध पत्र मुहैया करवाए। भुज के ही राजेश मांकड़ का भी मैं शुक्रगुज़ार—इनके बदौलत ही मैं रन में गहरे पैठ पाया।

आभार! समय-असमय मेरे द्वारा किए बच्चों के से सवालों को बिना झुँझलाए हल करने वाले पर्यावरणविद् चिन्मय मिश्र तथा 'वीणा' के सम्पादक राकेश शर्मा का।

आभार! राजकमल प्रकाशन के अशोक महेश्वरी, सत्यानन्द निरुपम तथा उनकी टीम का, जिनकी अनथक मेहनत से मेरी बेजान-सी पांडुलिपि धड़कने लगती है।

और अब अपर्णा। मेरे लिखे की प्रथम पाठक व आलोचक। जो वो साथ न हो तो यात्राएँ तथा लेखन—दोनों असम्भव। उससे क्या कहूँ—धन्यवाद? नाराज़ हो जाएगी। फिर आभार? बींध देगी मुझे तीखी नज़र से। उसे कोई सिर्फ़ इतना बता दे कि वह मेरे जीवन में ख़ुदा की नेमत है कि उसके बग़ैर मैं निर्वजूद!

अच्छा तो अब विदा। पर निकलने से पहले ध्यान दिला दूँ कि मुझे आपके ख़तों का, टिप्पणियों का, बेसाख़्ता इन्तज़ार रहेगा।

इति।